Dietmar Ströbel

SEINEN GLAUBEN SELBER SINGEN

ZWISCHENTEXTE 5

SINGEN → SPIELEN → HÖREN
Zu einer »erwachsenen« Musik der Frühen Neuzeit (1500-1800) [Arbeitstitel]

TEILBAND: SONDERBAND ZUM REFORMATIONSJUBILÄUM 2017

Dietmar Ströbel

SEINEN GLAUBEN SELBER SINGEN

Zur Entwicklung des Singens
als evangelisches Glaubenslied
von der Reformation bis zur Aufklärung

EIN MUSIKPÄDAGOGISCHES STUDIENBUCH ZUM
REFORMATIONSJUBILÄUM 2017…

…INSBESONDERE FÜR SOLCHE LESER,
DIE SCHON ETWAS VON MUSIK ZU VERSTEHEN GLAUBEN

Bibliografische Information der Deutschen Nationalbibliothek:
Die Deutsche Nationalbibliothek verzeichnet diese Publikation in der
Deutschen Nationalbibliografie; detaillierte bibliografische Daten sind
im Internet über dnb.dnb.de abrufbar.

Satz und Notensatz: D. S.
© 2017 Dietmar Ströbel

Herstellung und Verlag:
BoD – Books on Demand, Norderstedt

ISBN 978-3-7431-7950-9

Inhalt

Vom Interesse am evangelischen Glaubenslied. Ein Vorwort · 7

»Ach Gott, vom Himmel sieh darein«. Martin Luthers Lieder im Zusammenhang seiner Bemühungen um eine Reformation · 15

Zur Vermittlung des neuen Singens lutherischer Prägung · 41
Johann Walter und der Einbezug des neuen Singens in die Ausstattung des evangelischen Gemeindelebens · 43
Der schwierige Weg zur Inbesitznahme des neuen Singens, vermittelt schließlich durch den Kantionalsatz · 54

Das neue Singen als »Material« für den Entwurf mehrstimmigen Singens und instrumentalen Spielens · 72
Zu einem »Vater unser«-Konzert von Michael Praetorius · 73
Samuel Scheidts instrumentale Fassungen des Psalmus »Da Jesus an dem Kreuze stund« · 87

»Sollt ich meinem Gott nicht singen?«. Die Lieder Paul Gerhardts und Johann Crügers sowie Johann G. Ebelings · 102
Zum Selbstverständnis der Texte Paul Gerhardts · 104
Singen als argumentative Selbstvergewisserung. Johann Crügers und Johann Ebelings Melodien und Sätze · 107

Vom schöpferischen Umgang mit sich als seinen Glauben selber Singendem · 122
Sich-Darstellen als Glaubender. Zum »Beckers-Psalter« von Heinrich Schütz · 123
Singen im Dienste persönlicher Frömmigkeit im »kleinen Kreis«. Die Lieder Johann Rists und Johann Schops sowie Heinrich Alberts · 126
Singen im Dienst eines »tätigen Christentums«. Zum Singen im Pietismus · 141

Zur musikalischen Konstruktion persönlicher Frömmigkeit und Andacht · 149

Dietrich Buxtehudes Kantate »Das neugeborne Kindelein« · 150
Johann Pachelbels Choralvariationen über »Was Gott tut, das ist wohlgetan« · 165
Ein Blick nach vorn. Johann Sebastian Bachs »Orgelchoral« · 177

Der Choral als Standort religiöser Vernunft · 183

Zum Verbund motettischen und liedmäßigen Singens · 184
Der Choral als Mittel argumentativer Selbstbestimmung. Johann Sebastian Bachs Motette »Jesu, meine Freude« · 189

Chorales Singen und (öffentliche) Konstruktion privater Andacht. Johann Sebastian Bachs, Choralkantate »*Wachet auf, ruft uns die Stimme*« · 203

Zur Funktion das Chorals und zum Aufbau der Choralkantate · 205
Die Choralbearbeitung »Zion hört die Wächter singen« und die Funktion des Instrumentalparts · 209
Die Bedeutung der beiden Duette mit ihren Rezitativen · 217
Der Eingangssatz als Evokation des Gedanken(vor)gangs · 226
Exkurs – Zum Selbstverständnis unseres Ansprechens · 233
Der Schlusschoral als »Bachchoral« · 236

»Erforsche mich, erfahr mein Herz«. Christian Fürchtegott Gellerts und Carl Philipp Emanuel Bachs »Geistliche Oden und Lieder« · 241

Zum Selbstverständnis der Texte Chr. F. Gellerts · 243
Carl Philipp Emanuel Bachs Zugang zu Gellerts Texten · 248
Singen als Begegnung mit sich selbst. Carl Philipp Emanuel Bachs Gellert-Oden · 252

Von der Er-innerung des realen Singens (und Glaubens) als Lied · 277

Zum »Verstummen« des Glaubensliedes lutherischer Prägung · 281
Ein aus der Erinnerung geholtes Glaubenslied. Wolfgang Amadeus Mozarts Luther-Zitat · 288

Selbersingen → Selbersingenlassen → Selbersingenhören. Ein Resümee · 295

Vom Interesse am evangelischen Glaubenslied
Ein Vorwort

»Seinen Glauben selber singen« – *das klingt uns zunächst sehr selbstverständlich, ja durchaus nichtssagend. Doch wenn der Satz meint:*
- *ein (=„mein") aus eigener Einsicht gewonnenes unmittelbares Verhältnis zur Gottheit (→ „Glauben")*
- *als etwas „mir" Eigenes und mich selbstbewusst Prägendes (→ „seinen")*
- *mit „meiner" Stimme zu artikulieren, die „mich" (scheinbar) zu einem sich unmittelbar und tendenziell gesamtkörperlich Entäußernden macht (→ „singen"),*
- *um doch dabei sich (= „mich") als in seinem Aussprechen Selbst-so-und-das-Meinenden zu erleben (→ „selber"),*

dann formuliert er einen jener Schritte hin zur Persönlichkeit im ausdrücklichen Sinn, die den Beginn der Frühen Neuzeit in der europäischen Kultur anzeigen. Und ein solcher Schritt erscheint im evangelischen Glaubenslied aufgehoben, ja ganz wesentlich durch Martin Luthers Lieder selbst eröffnet. Diese Lieder sind untrennbar mit der Reformation verbunden, jener vielleicht auffälligsten Folge der anthropologischen Wende um 1500. Die geglückte Reformation, sie war selbst gleichzeitig ein zeitweiser ideengeschichtlicher und geistiger Motor der Entwicklung in Europa. Das gilt in gleicher Weise für das musikalische Tätigsein, vor allem als geistliches Singen, das besonders in der lutherischen Reform wesentliche Traditionen des Singens aufgriff (und weiterführte), gleichzeitig aber in der Neupositionierung des sog. Glaubensliedes wesentliche Kriterien einer früh-neuzeitlichen Musikalisierung sichtbar werden lässt.

Der *Begriff* **Glaubenslied** *wird hier vor allem wegen seiner Nähe zum singenden Subjekt eingeführt. Er trägt der Tatsache Rechnung, dass wesentliche Lieder, die wir (heute) als sog. Kirchenlieder kennen, nicht als* *solche entstanden sind, sondern oft erst nachträglich zu solchen wurden. Anderseits ist wohl die überwiegende Zahl geistlicher Lieder nie über längere Zeit zum Kirchenlied avanciert. Auch abstrahiert der Begriff des „geistlichen Liedes" allzu sehr vom singenden Menschen, um dessen Ermächtigung zur Selbstaussage es in der „Geistlichen Lyrik" der Frühen Neuzeit geht. Von Martin Luthers „Aus tiefer Not schrei ich zu dir" bis Paul Gerhardts „Du, meine Seele, singe" und Christian Fürchtegott Gellerts „Gott ist mein Lied!" ist es stets das singende Subjekt, das sich aus einem offenbar je lebensnotwenigen Verhältnis zu einer christlichen Göttlichkeit äußert, auch wenn diese von der der „Schrift" zu einer der persönlichen Vorstellung mutiert.*

Begriffe wie „der Glaube" oder „Glauben" werden hier stillschweigend im christlichen Sinn als ein „Glaube an" verstanden, der jenen aus einem lebensbestimmenden Bezug zur christlichen Trinität erzeugten Willen zum Leben mitsamt der Hoffnung bzw. Gewissheit eines solchen über den Tod hinaus meint: darin im Besonderen der zu dem „gekreuzigten, gestorbenen, begraben und am dritten Tage auferstandenen" Jesus Christus, „Gottes eingeborenen Sohn". Die daraus resultierende Bereitschaft zu einer bestimmten Lebensgestaltung, die sog. Frömmigkeit, ist dem interpretatorischen Verhältnis vor allem zum Neuen Testament und damit einem beständigen Wandel unterworfen.

Das Glaubenslied ist Teil der Entwicklung des europäischen Menschen, seines Selbstbewusstseins, seiner von ihm geschaffenen Würde. Es ist in dem Sinn, mit dem Luther es eröffnet hat, nur in der Frühen Neuzeit erstmals möglich gewesen: als eine selbst-bestimmte Art und Weise der menschlichen Artikulation als Singen.

Es entspricht durchaus einem musikpädagogischen Interesse, sich die Entwicklung in diesem Bereich des Singens näher anzuschauen, der im 16. Jahrhundert als wesentlicher Bestandteil der evangelischen geistlichen Musik in die Geschichte eintritt. Wenn die folgenden Anmerkungen sich vornehmen, etwas über die **Entwicklung und Funktion des Singens in der Form des evangelischen Glaubensliedes** *zu sagen, dann besagt solche umständliche Formulierung zunächst einmal: hier geht es um* **Singen** *als ein menschliches Handeln und nicht (in erster Linie) um das Glaubenslied. „Lied" ist uns hier noch ganz prinzipiell Funktion eines Handelns Singen (und nicht „Singen" – wie es in unserer vergegenständlichten Optik heute üblich geworden ist – eine Funktion von „Lied"). Am Singen aber interessiert uns nicht der physiologische Akt, über dessen Entwicklung wir (aus der Zeit vor der Erfindung des Phonographen) eh nur mutmaßen können, etwa, wenn wir in den letzten Jahrzehnten jenes Singen mit einer „künstlichen" gepressten Stimme einiger russischer Aussiedler in unseren Kirchen erlebt haben.*

Uns interessiert vor allem, was sich je an möglicher Sinngebung und Zwecksetzung der Artikulation hinter dem physiologischen Akt kundtut. Warum, warum so, warum jetzt so…? Solche Betrachtungsweise betrifft im Besonderen die Musik der Frühen Neuzeit, um die es implizit hier geht. „Lied" bezeichnet eine Art formalen und sozialen Rahmens, der dem Singen des Menschen nicht nur die Möglichkeit eigener Artikulation eröffnet, sondern dieser bereits eine bestimmte Struktur verleiht.

*

Die *Beschäftigung mit dem Singen als Glaubenslied bildet deshalb einen wesentlichen Abschnitt einer umfassenderen Arbeit zur europäischen Musik der Frühen Neuzeit (1500-1800), Teil auch eines größeren Arbeitszusammenhangs zum Bereich* SINGEN *des Autors. Zum Selbstverständnis des hier Verhandelten, dessen vorgezogene und etwas erweiterte Veröffentlichung sich dem überraschend „vor der Tür" stehenden Reformationsjubiläum verdankt, sei deshalb einiges zu dessen Selbstverständnis vorausgeschickt.*

Im *Mittelpunkt steht Musik als menschliche Tätigkeit, der wir den Sinn unterstellen, dass Menschen sich mit solchem Tätigsein je vor sich und den anderen artikulativ zur Geltung bringen und dass sie darin eine mögliche und gleichzeitig überlebensnotwendige Verrichtung sehen, so sie sich denn als Kulturwesen im europäischen Kontext realisieren. Die Aktualisierung als Tätigsein hat selbst Geschichte; sie ist einem signifikanten Wandel unterworfen, der als Pars pro toto auf die Entwicklung des europäischen Menschen als Kulturwesen weist.*

Das meint: Singen ist nicht gleich Singen; es muss je geschichtlich oder im einzelnen Zusammenhang bestimmt werden. Wer über „Singen" im musikpädagogischen Zusammenhang sprechen will, der muss gerade auch dessen menschliche Dimension als sich verändernde und einer Historie unterworfene Artikulation durchschauen. (Keine Veröffentlichung hat uns eine solche eigentlich selbstverständliche Tatsache einst deutlicher gemacht, als Ph. Aries' »Geschichte der Kindheit«.)

Eine *Entwicklung des Menschen als Kulturwesen, das ist ja im Kern jener Prozess, den wir, ob Musiker, Musikpädagogen oder Eltern, begleiten helfen wollen. Geschichte liefert uns hierfür reiche Anschauung, vor allem zum musikalischen Tätigsein und zu dem, was es als spezifisches menschliches je ist und sein kann. Nur muss man Musikgeschichte entsprechend betreiben: nicht als Geschichte der Gegenstände, in der angeblich „die Motette" oder „das Kirchenlied" sich entwickelten, sondern als Geschichte des Tätigseins von Menschen selbst, die selbstverständlich vor allem in den Objektivationen sich dokumentiert. Diese aber sind darauf hin zu befragen, welches menschliche Tätigsein sich mit ihnen über-*

liefert, über das wir gewöhnlich mit dem Begriff „Singen" einfach hinweggehen: Was ist das jeweils im Einzelfall, dieses „Singen", was ist es als spezifisch menschliches Tätigsein, hier u. a. bei Luther, bei Gerhardt und Crüger oder bei Gellert und Bach? Ohne Zweifel stellen deren geistliche Lieder auch von sich aus ein faszinierendes Kapitel unserer Kulturgeschichte dar. Doch nur über Glaubenslieder zu reden, das wäre überflüssig, auch wenn uns ein Reformationsjubiläum ins Haus steht. Die modernen Enzyklopädisten der letzten Jahrzehnte sind eh dabei, alles Wissen über alles Mögliche zusammenzutragen. Aber sich das, was man an eigener Erfahrung mit dem Glaubenslied besitzt oder noch machen kann, einsichtig zu machen, um es einer Erkenntnis zuzuführen, die einem eigenen Interesse entspricht, das könnte ein Grund sein, sich mit diesem Lied zu beschäftigen. Nicht um Wissensvermittlung geht es hier, sondern darum, den Leser in einen Gedankengang zu verwickeln, aus dem er mit einer neuen Einsicht darein, was (ihm) Musik ist und sein kann, herauskommt.

Zu den Voraussetzungen gehört, dass wir unser Bemühen, Einsichten über musikalisches Tätigsein zu gewinnen, letztlich als Teil unseres Interesses verstehen, etwas über den Menschen als musikalischen zu erfahren. Doch ist dieser stets ein Sich-Entwickelnder, dessen beständiges Sich-Verändern wir in unseren Blick auf die Musikgeschichte (als Dimension der Entwicklung einer menschlichen Kultur) verfolgen. Indem wir die Folge der Epochen der europäischen Musik mit jener Folge der „Epochen" parallel denken, die die Lebensaltersstufen jenes Menschen bestimmen, der sich diese Kultur heute aneignet, gewinnen wir einige Einsichten über den Menschen als möglichen musikalischen, stets bezogen auf diese unsere Kultur. Das Tertium comparationis bildet die »Entwicklung des Selbst«, wie sie einerseits die Rahmenbegriffe „Reformation" und „Aufklärung" im Untertitel andeuten und wie sie anderseits die entwicklungspsychologische Theorie z. B. Robert Kegans „(Die Entwicklungsstufen des Selbst", 1986) und anderer zu beschreiben versucht.

Der Epoche der Frühen Neuzeit (von etwa 1500 bis etwa 1800) ordne ich die „Epoche" eines Erwachsenseins zu, die ich einerseits vom Mittelalter als „Kindheit und Jugend unserer Musikkultur", anderseits von der Neuzeit, einer Zeit des Alters und heute wohl bereits sichtbaren Vergehens dieser (oft als „abendländisch" bezeichneten) Kultur, geschieden denke. Natürlich mag es ungewohnt erscheinen, von einer „erwachsenen" Musik zu sprechen. Doch geht man davon aus, dass wir unter Musik ein menschliches Tätigsein fassen, das sich Schritt für Schritt entwickeln musste zu einem heutigen Stand hin und in welchem der Mensch als Mensch sich realisiert, dann erscheint es weniger widersinnig, in *den besonderen Ausformungen solchen Tätigseins in der Frühen Neuzeit Merkmale eines spezifischen Erwachsenseins wahrzunehmen. Die zentrale Denkfigur bildet dabei ein „Verfügen über sich als…", das die erwachsene Persönlichkeit auszeichnet und das wir hier als ein „Verfügen über sich als Glaubender" annehmen können und dessen besondere Entfaltung wir im folgenden im „Verfügen über sich als Singenden" zu fassen versuchen.*

Denn „Seinen Glauben selber singen", das bezeichnet keinen Zustand; es ist sozusagen Teil eines Programms der Selbstbestimmung des sich bildenden (bürgerlichen) Subjekts, zur Emanzipation von institutioneller Bevormundung hin. Es schließt auf der Ebene musikalischen Tätigseins die allmähliche und für den Fortgang der europäischen Musikkultur so charakteristische Substitution eines »Selbersingens« mit ein: zunächst die durch ein »Selbersingenlassen« (was die Beauftragung dafür Geeigneter meint, im eigenen Namen „so" und „besser" zu singen) und schließlich durch ein »Selbersingenhören« (was die Fähigkeit benennt, sich im Hören der professionell Singenden als gleichsam Selbersingenden wahrzunehmen). Den dazu notwendig vorauszusetzenden musikalischen Bildungsvorgang des Menschen, den leistete u. a. das Glaubenslied selbst (und da nicht zuletzt in seiner Funktion als Kirchenlied).

*

Auch wenn wir uns in der folgenden Darstellung auf einen engen Ausschnitt des Singens, auf das Singen in der Form des evangelischen und insbesondere lutherischen Glaubensliedes beschränken, geraten Handlungsweisen des instrumentalen Spielens bzw. des Hörens keineswegs aus dem Blickfeld. Anderseits erlaubt die Konzentration auf eine Spezies menschlicher Artikulation spezifische Wandlungen des Menschen umso deutlicher wahrzunehmen. Und daraus wird verständlich, dass es hier nicht um eine Vollständigkeit gehen kann, schon gar nicht um eine solche einer „Sache" z. B. als Kirchenlied. Uns interessiert der Wandel des Tätigseins als für ein endgültiges Erwachsenwerden (im o. a. Sinn) signifikanter Prozess. Um diesen zu fassen, benütze ich einige eigene Wortverständnisse: so u. a. den Begriff „Vor-Wurf" für (Komposition als) Entwurf und Vorlage für ein musikalisches Tätigsein, den Begriff „Mit-Singen" für ein inneres Mitvollziehen des Singens als ein die Frühe Neuzeit besonders charakterisierendes Hören, oder „Aussprechen" (in der Schreibweise mit Anführungsstrichlein!) für Singen als ein herausgehobenes, hier tendenziell selbst-meinendes Text-Singen.

Methodisch werden wir exemplarisch verfahren. Während Epochendarstellungen gemeinhin glauben, über tendenziell „alles Wichtige" etwas sagen zu müssen, wollen wir punktuell, an ausgewählten Objektiva-

tionen, einen je tieferen Einblick in Musik als menschliches Tätigsein gewinnen, darein, was Singen je ist und sein kann, gleichzeitig aber Einblick in eine konsequente Entwicklung, für den es dienlich scheint, wesentliche Stufen auszuwählen und nebeneinander zu stellen. Die drei wesentlichen Stationen der Entwicklung des Singens als Glaubenslied bilden für mich Luthers Lieder, Paul Gerhardts Dichtungen mit den Melodien und Sätzen vor allem J. Crügers und schließlich Ch. F. Gellerts Oden in den musikalischen Fassungen C. Ph. E. Bachs. Dazwischen ist einerseits auf den schwierigen Weg der Vermittlung und Aneignung solchen Singens und anderseits auf das künstlerische Umgehen mit dem Singen als Glaubenslied und dessen Veränderung einzugehen, vor allem auf seine Bearbeitung als mehrstimmiges Singen oder instrumentales Spielen, nicht zuletzt in den Kompositionen J. S. Bachs, die vorübergehend so etwas wie eine Idealität im Umgang mit jenem als „Choral" bezeichneten Kern des evangelischen Glaubensliedes ausbilden.

Der Blick auf einen möglichen Leser legt die Konzentration auf Lieder nahe, die aktuell im Evangelisches Gesangbuch (= EG) enthalten sind. Bei diesen, von denen ja nicht wenige heute auch im katholischen Gotteslob (= GL) zu finden sind, kann man von der unverzichtbaren eigenen Erfahrung eines potentiellen Lesers ausgehen. Ohne diese, ohne auch die stete Praxis intensiven Singens und Spielens und Hörens dessen, worüber hier gesprochen wird, wäre ein Lesen vollkommen unfruchtbar. Zwar gestatten die Notenbeispiele, unser Lesen mit konkreter musikalischer Vorstellung zu verbinden – und die Notenbeispiele stützen auch den Charakter als „Studienbuch" –, doch bleiben diese stets eher Notbehelf. Man wird nicht umhinkommen, sich auch einige Notenvorlagen und CD-Aufnahmen selbst zu besorgen, zumal größere musikalische Zusammenhänge wie ein Choralkonzert von M. Praetorius oder eine Choralkantate von J. S. Bach – man denke auch an die große Fuge in der Mitte der Bachmotette »Jesu, meine Freude« – sich mit „Beispielen" hier kaum dokumentieren lassen. Auch zu Autoren und angesprochenen Komponisten sind nur die allernotwendigsten Daten vermittelt. (Auf biographische Angaben zu den mitunter angesprochenen sogenannten „großen" Komponisten, wie M. Praetorius, H. Schütz, J. S. Bach und W. A. Mozart, wird verzichtet, da man einige Kenntnisse zu diesen wohl voraussetzen kann.)

*

Die Geschichtsschreibung hat verschiedentlich darauf aufmerksam gemacht, dass wohl gerade die emanzipatorische Kraft der Orientierung am Wort und, so ergänzen wir, seiner „Bedeutung" und Bedeutungszumessung, im evangelischen Raum bis ins 19. Jahrhundert hinein eine besondere Blüte der Philosophie und der Dichtung und der Wissenschaft zur

Folge hatte, eine Ausgestaltung des sozusagen „inneren" Lebensraumes des Menschen.

Dem steht im katholischen Bereich wohl eher eine besondere künstlerische Gestaltung des (vergleichsweise äußeren?) Lebensraumes gegenüber. Im Besonderen realisierte sich diese, nicht zuletzt jesuitisch u. d. h. im Ursprung italienisch vermittelt, im Kirchenbau (mitsamt seiner plastischen Ausstattung, die im evangelischen Raum verkümmerte) und da nicht zuletzt in Wallfahrts- und Klosterkirchen. R. Buchner (»Deutsche Geschichte im europäischen Rahmen«, Darmstadt 1975, S. 236 ff.) macht auf einen zusätzlichen Bereich im katholischen Deutschland (und Österreich) aufmerksam, auf den der Volkskultur, der „von dem katholischen Barock in einheitlichem Geist gestaltet worden" sei. Dabei habe es die im Zuge der Gegenreformation erneuerte katholische Kirche verstanden, „ein Stück uralter bäuerlicher Naturreligion in ver-christlichter Form zu neuem Leben zu erwecken: Prozessionen, Bittgänge um Regen oder Sonnenschein, um Schutz vor Gewitter, Hunger, Pest, Krieg, Wallfahrten zu Kirchen und Kapellen auf Bergeshöhen oder unter mächtigen Baumgruppen – es ist, als werde altheidnische Naturverehrung, die Luther als schriftwidrig bekämpft hatte, im Dienst des Christentums erneuert." Buchner sieht hier „ein seelisches Urbedürfnis" befriedigt. Natürlich bildet auch ein solchartiges Brauchtum Gelegenheiten für ein entsprechendes Singen inform von Liedern.

Hinzukommen der Raum und das Sich-Bewegen in ihm: Wer je eine die inneren Grenzen aufhebende Raumerfahrung wie in Balthasar Neumanns Wallfahrtskirche zu Vierzehnheiligen gemacht hat (deren Vorspiel er in der Gewölbekonstruktion etwa der nahen Klosterkirche Banz durchlaufen kann), der wird einsehen, dass auch hier emanzipatorische Schritte ermöglicht werden. In der Teilhabe an der baulichen und künstlerischen Überhöhung des mystischen Geschehens der für den katholischen Gottesdienst zentralen „Wandlung" und in der vielfältigen Teilnahme an den Handlungen außerhalb der eigentlichen Messe wird die Möglichkeit zum Selbsterleben eröffnet, zu einem tendenziell selbsttätigen Sich-Erleben als katholischer Christ. (Man kann auch heute die emanzipatorische Kraft solcher Architektur im erlebten Widerspruch zu der „besitzansprüchlichen" und „alleinvertretenden" Haltung mancher der heutigen „Inhaber" erfahren.)

Entsprechend fehlt im katholischen Bereich deutscher Sprache eine analoge Entwicklung eines Singens als Glaubenslied in der Frühen Neuzeit. Dort, wo es entstand, folgte es notwendig einer eigenen Zwecksetzung und Sinngebung, wie sie vielleicht symptomatisch die Wallfahrtslieder widerspiegeln. (Die Selbstwerdung des sozusagen „musikalischen Erwachsenen" vollzog sich in den katholischen Landen über andere Schienen, vor allem offensichtlich nicht über die Eröffnung einer selbstver-

antworteten persönlichen Theologie.) Sieht man sich die entsprechende Dichtung durch – eine recht einprägsame Lektüre dazu ermöglicht die Sammlung »Wer Gott vertraut, hat wohl gebaut. Geistliche Lyrik aus drei Jahrhunderten. Von Martin Luther bis Christian Fürchtegott Gellert«, hrsg. v. Barbara Moser und Hellmut Wernher, Frankfurt 1999 – so findet man darunter nur wenige Autoren katholischer Konfession.

D*ie Beschränkung auf das evangelische Glaubenslied ist aber vor allem darin begründet, dass die Ausgestaltung des auf den Glauben ausgerichteten Lebensraumes in der lutherischen Richtung der evangelischen Kirche im besonderen Maße musikalisches Sich-Betätigen mit einbezog, dass diese Kirche dem Selbersingen inform von Liedern einen festen Platz (u. a. in der Liturgie) einräumte und dass sie gleichzeitig eine eigene Tradition mehrstimmigen Singens (durch eine im folgenden „Kantorei" genannte Auswahl der Gemeinde) begründete. Daraus entwickelte sich die eigene Tradition evangelischer Kirchenmusik, in der das Glaubenslied und seine Bearbeitung einen ebenso gewichtigen Platz einnehmen, wie die Bibelspruchvertonung motettischen Zuschnitts in der eigenen Sprache.*

*

D*ie Hoffnung bleibt, dass die vorliegende Darstellung trotz des vorläufigen Aussparens grundlegender Erörterungen – z. B. zu „Lied" und „Singen", aber auch zur Problematik musikalischen Verhaltens und Handelns auf der Stufe des Eintritts in ein „Erwachsenenalter", was in entsprechenden Abschnitten des gesamten Arbeitszusammenhangs nachgeholt werden soll – dem einzelnen Leser dienlich bleibt, dienlich sowohl mit der Erörterung einzelner ihm vertrauter Gegebenheiten eigenen Singens, Spielens und/oder Hörens als auch mit dem Versuch, eben diese in ihrem Sosein aus einem übergeordneten Entwicklungszusammenhang heraus als ihm (nun) ein Stück weit plausibel zu erhellen. Das öfters gebrauchte „Wir" ist als ein pädagogisches zu verstehen, mit dem der Autor den Leser in seinen Gedankengang einbinden möchte.*

Osnabrück, Januar 2017

»Ach Gott, vom Himmel sieh darein«

Martin Luthers Lieder im Zusammenhang seiner Bemühungen um eine Reformation

Zu bedenken ist im folgenden zuerst einmal jenes Singen, das Luther selbst mit seinen Liedern im Kontext seiner reformatorischen Bemühungen entworfen hat, vor allem dessen Intentionen und Folgen für jene, die dieses Singen aufgriffen und weitertrugen. Wir skizzieren hierzu kurz einige Überlegungen
 Jene Vorgänge, die die Reformation und gleichzeitig deren besondere lutherische Ausprägung ingang setzten, ereigneten sich in relativ kurzer Zeit zwischen 1517 und 1530. Allerdings gab es (von Luther aus gesehen) das entscheidende „Vorspiel": Die Auseinandersetzung mit dem Neuen Testament, vor allem aber mit den Psalmen und den Paulusbriefen führten Luther zu seiner entscheidenden Einsicht, nach der die Gnade als ein Geschenk Gottes allein aus dem (persönlichen!) Glauben folgen könne. Nach der Thesenformulierung wider den Ablass, 1517, eine eigentlich zeittypische Einleitung einer universitären Disputation, folgten Formulierungen und Disputationen, die die Kirchenoberen von Luthers Einsicht überzeugen sollten. Die päpstliche Bannbulle, 1520, rief die drei grundlegenden Schriften hervor, die die Perspektive einer Reformation formulierten. Auch der Reichstag zu Worms brachte keine Klärung, und Luthers fürsorgliche „Entführung" auf die Wartburg (durch seinen sächsischen Landesherrn) „beschenkte" uns schließlich mit jener sprach-genialen Übersetzung des Neuen Testaments (1522), die zur Basis vieler Bibelspruchvertonungen vor allem im evangelischen Bereich wurde. Als übereifrige doktrinäre Reformer das Reformwerk zu gefährden drohten, griff Luther wieder öffentlich ein und entwickelte aus einer gleichsam liebenden Zuwendung zu den Glaubenden als Mitmenschen,

aus einer bestimmten Achtung traditionellen religiösen und künstlerischen Verhaltens gegenüber und aus einer Vorstellung von einer möglichen „deutschen" Messe eigensprachliche gottesdienstliche Artikulationsformen. 1523/24 ist wohl die Zeit, in der ein Großteil jener Lutherischen Lieder entstand, die heute als seine Kirchenlieder bekannt und zu einem Teil auch noch im Bestand des EG[1] enthalten sind. 1525 hielt Luther die erste Deutsche Messe (neben der der Lateinische Gottesdienst durchaus noch möglich blieb); 1526 erschien die entsprechende „Deutsche Messe und Ordnung Gottesdiensts".

Zu bedenken ist: Reformation ereignete sich als schrittweise Reform und Veränderung des alltäglichen Glaubensvollzuges innerhalb der Tradition; solcher Glaubensvollzug war noch wesentlicher Bestandteil der alltäglichen Lebenswelt. Für Luthers Reformation spielen eine wesentliche Rolle:

- einerseits die *Verzweiflung* angesichts des eigenen Sich-Sehens; i. e.: die Suche nach der *persönlichen Rechtfertigung* des Erfurter Augustiner-Eremiten vor Gott angesichts einer an sich selbst festgestellten Unfähigkeit, gemäß den Forderungen seiner Religion die ewige Seligkeit zu erlangen;
- anderseits die *Erleuchtung* angesichts des Römerbriefes, die seine Probleme löste und durch die er glaubte, den Mitmenschen eine ähnliche Erleichterung versprechen zu können, zu sollen, zu müssen oder zu dürfen; i. e.: die *persönliche Einsichtsfähigkeit* des studierten und promovierten Theologen in theologische Argumentation, vor allem seine Kenntnis der „Heiligen Schrift" als Professor für die Bibelauslegung an der Universität Wittenberg;
- schließlich der *Ärger* aus einem vielleicht typisch deutschen Sich-ernst-Nehmen; i. e.: eine *persönliche Erfahrung* mit den Missständen der Kirche seiner Zeit, vertieft anlässlich einer Romreise im Auftrag seines Ordens.

Was Luther bewegte, das war wohl schließlich eine Umformung der Religiosität auf den Glauben des Einzelnen hin. Einerseits bildete das Streben nach einer Rechtfertigung vor Gott noch ein dem Menschen der Zeit zentraler Gedanke, der sein Leben bestimmte;

---

[1] „EG" ist die gängige Abkürzung für das 1979 bis 1992 erarbeitete und seit 1994 offiziell in der Evangelische Kirche in Deutschland etc. – vgl. Impressum, ebendort – eingeführte „Evangelische Gesangbuch"; die bis dahin gebrauchte Vorgängeredition wird gemeinhin mit „EKG" bezeichnet. Die Abkürzung für das z. Zt. gebräuchliche katholische Gesangbuch „Gotteslob" lautet „GL".

anderseits führte die persönliche Erfahrung mit sich(!) zur fundamentalen Erkenntnis des *sola fide* und *sola gratia*, die dem Einzelnen schließlich ein *persönlich verantwortetes* Verhältnis zu Gott zusprach. Dass Luther damit die Autorität der Kirche untergrub, ihr (als der allein „Vergebung" Vermittelnden) die ideellen und die materiellen Grundlagen der „guten Werke" entzog, die eine wesentliche Voraussetzung für ein persönliches Heil und für die Finanzierung ihrer Würdenträger und ihrer z. B. baulichen Intentionen bildeten, und dass er damit die Vertreter der Kirche als unbedingte Mittler zwischen Gott und dem Menschen entbehrlich machte, bedeutete einerseits einen wesentlichen *Schritt zur Emanzipation* des Menschen gegenüber den Weisungen der Institution Kirche, führte aber anderseits zur kirchlichen Gegenwehr, was wiederum jene Bemühungen als schriftliche Begründung seiner Kritik an den kirchlichen Zuständen und seinen Entwurf eines „richtigen Verhaltens" (in den berühmten drei Schriften) erst recht beförderte, die so zur Reformation führten. Seine Vorstellung basierte zentral auf (*seinem* Bewusstsein von) der Hl. Schrift (*sola scriptura*) und wies einen großen Teil kirchlicher Tradition, u. a. nicht zuletzt die Ansprüche einer überkommenen Theologie, des Papsttums und der Konzilien, zurück. Und sie begann sich als gestaltender Mitvollzug des Lebens in einer *Gemeinde* und inform einer *aktiven Beteiligung* am Vollzug des Gottesdienstes zu realisieren. Luther formulierte (s)eine Theologie als argumentativ begründete Vorstellung auf einen spezifisch christlichen und persönlichen *Lebensvollzug in einer Gemeinde* hin.

Zwar hat Luther einige revolutionäre Impulse angesichts der politischen Wirkungen wieder zurückgenommen; auch die evangelische Kirche bekam eine gleichsam obrigkeitliche Struktur. Trotzdem blieb die Tendenz, allein das „Wort Gottes" (und die verbliebenen Sakramente *Taufe* und *Abendmahl* mit Beichte resp. Buße) als „vermittelnd" zu betrachten. Im Mittelpunkt des Gottesdienstes, dessen liturgische Struktur sich weiter an der der bisherigen Kirche orientierte und die durchaus noch lange auch lateinische Ordinariums- und Propriumskompositionen zuließ – die entscheidenden Veränderungen vollzog Luther wohl im Bezug zur Eucharistiefeier –, stand neben Gebet und Schriftlesung vor allem die *Predigt*, die Auslegung des „Wortes". Dazu diente die Bibel je in der eigenen Landessprache, hier in der für die deutsche Sprache so folgenreichen eigenen Übersetzung (wobei der des Neuen Testaments 1534 auch die des Alten Testaments folgte). Die Beteiligung der Gemeinde und damit des einzelnen Gläubigen konnte sich einerseits am *inneren Mitvollzug* der ins Deutsche übertragenen *Messfeier* vollziehen, anderseits im Singen inform geistlicher *Lieder*, das im Gottesdienst einen möglichen Ort zugewiesen bekam: z. T. konnte es Ordinariums- und Propriumsteile ersetzen, z. T. Vollzüge (wie die Schriftlesung oder die Predigt) gleichsam vor- und nachbereitend ergänzen. Auch hier wurde Luther wegweisend. Hinzu kam aber noch ein Drittes: der Katechismus, die für jeden verstehbare und *argumentativ mitvollziehbare Klärung* der eigenen Glaubensüberzeugung, die auch in der Form von Liedern nachzuvollziehen war.[1]

(1) Luthers Lieder entwerfen ein Singen aus persönlicher Betroffenheit.

Im Zusammenhang des sog. Glaubensliedes dürfen wir nicht von der Vorstellung ausgehen, dass es da plötzlich ein „Lied" gegeben habe, das zu singen sei; das wäre eine vollkommen unhistorische Vorstellung. Vielmehr ist Singen (inform von Lied ganz allgemein) alltägliche Artikulation (auch wohl Luthers selbst und) auch im vielgestaltigen geistlichen Bereich neben dem eigentlichen Gottesdienst. Luther öffnet diesem Artikulieren in der eigenen Sprache erst nach und nach die eigentliche Glaubensartikulation durch entsprechende Vorlagen.

Sieht man sich die Lieder Luthers in einigermaßen chronologischer Reihenfolge durch – soweit diese überhaupt zu rekonstruieren ist[2] – so scheint der persönliche Impuls ausschlaggebend gewesen zu sein, spontan reagierend mit „Ein neu Lied von den zween Märterern Christi…" und aus vollem Herzen ein „Danklied für die höchsten Wohltaten, so uns Gott in Christo erzeigt hat", anstimmend: *Nun freut euch, lieben Christen gmein* fasst nicht nur Luthers Rechtfertigungslehre, seine Theologie, in einer für jeden fasslichen Art zusammen, sondern es artikuliert diese als eine *Selbsterfahrung* durch die Schrift.[3]

---

[1] „Katechismus" bezeichnet ursprünglich die Aufzeichnung der (mündlichen) Glaubensunterweisung anl. der Taufe (Erwachsener). Eine entsprechende Tradition der schriftlichen Aufzeichnung gab es auch im Mittelalter. Aktuell aber wurde solche Aufzeichnung erst mit dem Nebeneinander der verschiedenen Konfessionen, u. a. durch die beiden Katechismen Martin Luthers (von 1529) für die Unterweisung u. a. in den Schulen für „gemeine Prediger und Pfarrherrn".

[2] Man kann sich etwa an der Insel-Ausgabe, *Martin Luthers geistliche Lieder*, von C. Höfer, [4]1983 orientieren.

[3] Die Melodie- und Textbeispiele folgen jeweils der Edition von Markus Jenny, zitiert hier als „Jenny": *Luthers Geistliche Lieder und Kirchengesänge* (in Ergänzung zu Band 35 der Weimarer Ausgabe der Werke Martin Luthers), Köln 1985.

Die Literatur hält dieses Lied für „ein ganz persönliches Glaubenszeugnis Luthers" (Jenny, 57); es dokumentiert, dass Luthers Liederfindung (in ihrem Ursprung) keineswegs für ein Singen im Gottesdienst entworfen wurde. EG nennt die 10 Strophen eine „Ballade vom Ratschluss Gottes". In solchem Begriff steckt etwas Wesentliches. Denn der melodisch kurze Beginn signalisiert zwar ein unmittelbares Hinein in den (sprachlichen) „Ausdruck" und die beiden Quarten am Beginn verleihen dem Singen etwas Überzeugendes. Es ist der Ausdruck einer Botschaft, wie wir sie in der Kirche (u. a.) aus der Osterbotschaft kennen. Doch schildert der Text diese frohe Botschaft des in die eigene Lebenssituation hineinprojizierten Ostergeschehens nicht objektiv, sondern als einen eigenen persönlichen *Erfahrungsweg*, der von allen, die *so* singen, nachvollzogen werden kann. Das Singen repräsentiert ein „mir" (= Luther) Geschehenes, dessen Bedeutsamkeit als eine für „mich". resp. „uns" mitvollzogen wird.[1]

So stellt das Lied auch keineswegs einen Osterjubel dar, keinen unmittelbaren Ausdruck von Freude (wie er in der zeitgleichen Melodie von Walter zu diesem Luthertext im 6/4-Takt 1524 erscheint[2]). Anderseits kennzeichnet die Melodie auch kein Charakter eines einfachen Erzählliedes, eher den des *festen Behauptens*: die zweizeilige Stollenmelodie mit ihrem Anfangsfanal greift in ihrer zweiten Halbzeile auf eine Formel der ersten zurück und führt sie zum Ausgangspunkt. Und der Abgesang, der über den Zenit des Stollens hinausführt und in seiner zweiten Halbzeile (anders als heute) von oben das Absinken des Melodiebogens einleitet, findet

---

[1] Zum folgenden Notenbeispiel vgl. Jenny, S. 154 ff.; die Strophen sind in ihrer heutigen Fassung im EG, Nr. 341, nachzulesen.
[2] Vgl. Jenny, S. 155.

zurück zur Eingangsformel, die er zum Ganzschluss hin variiert. Wir können diese Festigkeit und Geschlossenheit der Gestalt heute nur bewundern. Wir sehen aber auch, dass die Abgesangsteile in den Textstrophen je kausale bzw. finale Erweiterungen der Aussagen beinhalten; die Struktur der Strophen stimmt mit der der Melodie überein, indem deren Abgesang „über" die Stollenzeilen hinausführt, gleichzeitig aber mit der Schlusshalbzeile das Melosgefüge so zur Einheit bindet wie das Satzgefüge den Text. Dies verleiht der vergleichsweise subjektiven Aussage hier eine objektive Festigkeit. (Wir werden solche „Übereinstimmung" noch an anderen Liedern finden.)

Kein Zweifel, dass solches Singen, das uns heute durch jahrelange Praxis als Reproduktion eines melodisch Vertrauten erscheint, keinen selbstverständlichen Akt darstellt; Luther hat dem Text auch „später", als es um ein Singen der Gemeinde ging, eine neue Melodie gegeben, die wir heute mit Bartholomäus Ringwaldts *Es ist gewisslich an der Zeit* (EG 149) verbinden. Dieses Melos, in der Struktur ähnlich konsistent und textadaequat, trägt eher dem Charakter des Erzählens Rechnung. Wir können folgern: Singen ist für Luther (und die Zeit) erst einmal Ausdruck einer persönlichen Betroffenheit. Das Lied ermöglicht ein *Danken* als Singen für die eigene *persönliche* Glaubenseinsicht. Das hat (noch) nichts mit Gottesdienst (als äußere Handlung) zu tun (obwohl es das als „innere" im Kern im lutherischen Sinn bereits ist), ebenso wenig wie die chronologisch folgenden, sich an Psalmen orientierenden Lieder; aber diese beinhalten selbst eine „Handlung" in nuce. Denn sie verleihen den typischen Glaubensäußerungen des Bittens, Lobens und Dankens eine *situativ* aktuelle Form der Selbstartikulation aus der sie persönlich begründenden eigenen Erfahrung. Lieder, wie *Ach Gott vom Himmel, sieh darein* und *Aus tiefer Not schrei ich zu dir* oder *Es wollt uns Gott genädig sein*, verwenden Psalmen in deren ureigenstem Sinn, verwandeln sie dabei aber gleichzeitig in eine Art Durchgang durch die eigene Glaubensnot *zur erlösenden Einsicht und Tröstung* gemäß Luthers eigener Theologie.

(2) Luthers Lieder sind eine Bearbeitung des Singens seiner Lebenswelt.

Die Frage nach den Quellen solchen Singens, die die werkorientierte Musikgeschichte wesentlich beschäftigt hat, ist für uns relativ uninteressant.[1] Glaube und Leben waren am Beginn des 16.

---

[1] Vgl. die Darstellung der drei „Quellengruppen" der Lutherischen Kirchenlieder im von Ludwig Finscher bearbeiteten Beitrag zum „Zeitalter der Reformation", in: Friedrich Blume, *Geschichte der Evangelischen Kirchenmusik*,

Jahrhunderts noch eng miteinander verbunden. Religiöse Handlungen waren Bestandteil täglichen Handelns; Handlungen des Glaubens nicht geschieden vom sonstigen Leben. Die Reformatoren, die musikalische Handlungen des Glaubens und gerade die des Singens aus ihren eigenen Gründen in den Mittelpunkt stellten, beförderten damit (quasi in ihrem Interesse) die zeitgemäßen Weisen des Singens, freilich auch mit der Zeit auf ihre Art und in ihrem Interesse. Es ist keineswegs erstaunlich, wenn die Musik der Reformation sich an die Musik der Zeit, an Hymnen und Leisen, an gängige Lieder und Praktiken des Singens aus der eigenen Lebenswelt und aus der der Adressaten anlehnte. Die Reformatoren „benützten" nicht Musik oder Lieder etc. für „ihre" Zwecke, dies ist ein falscher Zungenschlag.[1] Vielmehr führten ihre Intentionen zu einer qualitativen Veränderung und Vertiefung des zeitgemäßen Singens, das selbst ja erst einmal identisch war mit dem, „was" gesungen wurde. Singen als eine Äußerungsform des Menschen kann man kaum als sie selbst „be-nützen"; aber man kann den Menschen ausstatten mit einem so- und neu-gearteten Singen, in welchem er gleichsam implizit sein Verhältnis zum eigenen Verhalten verändert.[2] (Genau dies interessiert uns.)

Entsprechend ging Reformation auch nicht (allein) als Verordnung von oben vor sich. Kaum ein Aufsatz über die Musik der Reformation kann dafür so elektrisieren, wie der Text von Inge Mager über „Beobachtungen zur reformatorischen Singbewegung in

---

zweite neu bearbeitete Auflage..., Kassel etc. 1965, S. 11 ff., im folgenden zitiert als „Blume/Finscher".
[1] Zum überzogen „instrumentalisierenden" Zungenschlag vgl. etwa die Ausführungen über Luthers Bemühungen im *Neuen Handbuch der Musikwissenschaft...*, Bd. 12 (*Volks- und Popularmusik in Europa*, hg. v. Doris Stockmann), S. 148 ff.; die beiden Handbuch-Bände (3/1 und /2) über die Musik des 15. und 16. Jahrhunderts sparen die einstimmige Musik der Reformation so gut wie ganz aus.
[2] Zu bedenken ist stets, dass gar nicht die Möglichkeit bestand, „etwas" anderes zu singen, weil ein Denken des „etwas" noch nicht in unserem Sinne vorstellbar war. Viele „Geschichten" jener Künste, die etwas „sagen", gehen davon aus, das, was in ihnen gesagt werde, sagten die Autoren. In der Literatur ist immerhin das Sagen-lassen einer Person geläufig. Trotzdem unterschiebt man oft einseitig eine Artikulation des Autors. Sicher ist das, was vorliegt, vom ihm gedacht, erdacht. Doch scheint mir gerade in der Frühen Neuzeit der Aspekt des Sagen-Lassens, Sagen-Machens zentral. Ein Entwurf des Singens stellte einen adressatenbezogenen Vorschlag „eigenen" (= des Adressaten!) Singens dar, hier verbunden mit einem inhaltlichen Vorschlag eigenen Meinens, in das der Autor sicher involviert war. Die wesentliche Intention war aber altruistisch; nicht zufällig erwuchs gleichzeitig die neuzeitliche Pädagogik.

norddeutschen Städten".[1] Gemäß Mager sind wesentliche Impulse zur Einführung der Reformation in den Städten vom Singen lutherischer Lieder durch vor allem Handwerker und Mitglieder niederer Stände (mit Reiseerfahrung in anderen Städten z. B. als Handwerksburschen) ausgegangen. Als Form des singenden Betens, über Flugblätter und vor allem Vorsingen und Nachsingen verbreitet (wobei das Vorsingen offensichtlich, wie Mager an einem Beispiel ausführt, mit dem Verkauf der Flugblätter verbunden war), wird die Option in selbstbestimmter Weise aufgegriffen: als Bekundung der „Wahrheit", als Bindung des Glaubens an das „Wort", als Ruf nach „Verständnis". Offensichtlich war es vor allem Luthers *Ach Gott vom Himmel, sieh darein*, das als persönlich-kollektive Äußerung gegen die Äußerung einer „gebildeten" und allzu „kircheninteressanten" Predigt diente.

Die heutige Tonart erscheint (mir) fraglich; das Faksimile aus dem „Erfurter Enchiridion"[2] zeigt kein Vorzeichen. Mit dem durchgehenden „b", das dem Hypomixolydischen seinen ursprünglichen Charakter nimmt, verliert das Lied an Kraft und konnte kaum zum reformatorischen Kampflied taugen, das es offensichtlich bald nach seiner Entstehung geworden ist. Behält man (außer in der vorletzten Textzeile „der glaub ist auch verloschen gar") die große Terz bei, dann gewinnt es an Überzeugung bereits in der Stollenmelodie, die „Gott im Himmel" tatsächlich „eröffnend" zi-

---

[1] Vgl.: Inge Mager, *Lied und Reformation. Beobachtungen zur reformatorischen Singbewegung in norddeutschen Städten*, in: A. Dürr und W. Killy (Hrsgg.), *Das protestantische Kirchenlied im 16. und 17. Jahrhundert. Text-, musik- und theologiegeschichtliche Probleme* (= Wolfenbütteler Forschungen, Bd. 31), Wiesbaden 1986, Ss. 25-38.

[2] Vgl. Friedrich Blume, *Geschichte der evangelischen Kirchenmusik*, zweite neubearbeitete Auflage..., Kassel etc. 1965, S. 17.

tiert und folgerichtig die Stollenmelodie durch Aufnahme des gleichen Figurapparats ergänzt. Während der Abgesang einen melodischen Gegensatz formuliert und unter der Achse a' formuliert, kehrt seine abschließende dritte Halbzeile als ein Erheben der Stimme wieder zum Eingangsmelos zurück. Über die Abhängigkeit der Melodie von einer Vorlage ist offensichtlich viel diskutiert worden[1]; doch verweist die Möglichkeit eben nur auf den „Stil des Gesellschaftsliedes der Zeit".
Die Strophen des Liedes nehmen den Gedankengang des Bibeltextes des 12. Psalms recht parallel auf, wobei Luther auch einzelne sprachliche Formulierungen (in eigener Übersetzung!) aufgreift. Die eigentliche 6. Strophe, entsprechend den Psalmversen 8 und 9, ist im heutigen EG ausgelassen und statt der (gem. dem o. a. Faksimile) 7. und der wohl nicht von Luther stammenden 7. Strophe ist eine 6. aus Straßburg (1545) angeführt. Neben der Tatsache, dass es im zeitgemäßen Singen nicht um die stimmliche „Reproduktion eines Liedes" ging, sondern um ein durch eine Vorlage ermöglichtes Sich-Artikulieren, demonstriert das Lied auch die Übertragung des Psalms in die zeitgemäße Aktualität der Singenden, die gerade die Straßburger Strophe mit der entsprechend der Auseinandersetzung um das „Wort" formulierten Kleinen Doxologie unterstreicht. Gleichzeitig belegt solcher Abschluss auch die (wahrscheinlich ursprüngliche) Intention Luthers: „...dass wir sein Wort behalten rein,/ im rechten Glaubn beständig sein/ bis an das Ende. Amen."
Dabei wirkte das öffentliche Singen im Gottesdienst (das hier noch nicht als dessen Teil misszuverstehen ist!) als entscheidende Weichenstellung, der, so mutmaßt Mager, ein oft jahrelanges Singen solcher Lieder im Privaten notwendig vorausging. Eine wesentliche Voraussetzung war wohl, dass es üblich war, im Haus z. B. Psalmgebete für Kranke und Sterbende zu sprechen; Luthers Lieder waren (eben auch) nachgedichtete und eingedeutschte Psalmen. Da Luther bei solcher Nachdichtung – wie Mager betont – „unversehens das ein[floss], was sich ihm am Evangelium erschlossen hatte", stellten „gerade die Psalmlieder reformatorische Verkündigung in höchster Konzentration dar".[2] Was fehlte, war der Schritt zur Verkirchlichung, die durch den Beschluss des Rates oder eines Bürgerausschusses eingeleitet wurde, der „das Singen deutscher Psalmen in den Kirchen nur nach ordnungsgemäßer Anstimmung durch den Prediger gebot" (34). Damit wurde dem

---

[1] Vgl. Jenny, S. 62 ff.; dort auch entspr. Literaturhinweise.
[2] Vgl. Inge Mager, a. a. O., S. 33.

„deutschen evangelischen Lied als legitimer Glaubensäußerung öffentliche Berechtigung" (36) verschafft.
Am Lied *Aus tiefer Not*, einer Nachdichtung des 130. Psalms (dem wir noch in Bachs *Actus tragicus* begegnen werden), lässt sich nicht nur Luthers Vorgehen aus der eröffnenden Frage des Psalms studieren (Verse 1-3), die eben gleichzeitig die zentrale Frage Luthers und die Voraussetzung seiner Theologie darstellt, sondern auch die Wandlung des Liedes selbst vom persönlichen Psalmlied zum gemeindlichen Glaubenslied. Denn von dem Lied in fünfstrophiger Fassung...[1]

1. [...] Aus der Tiefe rufe ich, Herr, zu dir.	[1.] Aus tiefer Not schrei ich zu dir,
2. Herr, höre meine Stimme, lass deine Ohren merken auf die Stimme meines Flehens!	Herr Gott, erhör mein Rufen; Dein gnädig Ohren kehr zu mir Und meiner Bitt sie offen'.
3. So du willst, Herr, Sünden zurechnen, Herr, wer wird bestehen?	Denn so du willt das sehen an, Was Sund und Unrecht ist getan, Wer kann, Herr, fur dir bleiben?
4. Denn bei dir ist die Vergebung, dass man sich fürchte.	[2.] Bei dir gilt nichts denn Gnad und Gonst, Die Sunden zu vergeben. Es ist doch unser Tun umsonst, Auch in dem besten Leben. Fur dir niemand sich ruhmen kann, Des muss dich furchten idermann Und deiner Gnade leben.
5. Ich harre des Herrn; meine Seele harret, und ich hoffe auf sein Wort.	[3.] Darum auf Gott will hoffen ich, Auf mein Verdienst nicht bauen. Auf ihn mein Herz soll 'lassen sich Und seiner Güte trauen, Die mir zusagt sein wertes Wort, Das ist mein Trost und treuer Hort, Des will ich allzeit harren.

---

[1] Der folgende Liedtext folgt der o. a. Höfer-Ausgabe; der Bibeltext „dem 1912 vom Deutschen Evangelischen Kirchenausschuss genehmigten Text" (Stuttgart, 1960).

6. Meine Seele wartet auf den Herrn von einer Morgenwache bis zur andern.
7. Israel, hoffe auf den Herrn!

...denn bei dem Herrn ist die Gnade und viel Erlösung bei ihm,
8. und er wird Israel erlösen aus allen seinen Sünden.

[4.] Und ob es währt bis in die Nacht
Und wieder an den Morgen,
Doch soll mein Herz an Gottes Macht
Verzweifeln nicht noch sorgen.
So tu' Israel[1] rechter Art,
Der aus dem Geist erzeuget ward,
Und seines Gotts erharre.

[5.] Ob bei uns ist der Sunden viel,
Bei Gott ist viel mehr Gnaden.
Sein Hand zu helfen, hat kein Ziel,
Wie groß auch sei der Schaden.
Er ist allein der gute Hirt,
Der Israel erlosen wird
Aus seinen Sunden allen.

liegt auch eine vorausgehende vierstrophige Fassung vor. In dieser bezieht sich der Abgesang der ersten Strophe ganz auf die singende Person allein[2]:

„Dann so du wilt das sehen an, /
wie manche sünd *ich* hab gethan: /
wär kann, Herr, vor dir blyben?".

Die zweite Strophe fasst noch die spätere zweite und dritte zusammen:

„Es steet bey deiner macht allain, /
die sünden zů vergeben, /
Das dich fürcht beyde, groß und klain, /
auch in dem besten leben. /
Darumb auff got will hoffen ich; /
mein hertz auff jn sol lassen sich. /
Ich will seins worts erharren."

Einerseits sehen wir das dichterische Um-Schreiben, ausgiebig etwa in dem biblischen Vers 6 zu Strophe 4 des fünfstrophigen Liedes; anderseits aber die in dieser zweiten Fassung verdeutlichte Interpretation im Sinne der evangelischen Rechtfertigungslehre,

---
[1] „Israel" übernimmt Luther in seinen Texten als Synonym für die durch Christus geläuterte Gemeinde.
[2] Die folgenden Textzitate folgen der Edition Jennys.

die den Vers 4 zur ganzen Strophe 2 erweitert. Entscheidendes leistet auch das Melos, das in den ersten beiden Halbzeilen des Abgesangs in eine gleichsam parallele Tonart ausweicht und in dessen dritter Halbzeile zur Schlussformel des Stollens zurückfindet.

Der Quintschritt am Beginn, zusammen mit dem langen Anfang (ähnlich *Ach Gott vom Himmel, sieh darein*), formuliert den Gestus des an-klagenden Ausrufs. Es ist ein intentionaler Gestus, der sich als ein Gestus der Überzeugung dem ganzen Melos mitteilt: der Singende spricht den Psalm nicht wirklich aus einer Not heraus aus, sondern aus einem ich-bewussten Auftreten. Aus diesem u. d. h. aus dem (bewussten!) Reflex seiner sozusagen kirchenpolitischen Aktualität benützt der Singende den Psalm als Selbstrechtfertigung (vor sich selbst!), wozu wiederum Luthers weite Interpretation des vierten Psalmverses stimmt.

Beide bisher angesprochenen Psalmlieder verwenden eine in dieser Zeit häufige siebenzeilige jambische Strophe mit zwei zweizeiligen Stollen und einem dreizeiligen Abgesang. Sie könnten jede auf die Weise der anderen gesungen werden. Dies geschah auch häufig; man gliederte den neuen Text in die Weise(n) seiner Verhaltensmöglichkeiten ein. Solche Einordnung eines Neuen in den eigenen Horizont eines möglichen Verhaltens dürfte das wichtigste Argument für die sog. Kontrafaktur sein und jene stets angeführten Gründe der „Beliebtheit" einer Melodie oder eines bewusst instrumentellen Vorgehens der Autoren wesentlich übertreffen. Auch an dem o. a. Lied kann man heute noch ersehen, dass solche Liedtexte auf unterschiedliche Weisen gesungen wurden; eine „zweite Melodie" von dem in Straßburg wirkenden Studienfreund Luthers, Wolfgang Dachstein, findet sich heute noch im EG (299). Doch ist für den sog. Erfolg der Lutherischen Lieder nicht zuletzt die prägnante Gestalt und die Geschlossenheit seiner melodischen Anlagen verantwortlich zu machen. Denn das, was Luthers Melos ermöglicht, ein Singen als Bekundung einer Bedeutsamkeit des gesamten Textes (für den Singenden selbst), dies leistet die „zweite Melodie" eben nicht in gleicher Weise, die eher am Aussprechen entlang auf bedeutungszentrale Textbestandteile zielt, im Stollen auf „Herr Gott", im Abgesang auf die Schluss-Halbzeile.

„Lied" besteht hier als strophiger rhythmischer Text-Vorwurf für ein Singen und nicht Singen als Reproduktion eines Liedes. *Vom Himmel hoch* hat Luther selbst nach der Weise (= dem Singen) eines dörflichen Brauchtumsliedes entworfen. Dessen ursprünglicher Text „Ich kam aus fremden Landen her" weist deutlich auf den Vorgang der Aktualisierung eines selbstverständlichen Verhaltens in einem „ähnlichen" situativen Zusammenhang. Unsere gängigen Formulierungen des „Verwendens für" geht ein wenig am zeittypischen Sachverhalt vorbei; die moderne instrumentelle Sichtweise unterstellt leicht ein bereits perfektes „Über-sich-Verfügen-als-Singender", das sich eben erst zu bilden beginnt. Man muss wohl davon ausgehen, dass Luther zuerst sich selbst als Singenden realisiert. Seine Entwürfe sind „eigentlich" solche für ein Alleine-Singen; Jenny spricht wiederholt von „Sololiedern". Das anfangs relativ zweckfrei entworfene Singen, als „Lieder" über Einzelblattdrucke erfolgreich, wurde sekundär einer Vorstellung von ihm unterworfen, die sich erst in einem zweiten Schritt zu einer vom gottesdienstlichen Singen und schließlich auch zu einer vom möglichen „Gemeindelied" entwickeln sollte.

(3) Luther ging es nicht um neue Lieder, sondern um ein neues Singen.

Auch Luther hat sozusagen experimentiert, sein „Lied" fiel ihm nicht einfach zu. Auch hat er nicht alles zu entwerfende Singen in Liedform gefasst; manches ist dem alten Choral resp. den alten Rezitationsformen nahe geblieben. So sind der 111. und der 117. Psalm als ausgeschriebene Gemeindepsalmodie überliefert. Stücke zum Ordinarium blieben (mit Ausnahme des *Credo*) liedhafter Gesang. Auch die *Litanei* hat Luther (wieder) zugelassen und bearbeitet. Anderseits lässt sich bei einigen durch Lieder gestalteten situativen Zusammenhängen sein Bemühen erschließen, zu einem späteren Zeitpunkt speziell für die Gemeinde singbare Weisen zu entwerfen, z. T. im bewussten Anknüpfen an bekannte Singweisen.[1]

---

[1] Hinzuweisen wäre nicht nur auf das bereits angesprochene *Ach Gott, vom Himmel sieh darein*, sondern auch auf *Jesus Christus, unser Heiland, der von uns,*

Luther hat sich eigentlich nicht gegen die bisherigen Lieder und Gesänge gewandt, sondern gegen ein „geistloses" Singen, das mit ihnen (seiner Erfahrung nach!) vollzogen wurde. Der Zwischentext (Bl. 132^v zu Teil [V]) des Wittenberger Gemeindegesangbuches von 1533[1] findet hierzu deutliche Worte, die Luthers *Vorstellung* von der neuen Qualität „seines" Singens belegen. So reiht er einige Lieder, „von den Alten gemacht", mit ein, „zum zeugnis etlicher fromen Christen, so für [= vor] uns gewest sind". Diese „heiligen Lieder [...], so die Patriarchen und Propheten vorzeiten gemacht und gesungen haben" und dabei „gleich wie wir thun, auch allein Gottes gnade, und nicht menschen werck preisen", begründet er vor allem darin, „das wir solche Lieder odder Psalmen gerne wollten, mit ernst und andacht, mit hertz und verstand, gesungen haben, nicht wie man sie jnn den Stifften und Klöstern, mit grossem missebrauch und Abgötterey, noch heutiges tages plöcket und heulet" und weder den Willen noch den Fleiß zeige, sie zu verstehen oder sie „mit andacht und mit frucht" zu singen. Luthers Vorstellung vom eigenen Singen, die ein „Verstehen-Wollen" und ein „Denken-an" als dessen Teil notwendig einschließt, dokumentiert seine reflexive Haltung zu sich als Singenden. Wenn „Luther die Liedkunst zunächst zur Propagierung der neuen Lehre und erst dann, jedoch kurz danach, auch für die Erneuerung des Gottesdienstes entdeckte" (Jenny, S. 13), dann bestä-

---

auf *Christ lag in Todesbanden* oder auf *Vom Himmel kam der Engel Schar* und das berühmte *Verleih uns Frieden gnädiglich*; vgl. zu diesen jeweils die Anmerkungen bei Jenny unter *III. Einleitung zu den einzelnen Gesängen.*
[1] Das Gesangbuch (die zweite Auflage eines nicht erhaltenen Gesangbuches von 1529) ist in der Literatur unter dem Titel „Das Klug'sche Gesangbuch" zitiert. Luther begründet (in einer „neuen" Vorrede) die Herausgabe mit falschen Nachdrucken und „Vermehrung" seiner Lieder; er begründet auch die Autorennennung, um die unter seinem Namen kursierenden falschen Lieder indirekt auszuscheiden. U. a. hebt er hervor, dass es wohl „etliche" gebe, die „[...]die lieder gemehret, also das sie mich weit ubertreffen und jnn dem wol meine meister sind"; er wendet sich aber auch ausdrücklich gegen jene, die das Gute durch die Masse des Unnützen zuschütten. So heißt es in der Einleitung zum Teil [IV] mit geistlichen Liedern „durch andere, dieser zeit gemacht": „weil aber der selbigen seer viel sind, und mehrer teil nicht sonderlich tügen [= taugen], habe ich sie nicht alle wollen jnn dis unser Gesang büchlin setzen[...]" Der o. zitierte Zwischentext leitet den sozusagen [V.] Teil des Gesangbuches ein, in welchem Luther biblische Cantica in einem (neuen) Psalmton versammelt und zum größeren Teil in vierstimmigen Sätzen (wohl von J. Walter) abdrucken lässt. Darunter auch das *Magnificat* mit einer ausführlichen Würdigung seiner „Leistung" als Singen.
Weitergeführt wird die auf Luthers Wirken selbst fußende Tradition dieses Gesangbuches durch eine Klug'sche Ausgabe (1543/44) und durch das sog. Babst'sche Gesangbuch, das 1545 in Leipzig erschien.

tigt das unsere Einsicht in den Vorgang der qualitativen Veränderung des Singens hier: aus dem zeitgemäß üblichen spontanen Besingen von Ereignissen und dessen Verbreitung über die Liedblattdrucke, vor allem aber aus dem Ausdruck des eigenen reformatorischen Erlebens in *Nun freut euch*, erwächst die *Erfahrung der Selbst-Wirksamkeit* eines solchen „andächtigen" und „verstehenden" Singens und die in den Psalmliedern sich niederschlagende *Erkenntnis* vom prinzipiellen „Nutzen" eines solchen Singens. Diese erst führt zum *altruistischen Impuls*, solchen allen anderen zu ermöglichen, vor allem in der Teilhabe an ihrem Glaubensvollzug als Glaubende (in den Katechismusliedern) und schließlich als Gottesdienstbesucher in Liedern zu Festen des Kirchenjahres.

Wie sehr es Luther auch darum ging, die „alten" Kirchengesänge zu bewahren und in (s)eine zeitgemäße Vorstellung des Singens zu überführen, demonstrieren die fünf vorreformatorischen Lieder im Gesangbuch von 1529 bzw. 33, die dort den [III.] Teil bilden. Gleichzeitig demonstriert z. B. die Leise *Christ ist erstanden* die Forschungsprobleme, die (fast) jedem Lied Luthers anhaften, in welchem in diesem Fall möglicherweise nur die zweite Textstrophe von Luther stammt. Denn Luther hatte schon früher versucht, die Botschaft der alten Sequenz *Victimae paschali laudes* in die neuen Worte *Christ lag in Todesbanden* zu fassen und diesen eine an Motiven der Sequenz angelehnte Melodie zu geben. Diese Melodie liegt aber in zwei Fassungen vor. Beide setzen wiederum ein „freies" u. d. h. von Halbzeile zu Halbzeile sich je neu bestimmendes Metrum voraus; solche Freiheit können wir durchaus als Übergang zur festen Liedgestalt ansehen. Während aber die eine, mit einer synkopierenden Halbzeile im Abgesang – vgl. Jenny, S. 194 f. – Luther zugeschrieben wird, erscheint (mir) die andere Fassung, die bei Walter 1524, also zeitgleich, aufscheint, jener Struktur des Melodiebaus eher zu entsprechen, die wir oben bei *Nun freut euch* hervorgehoben haben.

Luther als Melodieerfinder dürfen wir uns also nicht als einen „Komponisten" vorstellen. Wenn es aber mitunter heißt, „Melodiebeschaffung bedeutete im 16. Jh. nicht Neuerfindung von Weisen, sondern Bearbeitung von Vorlagen"[1], dann scheint solche Einschätzung manchen zu weit zu gehen. Unter der Voraussetzung, dass es am Beginn des 16. Jahrhunderts eben (nicht um Lieder, sondern) noch sehr direkt um Singen ging, trifft sie ein Wesentliches. Bezogen auf Luther ging es um ein Entwerfen von und eine Vorlage für ein Singen, das mehr oder weniger, sich über-

---

[1] Blankenburg in MGG-alt, Bd. VIII, Sp. 1343, zit. nach Jenny, S. 15.

schneidend und wechselnd, Erarbeitung aus der Sing-Erfahrung und dem Sing-Gedächtnis bedeutete. Solches Erarbeiten war nicht so sehr auf „die" geläufige Weise aus, vielmehr auf eine „innere" Übereinstimmung mit dem (neu) entworfenen Text. Da dieser (in den Liedern Luthers) von Luther selbst stammte, er sich also in/mit ihnen als sich singend Verhaltender entwarf, ist seinen Melodien – aus unserem heutigen Blickwinkel changierend zwischen „Sololied" und „Gemeindelied" – in der Regel eine ursprüngliche (persönliche) Intentionalität eigen. Diese ist schwer zu bestimmen und von einer Überzeugung von der Bedeutsamkeit des eigenen Singens für „mich", „uns" und „über uns hinaus" gekennzeichnet. Solche Überzeugung lässt sich wohl nicht auf bestimmte Wort-Tonverhältnisse oder auf bestimmte (tonartlich beeinflusste) Melosformeln festlegen, obwohl auch diese eine Rolle spielen können. Sie vermittelt sich in der Sicherheit des Verlaufs und der Form, die im Einzelfall das Ergebnis eines längeren Umsingens sein kann bzw. einer zusätzlichen Zweitbearbeitung (z. B. durch J. Walter). (Es geht uns hier nicht um einen „Personalstil" Luthers, sondern um so etwas wie eine Haltung des lutherischen Singens.)

Die erste wohl *Enchiridion* genannte Sammlung neuer Lieder – erhalten ist die Auflage von 1526 – wird für Wittenberg für 1525 angenommen, vielleicht sogar davor, für 1524, sozusagen als Parallele zum Chorgesangbuch Walters (von 1524), mit dem Zusatz „fur die leyen", also nicht für den Chor, sondern für die Gemeindemitglieder.[1] Es war zwar von Luther initiiert, nicht aber von ihm gestaltet, im Gegensatz zum [zweiten] Wittenberger Gesangbuch von 1529: dieses – es ist nur in der zweiten, erweiterten Auflage von 1533 auf uns gekommen – bezeichnet Jenny als eine Schöpfung Luthers; er stellt es als „Werk" Luthers neben „die 95 Thesen, neben die Schrift »Von der Freiheit eines Christenmenschen« oder die Bibelübersetzung".(37) Es ist als Teil einer „systematische[n] Bemühung Luthers um Gemeindeaufbau und

---

[1] Vgl. Jenny, S. 25 ff. Die *frühen* Gesangbücher (vor 1530), eher nur gedruckte Sammlungen der auf Fliegenden Blättern verbreiteten Lieder, die sich in ihren jeweils veränderten und schnell vergriffenen Auflagen – manchmal mehreren pro Jahr – gegenseitig beeinflussten, bilden sozusagen „Familien", deren Mitglieder aber nicht alle auf uns gekommen sind. Erscheinungsorte der frühen, „Enchiridion" genannten Bücher waren neben Wittenberg Erfurt, Nürnberg und Straßburg; dazu kamen anders genannte Sammlungen aus ebenfalls Erfurt und Nürnberg, aber auch aus Breslau, Zwickau, Königsberg und Rostock; die eigentliche Entwicklung des deutschen evangelischen (u. d. h. bewusst auf die Funktion hin gestalteten) Gesangbuches setzt aber erst in den dreißiger Jahren ein; und am Beginn derselben steht das Wittenberger Gemeindegesangbuch von 1529 (s. o.); vgl. Jenny, S. 36.

Frömmigkeitspflege" gleichzeitig mit den Katechismen und dem Betbüchlein konzipiert.
  Erst hier also mündet das Singen der Gemeindemitglieder auch und mit Bedacht in eine *mögliche* aktive Gottesdienstgestaltung.
- Ein wichtiges Movens hierfür stellt wohl die Liturgiereform dar; mit ihr trafen die Reformatoren einen Nervus der Selbstbevollmächtigung: die neue Rolle des Handelns „Singen" im Verhältnis zum Selbstgefühl als „Ausdruck" der eigenen Glaubensbefindlichkeit (die ja als solche von den einfachen Leuten erst einmal gar nicht infrage gestellt wurde). Singen als ein Selbstsein in der Glaubensüberzeugung realisierte nicht mehr nur ein Beten, Loben und Danken, sondern ein *Selbst-Be-und-Erkennen*, worin sich ein neuer Wert der Persönlichkeit niederschlug. Der musikalische Mensch wurde sozusagen erwachsen: er hat sich das zu Glaubende so weit angeeignet, dass er es *in einer Art sich selbst vergewissernden Umgangs mit sich* als seinen Selbstausdruck benützen kann. (Dabei erscheint es im Laufe der Historie eigentlich unerheblich, ob der Glaubende wirklich selbst singt oder singen lässt: *er* muss sich in solchem Singen persönlich wahrnehmen können.) Während die katholische Kirche eher Funktionen der Glaubensaussage an die Musik delegiert, und Münzer den revolutionären Gehalt des Singens selbst betont, indem er das eigensprachliche gottesdienstliche Singen als Ausdruck der Befreiung des Individuums (ohne weitergehende musikalische Folgen) organisiert, wählt Luther einen Mittelweg: das Ich bleibt eingebunden in die Gemeinde und die Tradition, Singen bleibt Ausdruck eines kollektiven Bekenntnisses, in welchem freilich der Einzelne sich zum Selbst-Erkennen und -Aussprechen bevollmächtigt findet. Entsprechend hat Luther nicht nur Lieder für den Gottesdienstvollzug entworfen, für die Hauptfeste Weihnachten, Ostern, Pfingsten, zum Ersatz für lateinische Ordinariumsteile (wie z. B. *Das deutsche Patrem*), zu wichtigen Lobgesängen auch in den weiteren Gottesdiensten (z. B. *Te Deum laudamus*), sondern auch zum Trauerfall und nicht zuletzt zu wesentlichen Katechismus-Inhalten: zu den zehn Geboten, zum Vaterunser und zu Taufe und Abendmahl. Dabei bezeichnet manchmal schon der Titel des Liedes ein Entscheidendes: „Das Vaterunser, kurz ausgelegt und in Gesangsweise gebracht" oder, noch deutlicher, „Ein geistlich Lied von unser heiligen Taufe / darin fein kurz gefasset: Was sie sei? wer sie gestiftet habe? was sie nütze? usw."

- Indem die Glaubenden z. B. das *Vater-unser*-Lied singen, übersteigen sie die Formel, artikulieren sie gleichzeitig *ihr Verständnis dessen*, was sie sagen. Das Lied entwirft eine Option zum Singen(!), mit dem die Christen „dann" (denn das war/ist ja so u. U. gar nicht vorgesehen!) in kollektiver Weise ihre persönliche Position (u. d. h. im Zusammenhang von Reformation eine antischolastische Position) in die Feier einbringen können: und zwar als Singende (= als Lied-Singende = als „uns" eine „uns" entsprechende und von „uns" verstandene Form der Selbstaussage Gebende!). Das Lied der Reformation gab den Glaubenden (= auch den einfachen Leuten) *eine Vorstellung von sich und eine Sprache, diese zu bekunden*; und dies eben nicht im Sinne einer Disputation, sondern im Sinne einer „wissentlichen" Feststellung. Mit dem Lied-Singen aber überwanden die Singenden ihren toten Wissensglauben zu einem Verstehensglauben hin, in welchem sie gleichzeitig sich als Christen selbst „wahrzunehmen" begannen.[1]

Die zentrale intentionale Funktionalisierung des Singens bestand für Luther darin, die Glaubenden als Selbst-Singende (und erst sekundär als solche zur gottesdienstlichen Teilhabe an der Liturgie) zu aktivieren. Der *singende* Glaubensvollzug, der oft mit dem Schriftzitat (Versikel) und dem Gebet kombiniert erscheint, setzte aber nicht nur die eigene Sprache voraus, sondern auch jene vielgerühmte Übereinstimmung von Text und Noten, Akzent, Weise und Gebärde(!): *„Es mus beyde, text und notten, accent, weyse und geperde aus rechter muttersprach und stymme komen, sonst ists alles ein nachomen, wie die affen thun."*, heißt es in Luthers Schrift *Wider die himmlischen Propheten.*[2]

Für solches Singen ist nicht nur die Abstimmung der Melodieteile maßgebend, sondern auch das unmittelbare Verhältnis von Wortaussprechen und melodischer Tonzuweisung. Vergleichen wir die Bearbeitung eines alten Hymnus (wie sie wahrscheinlich von Luther stammt) mit der zeitgleichen Straßburger Singweise...[3], dann erkennen wir, dass in der Lutherischen Fassung die rhythmische Indifferenz zugunsten einer (freien aber trotzdem festen) metrischen Ordnung Platz macht, die aus dem Zusammen-

---

[1] Wir sehen hier wieder eine gewisse Dialektik am Werk: das neue Sich-Sehen, das die Option eines entsprechenden Singens eröffnet, verstärkt, ja schafft mit diesem Singen erst eigentlich das neue Sich-Sehen, wobei es dieses freilich in eine ganz eindeutige Richtung zu lenken versucht: in die des Gottesgeschöpfes...
[2] Zit. nach Jenny, S. 73.
[3] Zu den folgenden Beispielen vgl. Jenny, S. 202.

spiel des Sprechens des Textes mit der (harmonisch zuordenbaren) melodischen Wendung erstellt wird.

Der Schritt zum vierten Melodieton ist jetzt als einer entworfen, den wir quasi *körperlich* vollziehen und in welchem *wir* den Silben des Textes im Vorgang des „Aussprechens" Bedeutung zumessen. Alle vier Halbzeilen des Melos erscheinen (uns) nun wie auf eine Mitte („Ziel") bezogen, aus der heraus sie sich jeweils abschließen. Aus der objektiven Aussage – sozusagen mit Rechtscharakter: »Nun soll Weihnachten beginnen« – wird eine darüber hinausgehende persönliche Proklamation.

Es ist nicht das Lied an sich, das eine Leistung erbringt, sondern es ist die mit dem Singen sich „einnistende" neue *Intentionalität*, die der Gestalt Lied eine neue Ich-Funktion zumisst! Das von Jenny (z. B. S. 99) angesprochene, „bei Luther öfter Anwendung findende(s) Melodiebildungsgesetz": dass auf Hochtöne besonders betonte Silben fallen, meint ja letztlich die melodische Wendung, die es den Singenden nahelegt, selbst Bedeutung hervorzukehren. Indem Luther sich selbst zum seinen Glauben Singenden macht, der aus der Wahrung der eigenen Singtradition sich gestaltet, steckt er die anderen an; und erst im Nachgang stellt sich das Problem der Singbarkeit für „alle", das des sog. Gemeindeliedes. Dieses Problem wurde aber in der zweiten Hälfte des Jahrhunderts durch den das Singen führenden Chorsatz der Kantorei gelöst. (Doch darüber im nächsten Kapitel mehr.)

(4) Luthers Entwürfe des Singens veränderten nicht nur das Singen, sondern die Singenden.

Luther aktualisiert Verhalten; indem er diesem einen neuen Inhalt gibt, verändert er es (nicht nur) qualitativ, sondern fundamental: er lässt die Sich-Verhaltenden sich selbst erleben als „Von-sich-selbst-Sprechende". Möglicherweise – wenn man der Einschätzung in der Neuedition der Lutherischen Lieder folgt – ermöglichen gerade Luthers Melodien den Singenden zentralen Worten besondere Bedeutung zu verleihen, was „dann" als eine persönliche Leistung wahrgenommen werden kann; solches Wahrnehmen verändert das Verhältnis der Singenden zu ihrem Singen zu einem reflexiv zweckerfüllten hin: sie bilden sich als So-Glaubende selbst.

Was an einem Lied, wie *Erhalt uns, Herr, bei deinem Wort*, auffällt, das ist die Reife, wie sie die vergleichsweise späten Lieder Luthers ausweisen. Das dreistrophige weil „trinitarische" Lied, das die Überschrift „Ein kinderlied, Zu singen wider die zween Ertzfeinde Christi und seiner heiligen Kirchen, den Bapst und Türcken, etc." trägt[1], demonstriert die inzwischen durch die Liedpraxis gewachsene Sicherheit der Gestalt sowohl des Textes wie auch des Melos im Entwurf Luthers, der sich an den Hymnus *Veni redemptor* orientiert.[2]

Wir können auch an diesem Lied eine Art schwebende Metrik bemerken, die in den vier den gesamten Melodiebogen als Einheit entwerfenden vier Halbzeilen waltet. In ihnen scheint der Gang noch offen für Dehnungen und Betonungen, die sich im Singen selbst (sozusagen mit der Zeit) durchsetzen. Dazu motiviert die Struktur, die erste Zeile auf dem Grundton als melodische und textliche Themenstellung,

---

[1] Möglicherweise weist der Titel auf eine Bestimmung für Schüler, für die das Lied eine zusammenfassende Anrufung der Trinität darstellt; vielleicht können wir es in dieser Funktion neben Bachs Motette „Jesu, meine Freude" stellen, falls diese wirklich als eine Art „thomanische" Einführung nicht nur in das Singen Bachschen Satzes, sondern auch in die evangelische Theologie lutherischer Prägung entworfen wurde. (Vgl. Chr. Wolff, *Johann Sebastian Bach*, Neuausgabe Frankfurt 2005, S. 272.)
[2] Zur Ableitung vgl. Blume/Finscher, S. 23 f.

die Öffnung des Melos nach oben in der zweiten Zeile als doppelte Anfügung, die das „Thema" erweitert und absichert und auf der Quinte endet,

und steur des Bapsts und Tür - cken Mord,

die dritte Zeile als Höhepunkt des Melos mit „Jesum Christum" an der Spitze und partiellem Neigen zur Terz,

die Jhe - sum Chri - stum, dei - nen Son,

schließlich die vierte Zeile als Rückführung zum Beschließen mit dem Rückgriff zur Quinte,

wol - ten stür - tzen von dei - nem Thron.

der das „wollen" gleichsam warnend hervorhebt und der Schlussfloskel, die an den Beginn anschließt und dem Melos die geschlossene Gestaltqualität verleiht. So können wir die Leipziger Fassung von 1545 (vgl. Jenny, S. 304) als konsequente Rhythmisierung aus dem Singen heraus begreifen:

Dabei geht es nicht um eine durch und durch perfekte Melodiegestalt im modernen Sinn, sondern um den (momentanen) Niederschlag eines praktischen Vollzugs unter Hervorhebung jener melodischen Implikate, die im offenen Metrum angelegt scheinen. Der Vergleich der beiden Melodiefassungen dokumentiert die Praxis des Singens der Zeit mit seinem Zumessen von Bedeutung im Akt des Vollzuges.

Martin Luthers Lieder

Was uns auffallen sollte, das ist die *Melos-Konsquenz*: Melos trägt nicht einen Text, sondern entwickelt mittels seines eigenen konsekutiven Gefüges das Aussprechen des Textes im Sinn des sich in den Gliedsätzen niederschlagenden Gedankenverhältnisses. In Luthers Tauflied, *Christ, unser Herr, zum Jordan kam*, betrifft dies vor allem die Zielbezogenheit, die sich in der letzten (fünften), sich wie ein Ausruf und überraschendes Ziel anhängenden Halbzeile des Abgesangs schlagartig bemerkbar macht. Tatsächlich ist das Melos hier aber ein Rückgriff auf eine Melodie zu Luthers christlicher Umdeutung (so Jenny sinngemäß, S. 66) des Psalms 67, *Es wollt uns Gott genädig sein*, von der gar nicht klar ist, ob sie von Luther oder Walter stammt; denn sie ist uns in Walters Chorbuch von 1524 überliefert, während eine gleichzeitig überlieferte Straßburger Singweise möglicherweise Matthäus Greiter zuzuschreiben ist (vgl. EG Nr. 280). Wer der Schöpfer der Melodie bei Walter (zum Text „Es wollt uns Gott genedig seyn") ist,

erscheint aber sekundär gegenüber der Tatsache, dass wir hier eben auch *eine Melodiestruktur nachvollziehen können, die im melodischen Gefüge ermöglicht, das Gedankengefüge in seiner konsequenten Konstruktion zu „äußern"* (= zu einer eigenen Aussage zu machen): Während im Stollen die zweite Halbzeile auf die erste „zurück"-greift und zum Grundton zurückführt und damit den Melodiebogen in seiner Wiederholung als Aussageeinheit erst einmal hinstellt, erweist sich der Abgesang sozusagen als eine finale Damit-Anfügung, die den Gedanken der Stollen weiter- und über ihn hinausführt, wobei auch hier die vier Halbzeilen sich als An- und Abstieg funktional ergänzen. Die fünfte Halbzeile nun, die ließe sich auch eine Quinte tiefer denken; doch fungierte sie (musikalisch) dann nur als Verdopplung des Schlusses der vorangehenden Halbzeile. Entscheidendes leistet eben der Oktavsprung nach oben, der dieser Zeile den Sinn dessen verleiht, um das es (hier) letztlich geht: um die „Bekehrung" zu dem christlichen Gott. Solche Möglichkeit, im Singen gleichsam *selbst* aufzudecken, worum es („mir") eigentlich geht, leistet in besonderer Weise der in den vierziger Jahren neu geschaffene Text des Taufliedes, vor allem in seiner ersten Strophe: „Es galt ein newes Leben.", heißt es in der fünften Abgesang-Zeile. Doch bleibt die Finalität auch in den anderen Strophen erhalten; und diese gilt uns als ein besonderes Kennzeichen eines „persönlich" werdenden Singens, das sich auch in den synkopierenden Passagen des Abgesangs realisiert.

Es ist kaum auszumachen, was Ursache und was Wirkung ist. Die aufgefasste Gestalt setzt ein Sich-Wahrnehmen als So-Singende voraus, das aber anderseits in der intentionalen Zwecksetzung durch den Autor grundgelegt erscheint. Doch trifft diese Intention bereits auf ein entsprechendes Begehren seitens der Adressaten (und Luthers selbst); anders wäre die „explosive" Verbreitung der reformatorischen Lieder gar nicht vorstellbar.

(5) Objektivierung als Kirchenlied und Ermächtigung zum subjektiven Ausdruck haben miteinander zu tun.

Die entscheidende Einsicht, die wir an Luthers Liedern für die Frühe Neuzeit gewinnen resp. bestätigt finden, ist, dass Objektivierungstendenz („Gestalt") und „Sich-Ausdrücken" unter dem Aspekt von Musik als menschlicher Tätigkeit etwas miteinander zu tun haben: über die persönliche Aneignung eines So-Singens als Einheit von Text und Melos „wird" – als ein subjektiver, die Singenden verwandelnder Vorgang! – das Lied zum erfahrenen Objekt des Selbstausdrucks, für das die Folgezeit den Begriff des „Chorals" prägte. Die wesentliche Vermittlung aber leistet hier (= im Zusammenhang evangelischen Singens und noch) Luthers Intention, die sich über den Text und qualitativ über das Melos den Singenden vermittelt. Ihr Singen wird selbst inhaltlich intentional; die Intention „eignet" sich sozusagen die Singenden an.

Ein „Choral" wie *Ein feste Burg ist unser Gott* – im Bewusstsein auch der nicht auf die evangelisch-lutherische Kirche bezogenen Deutschen und Mitteleuropäer ist dieser Choral, der wohl gegen Ende der 20er-Jahre des 16. Jahrhunderts entstand, zu *dem* Luther-Lied geworden – besteht eben nicht nur aus einem „guten" Text und einer „charakteristischen" Melodie, sondern in einer theologischen Intentionalität der eigenen(!) Rechtfertigung im Glauben, durch die die Singenden sich im Vollzug selbst in ihrem Interesse wahrnehmen. Luther ermöglicht den Singenden, ihrem Singen einen selbstbestimmten Zweck zuzumessen. Es gewinnt eine Bedeutsamkeit, die sich auf die Text-Melos-Gestalt überträgt (= dieses Lied zum Choral „macht") und die Singenden diese nicht nur „schätzen" und besitzen, sondern in ihr sich „sehen" und „erkennen" lässt: in ihr erfahren sie sich als zum *musikalischen* Ausdruck „ihrer" persönlichen Existenz Ermächtigte, als durch ihr „richtiges" Verhalten hindurch nicht mehr nur religiös, sondern auch musikalisch Handelnde.

Im melodischen Duktus erscheint das Lied gleichsam als eine Umkehrung des Taufliedes; sein hoher Beginn gemahnt an „Verkündigung" und ermöglicht im Singen unmittelbar die Selbstbekundung des/der Singenden. Die Synkopierung lässt „unser" vergleichsweise gesamtkörperlich bedeutsam werden: das ist Ausruf und Bedeutungsgebung, gleichzeitig Proklamation, die die „Erkenntnis" der Reformation verinnerlicht hat.

In diesem Lied fließt alles zusammen: das Selbersingen (zuerst einmal Luthers!) aus der Psalmverinnerlichung, die altruistische Intention im „unser", die Erfahrung der künstlerisch entwickelten Melodik (als tendenziell „Hofweise") und gleichzeitig der gleichsam gesamtkörperliche Vollzug, der die Bedeutungsgebung durch die Singenden unterstreicht. Dabei wird die „Zielbezogenheit" der Halbzeilen trotz eines „offenen" Metrums durch die Synkopierung besonders deutlich. Während die Stollenmelodie die proklamatische Textzeile und ihre Ergänzung melodisch je von der Oktave zur fünften Leiterstufe und rückgreifend bis zum Grundton zur Einheit fasst, gliedern sich die vierte bis achte Zeile, textlich wie ein erläuternder Diskurs, als eine melodische „Entwicklung" an. Gleichzeitig bilden die vier Halbzeilen einen offenen Melodiebogen aus, wobei der selbstgesprächliche Diskurs sich sowohl in den Synkopierungen wie in den gleichsam „schnurgeraden" Feststellungen als Entäußerung realisiert, um schließlich die letzte Halbzeile mit der wesentlichen Einsicht und dem Aufnehmen der zweiten Stollenhalbzeile eine das Äußern und die melodische Gestalt gleichermaßen zusammenfassende Konklusion bilden zu lassen.

Das, als was uns heute das ganze Lied (textlich) erscheint[1], eine zielbezogene Folge von Strophen, auf eine finale Einsicht hin entworfen, das ist es tendenziell auch in der einzelnen Strophe, die je einen argumentativen Gedanken, oft mit einer ebensolchen finalen Einsicht, fasst, der selbst oft auf die nächste Strophe weist. Das erscheint deshalb nicht unwichtig, weil die textliche Konstruktion unmittelbar mit der musikalischen Hand in Hand geht. Denn dort, wo die zeilenweise Argumentation und die Finalität im Entwurf des Melos – sei es figürlich oder in der inneren Konsequenz des Strophenbaus – sich gewissermaßen zusammenfinden, da entwickelt sich Singen als eine besondere Kraft, die einerseits das Subjekt sich als so- und das-singend erleben lässt, die anderseits dem Singen eine besondere Bedeutsamkeit per se verleiht, die es als Selbstausdruck sich mit diesem Melos verbinden lässt.

So entsteht im Laufe des 16. Jahrhunderts (einerseits) die *Gattung* des „Kirchenliedes" als Lied für den kirchlichen Gottesdienst[2], im evangelisch-lutherischen Bereich im Besonderen der evangelische Gemeindechoral. Dabei spielt das Psalmlied, von Jenny (u. a. S. 66) als eine Schöpfung Luthers bezeichnet, insofern eine besondere Rolle, als es sich in der Reformierten Kirche als einzige Form musikalischer Betätigung durchgesetzt hat.

Was (uns) aber viel wichtiger erscheint: Menschen eröffnen (eben anderseits) sich die Möglichkeit, sich selbst im Singen (und parallel wie folgend auch im instrumentalen Spielen und Hören) musikalisch gewissermaßen zum Ausdruck zu bringen. Luthers Lieder dokumentieren, dass und wie der musikalisch sich verhal-

---

[1] ...d. h. der Entwurf des Singens, den wir heute nicht anders denn als „Lied" rubrizieren können...

[2] Tatsächlich taucht der Begriff „Kirchliedlein" nicht vor 1588 auf; vorher verwendete man genauere Bezeichnungen der gottesdienstlichen Bestimmung des *Singens*: z. B. in „Enchiridion Geystlicher Gesenge, So man ytzt (Got zu lob) in der Kyrchen singt" (Erfurt 1525)... Natürlich gibt es im Deutschen auch vorher Wörter wie „lobsang", „geistlich lied" oder „geistlich gesang", und in der Reformationszeit „christlich lied", „evangelisch lied" und später u. a. „Kirchengesang".

tende europäische Mensch in das kulturelle Erwachsenenalter eintritt, indem er über sich (u. d. h. hier tatsächlich zuerst Luther über sich) als sich musikalisch Verhaltender zu verfügen beginnt. Zwar geschieht dies hier vorläufig im Dienste einer (Schritt für Schritt mehr selbstverantworteten) religiösen Identität, fortschreitend aber, sich im Zuge der Frühen Neuzeit weitergehend emanzipierend, im Dienste (s)einer allgemein menschlichen Identität.

Zur Vermittlung des neuen Singens lutherischer Prägung

Luthers Lieder bilden den Kern eines religiösen Singens, der nicht zuletzt wohl als Anregung für andere (Dichter resp. Komponisten) gedacht war, gleichzeitig selbst auf ein Singen in der Alltäglichkeit zielte. Von zentraler Bedeutung waren hierbei die Psalmlieder[1], die eben eine erneute und spezifische *Aneignung der biblischen Psalmen* darstellen. So, wie einst, die (später als *Gregorianischer Gesang* oder einfach als *Choral* bezeichneten) Gesänge der noch ungeteilten christlichen Kirche, voran die des Propriums, eine Aneignung der Psalmen und wesentlicher Schrifttexte (in Ausschnitten) darstellten, in deren Singen die Singenden sich als dem Höchsten zugehörig zur Geltung zu bringen gedachten, so bedeuten die lutherischen Lieder zu einem wesentlichen Teil die Eröffnung einer erneuten Aneignung des Schriftwortes, nicht zuletzt der Psalmen, um sich nun nicht nur als mit dem „Wort" Ausgestattete, sondern um sich mit deren Aussprechen als Singen jetzt auch als sich des eigenen Glaubens selbst Bewusste zur Geltung zu bringen. Entsprechend schlossen sich diesen Liedern vor allem jene an, die ihren Glauben in eine entsprechende Selbstaussage fassten. Dazu dienten neben Luthers Liedern einige Übertragungen aus der Vorlutherzeit, ebenso Lieder lutherischer Kollegen (wie z. B. *Es ist das Heil uns kommen her* von Paulus Speratus) und aus der folgenden Generation, Lieder, die wir eher aus der Orgelliteratur des 17. und 18. Jahrhunderts kennen, denn aus der eigenen Singerfahrung. Das gilt z. T. auch für jene Lieder, die aus dem Bestand der Böhmischen Brüder übernommen wurden (z. B. *Gottes Sohn ist kom-*

---

[1] Vgl. hierzu Blume/Finscher (= Friedrich Blume, *Das Zeitalter der Reformation*, bearbeitet von Ludwig Finscher, in: Fr. Blume, *Geschichte der evangelischen Kirchenmusik*, ²1965, Kassel etc. 1965), S. 27.

men) oder aus dem Straßburger Bestand bzw. aus dem Schweizerischen Umkreis der Reformierten (z. B. *All Morgen ist ganz frisch und neu*) stammen. Nehmen wir noch jene Lieder „für die Kinder und christlichen Hausväter" von Nicolaus Herman hinzu – bekannt sind uns vielleicht u. a. *Lobt Gott, ihr Christen allzugleich* oder *Die helle Sonn' leucht jetzt herfür* – und zu guter letzt – vielleicht, weil im Bewusstsein des Autors und dazu in der Kantatenliteratur bis ins 18. Jahrhundert hinein noch verankert – Philipp Nicolais, des Unnaer und späteren Hamburger Pastors, *Wie schön leucht' uns der Morgenstern* oder *»Wachet auf«, ruft uns die Stimme* von 1599 dazu, dann dokumentieren wir nicht nur das Ende des Reformationsjahrhunderts, sondern (vor allem mit EG 70) auch den Übergang zu einem Singen, in welchem der Singende selbst mehr und mehr aus und von sich spricht. (Wir werden diese „zweite Station" des Glaubensliedes unten an den Liedern Paul Gerhardts und Johann Crügers beispielhaft verfolgen.)

Solches Sich-Äußern aus einem Erfülltsein von jener Glaubenseinsicht, von der u. a. Luthers Lieder handeln, setzt aber die breite Vermittlung und Aneignung (u. a.) des entsprechenden Singens und der mit ihm vermittelten Botschaft voraus. Solche Vermittlung bis zur schließlichen Aneignung (durch die dieses Singen zum selbstverständlichen Ausdruck einer religiösen Identität werden konnte) stellt einen Prozess über mehrere Generationen hin dar.

Die Tatsache, dass der größte Teil dieser Lieder nicht als „Kirchenlied", sondern als gleichsam allgemeines geistliches bzw. religiöses Lied, als alltägliches – wie wir das hier nennen – Glaubenslied erfunden wurde, in welchem vor allem die Rechtfertigungslehre Luthers das entscheidende vereinheitlichende Moment darstellt[1], die wird durch die spätere Übertragung eines Kernbestandes in die Liturgie der offiziellen Gottesdienste, die solche Lieder zu Kirchenliedern im ausgezeichneten Sinn machte, leicht versperrt. Solcher Übergang bedeutete eine Kanonisierung, die dann auch rückblickend den Begriff des „Chorals" bzw. des „evangeli-

---

[1] Vgl. zur solcher ‚geistigen und stilistischen Einheit' die Anmerkung bei Blume/Finscher, S. 28. Solche Einheitlichkeit stellt ein starkes Indiz dafür dar, dass Reformation den Kern der *menschlichen* Entwicklung hin zum kulturell »Erwachsenen« traf, die Gestaltung des Handelns aus eigener Einsicht. Unter dem Aspekt „Verhalten und Handeln" sehen wir in ihr den Übergang des Menschen zu einem verantwortungsvollen Umgang mit seiner in »Kindheit und Jugend« angelegten Verhaltensdisposition im Verein mit einer Vorstellung von sich, die (hier) aus dem verantwortlichen Umgang mit der „Hl. Schrift" (= mit dem „Wort") abgeleitet wird und stets *aktiv* umzusetzen ist.

schen Gemeindechorals" evozierte. Trotzdem blieben die meisten dieser Lieder Gemeindelieder im allgemeinen Sinn: sie dienten dem Leben in Schule, Haus und menschlicher Gemeinschaft.

Die reformatorischen Lieder stellten zuerst einmal *eine* unter vielen Möglichkeiten der stimmlichen Artikulation dar und waren noch keineswegs als ein geschlossener Kanon im Bewusstsein der Menschen des 16. und beginnenden 17. Jahrhunderts verankert. Vor allem: sie meinten ein einstimmiges Alleine-Singen. „Melodie" war noch keineswegs im modernen Sinn als wertbehaftete Gestalt auffassbar und existierte erst einmal als nichts anderes denn als Weise des „Aussprechens" einer beginnend subjektiv bemerkenswerten Dichtung, vor allem für die Christen, die nicht musikalisch gebildet waren. Diese Tatsache verweist anderseits darauf, dass eben die *Dichtungen* Luthers es waren, die als wesentlich bedenkenswert hervortraten und als sie selbst den Anlass für Kompositionen im Sinne des entwickelten mehrstimmigen Singens bildeten. Warum und in welcher Weise dabei trotzdem die reformatorischen Weisen des Singens einbezogen wurden, dies wird im folgenden darzustellen sein.

Johann Walter und der Einbezug des neuen Singens in die Ausstattung des evangelischen Gemeindelebens

Es erscheint einsichtig, dass die aus dem späten Mittelalter tradierte Praxis und situative Bedeutung mehrstimmiger Musik durch die Reformation nicht unterbrochen wurde. Das lag auch daran, dass die Wittenberger Reform eine solche in einem Fürstenstaat mit einer Hofhaltung und einer obrigkeitlichen Protektion war. Im lutherischen Bereich wurde der traditionelle Reichtum nicht nur der liturgischen Formen beibehalten, sondern auch der Musik; vor allem dem Singen, sowohl in einfacher als auch in kunstvollerer Form, maßen Luther und die norddeutsche Reformation eine große Bedeutung zu. Gleichzeitig ist ebenso einsichtig, dass auch das höfische und entwickelte stadtbürgerliche geistliche Singen in irgendeiner Weise auf die „Äußerungen" der Reformatoren eingehen wollte und musste.

Hier nun kommt als zentrale Figur Johann Walter ins Spiel. Walter, der als „Urkantor" der lutherischen Kirche bezeichnet wird, wurde 1496 im damals ernestinischen Kahla geboren und begann nach Schulbesuch in Kahla und Rochlitz ein Studium in Leipzig. Von Leipzig aus stand er nicht nur bereits im Kontakt zu Luther, er bewarb sich offensichtlich auch mit der erfolgreichen Arbeit am Chorgesangbuch (vgl. u.) und dessen Modellen eines motettischen Singens unter Einbezug der neuen Lieder 1525 bei Friedrich dem Weisen für die kursächsische Hofkapelle in Torgau; in dieser wurde er als Sänger und Komponist eingestellt. Da der fürstliche Nachfolger, Johann der Beständige, die Kapelle bereits 1526 auflöste, gründete Walter im gleichen Jahr (mit Torgauer Bürgern und Schülern, aber auch mit ehemaligen Kapellsängern) die Torgauer Stadtkantorei für die Realisation einer Kirchenmusik in den „neuen" Gottesdiensten. Obwohl Walter damit einerseits, was die musikalische Mitwirkung der dafür geeigneten Bürger „aus fröhlichem Gewissen und Herzen" betraf, an den vorreformatorischen Laienvereinigungen anknüpfte und anderseits die traditionelle Verpflichtung der Lateinschüler zur Mitwirkung am liturgischen Kirchengesang fortführte, bedeutete die Gründung der Kantorei letztendlich die *Schaffung einer spezifisch evangelischen Institution*, die von anderen Gemeinden übernommen wurde. Die Kantorei ermöglichte die Ausführung mehrstimmiger Musik in Gemeindeleben und Gottesdienst.

Die ökonomische Grundlage des neuen Berufs des „Kantors" bildete dabei die Verpflichtung zum Unterricht an der Lateinschule: der Kantor wurde gleichzeitig Lehrer, darin die Tradition der Sangmeister der Dom- und Stadtschulen fortsetzend, und er hatte neben der Musik auch in wissenschaftlichen Fächern zu unterrichten (was in der Regel ein Studium an einer Universität voraussetzte). 1530 wurde in Torgau ein solches Schulkantorat eingerichtet, das die Unterweisung der Schüler in Musik ermöglichte.[1]

Ab 1536 wurde die Stadtkantorei zwar auch seitens des Kurfürsten mitfinanziert; aber erst ab 1544 (dem Jahr der berühmten Einweihung der Torgauer Schlosskapelle durch Luther) erfolgte eine regelmäßigere Mitwirkung dieser auch an den Hofgottesdiensten. Als Torgau (im Nachgang des Schmalkaldischen Krieges) zusammen mit der Kurfürstenwürde an die Albertinische Linie überging, wurde Walter zwar zum Kapellmeister einer neugegründeten Hofkantorei ernannt; doch wegen Differenzen am Hof und dem schließlichen Umzug nach Dresden (wo Baumaßnahmen am Dresdner Hof erst 1554 eine Schlosskapelle benutzbar machten) blieb die Wirkung möglicherweise begrenzt. 1554 ließ sich Walter in den Ruhestand versetzen und ging zu seiner

---

[1] In der Regel unterrichtete der Kantor musikalisch begabte Schüler zusätzlich privat, u. a. in Komposition, wie dies der neue Torgauer Kantor Walter u. a. bei Georg Otto tat, dem späteren Lehrer von Heinrich Schütz in Kassel. Das zweiseitig ausgerichtete Kantorat bildete eine Schlüsselfunktion für die breite Durchsetzung des neuen Singens.

alten Wirkungsstätte Torgau zurück, die auch als Nebenresidenz fungierte. 1570 ist er in Torgau gestorben.

In der Funktion als Träger einer entwickelten (geistlichen) Musik in der (politischen) Gemeinde und in der bürgerlichen Gesellschaft der Stadt ist die Kantorei Jahrhunderte lang ein entscheidendes Merkmal der evangelisch-lutherischen Lande in der Frühen Neuzeit gewesen. Ihre „weltlich" und „geistlich" übergreifende Funktion entsprach den Vorstellungen Luthers; sie war in ihrer Aktivität keineswegs auf die Kirche eingeengt.

In diesem Zusammenhang ist nun von der zweiten „Tat" Walters zu sprechen, von der Herausgabe des *Wittenberger Geystliche[n] gesangk/Buchleyn[s]*, das 1524 mit einer Vorrede Luthers erschien und ab dessen zweiter (= eigentlich dritter) Auflage von 1534 der Autor als „Churfürstlicher von Sachsen senger meyster" bezeichnet wird.[1] Das GGB (wie das Gesangbuch in der Forschung oft abgekürzt genannt erscheint) enthielt in der ersten Auflage 38 deutsche und 5 lateinische Sätze zu drei bis fünf Stimmen; in der fünften (= eigentlich 6.) Auflage von 1550 hatte sich die Zahl, von Auflage zu Auflage steigend, auf 80 deutsche und 47 lateinische Sätze erhöht. Die Auflagen des GGB unterschieden sich: nicht nur wuchs die Zahl der deutschen Liedsätze (sowie die der lateinischen „Cantiones sacrae"), sondern es wurden auch Kompositionen ausgeschieden oder durch neue, andere ersetzt. Bei den Sätzen überwiegt der Tenorsatz als motettischer Satz. Anderseits gibt es tendenziell akkordische Satzanlagen, bei der die Stimmen gleichzeitig beginnen, die aber in der Regel auch „ein Weiterdrängen der Nebenstimmen" auszeichnet, wobei gemeinsame Zäsuren selten seien.[2] Asper, der sich ausführlich mit dem GGB auseinandergesetzt hat, beobachtet unterschiedliche Satzfakturen („Satztypen") bei Walter, die sich zwar z. T. biographisch „erklären" ließen, aber eben nur zum Teil (als Fortschritt seiner kompositorischen Arbeit).

Möglicherweise sollten wir nochmals betonen, dass das GGB kein Gesangbuch für das Volk darstellte und auch keine einstimmigen Lieder enthielt; vielmehr bildete es ein Repertoire mehrstimmiger geistlicher Musik, in der die neuen Lieder eine wesent-

---

[1] Zur Zählung der Auflagen vgl. U. Asper, *Aspekte zum Werden der deutschen Liedsätze in Johann Walters »Geistlichem Gesangbüchlein« (1524 – 1551)*, Baden-B. 1985, S. 51; die Auflagen 2 (1525) und 7 (1551) des GGB erschienen demnach lediglich als Nachdrucke der je vorhergehenden Auflagen, während die anderen fünf je Neubearbeitungen des Bestandes darstellten.
[2] Vgl. Asper, S. 130.

liche Rolle spielten. Zwei „Vorurteile", die die Beurteilung des Walterschen Gesangbuches bestimmen, sollten wir zusätzlich infrage stellen. Zum einen jenes, dass es Luther anfangs nur um eine mehrstimmige Kirchenmusik gegangen sei. Dies wird von Jenny, aus verschiedenen Indizien folgernd, in Zweifel gezogen. Manches spräche dafür, dass möglicherweise gleichzeitig mit Walters Gesangbüchlein ein Gesangbuch mit einstimmigen Liedern (u. a. Luthers [und vielleicht auch Walthers?]) erschien, von dem kein Exemplar auf uns gekommen sei. Damit wird aber umso mehr auch das andere Vorurteil hinfällig: der Vorwurf des Festhaltens Walters vorwiegend am („veralteten") Tenorsatz, der dem Singen der neuen Lieder eigentlich entgegengestanden habe. Dem wäre zum einen zu entgegnen, dass Reformation keine Revolution, sondern eine Konsequenz im Umgehen mit dem Überkommenen aus einem neuen Blick auf es (und sich!) darstellte. Zum andern aber wäre zu bedenken, dass es in Walters Sätzen *nicht um das Lied im musikalischen Sinn* geht – eben das ist die falsche Optik –, sondern um ein Singen von Lied als *Text*, um das „Aussprechen" eines (u. a. von Luther) so-formulierten „Wortes". Für dieses als ein Selbersingen haben Luther und seine Zeitgenossen zwar ein Melos entworfen. Doch bedarf es dessen für ein mehrstimmiges Singen (dieser Texte!) in der Tradition der Motette eigentlich nicht: in ihm geht es, parallel dem einstimmigen Singen, um ein dem mehrstimmigen Singen der Zeit adaequates „Aussprechen".

In der vierstimmigen Bearbeitung des lutherischen Liedes *Aus tiefer Not*, einem der wohl frühesten „Gesangbuch"-Sätze des noch nicht Dreißigjährigen und begeisterten Lutheraners[1], finden wir ein Singen vor, das sich im Prinzip der Distinktion der Versgliederung unterordnet, im relativen Gleichschritt der Stimmen offensichtlich auf ein Verstehen und *Mit-Vollziehen des Text-Singens* gerichtet ist, gleichzeitig aber das Maß des Voranschreitens für Freiheiten im Aussprechen nutzt, die als ein persönliches Bedeutungsgeben sich zeigen: Das verlängerte aufsteigende „schrei" führt zu synkopisch hervorgehobenen Kulminationspunkt „ich", das „er-hör" ist so vorgezogen, dass es auf das betonte und sich gleichsam flehend neigende „mein" hinzielt. Gleichzeitig wird die besondere Konsequenz des Redens im Voraussingen des Alt am „Denn"-Beginn des Abgesangs bzw. von Bass und Alt am Beginn der den Sinn des Redens einfangenden Schlussfrage verwirklicht.

---

[1] Vgl. A. T. Davison u. W. Apel, *Historical Anthology of Music*, Bd. 1, Cambridge (Mass.), Aufl. 1974/77, S. 115.

Zur Vermittlung des neuen Singens lutherischer Prägung

Wenn Walter nun trotzdem das Melos (hier: Luthers) als Tenor mit in den Satz hineinnahm, dann bedeutet das zum einen eine zusätzliche Kunstfertigkeit und möglicherweise eine Referenz an den Autor, vor allem aber einen Tribut an den Adressaten, der sich im Melos (zuerst einmal) repräsentiert sehen konnte.

Doch steckt wohl etwas mehr dahinter: das Melos ist als eine Art persönliches („inneres") Mit-Singen des Adressaten zu verstehen, als im doppelten Sinn maß-gebend. Denn die besondere Führung des Diskants als „persönlicher" Vorgang des Aussprechens, der bemisst sich im Besonderen an der Differenz zum *sicheren* Voranschreiten des Tenors. Von letzterem aus sind die Stimmen denn auch erfunden: der Diskant in Terz- bzw. Sext-Abstand, der Bass als notwendiger Basis für den Tenor und sein Verhältnis zum Diskant, der Alt als zusätzliche Bedeutungsschöpfung (und Klangfüllung) in Korrespondenz mit dem Diskant.

Gerade weil der Satz relativ „homophon" daherkommt – solche Sätze sind aber in der Minderheit –, geht es mit ihm um den aussprechenden (Mit-)Vollzug eines Textes, um ein Singen, *das per se nicht von vornherein schon eine Bearbeitung jenes Singens ist und sein soll, das das Lied Luthers (im musikalischen Sinn) von sich aus darstellt,* sondern etwas Eigenes (vielleicht daneben), das einen Text so in ein Singen entwirft, dass dieses einer Hofmusik im entwickelten Sinn entspricht. Der Begriff „Liedbearbeitung" erweckt leicht die falsche Optik. Zweck ist zu allererst der mögliche Mitvollzug (und damit das Verständnis) des Wortes. In solchen Mitvollzug nun versucht Walter Momente des persönlichen Singens und Mit-Singens einzuarbeiten; und dazu gehört auch ein vorausexistierendes Melos, dem dann in der technischen Erstellung des Satzes als *cantus prius factus* notwendigerweise eine „maßgebende" Funktion zukommt. Dazu gehören aber auch die Kunstmittel, die Asper in seiner Arbeit über das Gesangbuch Walters beschreibt. Denn in den Sätzen überwiegt die Tendenz zur Imitation, schließlich (in einer späten Ausgabe des Gesangbüchleins) an zwei Sätzen zur Durchimitation. Diese könnten wir als Tendenz zu einer besonderen qualitativen persönlichen Beteiligung der Singenden am Singen des *Textes* verstehen. Zwar ermöglicht auch das freie Stimmgeflecht die aktive Beteiligung; doch mit der Hereinnahme melodiegezeugter Imitationsmotive sind die Singenden unmittelbarer mit einem bezeichnet „eigenen" Singen beteiligt, ohne das überlieferte und hochgeschätzte „künstliche" Singen der motettischen Tradition aufzugeben.

Mit der Einschätzung des Liedmelos als Repräsentant eines „persönlichen" Singens verstehen wir, warum Walter dort, wo kein eigenes Melos eines Textes vorlag, selbst daran ging, ein solches zu entwerfen. Dass sich auch Walter als Liedschöpfer betätigte, können wir im EG heute noch nachvollziehen, in welchem wir sowohl Melodien als auch Texte von ihm finden, meist (heute) Kontrafakturen. Bekannt dürfte einerseits der Text zu *Herzlich tut mich erfreuen die liebe Sommerzeit* sein, einem Lied zum Ende des Kirchenjahres, in welchem der Begriff „Sommerzeit" für die Vorstellung der Ewigkeit nach dem Jüngsten Tag steht, deren Freuden das Lied u. a. ausmalt. Anderseits kennen viele sicher noch die Waltersche Melodie zu *All Morgen ist ganz frisch und neu*, die wohl zeitgleich (1541) zum Text des Konstanzer Pfarrers und Reformers Johannes Zwick entstand. Die berühmteste Schöpfung aber dürfte *Wach auf, wach auf, du deutsches Land* (EG 145) von 1561 sein, aus einer Zeit also, in der mit den politischen und gesellschaftlichen Entwicklungen sowie mit dem bevorstehenden Ende des Trienter Konzils die Errungenschaften der Reformation besonders gefährdet schienen.[1]

Das ursprünglich 26-strophige Lied[2], ein Bußlied und eine Aufforderung zur „Rückkehr" zu den Werten der *reformatio* vermittelt (melodisch) grundständige Bedeutsamkeit des eigenen Singens für den Singenden, – aber eben nicht z. B. einen Weckruf. Dem gleichsam expositionellen Heraufführen der Stimme in den beiden Stollen und dessen Weiterführen und Abrunden in den Halbschluss über eine melismatische (= kadenziell klauselgezeugte) Dehnung, – sie verleiht dem Singen im Verein mit dem gestuften „Heraufgehen" eine „Statur": Die daraus folgende Konsequenz des Abgesangs, nun tatsächlich das „Bedenk" mit einer Art Weckruf versehend, erscheint zwar als Einlösung, doch auch (im ersten Moment)

---

[1] Das folgende Notenbeispiel folgt der Fassung im EG.
[2] Das heutige EG wählt davon die Strophen 1, 3, 7, 8, 18, 23 und 24 aus und rückt das Lied (wieder) in einen Bußzusammenhang, nachdem es seit seiner Wiederentdeckung am Beginn des 20. Jahrhunderts eher für „Volk und Vaterland" in Beschlag genommen worden war.

wie der Beginn des Abgangs zu einem Schluss hin; doch ermöglicht dieser das melodische Herausheben der vorletzten Zeile, denn um ihren Inhalt, um das „Pfand" Christus – vgl. die 2. und 3. Strophe –, um das/den geht es. Nochmals strebt das Singen zur proklamativen Oktave, bevor die „deswegen"-Erklärung („drum magst du wohl...") im melodischen Absteigen mit ihren Rückgriffen einen betont appellativen Charakter hervorkehrt.

Das ist einerseits „argumentative" Melosstruktur, die anderseits dem Singenden eine besondere proklamative Rolle verleiht; und sie gibt sich musikalisch eminent schlüssig im Sinn eines großartigen Gesamtvorgangs des Eröffnens und Beschließens, des stufenweisen Vorgehens und des geschickten Einsetzens zusätzlicher Binnenzeilen.

Auch die Leise *Mitten wir im Leben sind mit dem Tod umfangen*, nach der Antiphon *Media vita in morte sumus* aus dem 11. Jh., deren Melodie und Text (Strophe 1) bereits im 15. Jahrhundert bearbeitet, von Luther mit den Strophen 2 und 3 versehen und von Walter 1524 aufgegriffen und satztechnisch verwendet wurde, diese Leise gehört zu den bekannten Schöpfungen und weist darauf hin, dass es als ungeklärt gelten kann, wie weit manche unter Luthers Namen überlieferte Melodien (zu seinen Texten) ihre heute bekannte Form der Mitarbeit Walters verdanken.

Das „Wort" die Singenden persönlich „beteiligt" aussprechen zu machen, das ist die Tendenz, die auch Walters mehrstimmige Sätze, orientiert an den Vorbildern der Zeit, bestimmt. Walters Satzarten (wie sie Asper, S. 127 ff., beschreibt) bewegen sich zwischen einem (ausgeschmückten) Kontrapunktus-simplex-Satz, mit durchgehendem *Cantus firmus* in längeren Notenwerten (mehrheitlich im Tenor) und freier Umspielung der Melodie durch selbständige, nicht *cantus-firmus*-gezeugte Nebenstimmen, was ja auch eine Art enge Beteiligung darstellten kann, und einem Satzextrem in Durchimitation, der solche auf eine künstlerischere und unmittelbarere Weise erfüllt. Dazwischen liegen Sätze mit einer Vorimitation der Stimmen: die nicht *cantus-firmus*-Stimmen beginnen je, sich imitierend mit dem Meloszitat, bevor als letzter der Tenor mit dem *cantus firmus* einsetzt. Man kann sich Walters Vorgehen am Beispiel *Christ lag in Todesbanden* bei Schering[1] vergegenwärtigen; Schering interpretiert den Satz aber als eher instrumentale Bear-

---

[1] Scherings den Tenor als eine Oberstimme heraushebende Schreibweise ist in die übliche zurückzuverwandeln; alle Stimmen sind textiert zu denken; dies geht umso leichter, wenn man auch die Notenwerte wieder verdoppelt (und dem Original angleicht), wie im folgenden Beispiel angedeutet.

beitung eines *cantus firmus*, eine Auffassung, die heute verworfen wird:

Eine besondere Kunstfertigkeit demonstrieren Sätze, die den *cantus firmus* in mehr oder (meist) minder strengem Kanon führen. Finscher/Blume zitieren den Beginn von Walters Satz zu *Nun komm, der Heiden Heiland*, der das Melos, nach der Vorimitation der übrigen Stimmen, erst im oberen Tenor, dann im Alt einsetzen lässt.

Konsequenter- (aber nicht notwendiger-)weise werden bei einer solchen Satzart die Zeilengliederungen vor allem durch die freien Stimmen überspielt, sodass ein durchgehender motettischer Fluss entsteht.

Vielleicht signalisiert die Vorimitation der Stimmen, dass es in den Sätzen gerade *nicht* per se um ein Lied (als Melodie) geht, sondern um den Text, den *dieses* Melos (im Zusammenhang des Einzelsingens) „auszusprechen" ermöglicht. Und dabei sollte die Vorimitation einen „Hinweis", eine Art „Verdeutlichung" darstellen.

Möglicherweise kommt hier etwas ins Spiel, was sich schwer fassen lässt: eine Art *Personalisierung der Stimmen,* wie sie (als Personifizierung) das späte Mittelalter auszeichnete, wie sie in der Frühen Neuzeit ins Bewusstsein rückt und wie sie nun in Walters Sätzen mit neuem Sinn wirksam ist. In einem Lobgedicht Walters von 1564 finden sich einige Strophen zu den Stimmen des Satzes; letztere korrespondieren mit Lebensalter-Vorstellungen. Zum Tenor heißt es:

»Mittelstimme, Tenor ich heiß
Vorzug für andern hab im Kreis.
Steh fest und halt die andern an,
Im Gesang hört man meinen Ton.
Choral, mein Richtschnur, ist das Ziel,
Auf welche sieht, was nicht irren will.«

Fungiert der Tenor – nahezu noch identisch mit dem *cantus prius factus* – als sozusagen „erwachsen", als Maß und Wegweiser des Singens, so wird der Diskant als „jungfräulicherweise fein klein",„cräftig" und „sehr hoch" bezeichnet, indirekt also als sehr jung und mit der Aufgabe, „Singen und Kolerieren rein" zu lernen, charakterisiert. Der Bass, als „Basis" deklariert, kommt als „tiefer Grund und Fundament" daher:

„Ich singe tapfer, ehrlich auch,
Stark, tief nach meines Alters Brauch."

Der Alt schließlich wird als „scharf" und „schnell" bezeichnet, der, sozusagen jugendlich, „mit wenig Ruh" das Singen zusätzlich ziert und damit bereits ein Kennzeichen des „Vagans", einer fünften Stimme vorwegnimmt, von der es bei Walter heißt, dass sie die (harmonisch noch verbleibenden) „Winkel" aufsuche und „künstlich[…] sich verdrehe".

Die Stimmen spielen Rollen und sind im Sinn des alten sukzessiven Entwurfs von Tenor→Diskant→Bass→Alt(→Vagans) aufgereiht; aber sie spielen sie nicht mehr (nur) als konkrete Sänger, sondern als Bestandteile des Satzes; *diese* aber werden nun anderseits personalisiert, u. a. durch das Zitieren eines „persönlichen" Melos. Auch wenn Walter kaum über eigentliche Kompositionstechnik spricht, so hebt er zumindest die kanonische Führung des *cantus firmus* hervor, wie sie in seinem Gesangbuch vertreten ist. Gerade die Vorliebe für die motettische Komposition auf der Grundlage eines (meist zweistimmigen) Kanongerüsts (des Tenors und des Vagans, aber auch u. a. des Tenors und des Diskants) bestärkt uns in unserer Auffassung, dass es Walter nicht (in erster Linie) um die „Bearbeitung" eines Liedes (als Melos) ging, sondern um den Entwurf eines tendenziell persönlichen Singens eines Textes, in das jenes Melos einbezogen wird, das solches Singen bereits per se entwirft. Auch die Tatsache, dass in den sich folgenden Auflagen Sätze mit dem Liedmelos im Diskant eben nur proportional zunahmen, widerspricht dem eben dann nicht.

Angesichts der zunehmend ideologischen Bedeutung des neuen Singens für die reformatorische Bewegung ist es kaum erstaunlich, wenn dieses Singen in den Städten und an den Höfen in der Weise präsent wurde, in der es dem spätmittelalterlichen Ausstattungscharakter von Musik entsprach, nämlich im mehrstimmigen Satz. Darin steht Walter nicht allein; auch die ebenso wegweisende Sammlung *Newe deudsche geistliche Gesenge für die gemeinen Schulen,* die Georg Rhau 1544 in Wittenberg veröffentlichte, zeigt die gleichen Satztendenzen wie bei Walter. Gleichzeitig trat dieses Singen, gefördert durch Luthers Wertschätzung der mehrstimmigen Musik allgemein (und der Josquins im Besonderen) und begründet in Luthers auch immer altruistischem Denken, in ganz selbstverständlicher Weise neben die herkömmlichen Weisen des Komponierens bzw. in sie ein. Aus dem wachsend neuen Verhältnis der Singenden und Mit-Singenden zu ihrem Tun konnten sie, an alten Kompositionsweisen anknüpfend, diese mit neuem Sinn, mit neuer Einsicht betreiben; und sie konnten im Psalm-Lied lutherischer Prägung als Text(!) eine „neue" Art des „alten" Singens kreieren.

Das eigentlich Neue aber liegt (für mich) nicht allein in der dezidiert anthropozentrischen Aufgabe (die neben die theozentrische tritt), sondern im reflexiven Zugriff des Menschen auf beide: Der Mensch stattet sich nicht mehr (nur) mit einem Gotteslob aus (in welchem er über den *cantus firmus* z. B. sich selbst vergegenwärtigt sieht), sondern er nimmt dieses selbst in die Hand durch eine entsprechende Vorlage (eines Dichters und) eines Komponisten sowie durch die reflexive Betrachtung „der Musik" u. d. h. des

Singens selbst: als Gabe Gottes, mit der *er, sich* selbst verantwortlich(!), umzugehen habe. Aus solcher Position lassen sich die Besonderheiten der sogenannten „Gesangbücher"[1] der Zeit, wie etwa auch des *Geistlichen Gesangbüchleins* Walters interpretieren. Kein Zweifel, dass diese (anfangs) nicht primär für den gottesdienstlichen Gebrauch gedacht waren, diesem aber selbstverständlich offen standen. Walters Repertoire für den Gottesdienst ist eher im Konvolut der sogenannten Torgauer Walterhandschriften überliefert, die vor allem deutsche und lateinische Werke anderer Komponisten enthalten, wobei die anonymen in der Regel Walter selbst zugeordnet werden. Darunter findet sich eine ganze Messe von Josquin, aber es gibt kaum Sätze, die Liedmelodien enthalten.

Das sollten wir festhalten: das mehrstimmige Singen wurde im 16. Jahrhundert als ein entsprechendes Text-Singen entworfen, getragen noch von dem Gedanken der Ausstattung mit dem „Wort". Auch die Sätze Walters sehen wir (noch) nicht als Bearbeitungen von Liedern um dieser selbst willen an. Auch wenn sie jenes Singen heranzogen, das ein Stück weit die persönliche Glaubensaussage einbringt, so blieben sie doch *der Intention nach* Wortvertonung. Gleichzeitig bildeten sie jedoch indirekt bzw. implizit einen wesentlichen Schritt zur Aneignung des liedhaften Singens der Reformationszeit, nicht zuletzt für jene, die eine Lateinschule besuchten und in der Kantorei aktiv waren.

Der schwierige Weg zur Inbesitznahme des neuen Singens, vermittelt schließlich durch den Kantionalsatz

Was aber geschah mit dem Singen selbst, das jene anderen Gesangbücher, die „für den Laien", vertreten? Was geschah mit ihm als weiterhin einstimmiges Singen durch jedermann? Für dieses stellte sich, vor jeglicher Aneignung, zuerst einmal das Problem der breiten *Vermittlung* an die Gemeindemitglieder. Erst mit solcher Vermittlung in ein breites Selbersingen konnte es, unter der Voraussetzung einer umfassenden liturgischen Einordnung freilich, zum Kirchengesang im Sinne des Kirchenliedes werden.

---

[1] ...„sogenannter" deshalb, weil es sich bei diesen Gesangbüchern in der Regel um Sammlungen mehrstimmiger Kompositionen für Hofkapellen oder Kantoreien handelt.

Der über Generationen andauernde Übergang des Glaubensliedes in die Funktion eines Kirchengesanges war an die Bedingung des Mitsingens aller geknüpft. Wie aber sollte das gehen? Gesangbücher konnte sich kaum jemand leisten; und wer hätte sie überhaupt lesen können? Aus der Geschichte des Genfer Liedpsalters sind wir recht gut über entsprechende Vorgänge in der sich bildenden Reformierten Kirche informiert. Die Schweizer Reformatoren hatten aus den drei wichtigsten Gottesdienstformen der Zeit, der lateinischen Messe mit Gesang etc., den Vespern und andere Tageszeitengottesdiensten (mehrheitlich mit lateinischem Psalmengesang) und dem („aus dem spätmittelalterlichen Humanismus stammenden") Predigtgottesdienst mit Schriftauslegung und Gebet (ohne Musik und Gesang) nur die letztere als Haupttypus ausgewählt; Zwingli benützte also eine Liturgieform, in der Gesang und Musik gar nicht vorkamen.[1] Doch wurde sehr bald das Singen von Psalmliedern eingeführt. Die entsprechende Idee Martin Luthers, von dessen Geistesgenossen, trotz Luthers Bitte und Vorbild, kaum verwirklicht, hatte in Straßburg durchaus Anklang gefunden und war von da in der Genfer Reformation (in den späten 30-er Jahren) weitergeführt worden. Dabei ging es (vor allem Calvin) darum, die biblischen Psalmen als Strophenlieder in der Sprache der Singenden – hier in französischer Sprache! – zu bearbeiten und auf diese Weise in persönlicher Art singbar zu machen. So wurde in den Jahren 1542-62 der Genfer Liedpsalter geschaffen, der „in den reformierten Kirchen[…] zu einem Stück Identität geworden" ist. Der erste Psalter-Teildruck erschien 1542; die Texte stammten (wohl) von Clément Marot. Danach wurden in mehreren Etappen weitere Teile bis zur Fertigstellung 1562 herausgegeben. Als Textautor gilt (neben Marot) Théodore de Bèze. Für die Melodien in den frühen Ausgaben ist Guillaume Franc verantwortlich (teils zurückgreifend auf Straßburger Melodien), für die späteren (1551) Loys Bourgeois und schließlich noch Pierre Davantès (für die Vervollständigung 1562).[2] 1573 erschien eine deutsche Übersetzung

---

[1] Vgl. hierzu und zum folgenden: Andreas Marti, *Der Genfer Psalter. Kanonisierung als Grundprinzip kirchlichen Singens*, in: Bubmann/Klek, *Davon ich singen und sagen will. Die Evangelischen und ihre Lieder*, Leipzig 2012, S. 62-74; eingeflochtene Zitate stammen von dort.
[2] Von allen dreien finden wir noch Melodien im EG, denen aber meist nicht mehr die originalen Texte zugeordnet sind. Als Beispiel einer „einfachen" Melodie vgl. *Lobt Gott, den Herrn der Herrlichkeit* (EG 300), als Beispiel einer langzeiligeren und wahrnehmbar auf das deutsche Glaubenslied des 17. Jahrhunderts abfärbenden Melodie vgl. *Nun saget Dank und lobt den Herren*

von dem Königsberger Juristen (und selbst Lutheraner!) Ambrosius Lobwasser, die lange das maßgebende Gesangbuch der deutschsprachigen Reformierten bildete.

Offensichtlich gab es im Umkreis von Calvin von Anfang an[1] Überlegungen zur Vermittlung solchen Singens und zur Lösung: man brachte die Lieder den Kindern in der Schule bei; diese sangen im Gottesdienst „vor". Dies erforderte einen durchaus fundierten Musikunterricht (als Gesangunterricht). Die 125 Melodien (zu den 150 plus [anfangs nur] 2 Texten) sind z. T. einfach, fast rein syllabisch, mit einprägsamer Zeilengliederung und klarer tonartlicher Struktur; aber es gibt auch kompliziertere Strophenformen mit schwierigeren rhythmischen Schemata, eher im Sinn höfischen Singens. Offensichtlich legte man großen Wert auf ein rhythmisch und tonlich stabiles Singen: die Gesangbücher erschienen (im Gegensatz zum lutherischen Bereich) in der Regel mit Noten. Und sie enthielten mitunter Hilfen inform von zusätzlichen Tonsilben (→ Davantès) und so etwas wie angefügten Singschulungen.

Was den „einfachen" Gottesdienst betrifft, in welchem nach und nach und mit der Zeit das Singen der Lieder selbstverständlich werden sollte, so stellten sich auch im *lutherischen Bereich* die gleichen Probleme. Und wahrscheinlich wurden sie (wenigstens teilweise bzw. hie und da) auf ähnliche Weise vorübergehend gelöst. Zwar erscheint ein nicht unwesentlicher Teil der Gesangbücher und Drucke vor allem mit entsprechend mehrstimmigen Sätzen, die die neuen Lieder hereinnehmen, eben (auch) für „Lateinische und Deudsche Schulen". Aber damit war die Vermittlung des *einstimmigen* Singens hier offensichtlich nicht in gleichem Maße vorgesehen, wie im Bereich der reformierten Kirche.

Tatsächlich ist die Entwicklung hin zu einem einheitlichen kirchlichen Singen im lutherischen Bereich einigermaßen komplex (und vielleicht typisch für die Etablierung eines Neuen, für das eben erst ein entsprechendes Bewusstsein sich entwickeln musste).
- Die reformatorische Begeisterung für das neue Singen, es erlahmte mit den Jahren. Die Lieder waren ja letztlich auswendig zu lernen, um das Singen in Besitz zu nehmen; gleichzeitig war ihre je eigene Melodie anzunehmen. Natürlich half man sich mit Kontrafakturen: man sang die angeeigneten Texte mittels gewohnter Melodien; und in der nächsten Generation verteilte

---

(EG 294). 1564/65 schuf Claude Goudimel einfache vierstimmige Sätze; man findet ein Beispiel in EG 140. (Dies ist allerdings kein Psalmlied!)

[1] Vgl. Marti, a. a. O., S. 66 ff.

man die Knaben in der Kirche (die die Lieder in der Schule lernten), um so die Gemeinde zum Mitsingen zu bewegen. Aber es gab für ein entwickeltes *de tempore* noch gar nicht genügend Lieder. (Und die teuren Gesangbücher, die waren für die Liturgen und Kantoren gedacht; die konnte sich eh kaum jemand leisten!)

- Doch neben der Tatsache, dass die Lieder nicht von Anfang an liturgisch gedacht waren, hinderte die Tatsache, dass man eigentlich nicht recht wusste, wie man die neuen Lieder mit der Liturgie verbinden sollte; sie hatten noch keinen festen Platz. Luther, der die Gottesdienstformen von Messe, Matutin (Mette) und Vesper von der alten Ordnung übernahm, hatte zwar die Liturgie überarbeitet, im Großen und Ganzen aber so, dass ein Großteil der herkömmlichen lateinischen Gesänge brauchbar blieb, ja sogar eine Art sicheren Grundstock für den liturgischen Vollzug bildete.
- Weder gab es eine einheitliche Liturgie (mehr), noch gab es eine Verbindlichkeit für die liturgischen Texte und Vollzüge für alle Tage im Kirchenjahr. Luthers Skepsis dem Zeremoniellen gegenüber hatte zwar den gottesdienstlichen Vollzug „mit neuem Geist erfüllt", aber gleichzeitig latent der Willkürlichkeit und dem Verfall der Liturgie die Tür geöffnet. So setzte sich einerseits die Tendenz durch, das Hergekommene zu bewahren bzw. die (alten) lateinischen Gesänge für die neue Kirche bereitzustellen, anderseits war eine große regionale Variabilität zu beobachten. Die Liturgie konnte ganz lateinisch oder ganz deutsch vollzogen werden, alle lateinischen Teile konnten einzeln durch deutsche ersetzt werden. Auch war nicht immer festgelegt, wer eigentlich die liturgischen Texte sang, der Liturg, die Gemeinde oder der Chor; auch die Lesung des Evangeliums konnte schließlich als Motette vom Chor vollzogen werden.
- Zwar war das Singen der Lieder Gemeindesache, doch entwickelte sich in der Praxis oft eine Alternatimpraxis zwischen einem im 16. Jahrhundert ja stets unbegleiteten Gesang der Gemeinde und motettenartigen Bearbeitungen der Liedtexte durch den Chor: bei der Vielzahl der Strophen – Lieder wurden stets vollständig *per omnes versus* gesungen – ein notwendiger Brauch, bei dem auch mehr und mehr die Orgel einbezogen wurde, die einzelne (der Gemeinde textlich gegenwärtige) Verse als reines instrumentales Spielen übernehmen konnte oder zusammen mit dem Chor agierte.

- Die Spielweisen, die hatte sich der Organist – im 16. Jahrhundert in der Regel nur ein Nebenberuf – aus Vokalsätzen im Verfahren des „Absetzens" und zusätzlichen Verzierens selbst zu fertigen. Auch gab es für dieses Instrument noch kein spezifisch auf den kirchlichen Gebrauch bezogenes Repertoire. Gerade im nicht auf das Lied bezogenen kirchlichen Orgelspiel, in das viel sog. Weltliches eindrang, wirkte sich die Literaturgemeinschaft noch stärker aus als im vokalen Bereich: „Geistlich und weltlich, höfisch und bürgerlich, kirchlich und häuslich, katholisch und evangelisch fließen in diesem Bereich völlig zusammen."[1]
- Offensichtlich bestimmte die zweite Hälfte des 16. Jahrhunderts die Tendenz, den Gemeindegesang zugunsten des Orgelspiels und des kunstmäßigen Singens zurückzudrängen. Ein wesentlicher Teil des Gottesdienstes, vor allem die Ordinariumsteile, in den Nebengottesdiensten die Hymnen und das *Magnificat*, wurden entweder als Altargesang oder als Chorsatz lateinisch gesungen. Noch in der Reformationszeit hatte der Wittenberger Verleger Georg Rhau damit begonnen, der neuen Kirche „ein umfassendes Repertorium ihres gesamten liturgischen Bedarfs" (Blume/Finscher, S. 68) bereitzustellen, um dabei – was u. a. die Bevorzugung lateinischsprachiger Texte mitbegründete – auch auf die an solcher Kirchenmusik mitwirkenden Lateinschüler pädagogisch zu wirken.
- Mit dem Zurückdrängen des einstimmigen Liedgesangs aber drohte eine wesentliche Errungenschaft der Reformation verloren zu gehen: die eigenständige Artikulation des „Wortes" durch die Gläubigen selbst. Das Ausstattungsbedürfnis einerseits und die bestimmende Vorstellung der Gebildeten von einer auf ihr Ausdrucksbedürfnis bezogenen ästhetischen und geistigen Form des gottesdienstlichen Mit-Vollzuges drängten die Möglichkeit der sozusagen Ungebildeten zurück, sich „unmittelbar" im Gottesdienst(!) durch Selbstsingen als evangelische Christen zu äußern und zu erleben.

Je mehr die Glaubenslieder in der nachreformatorischen Zeit als textlich-melodische Einheiten bewahrt und je mehr sie per se als

---

[1] Vgl. Blume/Finscher, S. 65. Spielen realisierte sich eben noch in der Regel als Aktualisierung dessen, was man als konkrete Verhaltensmöglichkeiten (= „Stücke") besaß. Die Verfügung über sich als Spielender ‚zum Zwecke von...', die stand auch hier noch am Anfang; und diese verwirklichte sich zuerst vor allem im instrumentalen Zugriff auf die zeitgemäße Vokalmusik. Erst der Hebung des Organistenberufs im 17. Jahrhundert folgte auch eine Hebung der Orgelmusik.

„Kirchenlieder" aufgefasst und gesungen werden sollten, die *als solche* anzueignen waren, je mehr gleichzeitig die kunstvollen Tenorsätze eines Johann Walter und anderer als eine Gottesdienstmusik dienten, umso brennender wurde wohl das Problem der (wünschenswert ungeteilten und realen stimmlichen) Beteiligung aller am Gottesdienst durch das Lied.

Eine Lösung bahnte sich zum Ende des 16. Jahrhunderts hin an. In seiner Sammlung, „Fünfftzig Geistliche Lieder vnd Psalmen. Mit vier Stimmen / auff Contrapuncts weise (für die Schulen vnd Kirchen im löblichen Fürstenthumb Würtenberg) also gesetzt / das ein gantze Christliche Gemein durchauß mit singen kan«, die 1586 in Nürnberg herauskam, veröffentlichte der in Nürnberg geborene und u. a. in Stuttgart wirkende Theologe Lucas Osiander mit Bedacht erstmals so etwas wie vierstimmige Kantionalsätze für den evangelischen Gemeindegesang; drei Jahre zuvor hatte er das erste württembergische Gesangbuch initiiert. Seine Kantionalsätze legte er – so sein berühmt gewordenes Vorwort – mit der erklärten Absicht vor, den Laien in der Kirche die Melodie der Choräle mitsingen zu lassen bzw. zu machen.[1] Zwar gebe es, so betonte er, „viel deutscher geistlicher Gesang künstlich, lieblich und herrlich mit vielen Stimmen gesetzt"; doch sei der Gottesdienstbesucher dabei, vor allem wenn und weil die Melodie des Chorals vorwiegend im Tenor platziert sei, zum alleinigen Zuhören verurteilt.

Der folgende Ausschnitt aus einem Osiandersatz zeigt,

---

[1] Unter „Kantionalsatz" verstehen wir einen mehrstimmigen Satz (eines Liedes) für das Singen eines Chores mit zwei generellen Merkmalen: die Melodie liegt in der Oberstimme und alle Stimmen schreiten im gleichen Rhythmus (= im Rhythmus der Melodie) fort.

Zur Vermittlung des neuen Singens lutherischer Prägung

dass Osiander „den Choral in den Discant genommen [hat], damit er ja kenntlich und ein jeder Laie mitsingen könne..." Damit solches Singen möglich und gefördert werde, „sollen auch die andern Stimmen, sonderlich der Alt und Tenor, nicht allzu laut gesungen werden, damit vor allen andern Stimmen der Choral weit den Vorzug habe und aufs Wenigstzweimal so stark als die andern Stimme eine gehört werde".

Osiander spricht in seinem Vorwort einerseits ein Vorhaben an: den Gemeindegesang und damit das Singen des einzelnen und einfachen Gläubigen mit einem Satz im einfachen Kontrapunkt auszustatten.[1] Denn bisher sei der Gemeindegesang wohl vor allem einstimmig und unbegleitet gepflegt worden, wobei ein Chor, so in einfachen Kirchen überhaupt vorhanden, unisono mitsang (und wohl führte). Der Ausstattungscharakter verlagerte sich also ganz real *in* das Singen. Anderseits und eigentlich berührte Osiander damit auch ein entwicklungs- und musikpsychologisches Problem, das er freilich nicht so benennen konnte: einerseits könne der Laie, obgleich er Text und Melodie kenne, diese in der Figuralmusik nicht mitsingen (was wohl auch der rhythmisch oft unegalen Ausformung des Melodieverlaufs im Stimmenverband geschuldet ist); anderseits – und das ist entscheidend – *kann* er aus einem Stimmgewebe etwa im Walterschen Sinn (vor allem mit dem Choral im Tenor) die Melodie gar nicht wahrnehmen: „so ist der Choral unter andern Stimmen unkenntlich; denn der gemein Mann verstehet nicht, was es für ein Psalm ist und kann nicht mitsingen".[2]

Nur, genau dies, den *cantus firmus* als solchen wahrzunehmen, war auch nicht eigentlich Sinn des entsprechenden Kompositionsverfahrens z. B. Walters, darüber haben wir ausführlich gesprochen. Nun aber, im Zeitalter der fortschreitenden Selbstbevollmächtigung des musikalisch Tätigen, wird der *Cantus-firmus*-Satz zur Herausforderung: zum Anspruch der eigentlich Betroffenen,

---

[1] Einfacher Kontrapunkt meint: Jeder Ton eines vorgegebenen Cantus wird in den anderen Stimmen mit nicht mehr als einem Ton „begleitet".

[2] Tatsächlich haben wir es (auch) mit einem entwicklungslogischen Problem zu tun, das frühestens im Erwachsenenalter mit einer entwickelten musikalischen Raumvorstellung zu lösen wäre, unter der Voraussetzung einer konsequenten musikalischen Bildung. Der durchschnittliche Musikhörer aber ist auch heute – dies gilt wohl z. B. auch im Bezug auf die Choralbearbeitungen Bachs – in den meisten Fällen nicht in der Lage, in einem solchen Satz der Liedbearbeitung das Melos wahrzunehmen. Schließlich gehört dazu auch die „Unfähigkeit", zwischen Melodie und Satz zu unterscheiden; der „einfache" Hörer ist musikalisch sozusagen nie erwachsen geworden.

der Mitsingenden; sie wollen ihren Glauben selber singen. Und dies hat Konsequenzen, die Osiander bereits mitbedenkt: „Und wird ein Notdurft sein, daß die Mensur im Takt nach der ganzen Gemein gerichtet werde[...], damit der Choral und figurata Musica fein bei einander bleiben und beides einen lieblichen concentum gebe zur Ehre unsers lieben getreuen Gottes und zur Erbauung der christlichen Gemein, Amen." Osiander sieht die Notwendigkeit, (einfach gesagt) den Rhythmus des Singens (des Chores von vornherein) einem (wohl mit der Zeit zur Egalität der gesungenen Silben tendierenden) Singen der Gemeinde anzupassen, damit Chor und mitsingende Gemeinde zusammenstimmen.

Generationen von vor allem Musikwissenschaftlern, die Entwicklung „der" Musik abgezogen vom Menschen im Auge, haben im Vorwort und im Vorgehen Osianders „den Beginn einer musikalischen Degeneration des Gemeindegesanges" beklagt. Willibald Gurlitt, den wir zitieren[1], sieht hier „den entschiedenen Sieg des liturgischen Interesses an der Musik über das künstlerische". So *muss* man es aber nicht sehen: es ist ein Sieg des Bürgers für sein Interesse (und das Interesse aller), selbst seinen Glauben *im Gottesdienst* zu singen. Nicht mehr lässt er durch den Komponisten nur seine Situation Gottesdienst sich ausstatten, nein, nun lässt er *in nuce* – und das ist auch altruistisch gedacht! – *sein* Singen, besser: sich als Selbst-Singenden ausstatten; Osiander verstand ja seinen Satz als (wenn auch einfachen) Figuralgesang. Solches Singen tat anderseits im höfischen und großstädtischen Milieu dem motettischen Singen keinen Abbruch.[2]

Aus der Perspektive eines tätigkeitsorientierten Begreifens musikgeschichtlicher Entwicklung erscheint Osianders (zuerst lediglich auf eine regionale Praxis zielende) Sammlung demnach von überregionaler Bedeutung. Solche ist im folgenden thesenartig zu skizzieren.

---

[1] Wilibald Gurlitt, *Michael Praetorius [Creuzbergensis]. Sein Leben und seine Werke*, Leipzig 1915 (Hildesheim 1968), S. 133, Anm. 1. Von dort auch die Zitate aus Osianders Vorwort.

[2] Trotzdem bildet die Egalisierung des singenden Fortschreitens („Isorhythmie") nur eine indirekte Folge des Kantionalsatzes: erst über die Inbesitznahme des Singens und dessen dann stattfindender Reproduktion als „Besitz" im späten 17. und 18. Jahrhundert. Man kann solche Wandlung beispielhaft an der Melodie zum Gerhardtschen *O Haupt voll Blut und Wunden* (an den beiden im EG abgedruckten Fassungen, Nr. 85) vergleichend nachvollziehen, die, ursprünglich ein als Liebeslied daherkommendes Marienlied, wohl um 1600 geistlich adaptiert wurde.

(1) Liedsingen in der Kirche verbindet sich mit einer festen Satzvorstellung.
Selbstverständlich hat Osiander, ein musikalisch gebildeter und überaus erfolgreicher Theologe, auf Satzvorstellungen seiner Zeit zurückgegriffen. Aber: seine Sätze bezeichnete er als „auff Contrapunkts weise" erstellt. Das bedeutet, dass auch Osiander den vierstimmigen Satz als aus vier in unterschiedlichen Stimmlagen Singenden auffasste und entwarf, nicht aber, wie wir das aus unserem Harmonielehrekursen zu denken geneigt wären, (schon) als einen akkordischen Satz von vornherein. Die Quellen, aus denen ein solcher Vorwurf des Singens sich ableiten konnte, sind: zum einen die Tradition des mehrstimmigen Liedsatzes bei Isaac und seinen Nachfolgern; die im einfachen Kontrapunkt gesetzten Frottolen und Villanellen, die im 16. Jahrhundert aus Italien her in Europa populär wurden; schließlich auch eine deutsche Eigentradition der sog. Bergreihen, die gerne mit der Satztechnik des einfachen Kontrapunkts verbunden wurden. Der wichtigste Anreger aber dürfte wohl der Lobwasser-Psalter in den vierstimmigen Sätzen von Claude Goudimel gewesen sein, in dessen Sätzen (für ein Singen außerhalb des Gottesdienstes!) zwar das Melos im Tenor sich befand, der aber in der Regel als einzige gesungene Stimme hervortrat, während die anderen instrumental „begleiteten".

Die Tatsache, dass das Mitsingen zum „Satz" sozusagen vom Chor (und nicht vom Instrument der Orgel) ausging, belegt das Selbstverständnis des musikalischen Handelns der Zeit: es geht vom Singen aus. Wenn Osiander[1] einerseits das Singen als ein *Mitsingen* der ganzen Gemeinde ermöglichte – die ganze Gemeinde sollte Gott loben können –, wenn er zum anderen mit seinen Sätzen ein mehrstimmiges Singen auch dort förderte, wo die Kräfte bescheiden waren, in kleinen Schulen und Gemeinden, dann vermittelte er damit das reformatorische Singen in ein *breites Selbersingen*. *Dies aber ermöglichte die breite Aneignung des reformatorischen Liedes als „Choral"* wohl entscheidend mit. Der Kantionalsatz bedeutete eben auch eine Aneignung des kontrapunktischen Satzes im Dienste der Selbstbevollmächtigung der Singenden.

(2) Der Kantionalsatz verleiht dem Selbersingen gewissermaßen eine auffassbare „Gestalt", einen „Körper".
Dieser war auch unmittelbar auf ein Instrument übernehmbar. Eine wichtige Brückenfunktion für die Aneignung hat wohl der langsam um sich greifende Brauch eingenommen, die Kantional-

---

[1] Das folgende nach Martin Ruhnke, *Michael Praetorius*, »Musik und Kirche« 41/1971, 235 ff.

sätze zu Orgelbegleitsätzen zu machen und das Singen der Gemeinde mit Hilfe der Orgel zu führen. Gleichzeitig aber bedeutete der Kantionalsatz, dass der Kantorei eine wichtige Aufgabe entstand, die wir letztlich als eine der *musikalischen Bildung des „gemeinen Mannes"* nicht hoch genug einschätzen können. Denn die Aneignung des Singens als ein Selbersingen bildete die breite Voraussetzung für ein *inneres „Mit-Singen"* u. d. h. für ein hörendes Mitvollziehen jener Weisen des Singens und Spielens, die im späteren 17. und im 18. Jahrhundert (auch) aus dem entwickelten künstlerischen Umgang mit dem Choral entstanden.

(3) Osianders Sammlung hat eine Flut von Gesangbüchern u. a. von namhaften Komponisten angeregt.

Viele dieser musikalischen Autoren kennen wir auch aus anderen musikgeschichtlichen Zusammenhängen, so u. a. Michael Praetorius und Hans Leo Hassler. Hassler legte 1608 seine „Geistlichen Lieder und Psalmen... simpliciter gesetzt" vor; und Praetorius versammelte im VI. bis VIII. Band seiner *Musae Sioniae* (1609/10) etwa 740 Sätze zu Liedmelodien. Zwar erforderte die notwendige Simplizität der Sätze (scheinbar) ein Zurücknehmen der kompositorischen Arbeit: Während die Komponisten sich in ihrer Kunst sehen lassen wollten, wie es zeitgenössisch oft heißt (was auf ein Hervorkommen der Person des Komponisten weist), müssten sie hier – wie Ruhnke das Vorwort eines Melodeyen-Gesangbuches von 1604 zitiert – „sich der lieben Einfältigkeit also befleißigen". Anderseits zeigt Ruhnke, dass ein Abweichen von der Regularität zugunsten eines Textaussprechens und einer sanglichen Linearität der Stimmführung durchaus möglich gewesen sei. Hier eben hebt er Praetorius im Vergleich hervor, der auf eine kantable Bassführung aus gewesen sei, indem er (harmonietechnisch gesprochen) mehr Nebendreiklänge und Umkehrungen verwendet als seine Kollegen und dadurch die Zahl der Quart- und Quintsprünge verkleinerte[1], und der durchaus auch die Mittelstimmen kantabel führt.[2]

---

[1] Die Frage ist aber, ob Praetorius tatsächlich hier als modern und fortschrittlich oder als noch(!) dem motettischen Liedsatz verhaftet anzusehen ist. Vielleicht beides.

[2] Ruhnke verweist hier auch noch auf „Textausdeutung": indem er den „kalten Winter" – vgl. das folgende Notenbeispiel – mit dem „harten" D-dur-Klang in Zusammenhang bringt. Solche „Bedeutung" scheint mir aber unerheblich und nicht so stichhaltig, Doch wenn man von der Tätigkeit des Singens ausgeht, dann erscheint das Zusammenspiel von Kantabilität und harmonischem Gefälle ebenso wesentlich. Und in diese gehört der D-dur-Klang.

Ruhnke bemerkt, dass die Harmonisierung in den frühen Kantionalsätzen von den Zeilenschlüssen und ihren Kadenzen ausging. Hier scheint mir der wesentliche Punkt eines neuen inneren Hörens vorzuliegen, der Praetorius gleichsam modern macht. Melos wird als eine Folge kadenziellen Fortschreitens interpretiert, als eine Folge des Bassschrittes gewissermaßen. Praetorius nun scheint – nimmt man das Lied „Es ist ein Ros' entsprungen" – tendenziell das ganze Liedgebilde in *ein harmonisches Gefälle* bringen zu können bzw. zu wollen. Dazu dient eben auch der D-dur-Akkord. Denn dieser leitet über seine harmonische Konsequenz, die Subdominantparallele, das spezifische Beschließen im Sich-Entgegenkommen der Außenstimmen ein. Solches leistet die Tonikaparallele in Takt 3, der D-moll-Akkord, eben nicht, deren Konsequenz, der Subdominantakkord, dem expositionellen Fortfahren neuen Schwung verleiht.

Auf den geradezu überraschenden, zielstrebigen Gang zur Dominante im Mittelteil, der die entscheidende „Botschaft" der Strophe transportiert und im Alt gleichsam textbildlich die Terz „erblühen" lässt, sei am Rande hingewiesen. Sicher kann man kaum darüber hinwegsehen, dass unser Beispiel, *Es ist ein Ros entsprungen*, wohl erst durch die neuzeitliche Rezeption zum Typus geworden ist. Sieht man sich die Sätze bei Praetorius und auch bei

Hassler durch, dann wird deutlich, dass auch sie noch suchen: noch gibt es das einer Melodie gleichsam „anhängende", wie selbstverständliche harmonische Gefälle nicht. Der Kantionalsatz bildet also auch eine *kompositorische Herausforderung*. Allerdings besteht in der Auffassungsfähigkeit vorgängiger harmonischer Folgen ein gewaltiger qualitativer Unterschied zu Osiander. Und dieser zeigt sich im Besonderen auch bei Hassler. Hans Leo Hassler, einer der ersten deutschen Italienfahrer – er bildete sich u. a. bei Andrea Gabrieli in Venedig aus –, legte 1608 seine „Psalmen und geistlichen Lieder auff die gemeinen Melodeyen mit vier Stimmen *simpliciter* gesetzet" vor, nachdem er ein Jahr zuvor seine „Psalmen und christlichen Lobgesänge *fugweis*" veröffentlicht hatte; letztere sind knappste Motetten, während die *simpliciter*-Sätze[1] Kantionalsätze für den Gebrauch in den Kirchen darstellen, „solcher art und massen gesetzet/ daß dieselbigen auch inn den Christlichen versammlungen/ von dem gemeynen Mann/ neben dem Figural mitgesungen werden können". Vergleichen wir das obige *Komm, heiliger Geist, Herre Gott* im Satz von Osiander (S. 59) mit Hasslers Vorgehen, dann wird schnell klar, dass Hassler sozusagen bereits horizontal und vertikal denkt.[2] Aus diesem Grund geben wir Hasslers Satz als ganzen wieder. Er hat in der melodischen Entfaltung, die gemäß Hasslers Vorwort wohl dem Singen an der Nürnberger Frauenkirche entsprochen haben mag, und im Satz lutherische Wucht:

---

[1] Der Begriff „simpliciter" leitet sich hier vom sog. einfachen Kontrapunkt, dem „contrapunctus simplex", ab. Vgl. dazu das Vorwort Hasslers.

[2] Man darf sich aber durch die platzsparende Schreibung im Klaviersystem nicht täuschen lassen: Überliefert sind die Sätze der Zeit in einzelnen Stimmbüchern. Unsere von vornherein zu Akkorden zusammenfassende Schreibweise täuscht ein harmonisches Bewusstsein vor, das sich eben erst zu bilden im Begriff ist.

Zur Vermittlung des neuen Singens lutherischer Prägung

Ein lebendiges Singen, das sich im Satzkörper aufgehoben weiß und vervollständigt! Das Vorgehen (einschließlich des zur Silbe erweiterten Anfang-Gs) mag uns im ersten Moment fremd erscheinen; man muss sich in das Singen einfinden. Doch entfaltet es dann mit seinen kleinen melismatischen Einsprengseln und der fast programmatischen Eingangsanrufung in langen Werten eine Kraft in dem Singenden selbst. Was das von Luther zumindest textlich ergänzte Lied von sich aus ist, tendenziell *persönliche Gestaltung spezifische eigener Äußerung*, das vervollständigt Hassler zu einem Satzkörper hin, in welchem sich jeder Einzelne der Gemeinde als *Mit*singender, also als deren Teil, aufgehoben erlebt.

(4) Mit dem Kantionalsatz ist eine „Form" gefunden, durch die hindurch alle an einem kunstmäßigen Singen teilhaben, wenn auch sozusagen in vereinfachter Weise.
Mit ihm vermitteln Komponisten dem („Lied"-)Singen eine Körperlichkeit, die wohl die Voraussetzung ist, Melos als *gestalthaften* Vorgang gefühls- und auffassungsmäßig mitzuvollziehen, ohne, auf längere Sicht gesehen, noch real zu singen: der Kantionalsatz

bildet einen entscheidenden Schritt zum *Auffassen* musikalischen Vollzugs. Schon die neue Generation wird sich kaum eines Liedes bedienen können, ohne dessen harmonisches Gerüst mitzuempfinden. So lässt die Aufzeichnung einiger Sammlungen eine selbstverständliche Mitwirkung der Orgel vermuten, was endgültig Johann Hermann Scheins vierstimmiges *Cantional* von 1627 bestätigt: sein *Cantional* ist mit einer Generalbassbezifferung versehen, die für die Orgel gedacht ist.

Damit kann die Rolle des Chores latent von der Orgel unterstützt, wenn nicht sogar allein übernommen werden. Das Auflösungszeichen im obigen Beginn des zweiten Taktes zu Luthers *Verleih uns Frieden* verweist auf die Durterz der Orgel, die in den Vokalstimmen nicht erklingt.

So groß also die Bedeutung des Kantionalsatzes für eine sozusagen aktuelle Selbstbevollmächtigung in der Glaubensartikulation als ein *Selbersingen* war, so legte doch die Form solcher Aneignung bereits die Grundlage zum *Selbersingenlassen*: erst jenseits der Aneignung des Liedes war der Gläubige in der Lage, *sich* als Selbersingender im Singen der Kantorei vergegenwärtigt zu sehen. Dieses Singen im harmonischen Vorangehen wurde (und ist für viele bis heute!) eine der wesentlichen Voraussetzungen, Melodiegestalt als solche wahrzunehmen, mitzuvollziehen, selbst im Hören musikalisch substanziell zu werden! Ohne solches Singen, ohne solche über Generationen aufgebaute persönliche Fähigkeit zur Melodie im Gewandt ihres Satzkörpers(!), wäre möglicherweise ein Selbstverständnis, *sich* im Singen der Kantorei (auch jenseits des einfachen Kantionalsatzes) vergegenwärtigt zu finden, in breiteren Bevölkerungsschichten kaum entstanden.

(5) *Über die Bildungswirkung des Kantionalsatzes vermittelt sich die Teilhabe als ein Mit-Singen nun auch auf ein kunstmäßiges Singen.*
Das Glaubenslied als Kirchenlied (Choral), welches im 16. Jahrhundert die Möglichkeit der eigenen Artikulation des „Wortes" in einer eigenen Sprache und in einer Art Parallele zur motettischen

Wortvertonung bot, wird am Beginn des neuen Jahrhunderts zum die eigene Glaubensartikulation repräsentierenden Singen; es vertritt mehr und mehr, vermittelt durch den „Satz", ein definiertes spezifisches Singen des evangelischen Christen (im Zusammenhang der Gemeinde). Es erstaunt nicht, wenn dieses Singen im Interesse einer „ausdrücklichen" (inneren) Beteiligung der Singenden und vor allem Mit-Singenden selbst sozusagen tendenziell zentrales „Material" der Komposition wird. Solches kristallisiert sich in einem (von der Literatur) als Liedmotette bezeichneten Singen, in welchem (durchaus nach Lassoschem Vorbild) mittels der Motive eines oft auch selbst erfundenen Lied-Melos ein Singen entworfen wird, in welchem der Mit-Singende sein inniges Verhältnis zu Text *und* Melos in breiter Ausdrücklichkeit mitvollziehen kann. Blume hebt hier u. a. den Mühlhauser Organisten und Kantor Joachim a Burck (1546-1610) hervor, bei dem „das ganze Stimmgefüge melodiegetränkt [erscheint], „ohne dass sich aus ihm immer ein *cantus prius factus* rekonstruieren ließe".[1]

Während Komponisten einerseits den Kantionalsatz als Herausforderung annahmen und versuchsweise zu bewältigen suchten, blieben sie anderseits einem Komponieren verhaftet, das sich an Traditionen und an Vorbildern orientierte, um in dieses, freilich z. T. immer dichter und weitergehend, den Choral einzubeziehen. Unter ihnen ragen die hervor, die sozusagen beiden Interessen gerecht wurden: sie legten das Singen sowohl in Kantionalsätzen als auch in motettischen Bearbeitungen vor, was u. U. auch zum Singen im strophenweisen Wechsel zwischen Chor und Gemeinde (mit Chor) genutzt werden konnte. Dadurch erhielt wohl auch das motettische Singen unter Verwendung der Liedmelodien einen neuen Stellenwert im Bewusstsein der Adressaten.

Eher streng an die überlieferten Weisen hält sich u. a. Hans Leo Hassler, dessen „fugweise" Gesänge sich in allen Stimmen um eine Artikulation ganz im Sinne der textlich-melodischen Gestalt bemühen. Auch hier kann man Hasslers Satz zu *Aus tiefer Not* mit einem „Vorgänger" vergleichen, etwa mit der Fassung Johann Walters, die wir oben (S. 47) dokumentiert haben.

Hasslers solcherart entworfenes Singen „ist" sozusagen das Lied Luthers in potenzierter Form; es vervielfacht aber nicht nur „unser" Selbersingen, sondern erhöht es in ein sich bedenkendes und den Worten Bedeutsamkeit vermittelndes Aussprechen, hier etwa mit dem „Flehen" des Tenors, „erhört" zu werden:

---

[1] Vgl. Fr. Blume, *Das Zeitalter des Konfessionalismus*, in: Ders., *Geschichte der evangelischen Kirchenmusik*, Kassel etc. ²1965, S. 90.

Zur Vermittlung des neuen Singens lutherischer Prägung

(6) Schließlich wird das Singen als Kantionalsatz und d. h. als quasikörperhaft auffassbarer, gestalthafter Vorgang nun seinerseits bearbeitbar.
Solche Bearbeitung besteht darin, das stimmliche („figurale") Gelten selbst hervorzuheben: den (real) Singenden wird in den Stimmen mehr oder weniger die Möglichkeit beibehalten oder immer wieder neu eröffnet, am *Singen eines Textes* bedeutungsgebend teilzuhaben. Solches kann sich im Satz selbst latent als „Mitsprache" aller Stimmen entfalten.

Der uns sicher aus den typisch medialen Weihnachtsmusiken vertraute Satz[1] des tatsächlich preussischen Hofkapellmeisters Johann Eccard (aus dessen „Geistlichen Liedern" von 1597) ermächtigt nicht nur die einzelnen Stimmen fortschreitend zum aktiven Mitgestalten des Satzes, sondern eben auch ein je unterschiedliches Hervorkehren jener Worte, die vom Einzelnen mit Bedeutung zu füllen sind:

---

[1] Die Wiedergabe des Satzes im Notenbeispiel folgt hier einer heute üblichen mit verkürzten Notenwerten.

Zur Vermittlung des neuen Singens lutherischer Prägung

Jede Stimme, außer dem melodietragenden Sopran, kehrt mittels Längung oder Hochton einzelne Silben oder Worte hervor: der Alt z. B. betont extra „Him-(mel)" und gleich dahinter das „da" und das „ich": „Vom Hím-mel hoch, dá komm ích her" sprechen die Singenden aus, um danach das lange „Bringen" quasi als ein „Darreichen" und die „gute Mär" qua Wiederholung hervorzukehren. Auch in den anderen Stimmen bemerken wir durchaus alternative Hervorkehrungen z. B. der „guten (neuen Mär)" oder des „só-(viel)", des „ich" oder des „singn und sagen". In seiner Vorrede spricht Eccard auch die Balance zwischen den Interessen an: zum einen die zwischen dem Interesse „der Christlichen Gemeine, welche die gewöhnliche Kirchen Melodey aus dem Discanto wol verstendlich hören, und bey sich selbst nach [= gemäß] ihrer andacht singende imitiren" können soll und jenem der „peritioribus Musicis und Cantoribus", die seine Sätze nach ihrem Kunstverstand bewundern sollten. Gleichzeitig aber solle sich der Kantor „eines feinen langsamen Tacts befleißigen", damit „der gemeine Man die gewöhnliche Melodiam desto eigentlicher hören" könne: Einfachheit und künstlerischer Anspruch, Mitsingen und Mit-Singen (= Hören), sie erscheinen in ein ausgewogenes Verhältnis gebracht.[1]

---

[1] Zu den Zitaten vgl. Hdb., Band 3/2, S. 561.

Das neue Singen als »Material« für den Entwurf mehrstimmigen Singens und instrumentalen Spielens

Was wir hiermit ansprechen ist ein möglicher *Wechsel der Intention*: nicht nur ginge es latent darum, das (Selber-)Singen des Chorals zum Ausgang von Komposition zu machen, sondern auch zum Ziel. Eine besondere Rolle kommt hierbei Michael Praetorius zu. Dieser war nicht nur als Komponist und Musiktheoretiker tätig, sondern auch als vielbeschäftigter Organisator von Kantoreien in den sächsischen Landen. Wenn wir ab hier wie selbstverständlich den Begriff „Choral" gebrauchen, wie er uns bei Osiander begegnete, dann bezeichnen wir damit den *einzelnen* volkssprachigen Gemeindegesang. Das Singen in *einstimmiger* Singweise, oft vom *Chorus choralis* angeleitet, ersetzte mit der Zeit den Gregorianischen Choral in den Gottesdiensten, womit der Übergang der Bezeichnung auf das Gemeindelied (nur!) in der evangelischen Kirche wohl zu tun hat. Der Begriff bezeichnet gleichzeitig eben den allmählichen Übergang der getrennten Wahrnehmung einer Weise des Singens und eines Liedes als Text zu einer solchen der „Verschmelzung von Wort und Weise".[1]

Praetorius' Bemühen, vor allem dem höfischen Fest und Festgottesdienst (wie gleichzeitig auch dem Singen in dem erstarkenden evangelischen Schul- und Universitätswesen) dienend, mündete schließlich darin, sich im sog. Choralkonzert der wesentlich von Italien her angeregten Möglichkeiten des „Konzertierens" zu bedienen, des instrumental begleiteten solistischen wie des zwischen oder mit Chören wechselnden Singens. Hier hat er eine Vorreiter-

---

[1] Friedhelm Krummacher, *Die Choralbearbeitung in der protestantischen Figuralmusik zwischen Praetoius und Bach*, Kassel 1978, S. 17.

rolle eingenommen und sich auch darum bemüht, dass die evangelischen Institutionen sich erst Stimmen und Gesangsfähigkeiten für ein solches Singen auszubilden begannen.

Zu einem »Vater unser«-Konzert von Michael Praetorius

Als prototypisch ist in der Literatur die „Vertonung" des *Vater unser*-Liedes in der Lutherischen Fassung angesprochen worden. Luthers *Vater-unser*-Lied ist ein Katechismuslied; und doch ist es mehr: wenn es, gemäß Schuhmacher[1], das einzige Lied über das *Vater unser* ist, das sich durchgesetzt hat, dann spricht das dafür, dass das Lied auch unabhängig von der Auslegung der *oratio dominica*, des – wie man sagt – „Gebets aller Gebete", angenommen und weitergegeben wurde. Als eine untrennbare Einheit von Gebet, christlicher bzw. evangelischer Bekenntnisbitte und Melodie erscheint es als Lied gleichsam vollkommen. Luthers Dichtung, „Das Vater vnser kurtz Außgelegt / vnnd in gesangweiß gebracht durch Doctor M. Luther", wie es in einem zeitgenössischen Druck heißt, fasst die einzelnen Aussagen (also die Akklamationen und Bitten sowie zusätzlich das „Amen") je in einen Vers und verbindet diesen mit einer sog. Auslegung, die aber weit über ein sog. „Was ist das?" hinausgeht und das Gesamt des Lebens umfasst.

1. Vater unser im Himmelreich/
der du uns alle heißest gleich/
Brüder sein und dich rufen an/
und willt das Beten von uns han/
gib/ daß nicht bet allein der Mund/
hilf/ daß es geh aus Herzen Grund.

2. Geheilget werd der Name dein/
dein Wort bei uns hilf halten rein/
daß wir auch leben heiliglich/
nach deinem Namen würdiglich/
behüt uns/ Herr/ für falscher Lehr/
das arm verführte Volk bekehr.

3. Es komm dein Reich zu dieser Zeit/
und dort hernachr in Ewigkeit./
Der heilge Geist uns wohne bei/
mit seinen Gaben mancherlei/
des Satans Zorn und groß Gewalt.
zerbrich/ für ihm dein Kirch erhalt.

4. Dein Will gescheh/ Herr Gott/ zugleich/
auf Erden wie im Himmelreich/
gib uns Geduld in Leidenszeit/
gehorsam sein in Lieb und Leid/
wehr und steur allem Fleisch und Blut/
das wider deinen Willen tut.

---

[1] Gerhard Schuhmacher, *Aspekte der Choralbearbeitung in der Geschichte des Liedes „Vater unser im Himelreich"*, in: Sagittarius (= Beiträge zur Erforschung und Praxis alter und neuer Kirchenmusik, hrsg. von der Int. H. Schütz-Gesellschaft) Bd. 4 (1973).

5. Gib uns heut unser täglich Brot/
und was man bdarf zur Leibesnot./
Behüt uns/ Herr/ für Unfried und
Streit/
für Seuchen und für teurer Zeit/
daß wir in gutem Friede stehn/
der Sorg und Geizes müßig gehen.

6. All unser Schuld vergib uns/ Herr/
daß sie uns nicht betrüben mehr/
wie wir auch unsern Schuldigern/
ihr Schuld und Fehl vergeben gern/
zu dienen mach uns alln bereit/
in rechter Lieb und Einigkeit.

7. Führ uns/ Herr/ in Versuchung
nicht/
wenn uns der böse Geist anficht/
zur linken und zur rechten Hand/
hilf uns tun starken Widerstand/
im Glauben fest und wohlgerüstt/
und durch des heilgen Geistes Trost.

8. Von allem Übel uns erlös/
es seind die Zeit und Tage bös/
erlös uns von dem ewgen Tod/
und tröst uns in der letzten Not/
bescher uns auch ein seligs End/
nimm unser Seel in deine Händ.

9. Amen/ das ist: es werde wahr/
stärk unsern Glauben immerdar/
auf daß wir ja nicht zweifeln dran/
was wir hiemit gebeten han/
auf dein Wort in dem Namen
dein/
so sprechen wir das Amen fein.

Wir sehen, dass acht Strophen[1] je eine Zeile des *Vater unsers* an den Anfang stellen – die Strophen 4 (1. und 2. Verszeile) bzw. 6 (1. und 3. Verszeile) übernehmen je zwei Zeilen –, um diese dann in den weiteren Verszeilen mit zusätzlichen Bitten auszubauen, die die Ausgangszeile interpretieren, erweitern und ergänzen. Zwischen dem ursprünglichen Gebet und dem Lied waltet ein zweiseitiges Verhältnis: während das *Vater unser* dem Lied einen besonderen Rang verleiht, der es über andere Lieder hinaushebt, macht Luthers Dichtung das Gebet im expliziten Sinn zu „unserem" Gebet; Luther bringt es als Beten nahe. Dazu hilft, dass Luther alles Kindhafte, wie es manche *Vater-unser*-Lieder der Zeit bezeugen[2], meidet, dass er gleichzeitig die Umdichtung der Originalzeilen auf das für das Versmaß Notwendige beschränkt. Luther ersetzt nicht das *Vater unser*; er erweitert es (einerseits) in ein die gesamte religiöse Existenz des Menschen umfassendes Beten, (anderseits) – und das scheint uns entscheidend – überträgt er das historisch überkommene Beten in ein die Gemeinde (und jeden *in ihr*) erfassendes persönliches Beten. Überspitzt gesagt, verleiht er den Betenden quasi eine eigene Potenz zur religiösen Handlung: er potenziert das Gebet in dem, was es selbst schon ist, nämlich in (s)einem eigenen Sprechen mit dem Schöpfer. Schon in der ersten

---

[1] Der Text folgt der Fassung in der von Fr. Blume 1928 ff. herausgegebenen Praetorius-*Gesamtausgabe der musikalischen Werke*, Band XVI, S. 29 ff.

[2] Ein Beispiel: „Vater unser im Himmelein/zu dir kommen wir Kinderlein..."

Das neue Singen als »Material« des Komponierens

Strophe thematisiert das „gib/ daß nicht bet allein der Mund/ hilf/ daß es geh aus Herzen Grund" das zentrale Anliegen: der ganze Mensch soll hinter dem stehen, was er hiermit tut: das, was er ausspricht, selbst meinen und verantworten. (Letztlich realisiert Luther den eingangs angesprochenen Übergang vom Verhalten zu einem Handeln.)

Hierbei spielt das „in gesangweiß gebracht" eine zentrale Rolle. Es bedeutet von sich aus die Übertragung des Sprechens in eine (scheinbar) unmittelbare Artikulation des Subjekts; gleichzeitig verleiht Luther der Weise des Singens eine ausbalancierte Form, die die Artikulation zu einer selbstbewussten erhebt; er gibt ihr objektiven Charakter. Wir können uns das am der dorischen Tonart angehörenden Melos verdeutlichen.

Die erste Zeile mit ihrem hymnenartigen Beginn auf der Quinte und ihrem Abwärtsduktus entspricht der Sonderstellung der entsprechenden Textzeile; dabei evoziert der lange Ton am Zeilenbeginn eine Aussagehaltung (die das ganze Lied durchhält), und der melodische Fall schließt die Aussage wie eine „These" in sich ab. Der Kunstgriff der zweiten Zeile besteht in einer Art Umkehrung und damit Öffnung des Melodieflusses. Gleichzeitig kehrt sie die alle Zeilen prägende Konzentration auf einen inneren Höhepunkt hervor: der Zeilenduktus findet je im vierten Ton eine Art Schwerpunkt, begleitet beiderseits vom zweiten und sechsten Ton; alle drei lassen die Zeilen je anlaufen und auslaufen. Während die dritte und vierte Zeile, beide wiederum in einem lockeren Umkehrungsverhältnis, den Raum über der Quinte und um den oktavierten Grundton umfassen, sinken die beiden letzten Zeilen in sich ergänzenden Dreiklangslagen (VIII → III, V → I) zum Schließen auf dem Grundton ab. Dabei leitet jede Zeile das Singen in eine eigene „Wendung", in je eine gleichsam eigenwillig richtungweisende Figur. Diese Figuren sind es, die den eigenartigen Zusammenhang der Zeilen stiften, den man verkürzt auch in den je dreitönigen Schlussfiguren der Zeilen wahrnehmen kann (falls man sie unmittelbar hintereinander singt, was wiederum an ein einfaches „Singradel" erinnert, wie es in der Jugendmusikbewegung üblich war). Wie geschickt Bewegung und Gegenbewegung, Fortsetzen und Wiederaufnehmen einer Bewegung gegenseitig sich stützen und den Melodieorganismus als ganzen zuwege bringen, kann man sich vergegenwärtigen, wenn man – wie dies Telemann getan hat – das tonartlich fragile *cis"* (bzw. dem Modus nach *c"*, wie Telemann sagt) in *e"* verändert: sofort verliert die Melodie hier an Kontur, wird flach, wiederholt sich intern.[1]

Der melodische Verlauf und d. h. die jeweilige Struktur der sechs Zeilen und deren gegenseitige Balance im Bewegungszusammenhang vermitteln dem Singenden die Möglichkeit, sich im Singen jeder Zeile und des Liedganzen als sich eine Haltung Gebender wahrzunehmen. Darin können wir einen Ansatz zum beginnenden Verfügen der Singenden (eben nicht mehr nur über ihr Singen, sondern) über sich „als" erblicken: zuerst als Singende, dann aber, im Zusammenhang dieses Textes, als im christlichen Sinn gegenüber dem Schöpfer sich selbst Artikulierende. Mit der Ausweitung dessen, was das Gebet selbst schon ist, erteilt Luther den Singenden eine Art Vollmacht zur eigenen Artikulation, die sich auch in der besonderen Melodiegestalt vor-bildet.

Praetorius hat mehrere Sätze zu diesem Lied hinterlassen; und er hat nicht nur *ein* „Concert" zu ihm entworfen. Am ausführlichsten, einzig wohl für einen zeitgemäßen extraordinären höfischen Festgottesdienst denkbar, stellt sich das Concert im späten *Polyhymnia*-Band dar. Sieht bzw. hört man sich die Partitur dieses

---

[1] Vgl. Gerhard Schuhmacher, *Aspekte der Choralbearbeitung in der Geschichte des Liedes „Vater unser im Himelreich"*, in: Sagittarius..., Bd. 4, Kassel 1973, S. 121.

Konzerts in der Gesamtausgabe (Bd. XVII, S. 433 ff.) durch, dann steht man vor einer kaum zu systematisierenden Vielfalt der wechselnd Singenden und Spielenden.[1] Praetorius, der in der Besetzung von zwei Vokalensembles (den sechs „Voces concertatae" und dem vierstimmigen „Chorus pro Capella"), zwei vierstimmigen Instrumentalchören (von Bläsern und Streichern) und einem reich besetzten Generalbass ausgeht, bildet aus diesen je neue Teilensembles in je eigener Klanglichkeit. Von Blickpunkt einer „Besetzung" her erscheint uns das Vorgehen beliebig, ohne einsehbaren Plan. Doch wenn wir versuchen, das, was Praetorius hier entwirft, vom Aspekt des Tätigseins her anzusprechen, enthüllt sich sein Vorgehen als eine Art *Aktivitätsinszenierung*. Diese ist im Folgenden etwas genauer darzustellen.

Strophe 1 lässt Praetorius die beiden Cantus singen; die Stimmbezeichnungen beziehen sich jetzt, falls nicht anders vermerkt, stets auf die Solisten. Beiden fügt er je ein Bassinstrument hinzu, dem Cantus 1 eine „Trombone maiore vel Violone", dem Cantus 2 ein „Fagotto". Die zwei Ensembles hält der bezifferte Generalbass der Orgel zusammen, der hier als wirklicher „General"-Bass auftritt und den Satz akkordisch füllt. (Die Generalbassstimme ist weitgehend identisch mit jeweils einem der Ensemblebässe, wobei dort, wo letztere gemeinsam auftreten, einer von beiden als zusätzliche Stimme im Satz mitunter abweicht.) Einerseits finden wir also einen drei- bis vierstimmigen Ensemblesatz vor, stimmlich entwickelt. Anderseits aber weist Praetorius den Singenden und Spielenden hier Rollen zu:

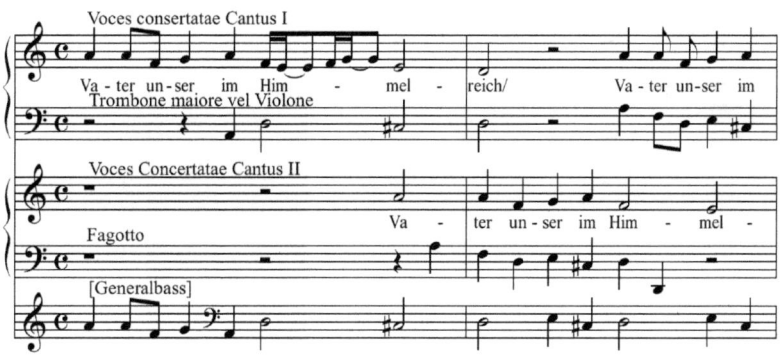

---

[1] Das Choralkonzert umfasst in der modernen Druckausgabe über 50 eng beschriebene, große Druckseiten. Die Aufführungsdauer gibt Praetorius selbst mit einer halben Stunde an.

Er lässt sie abwechselnd, das Choralmelos paraphrasierend, in einer Weise singen, die als ein Sich-Zusingen, als ein spezifisches Zueinander aufzufassen ist, wobei die Instrumentalstimmen nicht „Begleitung", sondern ebenfalls stimmliche Artikulationen darstellen. Das Handeln verdeutlichen die das Melos je verzierenden Figuren, die über weite Strecken im alternativen Einsetzen gegenseitig übernommen werden. Das Singen erscheint in oftmaliger Zeilenwiederholung als ein sozusagen immerwährender Lobpreis ausgedehnt, wobei die je eigenartigen Figuren der einzelnen Zeilen dem Singen bestimmter Textworte zugeordnet werden und dabei, wie im Beispiel auf „Himmelreich", quasi abbildenden Charakter annehmen (können).

Diesem Singen als ein Sich-Zurufen in exquisiter herausgehobener Weise folgt mit der zweiten Strophe eine Art Lobpreisung. Gleich einem Engelskonzert ist der ausgeschmückte *Cantus firmus* – hier: ohne interne Zeilenwiederholungen – des Tenors 1 von einem vierstimmigen Gambenchor umgeben. Dabei zieren die Instrumente ihr motettisches Fortschreiten ebenso aus wie der Singende; sie schließen letzteren ein.

Die Identität des Singens wird durch das den Gang der Melodie jeweils unterstützende Auszieren gewährleistet, das dem fast instrumental gedachten Singen in langen Werten ein persönliches Moment erschließt.

Solches leistet im darauffolgenden Ritornell 1 mit seinem die Einheit der Singenden garantierenden variierten Melos, das auch der Einordnung in den Dreiertakt geschuldet ist, das scheinbar spontane sequenzierende Wiederaufnehmen der einen Teilzeile, des „(stärk uns im Glauben) immerdar". Praetorius benützt als Ritornell stets die neunte Strophe; mit ihr lässt er die Singenden je ein Strophenpaar zusammenfassen und als „gewisslich wahr" bezeugen.

Damit Rollen wirksam werden, müssen sie als solche ausgestattet werden: und zwar mit einem Singen, das sich vor allem als eine im weitesten Sinn *persönlich werdende Aktivität* ausweist. So lässt Praetorius in Strophe 3 („Es komm dein Reich...") in jenen Zeilen, die mit dem Heraufkommen des „Reiches" und mit dem Zerbrechen von „Satans Zorn und Gewalt" zu tun haben, den in großen Werten geführten Alt von einem Posaunensatz begleiten,

in den Zeilen dazwischen („Der heilige Geist...") den Cantus 2 jedoch mit einem Gambensatz.

Während die langen Werte Gewissheit verkörpern, umspielen die Instrumente je mit einer gestuften „Lebendigkeit" (Halbe und Viertel im Posaunensatz, Viertel und Achtel im Gambensatz). Und während das Melos der Zeilen „Es komm dein Reich zu dieser Zeit / und dort hernach in Ewigkeit" (im obigen ersten Beispiel) über einen eineinhalb Oktaven umspannenden, sozusagen „allumfassenden" Bogen im Bass geführt wird, springen Bass und Satz in den Zeilen vom „Heiligen Geist" munter hin und her.

Hier erscheint alles vereint: die besondere *Ausschmückung* des Melos, die Töne „*aktiv*" anzielt und die Zeilen je *figürlich charakterisiert*, eine besondere *instrumentale Ausstattung* und eine je kennzeichnende *Lebendigkeit* des Singens als Aktivität, *die abbildenden Charakter* mittransportiert. So entwirft Praetorius über die Gestaltung des als Meloszeile Vorgegebenen gleichzeitig das Gestalten der Singenden.

Solches bildet sich wiederum ganz neu in Strophe 4, „Dein Will gescheh / Herr Gott / zugleich": die Strophe ist als gehorsames und fügsames, gleichsam vorschnelles Versichern der Solisten entworfen, das noch in das Schließen der vorhergehenden Strophe einfällt und sukzessive, sozusagen „fugweis", die sechs Solostimmen erfasst, die alle (mit Ausnahme des Basses) beständig „eifrig" Choralmelos zitieren und variieren, wobei die beiden Tenöre beginnen und enden, gestützt nur von den Bassstimmen der Instrumentalensembles.

Auch hier finden wir figurhaftes Charakterisieren, wie etwa im Aussingen der „Geduld in Leidenszeit" oder im rhythmischen Vorziehen des „wehr (und steur allem Fleisch und Blut)", wie um schon von vornherein das Tun „wider deinen Willen" auszuschalten.

Wir sehen nicht nur, dass – wie in den Beispielen vorher – möglichst viele Stimmverläufe aus dem Cantus firmus abgeleitet erscheinen; wir sehen auch, dass Praetorius mit dem Melos in einer Weise umgeht, die den Singenden ermöglicht, in ihrem Singen als „eigene" Aktivität eine *selbst-gemeinte* Bedeutsamkeit hervorzuheben, hier die eines Widerstreits: allgemein zwischen den „uneinigen" Stimmen, im Besonderen zwischen Alt und Cantus I, wobei

Das neue Singen als »Material« des Komponierens

der Cantus I ganz „widerständig" aus dem metrischen Vorgehen ausschert.

Dass solches Vorgehen des Komponisten Methode hat, bestätigt der dritte Teil (Strophen 5 und 6). In Kanonart wird die Bitte um das tägliche Brot von den beiden Cantus begonnen; ihnen je zugeordnet eines der Instrumentalensembles. Wird diese feierlich, mit aller Ernsthaftigkeit ausgesprochen, so erscheint „und was man bedarf zur Leibes Not" dagegen wie ängstlich von den anderen Solisten nachgeschoben. Am „behüt uns / Herr" tritt die zielende und möglicherweise „anbetende" Figur hervor, wogegen in der Fortsetzung, „für [= vor] Unfried und Streit", alle sechs Stimmen ihre eigene je ungleiche rhythmische Gestalt durchzusetzen suchen. Heraus tritt aber vor allem der finale Anschlusssatz, „dass wir in gutem Frieden stehen", dessen Fortsetzung, „der Sorg und Geize(n)s müßig gehen", als Tenor-*cantus-firmus* in ausgedehnten Werten von vor allem eben dieser Bitte in der Capella und den restlichen Solisten in der Art einer Battaglia kontrapunktiert wird, woran sich die Instrumentalensembles beteiligen.

An solchen Stellen tritt das akustische Rollenspiel besonders deutlich hervor.

Dies gilt in gleicher Weise für Strophe 6, in der die beiden Cantus abwechselnd die Zeilen der Liedstrophe plan vortragen, während die anderen Solisten wechselnd ausschließlich mit der Bitte um Schuldvergebung in kurzen Motiven „zerrissen" kontrapunktieren.[1] Auch hier wirken die beiden Instrumentalensembles im phrasenweis „abgerissenen" vierstimmigen Satz mit, wobei ihre Oberstimmen je den *cantus firmus* unterstützen.[2] Erst in der Schlusszeile, „in rechter Lieb…", umschlingen sich die beiden Cantus in auffallenden Terzparallelen; und bei „und Einigkeit" skandieren alle sechs die Schlusskadenz im akkordischen Satz.

Inszenierung von musikalischer Aktivität, die ein persönliches engagiertes Singen (1. des Textes und 2. mit der Melodie Luthers!) ermöglicht, das die Singenden und Mit-Singenden in die Lage versetzt, über gleichsam darstellende Rollen das als für sie bedeutsam zu kennzeichnen, was sie aussprechen, bedarf nicht zuletzt eines Rahmens, den nicht nur das abschließende Ritornell, sondern auch z. B. die einleitende Sinfonie erstellt. (Über das Problem, für das instrumentale Spielen so etwas wie musikalische Gestalt als sie selbst zu erfinden, sowie über die Gesamtarchitektur, wird noch in einem Essay über Praetorius an anderer Stelle zu reden sein.)

Werfen wir noch einen Blick auf die letzten beiden Strophen! Strophe 7 ist geprägt vom wiederholten Aussingen der „Versuchung" in „Führ uns Herr in Versuchung nicht".

---

[1] Allerdings beginnt Cantus 1 mit einer Art Vorausimitation in kleinen Werten, mit der er den Cantus 2 kontrapunktiert.
[2] Auf Notenbeispiele müssen wir aus Umfangsgründen hier ganz verzichten.

Das neue Singen als »Material« des Komponierens

Die entsprechende Figuration wird im Folgenden von den beiden Oberstimmen (Violinen) des Streicherensembles übernommen, die das weitere plane „im Glauben fest[e] und wohlgeruht[e]" Choralmelos kontrapunktieren. Vers 8, „Von allem Übel uns erlös", schließlich wechselt mehrmals das Instrumentalensemble, das im vierstimmigen Satz die beiden Cantus und den Cantus des „Chori pro Capella" unterstützt. Das Singen der Zeilen ist geprägt von einem oftmals wiederholten verzierten Vortragen der einzelnen Zeilen bzw. Zeilenteile, wobei die drei Cantus sich die Zeilen sozusagen weiterreichen und sie je zu den anzuzielenden Zeilenhöhepunkten bzw. zu den Verben des Bittens symptomatisch ausschmücken.

Ob damit ein Echoeffekt gemeint ist, erscheint fraglich, weil stets dem Chorsopran der dritte Einsatz zukommt, was dem Weiterreichen der hervorgehobenen Bitten – „uns erlös", „Erlös uns", „und tröst uns", „(Bescher...) ein seligs End", „(Nimm unser Seel) in deine Händ" – eher den Charakter einer doppelten Bekräftigung verleiht. Die Singenden setzen ihr Beten in eine musikalische Aktivität und darin in eine *nachdrückliche* Aktion um, der auch hier im verdichteten figuralen Aufstreben des „in deine Händ" oder im abwartend erwartungsvollen Auseinanderziehen des „Bescher uns [Herr] ein seligs End" abbildender Charakter zukommt.[1]

---

[1] Abweichend vom Luthertext ersetzt Praetorius in den Mittelstimmen das „auch" durch ein (die Rolle!) bekräftigendes „Herr".

Das neue Singen als »Material« des Komponierens

Was uns auffallen sollte, das ist die beständige Präsenz des lutherischen Melos' in tendenziell allen Stimmen, deren Motivik sich in großem Maße aus diesem Melos rekrutiert. Wir sehen, dass Praetorius sich bemüht, ein Singen zu entwerfen, in welchem je ausgewählte Stimmen den Text in einem von Instrumenten charakteristisch gestützten bildhaft meinenden Aussprechen realisieren und dass er dazu so weitgehend wie möglich die Meloskontur der lutherischen Melodie benutzt. Er entwirft ein Singen im Sinne eines motettischen Konzertierens unter dem Rückgriff auf das dem Text zugehörige liedmäßige Singen. Wenn hierfür der Begriff „Choralkonzert" gebraucht wird, so wollen wir diesen dahingehend verstehen, dass Praetorius den lutherischen Entwurf für *sein* konzertierendes Singen *benützt*. Doch geschieht dies eben so weitgehend, dass die Gewichte verrutschen und es *scheint*, als ginge es Praetorius darum, das Lied Luthers zu „bearbeiten". *Das vorliegende Choralkonzert protokolliert ganz konkret den Prozess der Aneignung des Glaubensliedes, das gleichsam im Hintergrund zur selbstverständlich angenommenen und die Persönlichkeit charakterisierenden Art und Weise wird, sich als Glaubender zu äußern.*

Auch Johann Hermann Schein bedient sich in seinen *Opella nova* von 1618 bzw. 1626 des Konzerts „auf jetzo gebräuchliche italienische Invention"[1]:

---

[1] Das folgende Notenbeispiel ist aus Blume, a. a. O., S. 134, übernommen.

Während die zwei Soprane, wie sich imitierend ins Wort fallen und sich im „Jubel" anstacheln, ihr Singen aus dem weit ausgreifend geschmückten motivischen Material der einzelnen Choralzeile beziehen, beschließt der Tenor, wie als Ergebnis einer Disputation, je mit dem solistischen und nur generalbassbegleiteten Zitat dieser Zeile den einzelnen Abschnitt. Das ist immer noch Text-Singen in der Weise der Bedeutungserschließung (für „mich" resp. „uns") in intensivierter Form und unter Rückgriff auf die Formeln des persönlichen Singens im Glaubenslied. Auch Scherings Beispiel (Nr. 188), ein Choralkonzert Scheins zu *Gelobet seist du, Jesu Christ*, entspricht solchem Vorgehen, in welchem die formulierte Choralzeile wie eine schließliche „Einsicht" erscheint, auf die das vorhergehende Singen je vorbereitet.

Aber was ist hier so etwas wie die Hauptsache?

Einerseits: Da es auch Entwürfe gibt, in denen die Einschübe der unveränderten Choralzeilen unterbleiben, liegt das Schwergewicht wohl auf dem Entwurf eines Singens als Konzertieren. Kommen noch Choreinlagen hinzu, wird das Singen zur dramatischen Szene: das ist vielleicht noch keine Übertragung des Chorals in ein eigenes Singen, sondern der Entwurf eines eigenen Textsingens mit einer prozesshaften Anverwandlung des Melos, um die eigene Glaubensfülle *mit* ihm zum Ausdruck zu bringen. Es sind die gleichen Mittel, über die der Komponist auch zum Entwurf eines choralfreien Singens verfügt: Auch im geistlichen Madrigal Scheins (in seiner Sammlung *Israelsbrünnlein*) treten die Singenden (und Mit-Singenden) als „bildhaft" Bedeutung und Bedeutsamkeit Vermittelnde auf. Im Grunde geht es um eine Intensivierung des Singens in Richtung eines persönlichen Textsingens aus einem „inneren Erfülltsein von": von der Botschaft ebenso, wie vom Choral als ein spezifisch „evangelisches" So-Singen resp. „Ich-singe".

Anderseits und gleichzeitig können wir ein solches Konzert als ein *didaktisches Vorgehen* lesen: in dem den planen Choralzeilen je vorausgehenden, den Textworten Bedeutung zumessenden Hin- und-Her-Singen der beiden Soprane machen sich die Singenden und Mit-Singenden selbst klar, was sie *sich* mit dem Choral eigentlich sagen. Durch den korrespondierenden Umgang mit dem textlichen(!) und musikalischen Material ihres Singens entwirft Schein ihnen eine Art *Rekonstruktion* des lutherischen Weges zu jener Glaubenseinsicht, den die eigentliche Choralzeile schließlich sprachlich fasst. Damit ist grundsätzlich *eine* Intention eröffnet, die das choralbezogene Singen als Konzert oder Kantate in der zweiten Hälfte des 17. Jahrhunderts bestimmen wird.

Samuel Scheidts instrumentale Fassungen des Psalmus »Da Jesus an dem Kreuze stund«

Das Problem des latenten Übergangs in der Intentionalität stellt sich noch dringlicher auf dem Gebiet des instrumentalen Spielens. Naturgemäß tritt es hier, wo kein Text dem Komponieren ein Maß vorgibt, umso deutlicher hervor. Denn Spielen ist je auf ein eigenes konstruktives Selbstverständnis angewiesen, das seine Funktion per se nicht vermittelt. Salopp und modern gesprochen: wenn instrumentales Spielen angesagt ist, wie (=„was") soll man denn spielen? Auch hier beobachten wir eine Unentschiedenheit der Intentionalität: zwischen einem Formen des Spielens unter Verwendung eines Liedmelos und einem Spielen des Liedes selbst. Für den Komponisten bietet dabei zwar nicht zuletzt das harmonische Gefälle des Satzes einen Ansatzpunkt der Gestaltung, doch beobachten wir am Beginn des 17. Jahrhunderts noch eher ein am motettischen Vorgehen orientiertes kontrapunktisches Entwerfen. Für dieses bildet der Choral das „Material". Gleichzeitig aber charakterisieren dabei die Zeilenstruktur des Melos und das harmonische Gefälle, das den Satzkörper in einen *musikalisch konsequenten* Zusammenhang (sozusagen zur aktiv erlebbaren Gestalt) bindet, die Physiognomie des Spielens.

Mehr noch als im vokalen Bereich erweist sich hier als unumgängliche Voraussetzung, dass das Singen inform des evangelischen Gemeindechorals als in eine Satzform gebrachte textlich-musikalische Gestalt handhabbar wurde und Vorstellungen vom Umgang mit ihm unterworfen werden konnte. Zu solchem Umgang, Basis eines großen Teils der *künstlerisch* entwickelten geistlichen Musik des lutherische Bereichs, gehörten Situationen; und diese waren keineswegs nur auf die Gottesdienste beschränkt. Sie bezogen sich sozusagen auf Kirche *und* Haus; und in ersterer durchaus auch auf nicht-gottesdienstliche Veranstaltungen, in denen die Gläubigen sich sozusagen hörend ihrem (Mit-)Singen hingeben konnten. Das instrumentale Umgehen mit dem Choral war dabei vor allem mit dem Tasteninstrument und da im Besonderen mit der Orgel verbunden.

Die Tatsache, dass das Glaubenslied (nach Überzeugung etwa der Reformatoren) das ganze Leben durchdringen sollte, wird oft (zu) einseitig als Bevormundung des Gläubigen gesehen. Doch müssen wir von einer Disposition des Menschen selbst ausgehen: der sich selbst „sehende", für sich tedenziell mehr und mehr verantwortliche, sich für die Gestaltung seines Lebens bevollmächtigt sehende Mensch war bestrebt, sein Leben aus seiner religiösen Erlebnis- und Einsichtsfähigkeit heraus zu gestalten. In Korrespondenz mit dafür Zuständigen entwickelte er (erst einmal öffentliche, dann aber auch tendenziell private) Situationen, in denen er seine persönliche Frömmigkeit ausleben konnte. Eine solche beobachten wir in kirchlichen nichtgottesdienstlichen Veranstaltungen tendenziell meditativer Art, in denen – so man einen entsprechenden Organisten und ein Instrument „zur Verfügung" hatte – Orgelmusik eine wesentliche Rolle übernahm. Dass dabei mitunter auch eine Initiative von den Musikern ausging, ist einsehbar; doch dürfen wir solche Situationen, wie sie schon am Ende des 16. Jahrhunderts aus dem calvinistischen Holland dokumentiert sind, noch nicht als deren „Veranstaltungen" missverstehen.

Als einer der ersten genannt wird hier Jan Pieterszoon Sweelinck (1562-1621), Spross einer Organistenfamilie und bereits von seinem 15. Lebensjahr an Organist der Amsterdamer Oude Kerk. Nachdem durch Einführung des Calvinismus im Gottesdienst nur noch der einstimmige Psalmengesang zugelassen war, ließ man die Orgeln und seinen bewährten Organisten nicht verkommen. Die kommunale kirchliche Obrigkeit ordnete an, dass er täglich mindestens eine Stunde an den beiden Orgeln seiner Kirche zu spielen habe. Seine „Spielstunden" – so könnten wir sein Orgelspiel in Parallelität zu den unten noch anzusprechenden „Singstunden" A. H. Franckes vielleicht nennen – wurden Teil des städtischen Lebens und hochberühmt; sie bildeten eine Attraktion auch für auswärtige Besucher. Sweelincks umfangreiches Vokalwerk (in französischer, lateinischer oder italienischer Sprache), das in zeitgenössischen Drucken überliefert ist, diente, nach Einführung des Calvinismus, an seinem Entstehungsort wohl vor allem dem „privaten" Musizieren innerhalb von Liebhabervereinigungen und umfasst neben Chansons, Madrigalen und Motetten auch vier- bis achtstimmige Sätze zu den Psalmen des Genfer Psalters sowie lateinische („katholische") Motetten, die Sweelinck in Antwerpen drucken ließ. Sein Spielen, z. T. auch in den Abendstunden, gestaltete er wohl zu einem Teil als Improvisation. Dabei spielten nun aber instrumental bearbeitete (reformierte, gregorianische oder lutherische) Kirchenliedmelodien eine wesentliche Rolle, die Sweelinck vielfach variierte und zu Variationsreihen verband, die sog. Choralvariationen. Das (reformierte) Glaubenslied diente Sweelinck als Legitimation und Substanzgeber seines Spielens.

Das neue Singen als »Material« des Komponierens

Überliefert sind diese, wie alle Orgelwerke von ihm, in Abschriften (nicht in zeitgenössischen Drucken); die schriftliche Fassung diente wohl in erster Linie dem Unterricht als Exempel. Tatsächlich hatte Sweelinck zahlreiche Schüler, unter ihnen so zahl- und erfolgreiche aus Norddeutschland, dass man ihn den „deutschen Organistenmacher" nannte. Es erstaunt nicht, wenn Sweelincks Spielen auch bei seinen Schülern „Schule" machte und wenn nun gleichzeitig (und anderseits) auch in deutschen Städten das Bedürfnis nach solchen „Veranstaltungen" aufkam: das Vorbild der *Situation* des außergottesdienstlichen Spielens in der Kirche fand offensichtlich Zuspruch. Vieles, was uns bis heute an Orgelmusik, aber auch an (spezifisch „evangelischer") Vokalmusik überliefert ist, war (zumindest auch) für solche Situationen entstanden.

Was die sog. Choralvariation betrifft – wir werden den Begriff im folgenden für die Zeit um 1600 etwas relativieren –, so unterscheidet sich die Situation im lutherischen Deutschland (von der Sweelincks) vor allem darin, dass ein liedbezogenes Orgelspiel inform von Vorspielen (Einleiten) und Bearbeiten für die Alternatimpraxis auch gottesdienstliche Funktion besaß. Die folgenden (neuzeitlich gesprochen:) Choralbearbeitungen zum „Psalmus" *Da Jesus an dem Kreuze stund* von Samuel Scheidt, einem Schüler Jan Pieterson Sweelincks, der in Halle als Hoforganist und Hofkapellmeister wirkte, stellen sechs „Variationen" eines Chorals, resp. - wie man auch sagt – „über einen Choral" zusammen, sechs Spiel-Fassungen des Glaubensliedes. Der Choral erscheint, anders als im späten 17. Jahrhundert z. B. bei Böhm oder Pachelbel (und das ist bezeichnend), (noch) nicht als akkordischer Satz, als quasi „objektiv" in die Vorstellung des Subjekts geholtes bzw. erhobenes „Thema" vorweg.[1]

Die vorliegenden sog. Choralvariationen sind also Spielfassungen des (im 16. Jahrhundert entstandenen) Passionsliedes *Da Jesus an dem Kreuze stund*. Ihre Benennung mit *„Versus"* legt den Gedanken an eine Analogie zu den Textstrophen des angegebenen Glaubensliedes nahe. Tatsächlich ist in der Geschichte der Choralvariation im lutherischen Bereich ein Zusammenhang nachweis-

---

[1] Die Verwendung des Begriffes „Choral" für ein einzelnes (!) Strophenlied stammt nicht von den Reformatoren selbst, sondern hat sich erst im Laufe der Wende vom 16. zum 17. Jahrhundert eingebürgert und nachfolgend auf die Lieder des ersten reformatorischen Jahrhunderts spezialisiert. Daneben bestanden aber noch die authentischen reformatorischen, z. B. lutherischen Begriffe wie *canticum, psalmus* o. a. Dies erklärt den Begriff „psalmus" im Titel als Synonym für evangelisches deutschsprachiges Glaubenslied mit mehreren Strophen.

bar. Denn Choralbearbeitungen dienten u. a. der Praxis des strophenweisen Alternatim-Singens zwischen Chor (oder Gemeinde) und Orgel, wobei man die einzelnen Bearbeitungen quasi als Zwischenspiele zwischen den gesungenen Strophen verwendete oder immer wieder eine gesungene Strophe durch die „gespielte" ersetzte (und der entsprechende Strophentext innerlich mitvollzogen wurde). Ob diese sechs „*Versus*" für einen solchen Zweck entworfen wurden, ist nicht von vornherein auszumachen.[1] Immerhin sind die einzelnen „Variationen" durch Doppelstrich voneinander abgesetzt. Ein Blick auf die Schlüsse macht deutlich, dass jedes der Stücke für sich endet; es gibt keine Übergänge zwischen ihnen (wie z. B. bei Sweelinck). Alle Stücke, Spielfassungen der gleichen Choralmelodie, halten die Tonart bei, nämlich den III. Modus (Phrygisch).

Anderseits verdeutlicht uns eine Tabelle, in der wir einige ‚technische' Angaben, u. a. zur Stimmenzahl und zu taktlichen Besonderheiten eintragen,

Versus	Takte	Melos im:		Taktangabe
1	40	Cantus	4-st.	C
2	34	Tenor	3-st.	C
3	27	Cantus	2-st.	[Alla breve]
4	27	Cantus	2-st.	C / Sechzehntel
5	33	Bass	3-st.	C
6	32	Cantus	4-st.	C

dass die Anordnung sich quasi „rückläufig" darstellt. Vollstimmig sind die Rahmenstücke 1 und 6, während die beiden inneren, 3 und 4, sich jeweils nur zweistimmig geben; den Übergang der Abnahme resp. Zunahme der Stimmenzahl stellen die Fassungen 2 und 5 her, die auch als einzige den Choral nicht im Cantus, d. h. in der satzbegrenzenden Oberstimme durchführen. Der Auflichtung des Satzes nach innen korrespondieren die konkrete Länge der

---

[1] Zu bedenken ist: Das Lied besteht aus 8 bzw. 9 Strophen, wobei die inneren sieben Strophen die sieben letzten Worte Jesu je in eine Gedichtstrophe fassen. Die Rahmenstrophen – man findet sie bei Schützens Vertonung der „Sieben Worte" [SWV 478] als sozusagen *Introitus* und als *Conclusio* eingebracht – fordern einerseits den Singenden zur Betrachtung der sieben letzten Worte Jesu auf und schließen anderseits – als wohl reformatorische Hinzufügung? – den Singenden in der Gnade Christi ein. Diese letzte Strophe ist im katholischen Gesangbuch (*Magnificat*) nicht enthalten. Könnten die sechs Spielfassungen als meditative Zwischenspiele zwischen den sieben Binnenstrophen aufzufassen sein?

Das neue Singen als »Material« des Komponierens

Variationen – die beiden inneren sind die kürzesten – und das Tempo, das in eben diesen Variationen durch ein neues Mensurzeichen (mit einer Beschleunigung des Choralablaufs in Strophe 3!) resp. durch Einführung von schnellen Sechzehntelwerten (mit einer innere Beschleunigung der Zusatzstimme in Strophe 4) angezogen wird. Scheidt reiht hier also sechs verschiedene Spielfassungen des Passionsliedes, die dem Alternatim-Spielen dienen könnten, in einer Weise, die geplant scheint und eben (auch) ein entworfenes Ganzes (des Spielens) darstellt, einen Zyklus.

Doch wie gestaltet sich Spielen hier? Und: was ist und bewirkt es? Das konstante Element der Stücke – so sieht man das gewöhnlich – ist die Liedmelodie, die wir den Titelanweisungen gemäß in den *Versus* 1, 3, 4 und 6 im Cantus, im *Versus* 2 im Tenor und in *Versus* 5 im Bass zu suchen haben. Ein Vergleich der Melodiezitate macht ihre tonliche Identität deutlich und lässt vermuten, dass es Scheidt darum ging, genau dieses Melos als es selbst je im Spielen zu vergegenwärtigen.[1]

Das Melos besteht aus 5 Abschnitten zu je 8 Tönen. Diese Abschnitte, in allen *Versus* mehr oder weniger voneinander abgesetzt, bestimmen mit ihrer Fünfzahl den horizontalen Aufbau aller sechs *Versus*. Dabei bildet der erste Melodieabschnitt, um die Melodieachse *h* gelegt, auf der er beginnt und endet, eine Art unmittelbare Invokation (ähnlich Luthers *Ach Gott, vom Himmel sieh darein*), gleichzeitig einen prägnanten überschriftartigen Erkennungsabschnitt des Singens, an den sich mittels der rückläufigen Wiederaufnahme der Phrasenschlusstöne ganz konsequent der zweite Abschnitt anschließt. Zwar lassen sich zwischen dem zweiten und

---

[1] Nur das erste der Stücke fügt zwischen dem fünften und sechsten Ton des Melos einen Durchgang *c"* ein.

fünften Melodieabschnitt durchaus Analogien feststellen, doch am auffälligsten erscheinen die Identität der Abschlüsse des zweiten und vierten Abschnitts sowie die auffallenden Tonwiederholungen im dritten und fünften Abschnitt. So schließen sich die Abschnitte 2 und 3 und die Abschnitte 4 und 5 jeweils zu einem zusammengehörenden Ab und Auf zusammen und stehen gegenseitig in einem losen Variationsverhältnis zueinander, wobei die Abweichungen, etwa der Abschlüsse der Abschnitte 3 und 5, auch aus der Funktion im gesamten Melodieorganismus heraus erklärbar sind, quasi als Halbschluss und Ganzschluss.

Gegenüber dem konstanten Element treten die Elemente des immer wieder neu entworfenen Spielens klar hervor. Zwar gehorcht das Spielen prinzipiell einem „stimmlichen" Entwurf; es steht dem Singen nahe; anderseits ist es durch typische Spielweisen ausgezeichnet. Doch besteht hier das variative Element im Satz selbst, also nicht primär in einem einzelnen Parameter (z. B. Harmonik oder Rhythmik) oder einer einzelnen Figur, sondern in der Art und Weise, wie dem *Cantus prius factus* welche Stimmen hinzugefügt werden, wie der in sich stimmige musikalischen Satz erstellt wird. (Im Gegensatz zu einem Zyklus, der aus vorangestelltem Thema und nachfolgenden Variationen besteht, ist hier sozusagen jede Variation Thema + Variation in einem!) Das variative Element ist also der Satz im Sinn des mehrstimmig Gesetzten nach bestimmten Regeln bzw. nach einem bestimmten System von Regeln, das wir aus der Satzlehre des Kontrapunkts kennen.[1] Offensichtlich – wie wir sehen werden – spielt die Zeilen-Architektur des Melos eine wesentlichere Rolle für die Organisation des Spielens als die Binnenstruktur der Zeilen mit ihrem Beginnen vom

---

[1] Zur Rekapitulation: „Kontrapunkt" bezeichnet ein Kompositionsselbstverständnis, mittels bestimmter Konsonanzfolgeregeln eine vorhandene Stimme (Cantus) mit einer oder mehreren Gegenstimmen zu versehen, indem jedem Cantuston (punctus) ein Gegenstimmenton hinzugesetzt wird. Entscheidende Erweiterung erhielt die Satzlehre des Kontrapunkts in der ersten Hälfte des 15. Jahrhunderts, indem der Kontrapunkt in unterteilten oder gemischten Notenwerten formuliert wurde, bei denen unter bestimmten Bedingungen auch Dissonanzen zugelassen werden. Die Entwicklung der kontrapunktischen Satztechnik ist eine Weiterentwicklung dieser grundlegenden Prinzipien (per Stimmführungs- und Klauselregeln). Im 16./17. Jahrhundert wird Kontrapunkt „zum Prinzip der Kombination selbständiger, melodisch und rhythmisch eigen- oder auch gleichwertiger Stimmen im Rahmen geordneter Klänge und Fortschreitungen" (Rie-Lex, Art. *Kontrapunkt*.).
Die Satzlehre, auf der Scheidts Musik aufbaut, ist die eines hochentwickelten Kontrapunkts, wie er etwa durch G. Zarlino (in der Rezeption Sweelincks und dann Scheidts) vertreten wird.

Das neue Singen als »Material« des Komponierens

„festen" Standort des langen Wertes und ihrem je eigenen melodischen Weg zum „Erreichen" ihres Zieltones.[1]

Die Variationen sind also nicht untereinander abhängig, sondern sie stellen im kompositorischen Akt prinzipiell immer neue kompositorische Konkretisierungen eines kontrapunktisch entworfenen Verlaufs dar (im Sinne eines ins Spielen hinein aufgefassten Singens). In der jeweiligen Konkretisierung gibt es eine wesentliche Gemeinsamkeit: Die Sätze gleichen in ihrer Verlaufsform dem deutschen Liedsatz.

Gönnen wir uns wenigstens einige Anmerkungen zu Scheidts Vorgehen. Die einzelnen *Versus* stellen relativ freie kontrapunktische Entwürfe dar, d. h. sie entsprechen nicht exakt jeweils einer der strengen Gattungen der Kontrapunkt-Lehre, höchstens einer sog. „Gattung mit gemischten Werten".[2] Vorherrschend und das Bild des Satzes bestimmend ist die Gattung 1:2, vermischt mit den Gattungen 1:1 und 1:4; da die zeitliche Fortschreitung des *Cantus firmus* in Halbtaktwerten geschieht, heißt das, dass der Satz in Vierteltaktwerten fortschreitet, wechselnd mit Halben und Achteln. Die auffälligste Ausnahme bildet *Versus* 4.

Ersten Einblick in die kompositorische Arbeit kann *Versus* 3 liefern; am relativ leicht zu überschauenden Bicinium-Satz läßt sich Prinzipielles aufweisen.

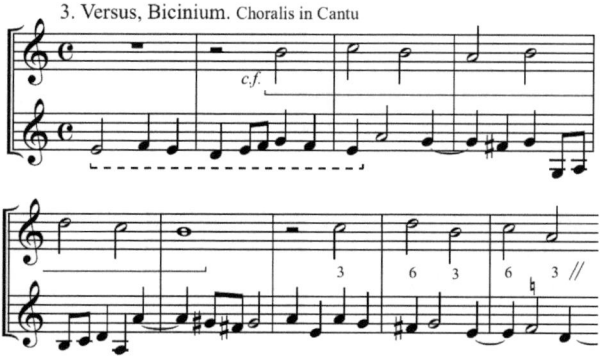

---

[1] Zu erwähnen bleiben die geringfügigen rhythmischen Abweichungen jeweils an den Anfängen der Melodieabschnitte („Halbe"-Pause + Halbenote statt Ganznote) sowie die Beobachtung, dass jene die Melodieabschnitte trennenden Pausentakte in den mittleren beiden Variationen kaum in Erscheinung treten, der absolute Ablauf des Melos also beschleunigt erscheint.

[2] Lemacher/Schröder, *Lehrbuch des Kontrapunktes*, Mainz ⁵1968, den wir hier zitieren, hat ein Zitat des *Versus* 3 (mit abweichendem Mensurzeichen).

Den Satz beginnt und beendet (im Sinne eines bewegungsmäßigen Auslaufens) die hinzugefügte Kontrapunkt-Stimme, die keinen festen Stimmort hat, sondern zwischen Alt- und Tenorlage sich bewegt. Diese Stimme scheint ihrerseits den Cantus zu „tragen", doch ist ihr Verhältnis zum Cantus sehr differenziert. Am Beginn trägt sie die Komposition allein; sie bereitet den Einsatz des Cantus vor, indem sie dessen ersten Melodieabschnitt vorausimitiert, in z. T. diminuierten Notenwerten. Der Einsatz des *Cantus firmus* erfolgt sehr geschickt als Reaktion auf die zu seinem Einsatz hinführenden Achtel. Im weiteren Verlauf verbleibt die freie Stimme im Terzabstand, allerdings oft synkopisch so verschoben, dass sie das Fortschreiten des Satzes initiiert: es entstehen jeweils Vorhalte, die aufgelöst werden müssen. Dem Terzsprung aufwärts im Cantus (Takte 4/5) geht der Oktavsprung der Gegenstimme voraus, der die durch den Achtellauf überdeckte Terzenkonstruktion weiter ermöglicht, die Stimmen weiter auseinanderführt, Platz zur Verlebendigung des Satzes bietet und das Münden in die Kadenz – wieder mit Oktavsprung eingeleitet – effektvoll macht.

Der Schlusston des ersten Melodieabschnitts wird durch die Zusatzstimme als vorletzter Ton einer Kadenz interpretiert, dessen Vorhalt erst im nächsten Takt aufgelöst wird; hier überbrückt also die freie Stimme durch harmonische Interpretation die Pause zwischen den Melodieabschnitten. Der Schlusston der Abkadenzierung, *a'*, wird jedoch verkürzt, und die Zusatzstimme leitet mit einem neuen Motiv zum neuen Cantus-Einsatz. Intervallisches Prinzip ist jetzt ein Terz-Sext-Wechsel. Anders als beim ersten Abschnittsende erfolgt die Überleitung zum dritten Abschnitt durch variiertes Vorauszitat des Abschnittbeginns. Ähnliches geschieht Takt 16, während die letzte Überleitung (Takte 21/22) wieder mittels Hinausschieben des kadenziellen Abschlusses über die nächste Taktgrenze hinaus gebildet wird. Die Fortsetzung der freien Stimme resultiert aus sequenzartiger Vervielfachung der Anfangsfigur des Cantus (→ Tonwiederholungen).

Aus diesen wenigen Hinweisen zum Satz in *Versus* 3 wird deutlich, dass die freie Stimme, die jeweils aus melodischen Abschnitten des *Cantus firmus* heraus entwickelt wird, nicht als hinzugefügte Begleitung, als etwas bloß Sekundäres zu verstehen ist. Sie ist - und das ist durch Singen leicht nachprüfbar - ein Spielen in durchaus eigenwertiger Linearität, das weit mehr als der *Cantus firmus* das Stück erstellt und kennzeichnet. Daraus folgend nimmt es im Verhältnis zum *Cantus firmus* verschiedene Funktionen ein: es bereitet den *Cantus-firmus*-Einsatz vor, es bildet Überleitungen, es sorgt für das abwechslungsreiche Fortschreiten des Satzes ebenso (→ Vorhalte!) wie für dessen effektvollen Abschluss.

Im Prinzip identisch in der Machart, nur aufgrund der Vierstimmigkeit komplizierter, ist *Versus* 1; in ihm bildet nicht nur *eine* Stimme, sondern ein Geflecht von drei Stimmen den Satzkörper, der den Cantus trägt. Die im Vergleich zu anderen *Versus* überlange Einleitung von 8 Takten begründet sich u. U. ebenso wie das viertaktige Auskadenzieren des Schlusstones aus der Funktion der Zykluseröffnung.

Dabei beginnen Alt und Tenor mit dem vollständigen Zitat des ersten *Cantus-firmus*-Abschnitts, wobei sie sich im Quartabstand imitieren; ebenfalls mit dem Zitat setzt der Bass ein, begleitet von freier Fortspinnung der anderen Stimmen. Nachdem alle drei Stimmen ihre Voraus-Imitation abgeschlossen haben, setzt – über der Abkadenzierung – die Oberstimme mit dem ersten der Abschnitte des *Cantus firmus* ein, unter dem Alt und Bass um eine freie Tenorstimme herum wieder diesen Abschnitt zitieren. Der weitere Verlauf des Satzes ist dann freier gebildet: wörtliche Imitationen lassen sich nur wenige ausmachen. Am deutlichsten im Takt 25 ff.,

wo der viertönige Sekundgang des Melos (Takt 28/29) mit Auftakt *recto* und *inverso*, diminuiert und doppelt diminuiert durch alle Stimmen wandert. Dass Scheidt hier so auffallend die Achtelläufe einführt, also die Art des Kontrapunktierens ändert, hat u. U. Verbindung mit der Struktur der Cantusmelodie: Abschnitt 4 und 5 (der wieder wie am Beginn kontrapunktiert wird) bilden ja eine variierte Wiederaufnahme der Melosabschnitte 2 und 3 - was Scheidt zu einer variativen Veränderung des Spielens bewegt.

Betrachtet man das Verhältnis der Stimmen zueinander, so fällt u. a. auf, dass vor allem die freien Stimmen sich in ihrer Bewegungsart stets ergänzen: mit Ausnahme von Takt 26 bewegen sie sich nie in gleichen Notenwerten, sondern alternieren im Fortschreiten; die innertaktliche Bewegung ist in der Regel Seitenbewegung. Suchen wir nach diesem Prinzip in *Versus* 2[1],

---

[1] Die c.f.-Stimme des folgenden Beispiels ist in der Vorlage auf einem dritten System für das Orgelpedal notiert; die Anweisung „c. f. 4' (oder 8' eine Oktave höher)" erlaubt aber, sie dort zu notieren, wo sie erklingt: in der Mitte des Satzes.

Das neue Singen als »Material« des Komponierens

so bemerken wir, dass die (nun zwei) kontrapunktierenden Stimmen untereinander in weiten Partien von Parallelbewegung und von einem Kontrapunkt-Verhältnis 1:1 bestimmt sind. Solcher Bewegungsgleichklang in den bevorzugten Intervallen Sexte und Dezime findet sich bereits an dem das Anfangsmotiv frei fortspinnenden Imitationsbeginn (wenn auch hier noch verhältnismäßig verschoben) und besonders deutlich, wenn der *Cantus firmus* einsetzt: Takt 5 ff., 10 ff. (incl. Synkopierung), Takt 19, Takte 21/22, Takt 30 und 33. Auffallend ist hier die abweichende Schlussgestaltung mit ihren teilweisen Punktierungen.

Ein ähnlich eindrucksvolles Kontrapunktierungsprinzip charakterisiert den zweiten dreistimmige *Versus*, *Versus* 5, bei dem die freien Stimmen nicht mehr den *Cantus firmus* rahmen, sondern über ihm eine Art Duettsatz bilden. Solche Bezeichnung leitet sich aus dem spezifischen Verhältnis der Stimmen zueinander ab, bei dem das Verhältnis zum *C. f.* in den Hintergrund tritt.[1]

---

[1] Auch hier ist der *Cantus firmus* in der Vorlage eine Oktav tiefer notiert, soll aber im 4'-Register ausgeführt werden.

Sie bilden ein spezifisches Miteinander aus Parallelführung (in Terzen und Sexten sowie gleicher Bewegungsart) und Stimmtauschtechnik, bei der typische Figuren – hier vor allem zwei Achtel, eine Viertel) sukzessive in den Stimmen alternieren. Selbstverständlich geschieht auch hier die Erfindung nicht ohne Verknüpfung zumindest einer Stimme mit den Melosabschnitten des *Cantus firmus*.

Versus 6 steht *Versus* 1 am nächsten, und zwar nicht nur wegen seiner (hier allerdings etwas durchbrochenen) Vierstimmigkeit, sondern wegen der Ausgewogenheit der Stimmen zueinander.

Sein Besonderes wird in der Überschrift mit „per Semitonia" benannt: alle Stimmen - mit Ausnahme des c. f. - sind so geführt, dass sich chromatische Durchgänge, seltener Vorhalte, einführen lassen; oder anders ausgedrückt: Ganztonschritte werden durch zwei Halbtonschritte (= *per semitonia*) vollzogen. Auch hier lehnt sich der Duktus der Stimmen dem Verlauf des *Cantus firmus* an.

Diese Art der chromatischen Stimmführung ist als Besonderheit in der Kompositionslehre der Zeit durchaus zugelassen und macht möglicherweise auf die Seite der Ausdeutung des hinter der Melodie stehenden Textes aufmerksam. Denn eine solche „harte" Chromatik repräsentiert den Affektgehalt des Leidens und Trauerns und wird hier vielleicht mit Absicht an den Schluss eines Zyklus gesetzt, der eines der populärsten Karfreitagslieder variiert. Um es mit einem Begriff der Zeit zu sagen: Chromatik ist hier als sog. musikalisch-poetische Figur eingeführt, als Figur, die in diesem Fall eine Satzfigur ist und die sich dem Sinngehalt des Textes anschließt. Anderseits verwenden zahlreiche Choralbearbeitungszyklen der Zeit (bis zu Bach hin) den chromatischen Modus, auch wenn es nicht um ein Passionslied geht. Die „chromatische Fassung" stellt einen Typus dar, der als solcher eine bestimmte Seite menschlichen Ausdrucks aktualisiert.

Vom Arbeiten mit der barocken Figur her verständlich wird auch *Versus* 4.

Das neue Singen als »Material« des Komponierens

4. Versus, Bicinium. *Choralis in Cantu*

In seinem an sich einfachen zweistimmigen Satz ist die kontrapunktierende Stimme mittels *variatio*-Figuren ausgeziert, die deutlich instrumentaltechnischer Natur sind. Das Wechseln der Figuren (z. B. Takt 15) gliedert das Spielen.

Das je neue Fassen oder sagen wir besser Einbeziehen des *Cantus* in den Entwurf des Spielens – um den Begriff der Variation hier nun zu meiden – geschieht als wechselnde Konkretisierung eines kontrapunktischen Satzes, wobei jeweils eine Stimme, der *cantus prius factus*, als konstantes Element fungiert. Mittel des sich unterscheidenden (Mit-)Spielens sind u. a. Stimmenzahl, Ort des *Cantus firmus*, Auseinanderrücken der *Cantus firmus*-Abschnitte, Arten des Kontrapunkts, bewegungsmäßiges Verhältnis der Stimmen untereinander, gegenseitige tonliche Führung der Stimmen, Anlehnung der Stimmführung an Satzfiguren, Ausschmückung des kontrapunktischen Satzes, strukturelles Verhältnis der kontrapunktischen Stimmen zu Tonfolgen u. a. der *Cantus-firmus*-Abschnitte usf.

Das Beginnen und das Enden mit jeweils (durch lange Einleitung bzw. durch Betonen eines übergeordneten Charakteristikums) herausgehobenen Fassungen, lässt vermuten, dass diese sechs *Versus* (eher) als selbständiger zusammenhängender Zyklus komponiert und gedacht sind, dass sie also ein in sich geschlossenes Ganzes bilden, das für sich, ohne dazwischen gesungene Strophen, vollzogen werden kann. Anderseits weist die Zahl von sechs *Versus* ebenso auf die Alternatimpraxis, da die einzelnen *Versus* relativ in sich abgeschlossen bleiben. So repräsentiert dieser Zyklus die für Scheidt von einer werkorientierten Beschreibung als typisch angesehene Mischform, die in der Durchdringung des sog. *Versus*-Prinzips und des sog. *Variatio*-Prinzips besteht.

Von unserer tätigkeitsorientierten Beschreibung her sehen wir Scheidt ein (= sein) instrumentales Spielen entwerfen, das *etwas dem Lied Analoges* darstellt: ein *Spielen in musikalischen(!) Strophen*. Die einzelnen Strophen sind im Prinzip von einem Text unabhängig; und der Zyklus folgt einem instrumentalen Selbstverständnis, da ein finaler, auf die Vermittlung einer Einsicht bezogener Text nicht vordergründig gegeben ist. Trotzdem zielt das „Verwenden" des *Psalmus* zum Entwurf des Spielens auf ein Bedenken des Adressaten, auf sein Bewusstsein des Liedes insgesamt.

Wenn wir nach dem möglichen Grund für ein Spielen resp. Mit-Spielen im Sinne eines inneren Mit-Singens (der Adressaten) fragen, so können wir feststellen, dass es vor allem Scheidts spezifisches Spielen ist, das den Adressaten zum inneren Durchleben seines Wissens dieses Liedes verleitet: seine komplexe Dissonanzeinführung, die Figuren des Spielens, die einzelne Schritte zu mitvollziehbaren Vorgängen machen, insbesondere die eigene Horizontalität der hinzugefügten Stimmen. So gesehen „spielt" Scheidt nicht „das Lied", sondern eigene „Sätze", die so angelegt sind, dass der Mitvollziehende die Bedeutsamkeit jenes Singens, das der Cantus für ihn hat, je neu und intensiv durchleben kann. Das erinnert an die Sätze von Johann Walter; nur ist es nicht mehr das „Aussprechen", das zu einem inneren Mit-Singen (in motettischer Weise) gebracht erscheint, sondern das Singen als Vollzug des text-melodischen Gesamtvorgangs, das zu einem inneren Mit-Vollziehen als Spielen verwandelt erscheint. Dieses gibt sich durchaus (noch) als Abkömmling motettischen Komponierens zu erkennen. Und hier kommen wir auf die grundlegende Rolle der Architektur des Melos zurück, die die Struktur der einzelnen *Versus* bestimmt. Denn ohne ein spezifisches Verhältnis zur Vokalmusik und ihren Formen des Singens war um 1600 ein entwickeltes künstlerisches Spielens per se (ohne eine spezifisch situative Funktion wie die des Einleitens z. B.) als ein für Spielende und Mit-Spielende (Hörende) *sinnvolles* kaum vorstellbar.

Während also Praetorius mit seinem Choralkonzert – wie wir oben dargestellt haben – ein „*Singen mit* jenem Lied" entwirft, das ja selbst ein spezifisch definiertes Singen des evangelischen Christen darstellt, und wenn er dieses als ein instrumental gestütztes Singen entwirft, in welchem den Instrumenten durchaus mit- „darstellende" Funktion zukommt, dann entwirft Scheidt sozusagen in Parallelität dazu ein *Spielen mittels* dieses Singens. Gemeinsam ist ihnen, dass damit den eigentlich Betroffenen die Möglichkeit eröffnet wird, in *ihrem* (Mit-)Singen (des Textes!) die Bedeutungszumessung zu potenzieren, auch wenn sie damit eben nur als Mit-Singende, also Hörende, auftreten.

Dies sollten wir festhalten: Scheidt rekurriert sein Spielen aus dem Singen des *Psalmus*. Vereinfacht gesagt: er benützt nicht sein instrumentales Spielen, um den *Psalmus* zu vergegenwärtigen, sondern den *Psalmus*, um (s)ein instrumentales Spielen zu realisieren. Sieht man sich Scheidts Entwürfe solchen Spielens ohne die gattungsgetönte Brille an, so spricht alles dafür, dass es hier noch nicht um „den" Choral von vornherein geht. Scheidt benützt sein Spielen nicht, um den Choral zu realisieren, sondern (noch!) den Choral, um sein Spielen legitimieren und zu gestalten; deswegen ist mir der Begriff der „Choralvariation" hier eigentlich noch suspekt, weil er eine (hier noch nicht ganz vollzogene) Intentionalität unterstellt. Anderseits signalisiert die Art und Weise, die Vollständigkeit, mit der Scheidt und Praetorius ihr Vorhaben ausführen, den schleichenden Wechsel in der Intention: „den Choral" in ihrer „eigenen" Weise des Komponierens zu vergegenwärtigen.

Die zentrale Rolle, die dem Choral im Spielen Scheidts ebenso wie im Singen des Praetorius je zukommt, dokumentiert den Übergang zur Aneignung des lutherischen Singens als „Choral" im ausdrücklichen Sinn. Und Scheins Choralkonzert eröffnet mit solchem Umgehen ganz real die solcher Aneignung notwendig folgende Konsequenz: die immer wieder neue Rekonstruktion der im jeweiligen Singen als Choral je textlich(!) gefassten Glaubenseinsicht als einen je neu zu vollziehenden, bewussten und persönlichen Vorgang.

»Sollt ich meinem Gott nicht singen?«
Die Lieder Paul Gerhardts und Johann Crügers sowie Johann Georg Ebelings

Was (uns) an Luthers Liedern wichtig erschien: Menschen eröffnen sich die Möglichkeit, sich selbst als Glaubende im Singen (und parallel, wie die Erfindung des Kantionalsatzes aufzeigte, auch im Spielen und Hören) musikalisch gewissermaßen zum Ausdruck zu bringen. Auch Luthers Lieder dokumentieren (neben Motette und weltlichem Singen), dass und wie der musikalisch sich verhaltende europäische Mensch in das kulturelle Erwachsenenalter eintritt, indem er über sich (u. d. h. hier tatsächlich zuerst Luther über sich) als sich musikalisch Verhaltender zu verfügen beginnt. Zwar geschieht dies hier vorläufig im Dienste einer (Schritt für Schritt mehr selbstverantworteten) religiösen Identität, fortschreitend aber, sich weitergehend emanzipierend, im Dienste (s)einer allgemein menschlichen Identität.

Wir können solche Entwicklung – eine Art allmähliche Umorientierung des Lebens von einem solchen für das Jenseits zu einem solchen, das den Glauben in ein Leben für ein Diesseits integriert hat – wir können solche Entwicklung also einer Aneignung und beginnende Verinnerlichung des Singens im Sinn des Glaubensliedes an den Liedern Paul Gerhardts bzw. Johann Crügers und Johann Georg Ebelings verfolgen. Die Doppelbenennung verweist darauf, dass in der Regel Textdichter und Melodieerfinder zwei verschiedene Personen waren, dass im Zusammenhang gerade Gerhardts oft aber diejenigen, die die musikalische Seite der Lieder beisteuerten, meist ungenannt bleiben.

Der erste und wichtigste ist Johann Crüger; Bunners nennt ihn einen Entdecker Paul Gerhardts. Crüger, auch als (sorbisch) Jan Krygař überliefert und 1598 in der Gegend um Guben geboren, besuchte bis zum 15. Lebensjahr die Lateinschule; nach Wanderungen u. a. nach Regensburg (wo er sich auch musikalisch vielleicht entscheidend bildete) wechselte er mit 17 zum Gymnasium; mit 22 finden wir ihn im Theologiestudium in Wittenberg. Seine musikalische Bildung verdankte er wohl überwiegend einer Selbstbildung; mit 24 bereits (also ab 1622) wurde er Lehrer am Gymnasium „Zum Grauen Kloster" in Berlin und Kantor an St. Nicolai. Dies blieb er 40 Jahre lang.[1]

Überliefert sind von ihm zahlreiche deutsche und lateinische *Magnificat*-Vertonungen (für die Vespergottesdienste) sowie musiktheoretische bzw. -pädagogische Schriften, u. a. für den gymnasialen Musik- und Gesangunterricht. Seine kulturell vielleicht bedeutendste Tat bestand in der Herausgabe der *Praxis pietatis melica, das ist: Übung der Gottseligkeit in christlichen und trostreichen Gesängen*, einem der erfolgreichsten und wirkungsmächtigsten Gesangbücher des 17. Jahrhunderts (mit nahezu 50 immer wieder vergrößerten Auflagen bis in die Mitte des 18. Jahrhunderts).[2] Das Gesangbuch mit den wesentlichen Liedern der Reformation (und Luthers) und einigen neuen, z. T. mit Melodien von Crüger (u. a. zu Liedtexten von Johann Heermann), enthielt ab der zweiten (veränderten) Auflage von 1647 auch die ersten (18) Lieder Paul Gerhardts. Fast ebenso wirkungsvoll erwiesen sich seine Kantionalsätze mit hinzugefügten Instrumentalstimmen (vgl. u.).

Paul Gerhardt, 1607 in Gräfenhainichen geboren und fast ein Jahrzehnt jünger als Crüger, war (wie Crüger) im streng lutherischen Wittenberg ausgebildeter Theologe, der sich offensichtlich bereits dort für die Formulierung von Sprache interessierte. 1643 wurde er (wie schon in Wittenberg, womit er dort sein Studium finanzierte) in Berlin Hauslehrer und 1647-57 Pfarrer an St. Nicolai. Dort gestaltete sich die Zusammenarbeit mit Crüger, in dessen 5. Auflage der *Praxis pietatis melica* bereits über 80 Gerhardt-Lieder enthalten waren.

1651 wurde er als Pfarrer (Propst) in Mittenwalde ordiniert. Sein berühmtes *O Haupt voll Blut und Wunden* stammt aus dieser Zeit. 1655 heiratete er; von 5 Kindern überlebte ihn nur eines. 1657 zum zweiten Diakon an St. Nicolai gewählt, kam er zurück nach Berlin. Doch entließ ihn 1666 bzw. 67 endgültig der (zur reformierten Kirche übergetretene) Kurfürst wegen Glaubensauseinandersetzun-

---

[1] Vgl.: Christian Bunners, *Johann Crüger (1598–1662) – Berliner Musiker und Kantor, lutherischer Lied- und Gesangbuchschöpfer. Aufsätze, Bildnisse, Textdokumente*, Berlin 2012, S. 78.
[2] Die erste Auflage, 1640, erschien unter dem Titel *Newes vollkömliches Gesangbuch*. Erst ab der zweiten Auflage von 1647 trug das Buch den o. a. Titel.

gen, in denen Gerhardt einen Toleranzerlass des Kurfürsten aus seiner orthodox-lutherischen Haltung heraus nicht unterschreiben wollte. Ab 1667 erschienen seine Geistlichen Andachten, Hefte mit jeweils 12 Liedern, herausgegeben von J. G. Ebeling, dem Nachfolger Crügers als Kantor an St. Nicolai. Im Ganzen wurden in diesem Zusammenhang 10 Dutzend Lieder veröffentlicht.[1] 1668 wurde Gerhardt zum Pfarrer (Archidiakon) in Lübben berufen, das damals zu Kursachsen gehörte; am 27. Mai 1676 ist er in Lübben gestorben.

Nach dem Tod Johann Crügers wurde Gerhardt musikalisch von Johann Georg Ebeling betreut, der, 1637 in Lüneburg geboren und in Stettin 1676 gestorben, auch eigentlich studierter Theologe (Helmstedt) war, dessen musikalisches Talent aber von seinem Landesherrn so gefördert wurde, dass er 1662 (als Nachfolger Crügers) Kantor in Berlin und Lehrer am „Gymnasium zum Grauen Kloster" werden konnte.[2] Von da datiert wohl die Zusammenarbeit mit Paul Gerhardt, die auch nicht abriss, als er 1668 nach Stettin ging und Professor am Gymnasium und Kantor an der Marienkirche wurde. Ebeling hat zahlreiche Gedichte Gerhardts (die bis dato zu vorhandenen Melodien gesungen worden waren) mit eigenen Melodien versehen und 120 seiner Lieder 1666/67 und 1670 als *Paul Gerhardts Geistliche Andachten. Bestehend in hundert und zwanzig Liedern* herausgegeben.

Zum Selbstverständnis der Texte Paul Gerhardts

Was ist die „Quelle" Gerhardts? Sicher eine Art Christus-Minne aus einem „inneren Erfülltsein von...", doch im Rahmen einer offensiv gelebten Weltbezogenheit: Sich selbst (im Selbstgespräch) darzustellen, wer man ist und wodurch und wofür man als Mensch existiert. Luthers Gnadeneinsicht wird nun sozusagen Teil eines menschlichen Selbstverständnisses. Und aus diesem heraus

---

[1] Vgl. dazu das Faksimile mit Abdruck des Vorworts des letzten Bandes, in: Bubmann/Klek, *Davon ich singen und sagen will. Die Evangelischen und ihre Lieder*, Leipzig 2012, S. 99; auch S. 79 findet sich ein Faksimile mit Gerhardts „Du meine Seele singe" mit einer Melodie von Ebeling, die nicht die heute gesungene und ebenfalls von Ebeling stammende ist.
[2] Crüger und Ebeling hatten ihr Theologiestudium nicht beendet, aber so weit getrieben, dass sie die Voraussetzungen zum Kantorenberuf erfüllten (die später Bach in Leipzig eben nicht vorweisen konnte, was diesem nicht geringe Schwierigkeiten bereitete).

singt der Mensch: er singt nicht eigentlich von Gott, sondern von sich, aus seinem selbst-verständlichen Verhältnis zu Christus. Er hat sich die lutherische Botschaft in einem bestimmten Maße angeeignet. Er spricht nun *mit* ihr und ganz selbstverständlich *sich* aus; und dies eben gewährleistet jenes Singen, das Crüger bzw. Ebeling entwerfen, in einem wesentlichen Maße mit. Im 16. Jahrhundert, bei Luther, entdeckte sich der Mensch in seiner Begrenztheit und gleichzeitig Selbstverantwortung; und er fiel nicht nur in eine furchtbare Depression ob seiner Einsicht in seine Unfähigkeit, sich das Heil „verdienen" zu können, sondern er feierte seine „eigene" Erkenntnis, durch *seinen* Glauben der Gnade durch Christus teilhaftig zu sein. Im 17. Jahrhundert, bei Gerhardt und Crüger, hat er sich diese Gnadenbotschaft angeeignet und verinnerlicht; sie ist Teil seiner *menschlichen* Existenz geworden. Sein existenzielles Verhältnis zu Christus wird beschrieben, beschworen, in der Bewusstmachung an sich selbst: ich bin der, der ich aus dieser Sicherheit bin. „Die güldne Sonne" – wir Älteren, wir kennen einige Strophen noch aus dem Konfirmandenunterricht –, das ist im Grunde ein Sich-selbst-und-*seine*-Welt-Besingen!

Es erscheint auch für das Verständnis der Struktur des Singens Gerhardtscher Texte in den Entwürfen Crügers und Ebelings wichtig, sich ein wenig der Intention solchen Singens (in den Texten Gerhardts) zu versichern. Vielleicht können wir Gerhardts „Quelle" als ein aus argumentativem Verstand verursachtes Selbst-Gefühl (als Mensch) bezeichnen; während für Luther die (auf sich bezogene!) Erkenntnis im Bezug zu Versen des Römerbriefes den zentralen Ausgangspunkt bildete, steht für Gerhardt sozusagen ein in *einsichtsvoller* „Liebe" überfließendes Herz im Mittelpunkt. Dabei ist die Form des vom Verstand entworfenen Selbstgesprächs eine wichtige Form; sie schließt sich bruchlos unserer Figur der „Verfügung des Menschen über sich als" an. Sie ist gleichzeitig eine Form der schöpferischen Aneignung.[1]

In Sparns Einschätzung, nach der ‚das Ich [in den Lied-Dichtungen des 17. Jahrhunderts] als ein sich zu sich selbst ins Verhältnis setzendes *Selbst* existiere und so in sich Differenz und Veränderung lebe und nur deshalb kommunikationsfähig sei'[2],

---

[1] Vgl. Walter Sparn, *Vom Wir zum Ich. Geistliches Singen im Zeitalter des Barock*, in: *Davon ich singen und sagen will. Die Evangelischen und ihre Lieder*, hrsg. v. P. Bubmann u. K. Klek, Leipzig 2012, Ss. 75-101; „Schöpferisch" – so Walter Sparn, S. 78 – „eigneten sich die Dichter des 17. Jahrhunderts den Psalter in der Sprachform des Selbstgesprächs an."

[2] Vgl. a. a. O., S. 80.

vermag ich zwar das selbstreflexive Moment (das im 19. Jahrhundert bestimmend sein wird) noch nicht in einem entscheidenden Maße auszumachen. Bezeichnend erscheint freilich die angedeutete „Differenz", das Heraustreten des Menschen aus „sich" und sein Versuch, sich mit den Mitteln des Verstandes zu einem vernünftigen Wesen zu gestalten. Dabei steht hinter dem „vernünftig" eben eine moralische Vorstellung, die noch in keiner Weise vom Einzelnen verantwortet ist, sondern von der angeeigneten Tradition und von gesellschaftlichen Kräften als „common sense" bestimmt wird. Diese Vorstellung wird sozusagen als ein programmatisches Selbstsein-Wollen resp. -Sollen „ausgedrückt".

Während sich der Mensch selbst durchaus als „viel zu wenig" – so in Strophe 8 von „Du meine Seele singe" – entdeckt, formuliert er gleichzeitig einen Anspruch an sich und an Christus. Im Lied „Wárum sóllt ich mích denn grämen?" heißt es in den letzten Strophen:

[11] ...Ich bin dein, weil *dú* dein Leben
und dein Blut
mir zugut
in den Tod gegeben;

[12] du bist mein, weil *ích* dich fasse,
und dich nicht,
o mein Licht,
aus dem Herzen lasse...

Im Zentrum steht offensichtlich der Begriff der „Liebe", als Ausdruck für die Vereinnahmung der Gnadenbotschaft ebenso, wie als sich zugeschriebenes Selbstgefühl. Dabei scheint mir nicht so sehr die Aufnahme mittelalterlicher Mystik als vielmehr jene Aneignung eine wesentliche Rolle zu spielen, die die zeitgenössische Theologie als „Einwohnung des göttlichen Lichtes im Innern der Seele" hervorhebt.[1] Nur: man muss sich klarmachen, dass solche „Liebe" eine *Idee* des Verstandes ist, Teil eines verstandesmäßigen, „selbst-einsichtigen" Argumentierens im Rahmen einer menschlichen(!) Selbstverortung. Hinter dem Schwärmen von einer „idealen" Aufhebung der Distanz zu Christus, die wir als für das sich ankündigende Zeitalter des Pietismus typische (und sozusagen vorübergehende) Erscheinung ansehen können, scheint uns jene Distanz gewichtiger, die diesen Wunsch, wie er in *O Haupt voll Blut und Wunden* so unvergleichlich formuliert wurde, erst gebiert.

---

[1] Vgl. Sparn, der (a. a. O., S. 82) den Gerhardt offensichtlich stark beeinflussenden Theologen Johann Arndt und dessen *Vier Bücher vom wahren Christentum* referiert.

Denn es sind das Heraustreten aus sich selbst und ein Sich-Sehen, welche die Sorge um sich verstärken, die mit dem Vertrauen auf die Fürsorge Gottes gelöst resp. beruhigt erscheint. Doch erweist sich solche Zuversicht auf die Vorsehung Gottes eben als ein verstandesgezeugtes Argument des reflektierenden Umgehens mit sich. Lieder, wie *Befiehl du deine Wege* oder *Wach auf mein Herz und singe* oder das Franck'sche *Jesu meine Freude*, sie sind Entfaltung einer Gottes*anschauung* und dahinter der *argumentativen* Versicherung des eigenen Glaubens (im Rahmen einer noch allgemeinen theologischen Vernunft).

Singen als argumentative Selbstvergewisserung.
Johann Crügers und Johann G. Ebelings Melodien und Sätze

Im folgenden ist zu versuchen, solcher *argumentativen Lebenshaltung* auch in der musikalischen Ebene des Singens Gerhardtscher Texte in den Entwürfen Crügers und Ebelings nachzuspüren.

Zu den ersten Liedern Gerhardts in der *Praxis pietatis melica* zählt *Auf, auf, mein Herz mit Freuden* (EG 112). Der Liedtext, ein achtstrophiges Osterlied, widmet sich nur an seinem Beginn, rhetorisch geschickt, der Osterbotschaft; doch auch hier geht es nicht (nur) um sie, sondern um „mich". Im Selbstgespräch wird „mein Herz" aufgefordert, wahrzunehmen, was da geschah. „Mein(!) Heiland war gelegt...": bildreich werden in den ersten beiden Strophen Grablegung und Auferstehung Christi angesprochen. Man sieht förmlich das Bild des auferstandenen Christus in Strophe 2 – „schwingt fröhlich hier und da / sein Fähnlein als ein Held" –, das der Singende als seine innere Wirklichkeit entwirft, aus der heraus er selbstverständlich mit Christus sich verbindet, um durch dessen (und „sein" = „mein") Leiden (in Strophe 8) mit ihm im Himmel erhöht zu werden.

Dem entspricht gewissermaßen Crügers Melos.[1]

---

[1] Die Melodien zu den Liedern Gerhardts sind (falls nicht anders vermerkt) gemäß der Fassung des Evangelischen Gesangbuches (EG) wiedergegeben.

Sein Dreiertakt in einer (noch) offenen Taktordnung beginnt in der linearen Führung der Stollen eher „lehrhaft", die Einsichtsaufforderung beschreibend. Da ist anfangs nichts von „Freude" im Melos, darum geht es dem Komponisten nicht, sondern da ist erst einmal gedankliche Exposition. Trotzdem aber führt diese zu einem überraschenden, „hinüberblickenden" und gleichsam Aufmerksamkeit herausfordernden Doppelpunkt der Dominante der zweiten Stufe. Der Einsichts*vorgang* des Abgesangs setzt musikalisch an der Umkehrung des Beginns (und an dessen Tonart) an und führt stufenweise zum Schließen in der Oktave (des Grundtons).

Das Melos, das zwischenzeitlich wieder über das dominantische A-dur strebt, überwindet die harmonische Zwischenstufe zu der sicheren Gewissheit des C-dur hin. Crüger entwirft damit in der Melosführung einen *subjektiven* Vorgang, der den Singenden vom objektiven Berichten zum erstaunten Bemerken und „darüber hinaus" zur befreienden Gewissheit durch einen „Gang" in die Höhe führt! Gleichzeitig erfüllt ja die Führung als Eröffnen, Weiterführen, Abschließen eine „Melodie" in deren eigener Gesetzlichkeit; das Motiv der punktierten Viertel wirkt zusätzlich als vereinheitlichendes Moment. Das von Crüger entworfene Singen, das (noch) als eines aus einer menschlich-körperlichen Befindlichkeit mitzuvollziehen ist, eröffnet „mir" als Singendem quasi ein „Aufsteigen" hin zu dem, was ich „mir" durch den Text zu „erkennen" ermögliche. Das ist eine gewichtige Portion Selbstaussprache, Selbstrealisation als Aussprechender, nicht so sehr in den einzelnen Worten, vielmehr im Vollzug der gesamten melodischen Gestalt.

Zwar ist das „Auf, auf" mit dem Beginn auf der fünften Stufe sprachmelodisch als Aufforderung begründet; doch steht dem der generelle Abwärtsduktus der ersten Halbzeile entgegen. Solcher wird erst sinnvoll aus dem Gesamtzusammenhang des Melos. Und an dieser ist ein akkordisches Fortschreiten ursächlich beteiligt.[1] Dies demonstriert bereits die erste Zeile:

erweiterte Kadenz und Feststellen der Tonart F   "Ausgang" über die Subdominante und Übergang zu d/D

Der Satzkörper scheint im Vollzug eine Art Eigenleben zu gewinnen, der die Textstrophe einerseits in ihrer sprachlichen Architektur, anderseits eben (auch) in ihrer inhaltlichen Struktur trägt, was zur einen Seite auf dem harmoniegezeugten Anspruch der melodischen Wendungen beruht, zur anderen in einer besonderen melodischen Konsequenz begründet ist.

Text und Melos gehen zusammen; „ich" kann sie „benützen", um „mir" das, was „mich" existentiell erfüllt, in einer lebendigen, „mich äußernden" Weise selbst darzustellen. Singen tendiert hier zum „Benützen" einer textlich-melodischen Gestalt zum Zwecke eines Selbstausdrucks „als…". Inhalt solchen Selbstausdrucks ist die eigene Überzeugung von „meiner" Christusliebe, die der Dichter „mir" in einer Art Selbstgespräch und die der Musiker „mir" in der Lebendigkeit eines persönlichen Singens vor allem in der zielbezogenen Gesamtstruktur in den Mund legt.

Sieht man sich die 6 bzw. 7 (von 27) Liedern Paul Gerhardts im EG durch, die heute noch mit Crügerschen Melodien gesungen werden[2], dann kann man die implizit angesprochenen Charakteristika eines vergleichsweise „angeeigneten" Singens, nämlich (sprachlich) Selbstgespräch und (musikalisch) Lebendigkeit, Überzeugungsäußerung des Textes und Gesamthaltung als zielbezogene Geschlossenheit von Melos und Satz, sowie Gestalttendenz und Ausdrucksnutzen der textlichen und musikalische Strophe recht gut dokumentieren.

---

[1] Das folgende Beispiel folgt der wissenschaftlichen Ausgabe der *Praxis Pietatis melica* von H.-O. Korth u. W. Miersmann…, Halle 2014; die Notenwerte sind gegenüber dieser halbiert; die Tonart ist original.
[2] EG 322 und 324 verwenden die gleiche, ursprünglich aus dem Französischen bearbeitete Melodie.

Zeuch [= Zieh] ein zu deinen Toren eröffnet mit der Aufforderung des Singenden an den Hl. Geist, in das eigene Herz einzuziehen, und mit der Beschreibung der Wirkung solchen Einzugs.

Das Anheben über einem Text als (scheinbar) unmittelbare Aussage und Aufforderung scheint einerseits melodisch (nein: nicht das Einziehen, sondern) ein inneres Sich-Öffnen des Singenden in seiner Erhabenheit nachzuzeichnen; aus dieser subjektiven Geste entspringt die rhythmisch gestauchte Zurichtung der folgenden Halbzeile. Wir können uns das im Vergleich vergegenwärtigen:

Crüger fügt die zweite Halbzeile als unmittelbar fortführende Ergänzung an, die gleichzeitig in der Stauchung ein („mir"!) Selbstverständliches zu artikulieren ermöglicht. Einerseits: in solcher Erhabenheit spricht man eigentlich nicht; anderseits: der melodische und Satz-Verlauf als ganzer gestattet eben den Singenden einen subjektiven, wie persönlichen Ausdruck. Die Kürzung des Schlusstones in der Wiederholung der Stollenmelodie führt in einem wahrhaft linearen Sinn das Aussprechen weiter, schweißt die folgenden beiden Zeilen pausenlos zusammen, um die Endeinsicht zwar rhetorisch abzusetzen, sie gleichzeitig aber in dem rhythmischen Fluss zu belassen. Man könnte auch hier (durch

Längung einzelner Töne entsprechend dem o. Beispiel) experimentell klären, wie Crügers rhythmische Zurichtung dem Singen eine objektive Lebendigkeit und subjektiv ein gesamtkörperliches Mitgehen ermöglicht, das die sich gleichsam am Schluss wie zurücklehnende finale Gesamtgestalt des Melos als Mittel persönlicher Emanation entwirft. Als ob der Singende in ein äußeres Bewegtsein und damit in eine ausdrückliche innere Bewegung geriete, aus der er in der letzten melodischen Halbzeile in eine das Aussagen befriedigende Beruhigung sich entlässt. Crügers Zurichtung bewirkt aber auch, dass sich die Melodie als einprägsame und mit ihrer Sequenz im Abgesang fast instrumentale Gestalt abhebt.

Schaut man sich den originalen Generalbasssatz durch, dann fällt die durchaus gesamtsatzliche Erfindung auf, in der das punktierte Motiv (das in der heutigen Singweise des EG eliminiert ist) in „lebendiger" Korrespondenz mit dem Bass steht:

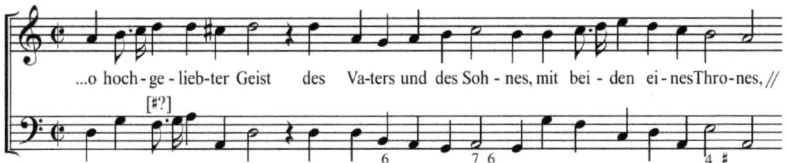

Das singende Subjekt vermag sich mittels dieser Melodiegestalt unter Verwendung durchaus auch der anderen Strophen gleichsam selbst auszusprechen; und umgekehrt erscheint uns die Gestalt des Melos die persönliche Bekundung des Textes selbst zu vergegenwärtigen.

Auch im Weihnachtslied *Fröhlich soll mein Herze springen*[1]

beobachten wir ein In-Bewegung-Geraten: den scheinbaren Widerspruch der musikalischen Eingangszeile, die das „Fröhlich soll..." eher nüchtern und evtl. neugierig machend denn fröhlich

---

[1] Die Notenbeispiele hierzu orientieren sich an der wiss. Ausgabe (s. o.); im EG steht das Lied heute zwei Töne tiefer (D-dur).

überbordend hinstellt, um dann in den wie diskursiv ein Aussprechen entwickelnden Kurzzeilen eine (textlich) genauere Bestimmung in gleichzeitiger Modulation in die Dominante anzuschließen. Das beginnende Hinzielen des Singens aus der so inaugurierten Bewegung der Singenden findet seine Gelenkstelle in der zweiten Hälfte, im „Hört, hört",

die rhythmisch eigentlich die erste wieder aufnimmt, sie aber (im dritten Ton auf „wie") entscheidend verkürzt, um melodisch nun gleichsam über den Zenit eines Ausrufens in die eigentliche Einsicht („Christus ist geboren") zu führen, die sich uns aber im melodischen Abgang wie selbstverständlich und erleichternd erschließt. (Indem wir singen, vollziehen wir eine innere Bewegung mit, die sich als eine der textlichen Argumentation zu erkennen gibt, die wir im singenden Ausdruck als eine eigene vollziehen.)

Das Melos gewinnt als eine Art Spiegel der Logik des Redens eine Bedeutungsmacht über uns, die uns erlaubt, selbst als mit uns in dieser Logik Redende aufzutreten. So können „wir" das, was „Christus ist geboren" „uns" bedeutet, als Ergebnis eigener Entäußerung erleben: es ist eben nicht (nur) das textliche Aussprechen, sondern vielmehr das melodische Handeln, das uns die Möglichkeit eines schwärmerischen „Denkens an" eröffnet, das uns als Menschen ganz umfasst und (in Strophe 12) selbst unser Sterben mit einschließt.

Solche Bedeutungsmacht des Melos resp. des Singens dem Inhalt des Textes gegenüber bemerken wir auch am Adventslied *Wie soll ich dich empfangen* (EG 11).

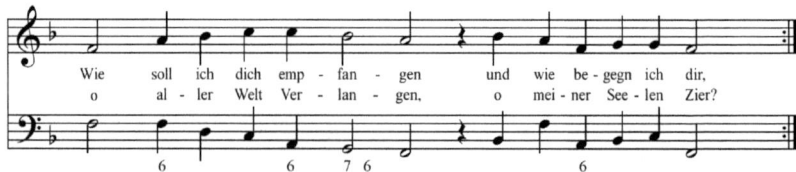

Während die Eingangsfrage musikalisch eher als Feststellung einer persönlichen Ratlosigkeit erscheint, eröffnet der leidenschaftliche Ausbruch („O Jesu, Jesu, setze...") im Abgesang die persönliche Ausdruckssphäre umso emphatischer.

Man begreift, wie es geschehen konnte, dass das Singen sich in den folgenden Generationen zu einem inneren hin von einem realen „Aussprechen" ablösen konnte, um tendenziell nur noch als inneres Vollziehen des melodischen Vorgangs (= inneres Hören) vorgestellt zu werden, wobei die Aussage des ursprünglichen Liedes in ihrer wesentlichen Inhaltlichkeit mit ihm verbunden blieb (oder über eine entspr. Erlebnisstruktur eines neuen Textes durch eine neue ersetzt werden konnte).[1]

Wir finden solche Fälle zu Hauf im EG; auch im Bezug zu Gerhardt und Crüger haben wir eine zweifach besetzte Melodie im EG vorliegen. Die Singweise von *Nun danket all und bringet Ehr* (EG 322) verbinden wir vielleicht eher mit dem Lied *Ich singe dir mit Herz und Mund* (EG 324). Doch scheint das Melos dem ersteren der Texte aus dem Liedbesitz eines französischen Psalmliedes adaptiert worden zu sein.[2] Natürlich nehmen wir auch hier die Le-

---

[1] Anderseits ist recht gut zu ersehen, wie der Notentext, der sich auch hier an der wiss. Ausgabe orientiert und der rhythmisch mit dem Wechsel von drei- und zweizeitigen Einheiten ganz wesentlich von der heutigen Melodie im EG abweicht, noch den aktiven „Handlungs"-Akt des Singens entwirft, während die heutige Melodiefassung eher auf ein glattes reproduzierendes Verhalten (einer anonymen Gemeinde) aus zu sein scheint.

[2] Zur „Ableitung" vgl. Christian Bunners, *Johann Crüger (1598-1662) – Berliner Musiker und Kantor, lutherischer Lied- und Gesangbuchschöpfer...*, Berlin 2012, S. 97. Wie sein Gesangbuch ausweist, war Crüger nicht nur mit den Traditionen des deutschen Glaubensliedes (einschl. dem der Böhmischen Brüder) vertraut, sondern auch mit den Liedern des Genfer Psalters, zu denen er 1657/58 für den kurfürstlichen Hof mehrstimmige Sätze verfertigte.

bendigkeit und Beweglichkeit des melodischen Verlaufs (ohne feste Taktordnung aber mit bestimmten Metrum) wahr; er scheint Crüger entgegengekommen zu sein. Denn er bildet mit den Strophen für uns (heute) z. T. geflügelte Epigramme: das Melos kann gleichsam in uns „singen" und wir erinnern vor allem die Strophen 3, 5 und 6.[1]

Mit solchem Singen „in uns" ist aber der oder ein musikalischer Satz untrennbar verbunden. Im Zusammenhang von Lied 324 druckt EG auch den Crügerschen Kantionalsatz von 1653 ab. Crüger, der Melodienerfinder, *dachte im Satz*; solches Denken bildet eine wesentliches Moment der oben festgestellten Tendenz zur Melodie als Gestalt (= als gestalthaft fassbarer Vorgang); über deren Bedeutung für die Weiterentwicklung des Singens als menschlicher Tätigkeit haben wir bereits in unserem vorhergehenden Kapitel gesprochen.

Das Bewusstsein von „Satz" als ein dem Melos in der inneren Vorstellung eigener „Körper", demonstriert sehr augenscheinlich Crügers Melodie und Satz zu *Lobet den Herren, alle, die ihn ehren* (EG 447). Das Melos, mit einem emphatischen Bogen eröffnend, gleichzeitig aber die erste Aufforderung sehr distanzierend ergänzend, setzt mit dem Zwischenschluss auf der Dominante der zweiten Stufe eine Bedeutsamkeitsmarkierung.

---

[1] Etwas überraschend erscheint die Tatsache der beiden durch Parallelbewegung erreichten Quinten (*B – f*) im dazugehörigen Generalbasssatz in der *Praxis Pietatis*; ist das ein Hinweis darauf, dass nicht alle Sätze von Crüger selbst stammen?

Von und hinter ihr setzt der Singende gleichsam zu jenem Lobgesang an, von dem der Text spricht:

Das Streben in den Halbschluss markiert ein Zwischenergebnis, hinter welchem die „und"-Verbindung bruchlos mit dem Schritt in die Tonika angefügt werden kann,

gleichzeitig aber auf melodisch ganz neue Weise wiederum zu einem Zwischenschluss auf A-Dur hinstrebt, hier aber als eine Art gegenklanglicher Vorschein einer anderen (heiligen) Sphäre erscheinend. Dass das Singen unmittelbar in das melodieeigene C-dur zurückwechselt und linear den Melodiebogen zum Grundton hin schließt, das entspricht jener schon angesprochenen Schlussberuhigung des Singens in der Versicherung des Selbstverständlichen, das hier ganz wörtlich (in allen Strophen) als („mein" / „unser") Ziel des Aussprechens erscheint: „Lobet den Herren!". Man kann kaum sich der Melodie er-innern, ohne den Satz mitzuhören, der das Melos scheinbar lenkt und in seinem Ausdruck (den wir als Singende uns aneignen) bestimmt.

Doch reicht die Bedeutung des Crügerschen Satzes (den im Prinzip noch Bach schätzte) noch einen entscheidenden Schritt weiter. Schon im Jahr 1649 hatte Crüger unter dem Titel *Geistliche Kirchen=Melodien* ein Begleitbuch zur *Praxis pietatis melica* mit 161 Chorälen im meist vierstimmigen Kantionalsatz vorgelegt, bei 108 mit konzertierenden Oberstimmen „ad libitum".[1] Und im sog.

---

[1] Zum Satztyp Crügers vgl. Fr. Krummacher, *Die Choralbearbeitung in der protestantischen Figuralmusik zwischen Praetorius und Bach*, Kassel 1978 (= Kieler Schriften zur Musikwissenschaft 22), S. 34 f.; von da die Zitate.

Doppelgesangbuch (das in einem Band die Gesänge des Lobwasserpsalters, im anderen die evangelisch-lutherischen Lieder enthält) betonte er, er habe die Lieder und Psalmen „auf eine gantz neue, und vor niemals hervorgekommene Art mit 4 Vocal-, und (pro Complemento) 3 Instrumentalstimmen, nebst dem Basso Continuo aufgesetzet". Gemäß Krummacher habe Crüger in diesen Sätzen „den Gegensatz von vokaler Homophonie und instrumentaler Beweglichkeit zum Prinzip erhoben". Was damit eigentlich vorliegt, das ist ein Dokument der endgültigen Aneignung des Glaubensliedes, das jetzt als ein *eigenes* Singen, das der Kantionalsatz darstellt, mit in kleineren Notenwerten agierenden Instrumenten ausgestattet wurde. Krummacher weist darauf hin, dass letztere von Crüger als „ad libitum" gekennzeichnet sind, dass also „der ohne Instrumente ausführbare Vokalsatz im Zentrum" steht. Die Instrumentalstimmen seien „der Schmuck des Liedsatzes, sie erfüllen ihrer mitunter fast starren Führung diese Funktion, und zwar umso nachdrücklicher, wenn der ganze Liedschatz[sic!] in solch einer einheitlichen Typisierung dargeboten wird". Nach Krummacher ist dieser „»Crüger-Typ« zur verbreitetsten Art des Choralsatzes in der späteren Figuralmusik geworden". Besonders habe er sich „mit eigenständiger Entfaltung von vokalen und instrumentalen Partnern besonders zur abschließenden Zusammenfassung" der Kantate(n) geeignet; dabei habe er sich „ebenso schlicht wie effektvoll" erwiesen.

Die Sätze, mit zahlreiche Melodien von Crüger selbst, gelten für uns nicht nur deshalb als bedeutsam, weil die instrumental ausgestatteten Kirchenliedsätze einen neuen Typus bilden, der von anderen Komponisten aufgegriffen wurde. Unter dem Aspekt menschlichen Handelns müssen wir deren Bedeutsamkeit grundlegender fassen. In den Sätzen realisiert sich eine *neue Intentionalität:* das eigene kunstmäßige Singen nicht mehr *mit* dem (u. d. h. unter Verwendung des) Choralmelos zu entwerfen, sondern *den Choral selbst zum „Gegenstand" eines kunstmäßigen Singens zu machen, von ihm als etwas „uns" Eigenes auszugehen und ihn als das eigene Singen (und damit das eigene Mit-Singen eines Textes) „typisch"* zu *gestalten.*

Schauen wir auf jene Melodien, die wir von J. G. Ebeling zu Gerhardtschen Texten im heutigen EG finden, dann scheint mir das Melos einen Schritt weiter dem persönlichen Aussprechen angenähert. *Du meine Seele, singe,* Verse des Psalms 146 in einen persönlichen Ausdruck übertragend,

Die Lieder Paul Gerhardts und Johann Crügers

lässt mit dem dreiklangsauffächernden Aufgang über die Oktave den Singenden das scheinbar unmittelbar realisieren, wovon er spricht.[1] Der Abgesangsteil gibt sich anfangs ganz wie eine zusätzliche Anfügung, motivisch aus dem Schluss des Stollens abgeleitet. Doch ermöglicht der Halbschluss in der Mitte mit dem Versprechen eines lebenslangen Lobens dem Singenden, dem eigenen Aussprechen sozusagen die Krone (der melodisch höchsten Wendung) aufzusetzen und in einer Art Proklamation hoch zu enden. Das ist ganz im Sinne Crügers als Bekundung über die Struktur des Melos gedacht. Das innere Mitvollziehen des Melodie- und Satzverlaufs scheint sich tendenziell von einem realen „Aussprechen" abzusetzen und in ein gedachtes Singen zu verschieben, in welchem die musikalische Gestalt unserer Gesamtintention hinter dem Lied konveniert.

Ebelings Entwurf des Singens erscheint aber auch oft unvermittelter, näher am Menschen. Die Anfangsfrage von *Warum sollt ich mich denn grämen?* (EG 370) – vergleiche das Beispiel auf der nächsten Seite – gibt sich ganz vom Sprechton geleitet als Anheben der Stimme, dem im sequenzierend stufenweisen Abwärts die eigene Antwort sich melodisch stringent zugesellt.

Wer den ersten Vers unvoreingenommen liest, wird kaum auf eine Gedichtzeile schließen; der Satz „Warúm sollt ích mích denn grämen?" erscheint ganz prosaisch, die vielleicht selbstverständliche Betonung des „Warum" auf der zweiten Silbe – die Bedeutungsgeben erlaubende Unentschiedenheit des Aussprechens hat ganz programmatisch einmal Brahms (in seinem op. 74) regelrecht „vertont" – rücken im Aussprechen das „ich" und das „mich" gleichsam als Hiatus zusammen. Erst die Betonung des „Wárum" auf der ersten Silbe eröffnet buchstäblich das über den Alltag hin-

---

[1] Das Notenbeispiel folgt der Fassung im EG.

ausreichende, auf „mich" zielende Aussprechen im ausgezeichneten Sinn; und sie eröffnet dieses gleichzeitig auch melodisch im abtaktigen Anheben vom (hier tatsächlich das „Ich" repräsentierenden) *Grundton* aus:

Sprechen und Singen (Gedichtzeile und Melos) scheinen hier ganz konkret aus einer *Basis* des Selbstbewusstseins hervorzukommen, in solcher Eindeutigkeit sicher ein singulärer Fall, gleichzeitig aber ein Hinweis auf die Haltung, aus der Singen im 17. Jahrhundert sich gestaltet. Im Melosverlauf wird jene Haltung unmittelbar präsent, die aus der Bedeutung resultiert, die der Singende dem Auszusprechenden zumisst: so die fast prahlende Selbstsicherheit im Oktavabgang des „Wer will mir [denn schon!] den Himmel rauben", der sich die fast selbstzufriedene Anknüpfung an den Stollenschluss (die ja an dem textlichen Gedanken dort sich anbindet!) logisch anfügt.

Die angedeutete Unmittelbarkeit des Singens verhindert jedoch keineswegs, dem Singen eine logische Struktur zur Verfügung zu stellen: die gedankliche Logik, die die Strophe bestimmt, wird in der musikalischen Logik durchaus entfaltet. Singen wird ganz real zum Vorgang des Sich-Bedenkens. Das uns allen (vielleicht mit den Strophen 1 und 4) gegenwärtige *Die güldne Sonne* kehrt solchen in besonderer Weise hervor, indem sie, fast im Sinne einer instrumentalen thematischen Formulierung, den Hauptgedanken als ein unmittelbar hymnisches Singen formuliert, mit „Mein Haupt und Glieder…" aber in den Gegen- oder Seitengedanken gerät, der mit seiner melodisch abwärts gerichteten Modulation zur Dominante die Haltung einer Niedergeschlagenheit evoziert.

Die Lieder Paul Gerhardts und Johann Crügers

Gleichzeitig aber bildet er den Ausgang zur „Überwindung": „aber nun steh ich..." formuliert das feste Zurückkehren in die Tonika, das in die Reprise des sozusagen Hauptgedankens u. d. h. in die durch ihn repräsentierte feste Haltung zurückführt.

Es erscheint im Usus der Zeit selbstverständlich, dass manche Lieder Gerhardts nach Melodien gesungen wurden, die vor Gerhardt bereits eingeführt waren; dies entspricht ja durchaus dem Schöpfungsvorgang der Liedtexte, die in der Regel mit erinnerten Melodieschemata arbeiten. So „benützt" das Singen des berühmtesten Gerhardt-Textes, *O Haupt voll Blut und Wunden*, jenen bekannten Entwurf zu einem (uns ganz tänzerisch erscheinenden) Liebeslied von H. L. Hassler, der aber bereits vor Gerhardts Liedtext für das Singen im Umkreis des Glaubensliedes kontrafaziert wurde. Auch *Befiehl du deine Wege*, ebenfalls eines der die Sprachvorstellung jener Konfirmanden prägenden Lieder, die noch Liedverse auswendig lernten, wird heute nach einer Melodie von Bartholomäus Gesius gesungen (EG 361), in einer Fassung, die ihm erst im 18. Jahrhundert zukam. Ein Vergleich mit einem zeitgenössischem Druck allerdings zeigt, dass auch in diesem Lied, wie in der Regel bei *O Haupt voll Blut und Wunden*, nachträglich eine rhythmische (und melodische) Angleichung stattgefunden hat[1]:

Bemerkenswert an diesem Satz – er stammt aus einem Gesangbuch von 1676 und wurde im Internet gefunden – ist der abtaktige Beginn in einen Dreierrhythmus hinein, der ein noch gleichsam körperlich engagiertes Singen erahnen lässt. Die heutige auftaktige und geradtaktige Gesangbuchfassung erscheint demgegenüber entweder behäbig oder relativ unengagiert: Das Melos ist objektiviert und dient eher einem „Vortragen" des Textes.

Crügers wie Ebelings Melodien zeichnen eine spezifische Lebendigkeit aus; das meint nicht nur eine melodische Beweglichkeit, sondern auch jene Haltung, die der Singende im Vollzug sich über das Melos als Ausdruck (s)eines selbstsicheren Erfülltseins zu eigen macht. Während Ebelings Melodien aber vielleicht mehr ein unmittelbares Aus-sich-heraus-Singen ermöglichen, vermitteln Crügers Entwürfe den Singenden den Charakter des Von-sich-überzeugt-Seins. Mit ihnen artikulieren die Singenden eine Art Anspruch auf den Besitz eines Selbstverständnisses des eigenen

---

[1] Von *O Haupt voll Blut und Wunden* druckt das EG aber heute beide Singweisen ab, die das menschlich-körperliche Mitgehen der Textaussage ermöglichende und die spätere Fassung, die solches (zugunsten eines *eher wörtlichen wie tonlichen Mitvollziehens?*) zusätzlich über den Satz diszipliniert hat.

Glaubens. Auch scheinen die Crügerschen Melodien die Gerhardtschen Texte in ihrem menschlichen Hervortreten zu gestalten: darin versuchen wir, die kausale Dialektik zwischen der Gestalttendenz und der Ausdruckseröffnung zu fassen. Ein Lied wie *Jesu, meine Freude* – es stammt von dem Juristen und späteren Gubener Bürgermeister Johann Franck, dessen Kirchenliedgedichte ebenfalls zahlreich von Crüger mit Singweisen versehen wurden –, demonstriert das Crügersche Zur-Erscheinung-Bringen eines Textes als einen Gesamtvorgang der menschlichen Inbesitznahme: Singen wird zum philosophisch-argumentativen Vorgang, der (melodisch) das Einerseits und Anderseits feststellend abwägt, um zu einem Ergebnis zu kommen, und der im Abgesang über den modulierenden Gang in die Parallele den erklärenden Zusatz heraushebt und diesen mittels melodischer Anknüpfung an den Beginn des Liedes in das eigene Selbstverständnis hineinholt.[1]

Gerade die Crügerschen Melodien zu Gerhardts Texten erweisen die besondere Leistung im Gang der Entwicklung eines (in letzter Konsequenz zum Hören führenden) Singens: sie prägen musikalisch-gedankliche Formulierung als eine menschliches argumentatives Denken repräsentierende Struktur aus. Und solche Entwicklung korrespondiert eben mit jener, die wir oben anmerkten: der Inbesitznahme des Liedes als quasi selbst körperliche Gestalt des Kantionalsatzes, der nicht zuletzt die Grundlage für eine „private" Inbesitznahme bildet.

Man kann es immer wieder ausprobieren, dass der Mensch sich in seinem Singen nun gleichsam automatisch (s)eines inneren Hörens bedient, das im Satz zwar real wird, das aber auch dann *notwendig* erinnert werden muss, wenn dieser nicht mit erklingt. Eine Melodie, wie die zu Johann Francks Abendmahlslied *Schmücke dich, o liebe Seele*, das die Schering-Beispiele (S. 263) mitteilen, ist in seinem „weiteren" Verlauf, nach der Eingangsdoppelzeile, ohne den sie führenden Generalbasssatz u. d. h. ohne die in der Akkordfolge sich vollziehende *musikalische* Konsequenz nicht „logisch" mitzuvollziehen.

Die Frage stellt sich, ob solches innere Hören über das Entstehen einer quasi musikalisch-räumlichen Empfindung *im* Menschen – die natürlich nicht allein das Glaubenslied leistet – nicht mit jenem im eigenen Inneren wahrgenommenen Reichtum der Empfindung korrespondiert, den auch die textlichen Entwürfe des Glaubensliedes im 17. Jahrhundert zur Sprache bringen.

---

[1] Mit dem Lied werden wir uns u. im Zusammenhang der gleichnamigen Motette J. S. Bachs noch ausführlicher beschäftigen (vgl. u.).

Vom schöpferischen Umgang mit sich als seinen Glauben selber Singendem

Das Auffassen des »Singens als Lied und damit als tendenziell gestalthafter Vorgang« eignet vielleicht allgemein der „Produktion" von Glaubensliedern im 17. Jahrhundert, deren Gemeinsamkeit einerseits darin besteht, dass sie (weiterhin!) mehrheitlich zu Situationen außerhalb eines gottesdienstlichen Vollzuges gehören, und anderseits darin, dass sie aus einer wachsenden Selbstverantwortlichkeit für sich als Glaubende hervorgehen. Gleichzeitig beobachten wir, dass mit der Kanonisierung des reformatorischen Singens als „Choral" dieses (als das nun „eigene" kirchliche Singen) zum „Gegenstand" des Bearbeitens wird: Die Singenden und Mit-Singenden (Hörenden) ebenso wie die Spielenden *verfügen* über ihn als *„Besitz"* u. d. h. in ihrem Singen und Spielen letztlich über *sich* als diesen Choral Besitzende. Das Bearbeiten reicht von der spontanen Kombination einzelner Textstrophen unterschiedlicher Lieder (in pietistischen Singstunden) bis zur festlichen Ausstattung des Singens mittels Instrumenten im Gottesdienst ebenso wie zu Situationen außerhalb des Gottesdienstes, in denen der Einzelne im *kleinen Kreis* quasi selbstbekundend aktiv wird. Die Geschichte des Glaubensliedes als tendenziell „Kirchenlied" und des Umgangs mit ihm ist bis in Bachs Leipziger Zeit geprägt von der außergewöhnlichen künstlerischen Konstruktion, mit der das Singen im Sinn des Chorals ebenso wie des aktuellen Glaubensliedes bearbeitet bzw. in die dieses integriert erscheint, integriert nicht nur in den unmittelbaren Zugriff auf das „Wort" als Motette, sondern auch in die religiöse Betrachtung (als sog. Kantate). Gleichzeitig positionieren sich Weisen des Bearbeitens als instrumentales Spielen, als sog. Choralvorspiel, vor allem als Choralbearbeitung. Solche Bearbeitung für den „an-dächtigen" Gebrauch erstaunt deshalb nicht, weil wir Melodie inzwischen als einen menschlich argumentativen Vorgang des musikalischen Vollzugs dargestellt haben. Im Spielen und Hören wird dieser in spezifischer, aus dem Liedbesitz resultierender, bzw. allgemeiner Weise mitvollzogen. Da mit dem Kantionalsatz der Satz (mit der Zeit) auch als akkordisches Fortschreiten auffassbar wurde, obwohl das kontrapunktische Denken aus ihm nicht verbannt war, ist es keine Frage, dass der Vorgang des „inhaltlich" geprägten harmonischen Gefälles eine „Lust" des Mitvollzugs erzeugte: der Hörende konnte sich als ein (s)eine „vernünftige" Argumentation *musikalisch* (Mit-)Vollziehender erleben. Von daher ist es zu verstehen, dass auch die Entwürfe im Sinn des Glaubensliedes solchen Mitvollzug eines tendenziellen Selbersingens zu gestalten versuchten.

Sich-Darstellen als Glaubender.
Zum »Beckers-Psalter« von Heinrich Schütz

Hier sollten wir zuerst einen Blick auf den sog. *Beckers-Psalter* werfen. Am Beginn des 17. Jahrhunderts hatte der Leipziger Theologieprofessor Cornelius Becker eine Nachdichtung der biblischen Psalmen als lutherisches Gegenstück zum calvinistischen Lobwasser-Psalter veröffentlicht. Sein 1602 erschienener „[...]Psalter Davids Gesangweis / Auff die in Lutherischen Kirchen gewöhnliche Melodeyen zugerichtet[...]", war ursprünglich also von vornherein in Vers- und Strophenformen gefasst, die den bereits tradierten Kirchenliedmelodien entsprachen und mittels dieser „ausgesprochen" werden konnte resp. sollte. Natürlich bildete die Sammlung sogleich eine Vorlage für Komponisten, einzelne der Psalmen mit neuen Melodien zu versehen. Und unter ihnen ragt Heinrich Schütz heraus, der bis 1628 etwa zwei Drittel der Dichtungen mit Melodien in vierstimmigen Sätzen entwarf, die er 1657 (auf Anweisung Johann Georg II. von Sachsen) noch mit dem restlichen Drittel vervollständigte. Bei dieser Gelegenheit fügte Schütz einen Generalbass hinzu, um die Lieder dem Gemeindegesang zugänglich zu machen, da der *Psalter* in den Kirchen und Schulen des Kurfürstentums eingeführt werden sollte.[1]

Machen wir uns klar, dass Schütz im ersten Anlauf etwa 100 Texte in ein „Singen" zu verlängern hatte, dass er ihr Aussprechen als ein (lautes) Lesen – und diese Nachdichtungen dienten vielen vor allem in der Oberschicht damals als tägliche Andachts-

---
[1] Vg. MGG, Bd. 15 (2006), Sp. 402.

Lektüre! – in ein „Aussprechen" als Singen zu verwandeln hatte. Aber was ist das für ein Singen, das sich – nebenbei bemerkt – bemühen muss, sozusagen einhundert Fällen gerecht zu werden und nicht sich zu wiederholen?

Äußerlich gesehen ein solches im vierstimmigen Satz, mit einer dem zeitgenössischen Kirchenlied angepassten Melodie im Diskant, streng genommen aber (wie MGG bemerkt) keines im „Kantionalsatz", da es keine Harmonisierung einer praeexistenten Melodie darstelle. Es ist von einer rhythmischen Lebendigkeit geprägt, die dem Aussprechen eine besondere, den Aussprechenden gleichsam beteiligende Vorgänglichkeit verleiht. Wer sich von der Widerständigkeit der Sätze einen Eindruck verschaffen will, der muss zur Gesamtausgabe greifen; das EG dokumentiert zwar zwei originale Sätze (EG 276 und 295) – die weiteren Melodien Schützens aus dem *Beckers-Psalter* im EG sind mit neuen Texten versehen –, doch wie auch in anderen dem Musikpädagogen geläufigen Sammlungen werden stets solche Sätze vorgelegt, die jenen relativ „glatten" Eindruck vermitteln, den wir vom barocken Choralsatz gewohnt scheinen.

Immerhin lenkt EG 276, *Ich will, solang ich lebe, rühmen den Herren mein* (Psalm 34), den Blick auf die rhythmische Lebendigkeit.

Vom schöpferischen Umgang mit sich als seinen Glauben Singendem

Der Satz[1] macht unmissverständlich darauf aufmerksam, dass er eben nicht (nur) als „melodisches", sondern als ein harmonisches Vorangehen entworfen ist, dessen Form als Lied Schütz eben auch über seinen kunstvollen harmonischen Gang herstellt und wahrt. Dieser hier demonstriert als zusätzliche Besonderheit ein harmonisch initiiertes und den Singenden (auch durch die Längungen) gleichsam in die textinhaltlich motivierte Empfindung mitnehmendes Ausbrechen auf „Freud", hinter dem das Einlenken per Wiederholung der letzten Textzeile die Architektur umso fester ins Lot bringt.

Wenn wir im angedeuteten Zusammenhang auf die musikalische Fassung des *Beckers-Psalters* verweisen, dann um deutlich zu machen, wie ein Streben nach selbstgelebter Frömmigkeit und kompositorische Konstruktion auch dort zusammengehen können, wo es um ein vergleichsweise „einfältiges" Textsingen geht. Denn das Streben nach Wahrung eines im Geiste kirchenliedhaften Singens (einerseits) und der gleichsam intellektuelle Zugriff des auf ein bedeutungsschöpfendes „Aussprechen" des Wortes konzeptionierten Komponisten (anderseits) bringen ein Singen hervor, das sich einer „naiven" Verwendung entgegenstellt und dessen (in der Literatur manchmal beklagtes) „Verstummen" in den Gesangbüchern uns nicht überraschen muss: die Fassungen sind eben nicht als „Melodien" entworfen, sondern als „Sätze", die einem höfischen Singen näher stehen, als einem bürgerlichen. Wer sich auf diese Sätze einlässt, dem verlangen sie in ihrer rhythmischen Vielgestaltigkeit und oft überraschenden harmonischen Wendung eine Haltung ab: Sie eröffnen dem Singenden eine Möglichkeit, sich im „Aussprechen" (und durchaus im weiten Rahmen des Kirchenliedes) gleichsam auf einer neuen Ebene wiederzufinden. Wir haben eine solche, das singende Subjekt (ver)wandelnde Wirkung bereits bei Luthers Liedern angedeutet; hier geschieht solches auf einer (durch den Satz) gleichsam um eine körperliche Dimension bereicherten Ebene (die – nebenbei bemerkt – nun latent in ein Mitvollziehen als Hören überleitet). Es ist, als ob der Satz *mit* uns verführe und uns ermögliche, uns, indem wir uns auf ihn einlassen, als in herausgehobener *gesamtpersönlicher* Weise Selber-„Aussprechende" zu bestätigen.

Wir gehen möglicherweise nicht fehl, wenn wir bei den Entwürfen Schützens, in welchen das Selbersingen vom Satz her auf ein

---

[1] Das Beispiel folgt in etwa der Fassung in: *Heinrich Schütz. Neue Ausgabe sämtlicher Werke*, Bd. 6, hrsg. v. W. Blankenburg, Kassel 1957, S. 35. Sie weicht in Tonart und Text von der Edition im EG etwas ab.

Ensemble delegiert erscheint, trotzdem von einem Schritt in das vergleichsweise „Private" sprechen. Schütz selbst weist im Vorwort auf den Zusammenhang seiner persönlichen Trauer um seine allzu früh verstorbene Frau hin, in welcher die kompositorische Beschäftigung mit den Psalmen, von denen er einige schon vorher für die Andachten seiner Kapellknaben entworfen hatte, ihm als Trost dienten. Und auch der Zweck, damit (laut Widmung) der Andacht der Kurfürsten-Witwe Hedwig zu dienen, weist auf einen exclusiven Charakter des entworfenen Singens hin.

Singen im Dienste persönlicher Frömmigkeit im »Kleinen Kreis«. Die Lieder Johann Rists und Johann Schops sowie Heinrich Alberts

Was sich im 17. Jahrhundert im Zusammenhang des Singens und Spielens realisiert, das ist zunehmend die eigene Entscheidung zu einem Selbst-so-Sein-Wollen, zu einer *reflektierten Personalität*. In den vor allem mittleren Bevölkerungsschichten geht nicht mehr (nur) um das Selbersingen seines Glaubens, sondern darum, dass und wie Menschen sich ihres Glaubens im *Vorgang persönlicher Einsicht* stets immer wieder neu und eigenartig vergewissern. Das Bemühen, sich mit dem Singen sozusagen eine „geistige" Form zu geben, gestaltet sich aber im Rahmen des Liedes schwierig, da diesem *per definitionem* Grenzen gesetzt sind. Dass es auch die gegenteilige Tendenz gibt, die *musikalischen* Möglichkeiten des Verfügens über sich nicht erst anzunehmen, um sich in einem puren Verhalten des Singens zu realisieren, befreit von Ansprüchen der Kultur, das sei am Rande bemerkt. „Das Ideal der Ich-Abgrenzung stellt [zwar] ein typisch bürgerliches Erziehungsmuster dar, das für die sogenannten ‚bildungsfernen' Bevölkerungsschichten keineswegs ausschlaggebend war."[1] Doch muss sich eine kulturelle Existenz im Erwachsenenalter nicht notwendig in einem spezifisch musikalischen Tätigsein entäußern, um sich „als…" zur Geltung zu bringen. Solches kann (je nach Erziehung) ganz gezielt dem literarischen Bereich gelten, in welchem es eben dann genügt, sich im Selbst-Aussprechen des reproduktiven Zusatzes eines einmal gelernten musikalischen Verhaltens in der Weise der „alten" Melodien zu bedienen. Doch dort, wo (sozusagen nach au-

---

[1] Zitat: Bea Lundt, *Europas Aufbruch in die Neuzeit. 1500-1800*, Darmstadt 2009, S. 70.

ßen) in streng öffentlichen Situationen und vor allem in den „oberen" Schichten die Tendenz zur ausgearbeiteten „Form" zu beobachten ist, da scheinen die Ansprüche, die der Einzelne nun *an sich selber* stellt, vor allem im „kleinen Kreis" befriedigt werden zu können; und dies geschieht durchaus variabel resp. spezialisiert. Das Gros der im 17. Jahrhundert entstehenden Glaubenslieder und auch vieler „Bearbeitungen" des überkommenen Choralrepertoires, kennzeichnet wohl größtenteils die Bestimmung für einen besonderen Kreis von Adressaten, von der Studentenvereinigung bis hin zur Begräbnis- und Hochzeitsgesellschaft.[1] Mit dem „kleinen Kreis" muss nicht gleich eine private Häuslichkeit gemeint sein, die es eh noch nicht gab. Aber Leben spielte sich in großem Maße im Zusammenhang von „Gesellschaften" ab, von Teilsozietäten, zu der letztlich auch die einzelne Gemeinde und in dieser die Kantorei gehörten; letztere konnte auch passive Mitglieder aufnehmen.

Selbersingen (wenn auch als „Mit-Singen") wurde ein Akt des Verfügens über sich als Glaubenden in einer neuen Dimension: nicht mehr ging es darum, sich zum Selber–seinen–Glauben–Singenden zu machen, sondern zu beginnen, mit dem, was der einzelne als entsprechendes Singen sich angeeignet hatte, *von sich selbst (als Glaubenden)* zu singen. Ein Weg dorthin bestand darin, vom Selbersingen zum Selbersingenlassen überzugehen, d. h. zu einem Singen im Kleinen Kreis, das an jene dafür besonders Geeignete delegiert wurde, die man als Teil von „uns" begriff.

Das schloss den Neuentwurf gerade nicht aus. Doch beobachten wir in ihm eine Tendenz zum Singen als eher *privaten* und (scheinbar) unmittelbaren Ausdruck von persönlicher Frömmigkeit, „scheinbar" deshalb, weil solches Singen nun als Generalbasslied entworfen wurde, also als durchaus künstlerische „Konstruktion". Das Generalbasslied als ein betontes (weil solistisches!) Alleine-Singen über einem instrumental ausgeführten Generalbass-Satz platzierte sich wiederum neben dem „Kirchenlied" als ein mehr als nur persönliches Singen.[2] Für dieses Lied steht der Begriff der „Aria" (nicht zu verwechseln mit der später auch in der evangelischen Kirchenmusik gebräuchlichen *Arie* aus dem Be-

---

[1] Das Glaubenslied ist darin untrennbar mit dem weltlichen Lied verbunden, was dem Lebensvollzug der Zeit entspricht, der noch keine strikte Trennung in „weltlich" und geistlich" kannte; sehr viele Drucke von Liedern enthielten gleichermaßen weltliche wie geistliche Texte. Die sog. Geschichte des „Liedes" wäre also mit dem Glaubenslied alleine nicht zu fassen.

[2] … was nicht ausschließt, dass immer wieder einzelne neue Lieder in den (je regionalen) Bestand der Kirchenlieder aufgenommen wurden.

reich der entwickelten *Opera seria*). Der Begriff der „Aria" (frz. „Air") bezeichnet lexikalisch eine „Gestalt" des „klar und einfach periodisierten, strophisch-liedhaften Gebildes", dem gleichzeitig – so fügen wir hinzu – ein körperhafter Satz zugehört. Dabei kann der Satz nur inform eines das harmonische Fortschreiten vertretenden Basses angedeutet sein; er verleiht dem Melos mittels sog. Bezifferung das ihm als einmalig(!) zugehörige harmonische Gefälle. Im Wort „Aria" verallgemeinert sich eine tendenziell vorgänglich-gestalthaft bestimmte Auffassung(!) von einem Singen *im Sinn von* Selbersingen als Lied.[1]

Doch hängt diesem eben wesentlich der Charakter des Solistischen an, eines „persönlichen" Alleine-Singens. Äußeres Kennzeichen im Entwurf solchen Singens ist entweder „der zweite Mann", der instrumental am Singen Beteiligte, oder die mögliche(!) Selbstbegleitung des Singens[2], ein weiterer Vorstoß im persönlichen Verfügen über sich. Anderseits erscheinen in Schops Sätzen – wir werden gleich näher auf sie eingehen – sowohl Melodie als auch Bass mit Bedacht textiert, „daß dieselbe fast nach Art dero heut zu Tage üblichen Concerten/ mit zweyen Stimmen/ als einen Baß und Discant/ in eine Orgel/ Regal/ Clavicymbel/ Laute vnd dergleichen Instrumente zu Lobe Gottes vnd Auffmunterung des inwendigen Menschen mit hertzlicher Lust vnd Andacht können gesungen werden".[3]

Wie substanziell das instrumentale Mitgehen ist, kann man sich leicht an jenen Liedern des Wedeler Pastors und überaus fruchtbaren Liederdichters Johann Rist (1607–67) vergegenwärtigen, die heute noch im EG enthalten sind. Rist, der vor allem mit Johann Schop, dem (ab 1621) Leiter der Hamburger Ratsmusik, und mit dem (ab 1638) Hamburger Kantor und Kirchenmusikdirektor Thomas Selle zusammenarbeitete, hatte durchaus eine Reform eines „evangelischen" Singens im Sinn. Lieder wie *O Ewigkeit, du*

---

[1] ...entsprechend dem Herkommen des Begriffs aus Italien, der im frühen 17. Jahrhundert „ein rhythmisch-melodisches Schema für das Singen bestimmter Versmaße [bezeichnet], die »Art und Weise ihres Vortrages«", gekoppelt mit Bassformeln, über denen mit z. T. variierten Melodien in bestimmter Form abgefasste Texte gesungen werden konnten. Im 18. Jahrhundert kennzeichnet „Aria" (nach Mattheson) eine (relativ) kurze Melodie in zwei unterschiedlichen Teilen, singbar und spezifisch einfach, damit man sie in vielfältiger Weise variieren kann.

[2] Manche Sammlungen von Generalbassliedern legen es nahe, dass der Singende selbst spielte, da die Lieder gleichzeitig als (wohl seine!) Generalbassschule dienen sollten.

[3] *Vorrede* zum ersten Zehnt der *Himlischen Lieder* von Johann Rist (vgl. u.).

Vom schöpferischen Umgang mit sich als seinen Glauben Singendem

Donnerwort oder *Sollt ich meinem Gott nicht singen* gehören „zu den besten Chorälen aus dieser Zeit und haben Jahrhunderte in den Gesangbüchern überdauert".[1]

Der Beginn des ersteren – wir dokumentieren hier das ganze Lied, weil es in der Kirchenmusik des Barock durchaus eine Rolle spielt –, wahrlich kein „Donnerwort"; stattdessen ein, zwei, ja drei Seufzer aus der Tiefe der Seele bzw. eines Bewusstseins (des Singenden!), die *harmonisch* immer wieder neu ansetzen und doch das Melos im Halbschluss auf der Tonikaparallele runden! Der kurze Zweizeiler beendet mit einem Rückzug, einerseits in die objektive Feststellung einer Ratlosigkeit, anderseits, Strophe 16 betreffend, in die Bescheidenheit der tröstenden Bitte.[2]

Beide Lieder finden sich heute nicht mehr im EG. Vergegenwärtigt man sich Schops Melodie zum Weihnachtslied „Brich an, du schönes Morgenlicht" (EG 33), ursprünglich zu Rists „Ermuntre

---

[1] Siegfried Kross, *Geschichte des deutschen Liedes*, Darmstadt 1989, S. 35. Die folgenden Notenbeispiele, die Schops Sätze zitieren, sind gem. der originalen Vorlage in beiden Stimmen textiert zu denken.

[2] Rist nimmt als 16. und damit letzte Strophe den Wortlaut der ersten wieder auf, beendet diesen aber mit dem (o. a. abweichenden und für unsere heutigen Ohren) zeitloseren und eben „zielführenden" Zweizeiler.

dich, mein schwacher Geist" erfunden – vgl. dazu unten, S. 132 –, oder noch eindeutiger das von beiden stammende Neujahrslied *Hilf, Herr Jesu, lass gelingen* (EG 61),

dann wird deutlich, dass diese Lieder nicht ohne das ihnen zugehörige „harmonische Kleid" singbar sind. Vor allem in letzterem setzen die implizierten Modulationen in der zweiten Halbzeile und im Mittelteil – im folgenden Beispiel das originale Notat bei Rist –,

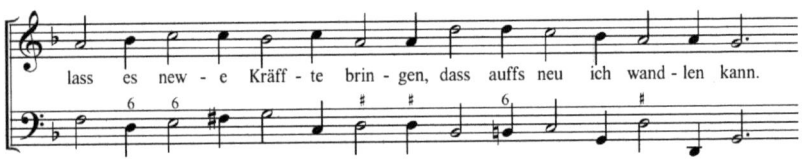

die „führende" Rolle des Basses voraus: für die Gemeinde die begleitende Orgel, für den kleinen Kreis den mitgehenden Generalbass auf dem häuslichen Instrument. Auch für das sicher etwas populärere „Werde munter, mein Gemüte" gilt dies vor allem für den Mittelteil (vgl. u.). Für beide scheint eine gewisse Einfältigkeit des rein melodischen Vorangehens nicht untypisch: vor allem in EG 61 fällt die rhythmische Einförmigkeit auf, ausgeglichen jedoch von der harmonischen Wendigkeit.

Es erscheint notwendig, im Zusammenhang mit Schops Melodien zu Ristliedern etwas genauer auf das Selbstverständnis dieses Singens im Kontext der Voraussetzungen seitens der Singenden einzugehen. In seinen Vorworten zu den einzelnen Bändchen seiner *Himlischen Lieder* beklagt sich Rist oft über seine Kritiker und Gegner – „... hat der schändliche Neydhardt, der unersättliche Anfeinder aller Wolmeynung, (GOtt bekehre und bessere ihn) seine Lastergeitzige Zunge nicht zähmen noch inne halten können...".

Vom schöpferischen Umgang mit sich als seinen Glauben Singendem

Im Vorwort zum fünften Bändchen rationalisiert er sein Dichten von Glaubensliedern: „Es köndte zwar einer oder der ander scheinbarlich vorwenden, daß die Kirche Gottes dieser meiner Lieder durchaus nicht bedörffe", besonders im Anbetracht der Lieder Luthers und anderer verdienter Theologen. Zwar wolle er, Rist, ganz bescheiden, sich nicht mit ihnen vergleichen; auch habe er bisher keine Initiative ergriffen, „solche meine Arbeit der einen oder der anderen Evangelischen Kirchen anzutragen oder auffzudringen". Sehe man aber etwas genauer auf den Bestand der Geistlichen Lieder (außerhalb der Psalmen Davids), „mit welchen wir in unsern Evangelischen Kirchen Gottes H. Namen anrufen, und seine Wercke und Wolthaten ehren, loben und preisen", so finde er, dass für hohe Feste ebenso wie für „sonderbare Anfechtungen vieler bekümmerten Seelen" ein Mangel an Gesängen herrsche, desgleichen an Buß- und Trostliedern.

Die Aufgabe, solchen Mangel zu „ersetzen", dient Rist als vorgetragene rationale Rechtfertigung. Wir müssen uns aber darüber im Klaren sein, dass das „neue Singen" von jeder Generation (= von jedem Einzelnen in ihr!) jeweils neu „erworben" werden muss, dass es je eines persönlichen Sich-Entwickelns bedarf, um es sich im eingangs (S. 7) geschilderten Sinn überhaupt dienstbar machen zu können. Ein solcher Entwicklungsgang (auch zum kulturellen Erwachsenenalter!) ist naturgemäß krisenhaft und mühevoll; und er gebiert, im Zuge einer sich stets verändernden Lebenswelt, den kreativen Impuls: einerseits zu einem künstlerischen Umgang mit dem Choral, um in „dessen" Singen den Singenden und Mit-Singenden dessen (= des Singens!) Sinn neu zu eröffnen, und anderseits zu wiederum neu geschaffenen Liedern, die, nun naturgemäß in aktueller Weise, dem Ziel der persönlichen Glaubensartikulation gewidmet sind.[1]

Wir können solchen Impuls in Rists fünf Zehner-Bändchen *Himlischer Lieder. Mit sehr anmuthigen / mehrerentheils von Herrn Johann: Schopen gesetzten Melodeyen* (von 1641/42) mitvollziehen. Das Weihnachtslied *Ermuntre dich mein schwacher Geist*, mit dem er die Reihe beginnt, eröffnet den Singenden die Intitiative: ein Hinstreben über die melismatische Figur hinweg zum Hervorheben des „mein" und sofortigen Abgleiten in die Terz der Zwischendominante. Das ließe sich sicher bequemer machen, wie die heutige Fassung der Melodie in EG 33 zeigt. Doch um eine „schöne Melo-

---

[1] Hinzuzufügen wäre als dritte die Möglichkeit, unmittelbar mit der Aktualisierung des Singens umzugehen, wie dies offensichtlich in den Singstunden in den pietistischen Kreisen geschah; vgl. u.

die" geht es nicht, vielmehr geht es um das Eröffnen eines gleichsam sich aufmachenden Singens.

Auch das melodische Entsprechen der zweiten Stollenzeile geschieht mit dem Zugriff auf eine kadenzielle umweghafte u. d. h. aktive Rückführung zum Grundton und verhilft, der „und"-Anbindung eine eigene Bedeutsamkeit zu verleihen. Vergleicht man die Melodie Schops mit der heutigen Melodiefassung im EG, dann wird vor allem in der zweiten Hälfte des Abgesangs

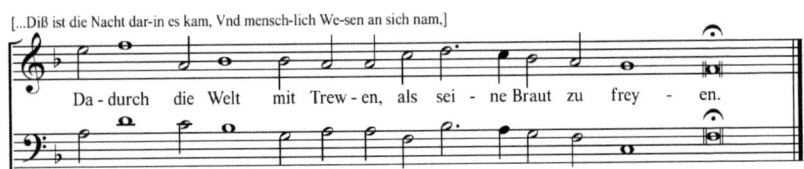

ersichtlich, wie in Schops Melos die Schlusssentenz („…als seine Braut zu freyen") gleichsam wie eine plötzliche und auf den Singenden zurückstrahlende Eingebung geäußert werden kann, die der Singende mittels der Hemiole in einer spezifisch *ihn* angehenden Bedeutsamkeit herausstellt, während das Melos im EG

EG 33: Brich an, du schönes Morgenlicht

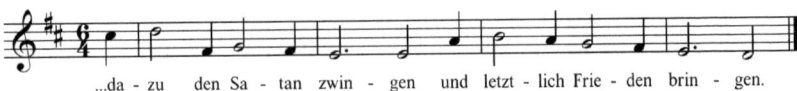

eher einer puren Verhaltensreproduktion (der Gemeinde) geschuldet zu sein scheint. Eine solche Singweise, wohl von dem Darmstädter Hofkapellmeister W. C. Briegel bearbeitet, transportiert (vielleicht mit Bedacht) nicht mehr viel von jener persönlichen Glaubensäußerung, von dem unmittelbaren Zugriff auf die rhythmische und melodische Verlautbarungsmöglichkeit.

Was man sich stets neu klarmachen muss: Was Luther und die Autoren des ersten Reformationsjahrhunderts als Singen entworfen hatten, das bedeutete eine *Möglichkeit*, die je vom Einzelnen von Generation zu Generation immer wieder neu zu ergreifen war. Solches setzte Bildung voraus – die neuzeitliche Pädagogik entsteht! – und Reife. Auch manche der neuen Lieder (wie eben die Rists und Schops) eröffneten solche Möglichkeit, orientiert aber an der inzwischen veränderten Lebenswelt, – womit sie zum doppelten Ärgernis werden konnten: sowohl gegenüber einem theologisch-orthodoxen Interesse, als auch gegenüber eingefahrenen Verhaltensmustern. Es gehört(e) eben nicht gerade zu den Schwerpunkten der jeweiligen Amtskirche, den Einzelnen darin zu unterstützen, sein kindgläubiges Verhalten zu hinterfragen, um sich, sich selbst verantwortlich, eine eigene, persönliche religiöse Haltung aufzubauen. (Vielleicht ist von daher Rists eben nur scheinbar widersprüchliche Position zu verstehen, einerseits neue Lieder zu schaffen, andererseits sie nicht der Kirche andienen zu wollen.)

Eine ähnliche Wandlung des Melos können wir an Schops Melodie zu Rists *Werde munter, mein Gemüte* (*Himlische Lieder*, III, 45/46) beobachten.

Die Rhythmik ist im Original zupackender, eine wirkliche Aufforderung an sich selbst; das Melos in EG 475,

das ja *fast* das gleiche ist, hat sich eingerichtet, es den Singenden scheinbar bequem gemacht, doch nimmt die Glättung dem Melos auch die synkopische Bildung und damit ein Kennzeichen, das uns heute die Melodie „billig" erscheinen ließe, möglicherweise aber sprachlichen Ursprungs in ihrem Heimatland (der Böhmischen Brüder) ist. Der Zweiachtelauftakt des Originals dagegen ist Kennzeichen einer Initiative; er verweist damit freilich auf ein Singen des Einzelnen.

Die Fassung des EG könnten wir als „Gemeindefassung" bezeichnen. Das wäre denn doch eine wichtige Einsicht: dass die Tendenz zur Egalisierung, zur Glättung des Melos und zur taktlichen Uniformität eine notwendige Konzession an die Menge darstellen, an die Aneignung (und den implizierten *musikalischen* Bildungseffekt) dieses Singens derer, die als Nichtgebildete kaum in der Lage waren, dem eigenen Singen jenen Sinn zu stiften, den die stets intellektuellen Schöpfer seit Luther ihm mit ihren Entwürfen eröffnet hatten. Es ist dann eben auch kein Zufall, dass gerade die sozusagen Gemeindefassungen des Singens in größere kompositorische Zusammenhänge übernommen wurden, die dem Mit-Singen, eben der Gemeinde, wieder neuen Sinn im Akt des Hörens zu erschließen trachteten, vor allem in Kantaten.

Kein Zweifel, dass die harmonische Stütze es erleichtert, auch solche Lieder in den Gemeindegesang zu übernehmen. Das die Zusammenarbeit mit Thomas Selle dokumentierende Lied *Auf, auf, ihr Christen alle* – als Nr. 536 bildet es das erste Lied im Regionalteil Niedersachsen und Bremen des EG – gestaltet vor allem im „Ihr Christen, geht herfür…" (Mittelteil) ein harmonisch empfundenes „Aufsteigen" hin zum „Hosianna singen".

Vom schöpferischen Umgang mit sich als seinen Glauben Singendem

Singt man die Melodie[1] (unter der selbstverständlichen Mitempfindung des harmonischen Vorgangs) allein für sich, so erscheint sie hier in ihrer rhythmischen Struktur tatsächlich als gewitzte Inszenierung einer Verfügung des Singenden über sich. Denn während die beiden in der Melodierichtung sich ergänzenden Stollenzeilen zwar mit einem „auf"-taktigen „Auf, auf" beginnen und dann doch sich als eine Art Vorausbedenken melodisch auf dem Grundton abschließen, wechselt die zweite Aufforderung, „Ihr Christen, geht herfür[!]", in eine quasi handelnde Aktivität. Naheliegend wäre, im Singen folgendermaßen fortzufahren:

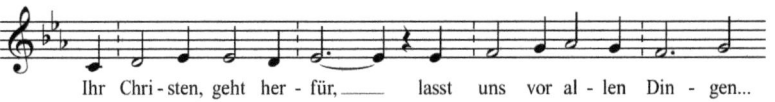

Der tatsächliche Wechsel aber des (nur!) musikalischen Metrons vom bedächtigen jambischen Versfuß zum gleichsam Schwung nehmenden daktylischen im jeweiligen Phrasenauftakt im Verbund mit einer taktlichen Stauchung – die Phrasen beginnen abwechselnd auftaktig und abtaktig – erscheint so, als könnten die Singenden nun ernst machen mit ihrem Singen und ungebremst zur Emanation ihres „Hosianna" vorstoßen.

Im Unterschied zum Kantionalsatz um 1600 formuliert das harmonische Gefälle nicht mehr die harmonische Eigentendenz einer Melodie (was wir in fast idealer Weise im Satz zu „Es ist ein Ros' entsprungen" von Michael Praetorius mitempfinden konnten), sondern das Melos ist aus der harmonischen Wendung eines bereits *per se* akkordischen Vorangehens erfunden; es bildet dessen „Oberfläche".

Dass dem Autor Rist-Lieder aus seiner Sozialisation als eigenes Singen weniger vertraut sind, das hat vielleicht ein wenig mit regionalen Traditionen zu tun, vor allem aber damit, dass sie eigentlich nicht mehr uneingeschränkt zum Selbersingen taugen. Das Abendmahlslied *O Grosses Werck-Geheimnis* aus dem fünften Bändchen zum Beispiel demonstriert diese Tatsache mit dem langen „O"-Anheben, dem von der Quinte sich rundenden Bogen der Bewunderung und der sich melodisch chromatisch anschließenden Rückung in den Gegenklang (D-dur→B-dur), in die sich wie bescheidende Verehrung (im ersten Liedabschnitt),

---

[1] Das Notenbeispiel folgt der Fassung im EG.

Vom schöpferischen Umgang mit sich als seinen Glauben Singendem

Christliches Lied/
Von dem hohen Geheimnisse des heiligen und hochwürdigen Abendmals des HErrn.

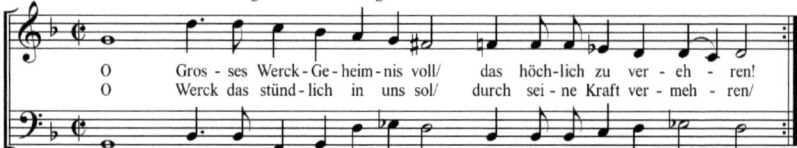

und schon gar mit dem musikalischen Äquivalent des Mündens in die wie erschrockene Zäsur nach dem schwärmerischen Aufzählen („O Himmels Saal") und schließlich mit dem madrigalischen Einsatz der die Strophe beschließenden Bewunderung, in der der (textierte!) Bass vorausgeht:

Rist hat hier (bezogen auf das ganze 11-strophige Lied) einen großen Text entworfen; und Schop hat ihn kongenial in ein Singen verlängert, das dem Singenden eine ganz persönliche, ja fast entzückte Entäußerung aller seiner mit dem Abendmahl verbundenen Verehrung eröffnet.

Obwohl Rist mit seinen Texten durchaus eine Reform eines spezifisch evangelischen kirchlichen Singens anstrebte, hatten seine Lieder eher „ein Aufblühen des häuslichen geistlichen Andachtsliedes zur Folge, was für die protestantische Kirchenmusik die Abkoppelung des Gemeindegesangs von der lebendigen Liedentwicklung und den Rückzug des geistlichen Liedes aus der Kirche in den Bereich des Privaten bedeutete[…]".[1]

„**Privat**" können wir solches Singen nennen, nicht weil es im Gegensatz zu einem „öffentlichen" Singen tritt, sondern weil es zu einem tendenziell vertraulichen Aussprechen tendiert, vor allem

---

[1] Kross, a. a. O., S. 33.

aber, weil sein letztlicher Sinn, sich als Glaubender zur Geltung zu bringen, mehr und mehr auf den einzelnen Singenden selbst rückbezogen erlebt wird: Das Singen als Lied „dient" einem Sich-zur-Geltung-Bringen *vor sich selbst* innerhalb der Vertrautheit des kleinen Kreises. Es ist Ausdruck des Bestrebens der Menschen, sich aus einer nach und nach gelebten Selbstverantwortung in Gruppen, also (wie wir das hier nennen) in Kleinen Kreisen zu organisieren.

Als solcher wird oft der Kreis um Heinrich Albert (1604-1651) und Simon Dach (1605-1659), die „Kürbishütte", gezählt, einer der für die Entstehung auch von Glaubensliedern so wichtigen Dichterkreise (Sprachgesellschaften) oder „-Orden", die es auch in Hamburg Rists oder Nürnberg oder Leipzig und in anderen großen Städten gab. Die „Kürbishütte" war mit einer Begräbnis- und Hochzeitsgesellschaft verbunden, die als solche eine wichtige städtische Sozialfunktion innehatte.[1] Tatsächlich ist Heinrich Albert, Schüler und Cousin von Heinrich Schütz und Domorganist in Königsberg, im Besonderen durch seine Generalbasslieder und weniger durch chorische Musik in der Musikgeschichte notiert. Von ihm verzeichnet das EG unter Nr. 445 das Morgenlied „Gott des Himmels und der Erden", das Albert sowohl als Textdichter als auch als Melodiegestalter dokumentiert.

Doch singen wir dieses Lied – es steht in Alberts *Arien...* als 5-st. Satz mit Generalbass –, dann wird uns schnell klar, dass auch seine Melodie, trotz aller dem Singen entgegenkommenden Linearität und vor allem im Wechsel hin zum Abgesang, eigentlich nur zusammen mit einer gedachten Bassstimme voranschreitet.

Dass viele seiner Lieder zuerst in Einzelblattdrucken verbreitet wurden, bestätigt die Tatsache der auf die „Gelegenheit" im Kleinen Kreis bezogenen Komposition ebenso, wie dies die Dichtungen des Königsberger „Professors für Dichtkunst" Simon Dach tun. Von diesem, von dem wir immerhin heute noch das Lied *O*,

---

[1] Vgl. hierzu und zu Heinrich Albert: Kross, a. a. O., S. 25 ff.

wie selig seid ihr doch, ihr Frommen mit einer Melodie von J. Crüger[1] oder die wunderbare Psalm-90-Paraphrase *Du, Gott bist außer aller Zeit* kennen, sind zu seinen Lebzeiten alle seine weit über 1000 Dichtungen als Einzelblattdrucke erschienen. Dass in Alberts acht zwischen 1638 und 51 gedruckten Sammlungen von *Arien und Melodeyen Etlicher theils Geistlicher theils Weltlicher, zu gutten Sitten vnd Lust dienender Lieder*, der Anteil des einstimmigen Generalbassliedes zugunsten des mehrstimmigen sinkt, wobei auch einige der ursprünglich einstimmigen nachträglich mehrstimmig bearbeitet wurden, weist auf den Gebrauch im „kleinen Kreis", der dann aber nicht für einen repräsentativen Druck vorauszusetzen war. Natürlich galt „Lied" im 17. und 18. Jahrhundert als „niedere Schreibart", mit der Komponisten kaum auf ihre besonderen Fähigkeiten hinweisen konnten. Aber der wesentliche Beweggrund dafür, im Umgang mit dem Glaubenslied eine große Bandbreite der Bearbeitung zu entwickeln, die vom Strophenlied bis zur Liedkantate reicht, die lag wohl bei den Adressaten. Denn diese wollten mit ihrem Singen ja nicht nur (a) sich als einem Numinosen zugehörig und (b) mit einem diese Zugehörigkeit kennzeichnenden Verhaltensrepertoire ausgestattet realisieren, sondern (c) sich in einem reflektierten Umgang mit sich als Glaubenden erleben. Und genau hier liegen die Erwartungen: u. a. im Hinblick auf eine ornamentale Ausgestaltung des Melos, auf ein Hinzufügen von Instrumenten (wie das auch Crüger schon vorschlug), im Absetzen und Einrahmen der einzelnen Strophen durch eine „Symphonia" oder überhaupt im freieren singenden Voranschreiten.

Ein Lied wie *Auf, mein Geist* von Heinrich Albert in Davison/Apels Sammlung[2] ist auf letzteres aus: nur noch der Text entspricht einer sechszeiligen Strophenform mit vierhebigen Versen, abwechselnd weiblich und männlich endend.

---

[1] Zur Melodie vgl. EG 415.
[2] Vgl. Bd. II, S. 42f.; zur folgenden *Choral-Aria* Tunders vgl. ebenda, S. 59ff.

Vom schöpferischen Umgang mit sich als seinen Glauben Singendem

Die Komposition – und als solche im ausdrücklichen Sinn ist das Stück anzusehen – entwirft ein relativ freies, eher sich *im* Text als *den* Text selbst bekundendes Singen, das in den einzelnen Wendungen nicht nur mit dem Gelten der Bassstimme, sondern auch mit einer auf das Melos eingehenden akkordischen Ausgestaltung der rechten Hand des Generalbassspielers rechnet.
Nicht zufällig datieren manche Darstellungen zur Entwicklung des Liedes den Beginn des sog. Deutschen Kunstliedes allgemein mit Alberts Generalbassliedern.[1]

Einen anderen Weg, nämlich den des bearbeitenden Umgehens mit dem Choral, demonstriert in der gleichen Sammlung (Davisons und Apels) Franz Tunders Choral-Aria *Wachet auf, ruft uns die Stimme*.[2] Das Singen des *Canto solo* – vgl. das Notenbeispiel auf der nächsten Seite – bereichern nicht nur ein Streichersatz und der Generalbass. Auch der Choral selbst, durch eine freie instrumentale *Sinfonia* eingeleitet, ist als Melos zu bzw. aus einer *Selbstbedeutsamkeit* (des Chorals für die Adressaten!) erweitert und vorsichtig ausgeziert.

---

[1] Auch H. J. Moser begann einst seine vielen Generationen von Sängern dienenden Auswahlbände *Die Klassiker des deutschen Liedes* (Ed. Peters o. J.) mit Simon Dachs „Der Mensch hat nichts so eigen" in Melodie und Satz von Heinrich Albert. Moser hat auch Alberts Lieder als Bde 12 und 13 der »Denkmäler Deutscher Tonkunst« (Wiesbaden/Graz 1958) neu herausgegeben.
[2] Vgl. hierzu a. a. O., S. 59 ff.

Vom schöpferischen Umgang mit sich als seinen Glauben Singendem

Danach folgt aber eine in eine Dreivierteldordnung übergehende freie Bearbeitung des Strophenabgesangs, in welchem Instrumentaltakte und instrumental begleitetes Singen sich abwechseln, wobei letzteres die Motive des Melos frei vervielfacht und mittels partieller Textwiederholungen erweitert zur den Gesamtaufruf des Textes („Steht auf!") bewegt umsetzenden Aufforderung:

Als ob die Singenden und Mit-Singenden sich hiermit wirklich zum Aufbrechen entschlössen und diesen inneren Vorgang mit einer feierlichen Einsicht, einer einsichtigen *resolutio* mittels der in eine große *Adagio*-Kadenz eingeschlossenen letzten Textzeile, „ihr müsset [= wir müssen] ihm entgegen gehen", feierlich proklamierten!

Solches gestaltende und gleichzeitig potenziert zur eigenen Glaubensbekundung ermächtigende Umgehen mit dem Choral als einem angeeigneten *eigenen* Singen einerseits und gleichzeitig als aktuelles (den Textworten) Bedeutung gebendes „Aussprechen" der Glaubensüberzeugung anderseits motivierte die Komponisten zu unzähligen Varianten des Singens als Choral- und Liedbearbeitung, vom generalbassbegleiteten Strophenlied bis zur ausgewachsenen Choralkantate.[1]

Singen im Dienste eines »tätigen Christentums«
Zum Singen im Pietismus

Der Umgang mit dem „alten" Singen als „Choral" ersetzte nicht die Schaffung immer wieder neuer Lieder. Einen gemeinsamen Nenner in all den unterschiedlichen Versuchen der Menschen zu einem *schöpferischen* Umgang mit sich „als aus ihrem Glauben heraus Singenden" finden wir möglicherweise im Begriff „Andacht". Dieser steht einerseits selbst stellvertretend für eine gottesdienstliche Handlung, aber er benennt anderseits genau jenes kontemplative Verhalten des einzelnen Subjekts, in welchem es nicht nur gleichsam nur mit sich ist, sondern mit dem es sich die Teilnahme am institutionalisierten Ritual tendenziell *ersetzt*. Genau dazu halfen ihm ganz wesentlich „neue" Lieder. Kross, der im Zusammenhang des pietistischen Liedes darauf eingeht[2], bemerkt: „So problematisch die Tendenz zur Privatisierung des Gottesdienstes zu Lasten der Liturgie für die evangelische Kirchenmusik war, so wenig ist zu übersehen, dass die liturgisch fragwürdige Emotionalisierung des geistlichen Liedes der Gattung eine Innerlichkeit er-

---

[1] Eine leise Vorstellung von der unübersehbaren Fülle der Bemühungen, das als „Choral" angeeignete Singen vor allem in der Zeit zwischen 1640 und 1710 über „Choralkonzert" und „Choralkantate" den Adressaten *in eine immer wieder erneute Aneignung zu vermitteln,* kann man u. a. in der umfassenden Darstellung über *Die Choralbearbeitung in der protestantischen Figuralmusik zwischen Praetorius und Bach* von Friedhelm Krummacher (Kieler Schriften zur Musikwissenschaft XXII, Kassel 1978) erhalten. Während die Hauptzeit solcher den sozusagen lutherischen Prozess der „eigenen" Glaubenseinsicht erneuernden Entwürfe instrumental gestützten Singens zwischen 1640 und 1710 liegt, stellt demgegenüber Bachs Leipziger vokaler Umgang mit dem Choral als „Choralkantate" (vgl. u., S. 203 ff.) einen neuen Ansatz einer spezifischen Aneignung des Chorals dar. (Über *Choralkonzert* und *Choralkantate* im 17. Jahrhundert wird im Teilband SINGEN noch zu reden sein.)
[2] A. a. O., S. 65.

schloss[…]". Gehen wir vom Subjekt des Singenden aus, dann könnten wir die Entwicklung so verstehen, dass dessen Blick nach innen sich richtete: wer oder was bin ich angesichts dessen, was ich mir an religiösen Vorstellungen angeeignet habe, die wiederum meine Empfindungen auslösen? Der Singende affizierte sich gleichsam selbst, indem er sein Inneres mit dem Verstand anschaute und sich in seinem ganzen „Reichtum", aber auch in der Begrenztheit seiner Lebensspanne wahrnahm. Wesentlich ist mir – wenn wir die Musikentwicklung in anderen europäischen Kulturen daneben stellen –, dass solcher Vorgang im deutschen Milieu nicht von einer Beziehung zum Anderen ausgelöst wurde. Der schöpferische Umgang mit sich als seinen Glauben Singendem ging von einem persönlichen Blick nach innen aus, aus welchem die „Antwort" als Impuls zu einem aktiven christlichen Leben resultieren konnte, das sich u. a. in der Integration des geistlichen Singens in die Alltäglichkeit auslebte.

Wenn auch weiterhin neuer Glaubenslieder im Dienste eines realen Selbersingens erfunden wurden, dann kann man darin eine Strömung *neben* der künstlerischen Ausgestaltung der Andacht sehen; gleichzeitig artikulierte sich auch Kritik an derselben, vielleicht auch eine Kritik an einem allseits regulierten und sich bequem einrichtenden Christentum.

So gestalteten sich denn wesentliche Impulse zu einem neuen Singen im Sinn von Lied als Initiativen für den *speziellen* kleinen Kreis. Dieses neue Singen konnte dort, wo es sich originär mit *eigenen* Situationen der Andacht verband, durchaus in Konflikt mit der Amtskirche geraten. Solchen kennzeichnet vor allem die Strömung des Pietismus. Dessen Entstehung können wir als ein besonderes Kennzeichen der Zeit ansehen.

Was ist Pietismus? Eigentlich eine Haltung sich selbst gegenüber, zuerst und im Besonderen in Glaubensdingen und daraus folgernd im eigenen Lebensvollzug, die aus der (neuen) aus eigener Einsicht wahrgenommenen Verantwortlichkeit für sich selbst resultiert. Diese Haltung startete durchaus als Zug zur innovativen persönlichen Gestaltung des eigenen Lebens, nahm dabei gewisse Formen des Lebensvollzugs an, die (auch im Zusammenhang der aus der „Selbstverantwortung für" resultierenden Sorge für die Anderen) z. T. zu hermetischen und konservativen „Bewegungen" wurden.[1] Zu unterscheiden sind wohl jene Propagandoren und Lehren, von bzw. aus denen feste Gruppen und Institu-

---

[1] Nicht zuletzt die Mission in der Welt einschl. der sog. Inneren Mission ist ein Kind des Pietismus. Pietistische Bewegungen gibt es auch heute noch.

tionen, ja sogar „Kirchen" oder kirchliche Gruppierungen hervorgingen, von einzelnen Ideen und sozusagen menschlichen Selbstbearbeitungsmöglichkeiten, die letztlich mehr oder weniger die gesamte protestantische Welt in der zweiten Hälfte der Frühen Neuzeit durchdrangen oder zumindest beeinflussten.

Im Mittelpunkt stand (und steht) die eigene Frömmigkeit, sowohl als bestimmender Teil einer vergleichsweise inneren Existenz wie auch als die Form des das äußere Leben bestimmenden Wandels. Wesentlicher Beweggrund war wohl die Einsicht in die Reformbedürftigkeit der zeitgenössischen lutherischen Kirche, die in Lehrmeinungen gespalten war und sich sowohl dem straff organisierten Calvinismus als auch den konzentrierten Bemühungen der *Societas Jesu* um eine Rekatholisierung kaum widersetzen konnte. An manchen evangelischen Höfen zog der Psalmengesang analog dem Genfer Psalter ein; wir kennen entspr. Bemühungen nicht nur aus den Ereignissen um Paul Gerhardt und Johann Crüger in Brandenburg, sondern auch aus dem Lebenslauf von Heinrich Schütz, dessen für die Psalter-Nachdichtung des Cornelius Becker entworfene Melodien und vierstimmige Sätze wir oben angesprochen haben.

Kritik an der Amtskirche realisierte sich in pietistischen Bewegungen als bewusste Rückbesinnung auf die „Einlösung" reformatorischer Ideen: bestimmend wurden die Orientierung unmittelbar am „Wort" („Bibeltreue"), die Versammlung in sog. Konvertikeln (= „Hauskreisen") unter diesem (ohne formale Liturgie), die Bevorzugung eines „praktischen" (nicht „gewussten") Christentums, die Wertschätzung der gefühlsbetonten, subjektiven Seite des Glaubens und der Rekurs auf das Priestertum aller Gläubigen, – Bestrebungen resp. Praktiken, die im Verein mit der schriftlichen Beeinflussung durch Gebildete (z. B. durch „Erbauungsbücher") letztlich zu einer heterodoxen Theologie führen mussten.

Die Tendenz zur Hervorkehrung einer persönlichen Frömmigkeit, zur Realisierung solchen Glaubens in einem „christlichen Leben" und zu daraus zu fordernden Konsequenzen für die Struktur einer Kirche geriet sehr oft in Konflikt mit einer (sowohl lutherischen als auch reformierten) amtskirchlichen Organisation, die an einer aus der wissenschaftlichen Theologie abgeleiteten orthodoxen Glaubenslehre als einheitsbildend interessiert war. Und sie geriet inhaltlich in Konflikt mit aufklärerischen Tendenzen, die eben auch die Grundlagen des Glaubens (von der Existenz eines Gottes bis zum Selbstverständnis der „Schrift") kritisch befragte. Anderseits blieb die Lust an der Selbst-Entdeckung, am Umgang mit sich in Natur und Welt, an der Pflege (s)einer eigenen Empfindungsfähigkeit.

Die neue Frömmigkeit, die gewissermaßen bereits in Crügers und Gerhardts wie in Rists und Schops Liedern anklang, schlug sich in einer Flut „eigener" Lieder nieder. Als Beginn und Vorbild des betont pietistischen Glaubensliedes gelten die Lieder des Bremer Pastors Joachim Neander, der bereits mit 30 Jahren, wahrscheinlich unmittelbar vor der Veröffentlichung seiner „Bundes-Lieder und Dank-Psalmen" 1680 starb. Neander, ein frühvollendeter reformierter Theologe, durch den „Erweckungsprediger" Undereyck und nicht zuletzt von einem der „Väter" des (lutherischen) Pietismus, Philipp Jacob Spener, beeinflusst, hatte fünf Jahre die Lateinschule der reformierten Gemeinde in Düsseldorf geleitet, dort im Tal der Düssel in einer felsigen Naturkulisse Erbauungsversammlungen gehalten.[1] Für diese Versammlungen (die ihm Ärger mit seiner vorgesetzten Kirchenbehörde einbrachten) schrieb er auch Lieder. Rößler[2] charakterisiert die Lieder nach dem (zeitgenössischen) Muster der „Aria", also des Generalbassliedes, als Sololieder für den Hausgebrauch, mit bewegten Basslinien und tendenziell nicht als Gemeindelieder entworfen. Wir finden noch einige Texte resp. Melodien von ihm im EG, darunter eines, „Wunderbarer König" (327), bei dem beide, Text und Melos, von ihm stammen. Geradezu populär (und international) wurde sein „Lobe den Herren", zu dem er eine schon vor ihm geistlich kontrafazierte Melodie verwendete (und wohl bearbeitete).[3]

---

[1] Das Tal erhielt später aus dem Gedenken an ihn den Namen Neandertal, was aber nicht daran hinderte, die Naturkulisse Neanders für den Zementbedarf zu zerstören und dabei jenes prähistorische Skelett zu finden, dem man den Namen „Neandertaler" gab.
[2] Vgl. Martin Rößler, »Lobet den Herren«. Das Lied eines Außenseiters wird zum Hit, in: Bubmann/Klek, Davon ich singen und sagen will…, S. 107-118.
[3] Neanders Text (in heutiger Fassung) findet sich unter der Nr. 317 im EG; die im folgenden wiedergegebene Melodie folgt einem Faksimile des Erstdrucks bei Rössler.

Vom schöpferischen Umgang mit sich als seinen Glauben Singendem

Das Beispiel zeigt die Originalgestalt mit den (für Neander bereits nicht untypischen) forte-piano-Gliedern am Schluss, was eben exemplarisch auf einen *gestaltenden* Umgang mit dem eigenen (im Sinn von privaten) Singen weist. (Im heutigen umgesungenen Melos sind die Schlusstakte eliminiert.) Die Tendenz zur sozusagen Selbst-Gestaltung tritt noch eindeutiger hervor, wenn man das Singen aus der Originalgestalt realisiert: sowohl die (vom Notenbild her abrupt erscheinenden) Schlüsse der Melodieabschnitte als auch der die „einstimmende" *Musica* nachzeichnende Schritt über eine None nach oben erfordern den bewusst gestaltenden Vollzug des Singenden.

Der Text, ein Selbstgespräch mit der eigenen Seele, verwendet den daktylischen Versfuß mit (im Deutschen) einer betonten und zwei unbetonten Silben, der in der Poetik der Zeit ein Maß für eher „fröhliche, scherzende... Zusammenhänge" genannt wird. Neander aber benützt ihn für seine frommen Gesänge: „Nach ihm wird der Daktylus zum Lieblingsmetrum des frühen Pietismus als Ausdruck eines enthusiastischen Lebensgefühls".[1] Entsprechend erscheint hier der Dreiertakt sprachgezeugt; nicht resultiert er aus einer gleichsam körperlichen Bedeutungsgebung durch Silbenlängung der Singenden. Er ist der Gestalt von Anfang an eigen, gehört also der Vorstellung vom reflektierten Umgang mit dem eigenen Singen an. Zu dieser gehören nicht zuletzt auch die die Melodie überziehenden Dehnungen der punktierten Viertelnoten, in denen sich der Singende gleichsam gefühlsintensiv erleben kann.

Das Melos folgt auch hier der Konsequenz inhaltlicher Entfaltung im Reden, in der Strophe fast rhetorisch angelegt: den beiden den Beginn des Psalms 53 nahezu wörtlich aufnehmenden und dabei eher lapidar und unaufgeregt absteigenden Langzeilen zu je 14 Silben – eine fünfzehnte als „Pause" wird im Singen als Dehnung der dreizehnten überspielt – folgen die gleichsam kommentierend und persönlich hinzugefügten, melodisch wie rufenden Aufforderungen der Kurzzeilen, nach denen deren Ergänzung in-

---

[1] Vgl. Rößler, a. a. O., S. 107.

form einer Langzeile den Liedkörper beschließt; die heutige Fassung endet analog den Stollenzeilen, betont also die Einheit des Melos noch weitergehend. Die letzte Langzeile kommt dadurch zustande, dass eine partielle Textwiederholung die Zeile zu 14 Silben ergänzt.[1]

Die Erbauungsstunden des Pietismus sind durchaus nicht so „konspirativ" zu sehen, wie sie uns heute erscheinen mögen. Die Selbstbestimmung und Selbstverantwortung des Bürgers für sein „Innenleben" führte von sich aus zu Vorstellungen vom Umgang mit dem, worin er sich in seinem Glauben selbst „realisiert" sah. Dies war vor allem der Umgang mit seinem Singen. Bei Neander schlug er sich sozusagen unmittelbar auch in seinen in Partizipien daherkommenden Zuordnungen der einzelnen Lieder nieder. Über dem obigen *Lobe den Herren* notierte er „Der Lobende". Andere Lieder tragen die Überschrift „Der Dankende", „Der am Morgen Singende" oder „Der im Licht Wandelnde", Überschriften, die einen Menschen in einer Situation benennen, in der er sein Singen in je *spezifischer Weise* benützt, „um zu…". So gingen auch die Erbauungsstunden an vielen Orten eigentlich aus Singstunden hervor, die erst nach und nach durch biblische Betrachtungen ergänzt wurden. Auch August Hermann Francke, der Gründer und Leiter der Franckeschen Anstalten in Halle, berichtete von solchen Singstunden.[2] Für sie benützte er sicher Freylinghausens Liedersammlung, die 1704 und 1714 als „Geistreiches Gesang-Buch" erschien und in der Gesamtausgabe von 1741 1581 Lieder enthielt.[3]

Letztlich verstanden sich aber auch Freylinghausens Lieder als „Arien" für den kleinen Kreis. Von Halle aus hatte auch N. L. Graf von Zinzendorf, der Gründer der Herrnhuter Brüdergemeinde, die Singstunden übernommen, zu denen er nach und nach auch eigene Dichtungen beisteuerte. Bei solchen Singstunden wurden

---

[1] Die Textzuordnung ist nicht ganz eindeutig, da im Erstdruck der Text neben dem Notentext steht; Rößlers Umschrift, a. a. O., S. 106, ordnet den Text (entspr. der eckigen Klammer am Schluss des obigen Notenbeispiels) so zu, dass er in der letzten Zeile nur auf 13 Silben kommt.

[2] Vgl. Dietrich Meyer, *Geist-reiche Lieder. Der Pietismus als breite Singbewegung*, in Bubmann/Klek, *Davon ich singen…*, S. 119-134.

[3] Das Liederbuch enthielt zwar auch die sog. alten Lieder, doch sollten vor allem die neuen die Schüler und Jugendlichen mitreißen. Über den vergleichsweise enthusiastischen Charakter der neuen Lieder kann man sich z. B. an J. L. K. Allendorfs *Jesus ist kommen, Grund ewiger Freude* (EG 66) informieren. Auch die Melodie zu *Macht hoch die Tür* erschien erstmals in Freylinghausens Gesangbuch, allerdings in einer 4/4-Fassung mit breiten Ruhepunkten.

„schöpferisch Liedstrophe an Liedstrophe" (durchaus unterschiedlicher Lieder) gereiht, die je zu einem thematischen Zusammenhang passten. Auch dies ist ein konstruktives Umgehen mit sich als das Glaubenslied Besitzenden.

Sieht man sich die Lieder jener heute noch im EG besonders berücksichtigten pietistischen Liederdichter durch, die auch in der Textesammlung von Barbara Moser und Hellmut Wernher besonders reich zu Wort kommen[1], dann fällt uns im Textlichen *das schöpferische Umgehen mit dem Angeeigneten* auf, das sich in der Regel mittels überkommener Singweisen äußert. Vom Vertreter einer vergleichsweise lutherischen Liaison mit dem Pietismus, Benjamin Schmolck, Pfarrer an der Friedenskirche im schlesischen Schweidnitz[2], besitzt nur das Pfingstlied *Schmückt das Fest mit Maien* (EG 135) eine gleichzeitig entstandene, betont „liebliche" Singweise (von dem Gothaer Musiker Chr. Fr. Witt), die mit der einzig den Singenden mitnehmenden modulierenden Wendung zur Dominante im Abgesang den vielzitierten „Schein des Bekannten" bemüht. Die anderen, etwa das pietistisch programmatische Tauflied *Liebster Jesu, wir sind hier, deinem Worte nachzuleben* (EG 206), greifen, ganz textanalog[3], zu einem angeeigneten Singen, wobei auch Neanders Melodien in der Regel nicht fehlen.[4] Das Gleiche gilt für Nikolaus Ludwig Graf von Zinzendorf (1700-1760), der auf seinem Gut Berthelsdorf aus Böhmen vertriebene Mährische Brüder aufnahm und 1727 mit ihnen die Herrnhuter Brüdergemeinde gründete. Sein Singen, als „gemeinschaftsbildende Glaubensäußerung verstanden", demonstriert – soweit an den Beispielen des EG nachvollziehbar, da sie im Laufe des 18. Jahrhunderts von seinem bischöflichen Nachfolger, Christian Gregor, „für den Gemeindegesang bearbeitet" wurden[5] – die vielleicht typische Hermetik darin, dass es sich der in dem pietistischen Kreis geläufigen Melodik

---

[1] Vgl. *Wer Gott vertraut, hat wohl gebaut. Geistliche Lyrik aus drei Jahrhunderten. von Martin Luther bis Christian Fürchtegott Gellert*, hrsg. v. B. Moser u. H. Wernher, Frankfurt 1999

[2] Der westfälische Frieden hatte die Habsburger dazu verpflichtet, im damals noch habsburgischen (weil zur böhmischen Krone gehörenden) Schlesien die evangelisch gebliebenen Christen drei Kirchen errichten zu lassen. Von diesen drei „Friedenskirchen" stehen heute noch die in Jawor (Jauer) und Swidnice (Schweidnitz); sie wurden 2001 als UNESCO-Weltkulturerbe anerkannt.

[3] Vgl. EG 161, *Liebster Jesu, wir sind hier, dich und dein Wort anzuhören* mit Text und Melodie aus den 60-er Jahren des 17. Jahrhunderts.

[4] Vgl. *Tut mir auf die schöne Pforte*, EG 166.

[5] Zu beiden Zitaten vgl. EG, biographischer Teil.

bedient, wobei (wie bei *Jesu geh voran*, EG 391) gelegentlich eine relativ einfache, „innige" T-D-T-Harmonik auffällt.

Schließlich sei noch auf den niederrheinischen Laienprediger Gerhard Tersteegen (1697–1769) hingewiesen, der offenbar sehr bewusst an mittelalterlicher Mystik anknüpfte und „eine lebendige Begegnung mit Gott nur dort für echt hielt, wo der Mensch auf alles eigene Wirken und Wollen verzichtet".[1] In *Gott ist gegenwärtig* (EG 165) thematisierte er – so Meyer – seine Selbstentsagung und Selbstverleugnung sowie sein Sich-Versenken in die Liebe Gottes in der Stille.[2] Solcher Zweck eines Sich-selbst-Fühlens (und im trochäischen Rhythmus Sich-selbst-Hinbegebens) spiegelt sich im absteigenden Melos mit seinen bedächtigen Tonwiederholungen, das von Neanders *Wunderbarer König* entlehnt wurde: auch hier, wo wir kaum mehr von einem Kontrafazieren sprechen können, sondern von einem ganz bewussten Sich-Einfühlen in die einzigartig menschlich vermittelnde Charakteristik einer Melosgestalt auszugehen haben, tritt der schöpferische Umgang mit sich als Singendem unmittelbar hervor. Das gilt in gleicher Weise für seine Lieder insgesamt. Als Angehöriger der reformierten Kirche griff sein Singen zwangsläufig oft auf Melodien von Guillaume Franc und Loys Bourgois zurück.[3] Doch orientierte er sich auch am etwas moderneren Singen des *Beckers-Psalters*; sein *Kommt Kinder, lasst uns gehen* nahm in gleicher congenialer Weise eine Melodie von Heinrich Schütz auf.

---

[1] Vgl. Meyer, a. a. O., S. 130. Von Tersteegen, der dem reformierten Pietismus angehörte, sich aber stets gegen eine Abspaltung von der Amtskirche wendete, finden sich heute noch acht Lieder im EG.
[2] Im Untertitel seines *Geistlichen Blumen-Gärtleins Inniger Seelen* betont er die „[…]Betrachtungen Uber allerhand Warheiten des *Inwendigen Christenthums*".
[3] Zu seinem Trinitatislied *Brunn alles Heils, dich ehren wir* gibt EG auch den originalen Satz von Claude Goudimel mit der Melodie im Tenor wieder.

Zur musikalischen Konstruktion persönlicher Frömmigkeit und Andacht

Wenn wir oben mit Kross andeuteten, dass die eine Zeit lang im 17. Jahrhundert blühende Liedproduktion „ein Aufblühen des häuslichen geistlichen Andachtsliedes zur Folge" hatte und dass dies „die Abkoppelung des Gemeindegesangs von der lebendigen Liedentwicklung und den Rückzug des geistlichen Liedes aus der Kirche in den Bereich des Privaten" bedeutet habe[1], dann fassen wir in solcher Entwicklung eigentlich auch eine solche des sich vom singenden zum *singen-lassenden* und damit mit-singenden, also hörenden Menschen wandelnden betroffenen Subjekts auch im Zusammenhang „Lied". Während das Singen in der Kirche eben zu einem künstlerisch bearbeiteten Umgehen mit dem angeeigneten Lied ausgebaut wird, ist der Begriff des Privaten hier zwar einerseits auf den „kleinen Kreis" und auf das sog. „Haus" zu beziehen, anderseits aber auf das *Erschließen seines Glaubens als Einsicht durch sich selbst*, wobei diese durchaus öffentlich durch Gottesdienst oder konzertartige Veranstaltung initiiert sein kann. Je persönlicher die Glaubensäußerung als Singen entworfen wird, umso „privater" u. d. h. *auf sich selbst als Einzelner bezogen* wird sie erlebt. Wir müssen aber einschränken, dass sich solches Erleben noch wesentlich auf sich als Mitglied im „Kleinen Kreis" bezieht, dessen Überzeugungen man teilt. Denn der Begriff der Bürgerlichkeit ist für das 17. Jahrhundert noch nicht auf einen Staatsbürger mit einer privaten Häuslichkeit zu beziehen – dieser entsteht erst zum Ende des 18. Jahrhunderts –, sondern auf den Stadtbürger als sehr heterogener „Stand", dessen einzelne Vertreter je in mehreren unterschiedlichen Gruppen und Teilgesellschaften or-

---

[1] Vgl. Siegfried Kross, *Geschichte des deutschen Liedes*, Darmstadt 1989, S. 33.

ganisiert waren.[1] Und wir fügen auch hinzu, dass die Beobachtung von Kross eben nur die halbe Wahrheit bildet; denn die entscheidende „andere Hälfte" besteht im künstlerisch bearbeiteten Umgang mit Lied und Choral. Denn neben dem neuen Singen für den Kleinen Kreis und dem für ein tätiges Christentum begegnen wir einem künstlerisch verantworteten Umgang mit dem angeeigneten Singen, der mitunter durchaus Tendenzen des Pietismus entgegenkommt.

Dietrich Buxtehudes Kantate »Das neugeborne Kindelein«

Kaum ein Komponist hat solchen Umgang vielgestaltiger entworfen als Dietrich Buxtehude. Seine Vokalmusik – die über 120 überlieferten und heute neuzeitlich als „Kantaten" bezeichneten Entwürfe stellen wohl nur einen Ausschnitt aus seinem Lebenswerk dar – enthält kaum liturgische Musik, dafür aber viele Lied- und Choralbearbeitungen, die sich einerseits möglicherweise äußerlich öffentlichen Situationen, wie den bereits von seinem Vorgänger in den 1640-er Jahren eingeführten „Abendmusiken" in der Lübecker Marienkirche, anderseits wohl „Aufträgen" für besondere Feiern aus der Lübecker Bürgerschicht bzw. aus dem Adel (vielleicht bis hin zum Stockholmer Hof) verdanken. Wohl als Entsprechung dazu weisen seine Kantaten eine kaum zu systematisierende Formvielfalt auf, wobei viele Stücke mit Liedern umgehen und diese in ein kantatenhaftes Singen übertragen. „Er ist ein Lyriker, und sein gesamtes Kantatenwerk ist […] das Spiegelbild der pietistischen Strömungen seiner Zeit…"[2]

Im folgenden sei Buxtehudes Umgang mit dem Lied an der vielleicht gerade Musikpädagogen bekannten Kantate *Das neugeborne Kindelein* dargestellt. Sie gehört zu jenen Stücken, die in der Buxtehudeliteratur als „schlicht" und „leicht ausführbar" oft ein wenig abgewertet werden, weil sie den Blick auf ambitioniertere Kompositionen verstellen. Doch dokumentieren sich in unserem Stück die wesentlichen Züge des (fast stets instrumental begleiteten) Singens Buxtehudescher Prägung: eine gewisse „Inbrunst" (wie ein Zeitgenosse urteilte) und innige Frömmigkeit, gepaart

---

[1] Vgl. dazu R. v. Dülmen, *Kultur und Alltag in der Frühen Neuzeit. Zweiter Band. Dorf und Stadt. 16.–18. Jahrhundert*, München ³2005, S. 78 ff., zum ständischen Bürgerbegriff besonders S. 82 ff.
[2] Vgl. Fr. Blume, Art. *Buxtehude*, MGG (alt), Bd. II, Sp. 567.

aber mit einem dramatischen Aufbau, zu dem auch die Instrumentalparts gewichtig beitragen.[1] Darin kommt das „Phantastische" Buxtehudes (das Krummacher hervorhebt) nicht zu kurz, dessen Kompositionsweise „schweifende Harmonien und wechselnde Formen, spielerische Figuren und plötzliche Einbrüche[...] immer neu vermischen" könne.[2]

Dietrich Buxtehude, wohl 1637 geboren, stammt aus einer Holsteinischen Organistenfamilie und wuchs im damaligen dänischen Herrschaftsbereich auf. Mit 19 Jahren bekleidete er bereits ein Amt als Organist in Helsingör. 1668 wurde er zum Organisten der Marienkirche in Lübeck und damit zum Nachfolger Franz Tunders gewählt. In diesem Amt – immer noch gewissermaßen ein Nebenamt, denn Buxtehude wurde gleichzeitig als „Werckmeister" eingeschworen, also als leitender kirchlicher Rechnungs- und Verwaltungsbeamter – blieb er bis zu seinem Tode, 1707.

Zu seinen musikalischen Amtspflichten gehörte vor allem das gottesdienstliche Orgelspiel (offensichtlich noch ohne Begleitung des Gemeindegesangs) und die Veranstaltung sog. „Abendmusiken", vorwiegend wohl im Advent. Liturgische Vokalmusik dagegen war die Sache des Kantors, der vom Chorraum bzw. Lettner agierte (während Buxtehudes Platz die Hauptorgel auf der Empore hinter der Gemeinde bildete). Naheliegend diente Vokalmusik (von Seiten des Organisten) vielleicht auch den Andachten am Morgen, für die Kaufleute; dies wäre möglicherweise auch ein Platz für die relativ schmal besetzten Kantaten.

Kommen wir zu unserer Kantate *Das neugeborne Kindelein*! Worin, so müssen wir uns fragen, besteht der Sinn eines solchen Singens für die Singenden und Spielenden, vor allem aber für die möglichen Adressaten, also für die Mit-Singenden (= Hörenden)? Möglicherweise fällt uns beim Hören (und Singen) dieses kleinen „Kirchenstücks" für vier Vokalstimmen[3], drei Violinen, Violone und Generalbass ein Widerspruch auf: einerseits bemerken wir das Eingängige des Stückes, anderseits kommen wir über Schwierigkeiten nicht so einfach hinweg, wenn wir versuchen, uns die

---

[1] Vgl. Fr. Krummacher, *Funktionalität und Phantastik. Zu den Vokalwerken von D. Buxtehude*, MuK 57 (1987), S. 279.

[2] Vgl. ebenda.

[3] Die praktische Ausgabe von Bruno Grusnick von 1933 resp. 1959 (Bärenreiter) bezeichnet die Vokalstimmen mit „vierstimmigen Chor"; doch weisen die Faktur des Satzes, Überlegungen zu einer „Organistenmusik" von einer engen Orgelempore sowie die eigene Aufführungserfahrung eher auf eine solistische Besetzung sowohl der Vokal- wie der Instrumentalstimmen.

Ordnung des Stückes zu vergegenwärtigen. Als Text zugrunde liegt ein vierstrophiges Lied von Cyriakus Schneegaß, einem Thüringer Pfarrer und Liederdichter aus der zweiten Hälfte des Reformationsjahrhunderts. Gesungen wurde es nach Luthers *Vom Himmel hoch*, an dessen „Botschaft" es sich in gewisser Weise anschließt:

> Das neugebor'ne Kindelein,
> das herzeliebe Jesulein
> bringt abermal ein neues Jahr
> der auserwählten Christen Schar.
>
> Des freuen sich die Engelein,
> die gerne um und bei uns sein,
> und singen in den Lüften frei,
> dass Gott mit uns versöhnet sei.
>
> Ist Gott versöhnt und unser Freund,
> was kann uns tun der arge Feind?
> Trotz Teufel, Welt und Höllenpfort,
> das Jesulein ist unser Hort.
>
> Es bringt das rechte Jubeljahr.
> Was trauern wir dann immerdar?
> Frisch auf, es ist jetzt Singens Zeit:
> das Jesulein wend't alles Leid.

Der Text erscheint auf den ersten Blick betont niedlich, nett. Die Verkleinerungen zusammen mit dem „herzelieb" klingen in unseren Ohren heute sentimental bzw. kindertümelnd. Gewiss ist der Text keinesfalls so gemeint (gewesen); er will uns auch nicht „ansprechen", sondern ermöglicht „uns" ganz zeitgemäß etwas in einem herzlichen und intimen Gefühl „auszusprechen", in tiefer innerer und gleichzeitig individueller (ja „privater") Zuneigung zum Jesuskind.[1]

Darauf weist nicht zuletzt die Strophenfolge. Sie ist keinesfalls nur additiv als Reihung von verehrenden Bildern resp. Aussagen zu verstehen. Vielmehr zieht sich ein an der Bibel orientierter *argumentativer Faden* durch das Lied: »Mit der Geburt des Kindes verbunden ist der Beginn des neuen Jahres; für dieses gilt (immer neu), dass es durch die Botschaft ein „anderes" ist, eines, das unter

---

[1] Angesichts des Gefühls einer latenten Peinlichkeit bei solcher Sprache ist darauf aufmerksam zu machen, dass es auch heute in Mitteleuropa Sprachen resp. Kulturen gibt, für die Diminutive vor allem im familiären Verkehr selbstverständlich sind. Im Tschechischen z. B. sind sie Ausdruck einer herzlichen Zuwendung und als solche alltägliche Normalität. Entsprechend müssen wir uns den Gebrauch hier in der Zeit der Frühen Neuzeit auch bei uns vorstellen.

der Versöhnung Gottes mit den Menschen steht[1]; *wenn* dies aber der Fall ist, *dann* können uns die finsteren Mächte nichts mehr antun; dann aber haben wir allen Grund, das neue Jahr als ein Jubeljahr zu betrachten und zu singen; denn das Kind Jesu wendet alles Leid«. Der Liedtext überträgt also theologische Argumentation in eine persönliche Form der Anschauung, Überlegung und Folgerung, gleichzeitig eröffnet er als *Lied*text von sich aus jene Weise zumindest der Selbstbekundung, von der der Text selbst spricht.

Die Ordnung des Kirchenstückes entspricht nun durchaus dem strophischen Aufbau des Textes; zumindest kann man dieses sinnvoll so gliedern. Gleichzeitig sehen wir aber sofort, dass Buxtehude von dieser Ordnung auch abweicht und dass er diesen Text nicht einfach Strophe für Strophe in je adäquater Manier in ein Singen überträgt.

Man könnte sich den Ablauf in eine Aufstellung übertragen; doch gestaltete sich diese dann ebenso unübersichtlich wie (scheinbar) das Stück selbst. Denn den Ablauf leitet keine abstrakte „Form", sondern – und das gilt für die gesamte Frühe Neuzeit – eine dynamische „Vorgänglichkeit". Jedes der Kirchstücke Buxtehudes stellt einen eigenen *Vorgang einer aktiven Textvergegenwärtigung* dar, der sich zwar einiger vertrauter (= Buxtehudescher) Mittel bedient, der aber immer *sui generis* zu betrachten ist. Die Strophigkeit ist zwar nicht getilgt; sie scheint durch. Trotzdem können wir die musikalischen Abschnitte nicht einfach auswechseln; denn die Vorgänglichkeit des Stückes weist in eine Richtung, auf ein Schließen als zu einem Ergebnis-Kommen hin. Im Dienste einer solchen Zielbezogenheit wird die (einerseits) betont liedartige Führung der Stimmen (anderseits) von einem „künstlichen" und z. T. motettenhaften Singen überzogen.

Versuchen wir, uns solche Vorgänglichkeit durchschaubar zu machen! Es ist auffällig, dass Buxtehude das Singen der ersten Strophe – vergleiche das Notenbeispiel auf der nächsten Seite – ganz in einen liedhaften Duktus stellt. Melos (mit betont abfallenden Zeilenschlüssen) und Tonart (A-Moll), melodisches und kadenzielles Gefälle erzeugen einen Charakter des Innigen. Dabei hebt sich zuerst das Absetzen der ersten Strophe und ihr Einschließen in die Vivace-Streichersätze heraus. Und dessen erster Akkord: als ob das Stück mit dem Ende eines vorhergehenden Stückes begänne.

---

[1] Vgl. Joh. 3, 16: „Also hat Gott die Welt geliebt, dass er seinen eingebor'nen Sohn gab, auf dass alle, die an ihn glauben, nicht verloren werden."

Die musikalische Konstruktion persönlicher Frömmigkeit

Instrumentalrahmen und Vokalsatz bilden eine dreimalige Wiederholung eines (fast) Gleichen in verschränkter Weise, also so, dass der Schluss des einen Teils bereits der Beginn des nächsten ist. Dass dies „gemeint" sein kann (und von uns zu interpretieren ist), darauf weist eben der Beginn[1]: Singen vergegenwärtigt das, was der Text sagt; das anstehende neue Jahr geht (immer wieder) aus dem vorhergehenden hervor und in das nächste über; ein Jahr folgt dem anderen. Aber in dem gesungenen Abschnitt gibt es auch eine Besonderheit, deren sich das Singen annimmt: „die auserwählte Christenschar".

Schauen wir uns die (musikalische) Strophe etwas näher an! Sie beginnt in Kongruenz textlicher und musikalischer (taktumfassender) Zeilen. Es überrascht, dass das Singen nach dem dominantischen Dur-Ende („Kindelein") der ersten Zeile in der zweiten sofort herausmoduliert nach G-dur („Jesulein"). Danach wird die Kongruenz durch Teilwiederholung der dritten (Text-)Zeile aufgehoben; diese schließt eine erste (musikalisch) vierzeilige Aussageeinheit mit der Rückkehr zur Dominante ab. Förmlich aus dieser herauskommend hängen die Singenden eine zweite, zusätzlich verdoppelte Aussageeinheit an, die bruchlos in ein motettenhaftes Singen übergeht und in ihren paarigen Imitationen als ein Vergegenwärtigen des (hintereinander) *Zusammenkommens*, des (sequenzierend nach oben) *Auswählens* sowie des (wellenförmig über Hindernisse hinweg) *Sich-Bildens* der „Schar" verstanden werden kann. Der Vorgang des Singens lässt die Singenden sich über eine Art bildliches Bilden als jene Schar definieren, von der der Text handelt: als Selbst-Zusammenkommen der Auserwählten zur Christenschar. Die so-gesungene erste Strophe zielt offensichtlich genau auf diese letzte Textzeile: in dem Heraufkommen des neuen Jahres geht es (nicht um das „Jesulein" oder „Kindelein", sondern) um „die auserwählte Christen Schar"; *sie* wird als der zentrale Bezugspunkt der ganzen ersten Strophe als Eröffnung dieses „Kirchenstücks" verstanden. Kein Zweifel, dass die Singenden sich selbst in sie einschließen.

Ein Blick auf die Instrumentaleinleitung bestätigt die beabsichtigte Besonderheit der Gesangstrophe; denn sie repräsentiert ein liedhafteres Gebilde, dessen Texturierung (bei Wiederholung der dritten und vierten Zeile) sich unmittelbar aufdrängt. Gleichzeitig – und das macht erst eigentlich der Versuch des eigenen Spielens bewusst – fallen die Dissonanzen an den Taktanfängen drei und vier sowie die Sextakkordfolge in Takt 5 auf. Was sich hier als Spielen der Strophe vollzieht, das ist vielleicht gar nicht (nur) lieblich gemeint, sondern als geschärfter, „leidensvoller", mit Seufzern versehener Ablauf.

---

[1] Vgl. im Gegensatz dazu in der Partitur Takt 86, wo dieser Akkord durch Pausen ersetzt ist.

Wie die „Strophe" begann, so endet sie: mit einer kaum auffallenden Besonderheit. Statt in Takt 25 mit einem Tonika-Akkord abzuschließen,

hängt der Generalbass (der nicht gleich der Violonestimme der Streicher ist) einen Oktavsprung und einen zusätzlichen Tonika-Akkord an.[1] Er bindet die zweite Strophe an; gleichzeitig hebt er sie sozusagen auf eine andere Ebene. Der Tonikaschluss – so könnten wir unsere Einsicht fortsetzen – bedeutet hier nicht allein ein Ende (sozusagen des jährlichen Verlaufes), sondern er definiert einen Hinweis auf etwas Neues als ein Anderes. Dies schafft eine sich absetzende und doch aus dem Vorhergehenden herauskommende Beziehung.

---

[1] Die vorliegenden Aufnahmen „übergehen" diese Akkorde ebenso gern, wie die hier zur Beschreibung vorliegende Aussetzung des Generalbasses von B. Grusnick.

Tatsächlich setzen die Vokalstimmen nun mit einem eigenen Melos an; sie nehmen die Auftaktigkeit des Basses auf und setzen sie motivbestimmend (→ Quarte) um. Einer geht mit der Feststellung voraus, sie figural ausgeziert andeutend (→ „freuen"), die anderen nehmen sie einfallend auf; dass dies einmal vom Sopran her, einmal vom Bass her geschieht, kann ein Hinweis darauf sein, dass die artikulierte Einsicht alle umschließt. Schließlich vervollständigen auch die Instrumente die Stimmenzahl. Das Singen der zweiten Textzeile basiert auf einer stufenweise aufsteigenden Wiederholung (vgl. Bass und Tenor), die mit einer parallel gehenden Stimme im Terzabstand versehen ist – eine Art „Miteinander". Gleichzeitig wird dieses Singen durch ein zweites, imitierend einfallendes Stimmpaar verdoppelt. Hier mag ein Bild (von der Fülle miteinander sich freuender Engel) mitbestimmend sein. Wichtiger erscheint mir die Melosbildung, die das erst durch Texteingriff ermöglichte „um uns" halbkreisförmig vergegenwärtigt. In ihrer seufzerhaften Innigkeit, am deutlichsten im Sopran (Takt 33), interpretiert sie die Aussage möglicherweise im Sinne eines Wunsches (der Singenden u. d. h. der „Schar"): dass die Engel „gerne um uns sein" mögen. Die Steigerung – vgl. das Ansteigen der Unterstimmen – findet ihre Erfüllung im Übergang zur 3/2-Ordnung der „Freude". Die, die (hier) singen, gelangen dadurch, dass Engel mit ihnen sind, in eine engelische Freudenordnung, in der sie sich – vgl. das lange „sein" des Soprans, Takt 40 – sozusagen dauerhaft zu „sein" vorstellen, und aus der heraus sie mit den Engeln in ornamentierter melismatischer Ausgestaltung „frei singen".

Die hemiolische Gestaltung unterstützt die durch Aktivität gekennzeichnete kausale Interpretation; dadurch dass das Beisammensein (im Sinne eines „Vollständig"-Werdens) abgeschlossen wird, resultiert aus ihm die eigene Weise des Singens.

Auffallend ist (im Weiteren) die Rolle des Basses als solistisch Vorausgehender; als ob das Singen, als eines „von oben", von „unten" her beschrieben würde. Tatsächlich hält der Bass an diesem Singen noch fest – vgl. Takt 54 ff. –, als die Oberstimmen schon beginnen, die Aussage zu artikulieren, auf die das Singen zielt: „dass Gott mit uns versöhnet sei".

Auch sie wird als ein sich ergänzendes und stufenweise sich hebendes Miteinander zweier Stimmen vorgetragen, das in ein gemeinsames Abkadenzieren mündet. Die vorhergehende Rolle des Basses ergänzt bei der textlichen Wiederaufnahme (Takte 60 ff.) nun der Sopran, der sich (ab Takt 63) bei der angezielten Aussage wie eine vorausgehende Verkündigung derselben abhebt, die von den anderen Stimmen jeweils aufgenommen wird. Singen (der Engel?) zielt gleichsam auf „dass Gott...".

Text wird nicht einfach „gesungen", sondern als Aussprechen prozesshaft hergestellt. Solchen Prozess ergänzen dann auch jeweils die Instrumente; sie fallen bei der Zielaussage verstärkend ein. Natürlich heben die Singenden über ein ausgedehntes Singen eines Textabschnitts, bei mehrmaliger Wiederholung einzelner Textglieder, diesen als für sie bedeutsam heraus. Aber seine eigentliche Funktion liegt in der finalen Gerichtetheit: je länger die Vorbereitung („und singen..."), desto bedeutsamer das Ergebnis („dass Gott..."). Dazu passt (als zusätzliche Textumsetzung), dass das „versöhnet sei" jeweils in C-dur endet, und dass das Singen in den Instrumenten nachklingt.

Auch hier stößt man auf eine nebensächlich erscheinende Besonderheit, die aber gerade entscheidende Hinweise zum Selbstverständnis des vorliegenden Singens vermittelt. Das Aneinanderstoßen eines Nachspiels und eines Vorspiels (zu einem nächsten Abschnitt, Takte 73 ff.), erklärt sich kaum architektonisch; das erneute Vorspiel wäre entbehrlich, die notwendige Modulation könnte das Nachspiel übernehmen. Der Zweck des Singens ergibt

Die musikalische Konstruktion persönlicher Frömmigkeit

sich vielmehr aus dem angedeutet Vorgänglichen eines Text-Aussprechens. Das Ende in C-dur (Takt 73) bildet den Beginn jenes Vivace-Vorspiels, den wir anfangs als mit dem Wechsel der Jahre verknüpft ausgemacht haben. Tatsächlich wechselt dieses auch sogleich über ein Umdeuten von C-dur als VI. Stufe nach E-moll zurück. Das gleichsam in anderer Ebene Gesagte/Geschaute (= zweite Strophe), die sozusagen innere Schau und Einsicht dessen, dass die Engel da gesungen haben, das aktive Teilhaben an der engelischen Freude, wird herübergeführt in die (= „ihre"/„unsere") Alltäglichkeit des Wechsels von Jahr zu Jahr.

An diesen Wechsel (verbunden mit einer Rückkehr zum 4/4-Takt) wird nun (mit der ersten Zeile der dritten Strophe) die entscheidende Idee herangetragen: „Ist Gott versöhnt", und dazu bzw. vor allem – rhetorische Pause! – „...unser Freund, [dann...]" – die Worte stehen wie eine Überschrift blockhaft vor der eigentlichen dritten Strophe.

Gleichzeitig bedeutet der Affektwechsel[1] ein noemahaftes Herausheben. Und schließlich erscheint mit der aufsteigenden und über einen erhöhten Leitton schließenden Oberstimme die Aussage wie eine Verkündigung; diesen Charakter verstärkt das tenorartige Beharren des Soprans während der ersten Teilaussage auf dem Ton h'; erst mit der zweiten Teilaussage setzt er sich tonlich und harmonisch in Bewegung zu einer neuen Befindlichkeit hin. (Die mit Hochton schließende Phrase könnte auch als rhetorische Frage gemeint sein; doch spricht die tonartliche Fortsetzung gegen solche Interpretation.) Es ist auch hier an einen *Vorgang* zu den-

---

[1] Die Bezeichnung *Adagio* meint keinen Tempo-Wechsel in unserem Sinn, sondern eine Änderung der Art und Weise, wie der Komponist und wir als Singende den Tactus (hier) füllen und wie damit der Charakter unseres Singens sich zu ändern hat.

Die musikalische Konstruktion persönlicher Frömmigkeit

ken, an ein argumentatives Vorgehen, das wir als Singende und Mit-Singende vollziehen: das „unser Freund" führt über einen zwingenden harmonischen Gang aus dem E-moll-Bereich heraus und dem G-Dur-Bereich (als Dominante von C) zu. Entscheidendes leisten dabei die Vokalstimmen: sie artikulieren zwei leere Quint-Oktav-Klänge auf „und un-(ser)", bevor genau auf dem Wort, das die heilsentscheidende Beziehung zwischen Gott und den Menschen herstellt („unser"), der in den Oberstimmen hörbar leittönig rückende Terzquartakkord zur vorfinalen Dominante D-dur führt. Dass der Tenor zusätzlich das „unser" aktiv sich hochschwingend hervorhebt, verstärkt die Absicht. Es ist unmittelbar wahrnehmbar, dass das Singen dieses *Adagio*-Abschnitts die *argumentative* Gelenkstelle im vorgänglichen Textaussprechen darstellt. Der Eindruck wird bestätigt vom wiederaufgenommenen *Vivace*: ohne „Schluss"-Akkord beginnend und nun in einer die wesentlichen Textworte – „das herzeliebe Jesulein der auserwählten Christen Schar" – der ersten Strophe repräsentierenden Verkürzung, im ganzen nach (G-)Dur gewendet und um eine Terz „überhöht".

Mit der Fortsetzung der dritten Strophe hebt nun ein der deklamatorischen Weise der ersten Strophe entsprechendes Singen an. Doch während das Singen dort mit dem Ton des Gefühlvollen die zentralen Worte „Kindelein" und „Jesulein" an die betonten Taktanfänge plazierte und heraushob, führt hier die Deklamation mit einem Ton der Beharrlichkeit und Bestimmtheit zum betonten Endwort „Freund",

dabei „*un*(ser)" durch Längung hervorhebend. Die Instrumente verhalten sich auffallend bestätigend: sie „wiederholen" gleichsam die Endworte. Das hörbar korrespondierende Anfügen der Frage („was kann uns tun…") führt nach H, der Dominante von E-moll, zurück. Von ihm beginnt nun eine u. a. sich „trotz"-ig entgegenwerfende „Disputation", bei der auch die Instrumente, das ihre einwerfend, beitragen. Das Erwägen führt zum immer bestimmteren und versöhnlicheren Ergebnis:

Bestätigt wird es in einer erweiterten und die Zuordnung „unser (Hort)" hervorkehrenden Kadenz (Takte 108/109). Hier darf man die Vorgänglichkeit des Singens nicht (nur) abbildend verstehen; dies wäre viel zu wenig und der Zeit nicht angemessen! Vielmehr sind die Singenden selbst in so etwas wie einen kausalen Zusammenhang befangen: das Auseinander und Gegeneinander der Stimmen (2 gegen 2, 3 gegen 1) fügt sich Schritt für Schritt hier wieder zur Einheit der Singenden. Indem sie „trotz" alles dessen die Einheit erstellen und durch alle Fährnisse – vgl. die Sekundakkorde vor allem in Takt 104 – zur Glaubenseinsicht stehen, erst dadurch erfüllt sich *ihnen* in der Kadenz die Wende zu dem, was dieses „Jesulein" (in der vierten Strophe) bringt. Mit der Schlusskadenz gelangen die Singenden in deren Sicherheit, die Instrumente wiederholen den Vorgang, sie verdoppeln, bestätigen die Aussage. Aber sie fügen noch etwas hinzu, auf ihre Weise: sie treten fortspinnend einen Gang des Spielens an, der nochmals harmonisch (über E-moll, Takt 114) und über eine bewegungsmäßige Verdichtung des Tremolos (wie durch einen „Sturm", eine Aufregung, Takt 115) hindurch zum Abkadenzieren führt, nun aber nicht mehr nur nach G-dur sondern nach C.

Auf dieser Tonart – sie war schon mit dem Abkadenzieren von „dass Gott mit uns versöhnet sei" angeschlagen (vgl. u. a. Takt 68) – beginnt ganz wahrnehmbar und mit einem Taktwechsel in den 3/2-Takt (der Freude) die vierte Strophe: die Streicher artikulieren Figuren der „Trompeter und Pauker"; der Bass singt im klangzerlegenden Signal über dem Orgelpunkt c: „Es bringt das rechte Jubeljahr!".

Es ist einsichtig: hier beginnt nicht irgendein Jahr, sondern ein „Jubeljahr", ausgerufen in zeitgemäß zeremonieller Art. Alle (= alle Singenden) nehmen die Erkenntnis (in ihr nun vom Orgelpunkt wegführendes Singen) auf, die Instrumente führen sie gleichsam (modulierend) weiter zur daraus unmittelbar folgenden Überlegung, „[Ja,] was trauern wir [dann noch]?", angeschlossen demnach in gleicher Singweise, eine Stufe höher. Und wieder leiten die Instrumente mit ihren „offiziellen" Figuren weiter zum Entschluss. „Frisch auf...", sagen sich alle weiter; und sie sind sich einig: „es ist jetzt Zeit zum Singen". Aber was und wovon? Der Doppelpunkt wird mit dem Auflaufen in den „rezitativischen" Sextakkord (Takt 131) im Singen konkret, unterstützt durch ein

Die musikalische Konstruktion persönlicher Frömmigkeit

noch zweimaliges „Frisch auf". Und auch hier wird das Gesungene in der Weise des Singens fassbar: die Singenden vollziehen das „Wenden" ganz real mit einer Folge verkürzter Terz-Sext-Akkorde, die die Singenden aus dem „Leid" oder Dissens dieser Welt heraus und nach oben(!) geleiten.

Die Wiederholung dieses Textes (Takte 138 ff.) bestätigt das Ergebnis des Vorgangs: er stellt die Rekapitulation des Singens der ganzen Strophe hinter das „Frisch auf" und holt es in den „eigenen" tonartlichen Rahmen A-Moll. Auch hier werden Besonderheiten des Textes singend vollzogen, z.B. mit dem Aussingen von „(Jubel)jahr" (Takt 142, C-dur), dem Enden der Frage auf der Dominante (Takt 144) oder dem ornamentierten Verdeutlichen des „Singens" (Takt 148). Aber die eigentliche „Wendung" erfolgt abgeschwächt durch ein Singen in einer an den Anfang gemahnenden Lieblichkeit, die das „Jesulein" gleichsam zu sich zieht. Doch unmittelbar aus diesem Vorgang (in A-moll endend) erhebt sich ein nochmaliges Singen der letzten beiden Strophenzeilen, sequenzierend nach unten auf das dominantische *gis'* führend. Noch deutlicher, als beim ersten Mal (da jetzt nur dreistimmig und vollkommen ohne Instrumente) vollführen die Singenden von „un-

ten" ansetzend über die Fauxbourdonklänge die „Wende" resp. eben die (dann vierstimmig gesungene) eigene Einsicht in die Tatsache, dass diese stattfindet. Trotzdem schließt das Singen in A-moll; und auch das instrumentale Nachspiel, die textbezogen innige Wendung von Takt 150 aufnehmend, bestätigt dies. (Die Einsicht und der Glaube an die Verheißung bleiben an das Diesseits gebunden.)
Erst ein Schluss quasi hinter dem Schließen (Takte 166 ff.) „ändert" das. Das Singen, in eins mit den Instrumenten, fügt – vielleicht als Aussicht auf ein Darüberhinaus über die irdischen Jahresfolge – die Aussage als wie in einem anderen Licht erscheinende Zusage, ja Gewissheit, an: in überstrahlendem A-dur beginnend und endend, in der Sicherheit der Kadenz, als eine im Oktavgang des Generalbasses quasi alles umfassende Aussage und doch in der auch vom Sopran (über die *quinta deficiens*) melodisch umgesetzten Wende von der Subdominante zur Dominante das mit dem Aussprechen des Textes persönlich Gemeinte verdeutlichend.

Mit solcher Beschreibung als ein angedeutetes Tätigsein können wir uns die Struktur des „Kirchenstücks" als einen Vorgang des Singens dieses Textes plausibel machen.[1] Singen meint eine aktive Vergegenwärtigen von Text. Hier aber nicht (mehr) als ihn selbst, als Aussage, sondern als ein von jemanden in einer bestimmten Weise ausgesprochenen, gemeinten, sprich hier: gesungenen. Singen und Spielen entwerfen hier die Entfaltung eines Singens als inhaltliche Aneignung von Text; zur inhaltlichen Aneignung gehört hier im Besonderen das Liedhafte, das in der Phrasenbildung überall durchscheint. *„Lied" steht hier als Synonym eines menschlichen, persönlichen, also eigenen Singens.* Anderseits aber gehört dazu die Vermittlung einer Bedeutungsschöpfung des *mit* (= nicht: *in*) diesem Text persönlich Gemeinten durch die Singenden und Spielenden, welche nicht auf die einzelnen Worte, sondern je auf einen gesamten sprachlichen Zusammenhang bezogen ist. Sie führen sich diesen Text nicht nur plastisch vor Augen, sondern übertragen ihn gleichsam in die Vorgänglichkeit einer Folge musikali-

---

[1] Damit wollen wir keinesfalls behaupten, dass wir alles „richtig" interpretiert haben; auch gibt es beim Singen und Spielen noch vieles an Feinheiten z. B. die harmonischen Verläufe oder das Zusammenspiel Vokalstimmen-Instrumentalstimmen betreffend, zu entdecken. Uns geht es nicht um Richtigkeit um ihrer selbst willen, auch nicht um Vollständigkeit. Stattdessen wollen wir eine *persönliche* Einsicht in das mögliche Selbstverständnis dieser Musik anbahnen und damit eine persönliche Beziehung, die sich in und als deren eigenes Singen, Spielen und Hören niederschlägt.

scher Abschnitte, die einerseits einem Ausdruckscharakter des je Ausgesprochenen dienen, anderseits dieses in eine Logik einer eigenen lebendigen Argumentation bringen. Solches eröffnet wohl (hier) die Möglichkeit einer „herzlichen" Identifikation, wozu auch die Wortwahl des Textes verleitet, gleichzeitig das Mitgehen in einer wissenden Art, die sich möglicherweise an einen in seiner Einsichtsfähikeit fortgeschrittenen Adressaten wendet.[1] Dieser erlebt (1.) *sich* über das Singen als „Lied" (2.) selbst als *theologisch Argumentierender* über den komponierten musikalischen Mitvollzug.

Sicher ist dieses „Kirchenstück" denn auch eher als solistische Musik anzusehen. Denn sie entwirft wohl kein Singen für eine Kantorei, das, von vorne vom Altarraum aus, Glaubenswahrheit für alle als eigene ausspricht, sondern sie stellt wohl Organistenmusik dar[2], gesungen von der Empore, in der Erwartung derer, die einen solchen Text als Anlass zur *eigenen* Meditation mitvollziehen wollen. Damit ist dieses „Kirchenstück" auf dem Wege dahin, eine Musik zu werden, die nicht mehr selbstverständlich „alle", sondern die Einzelnen resp. gleichsam Ausgewählten in der Gemeinde meint. Das Selbst-Vollziehen der theologischen Argumentation, die Buxtehude durch seinen „Vor-Wurf" eines bedeutungsbildenden Singens und Spielens gleichsam in unsere Hand legt, bedeutet einen Akt der Emanzipation des Glaubenden. Er ist gleichzeitig ein Schritt hin zu einer persönlichen Intimität der eigenen Glaubensaussage, zu einem sozusagen privaten Glaubenseinsichtserlebnis.

Johann Pachelbels Choralvariationen über »Was Gott tut, das ist wohlgetan«

Während die Entwürfe des Glaubensliedes als Generalbasslied stets auf zwei Ausführende hin gedacht sind, einen Singenden und einen instrumental Begleitenden, scheint im instrumentalen Spielen selbst ein Weg vorgezeichnet, der, anders als die zeitgemäße vokale Realisation bis hin zu J. S. Bachs Arbeiten am Gesangbuch Schemellis, nicht des Anderen bedarf: das Spielen eines Tasteninstruments ermöglicht dem musikalisch Tätigen ein *gesam-*

---

[1] Vgl. Martin Geck, *Die Vokalmusik Dietrich Buxtehudes und der frühe Pietismus*, Kassel, etc 1965 (= Kieler Schriften zur Musikwissenschaft, Bd. 15).
[2] Zur „Organistenmusik" vgl. ebenda.

tes musikalisches Vorgehen als melodisches und satzmäßiges Produzieren wie auch als Spielen und Hören in einem.

Man muss sich klarmachen, dass (von einem tätigkeitsorientierten Konzept her betrachtet) das Singen im Sinn von Glaubenslied als unmittelbarer Ausdruck von Frömmigkeit und das Mit-Singen innerhalb einer von der Kantorei realisierten Kantate keine Gegensätze darstellen, sondern zwar unterschiedliche, aber auch sich ergänzende Wege zum Ausdruck der inneren religiösen Selbstvergewisserung bilden. „Mit der Präsenz einer […] inneren Stimme [des eigenen Gewissens] wird die ständige Anwesenheit eines sprechenden und urteilenden Gottes im eigenen Ich vorstellbar und im Folgenden als feste Instanz im Menschen verankert."[1] Solches Gespräch mit Gott aber erfolgt – und dies kennzeichnet ja die Situation der „Verfügung über sich als" in der Frühen Neuzeit – in der Weise eines Selbstgesprächs. Wenn das neue Lied dem Singenden solches als ein tendenziell „intimes" eröffnete, so ermöglichte das künstlerisch ausgearbeitete Tätigsein (im Sinn der Kantate) solches als ein vergleichsweise umfassendes. Zwar führten beide Bestrebungen an wesentlichen Kreuzungspunkten etwa des Hauptgottesdienstes oder des theologischen und pädagogischen Disputs zu Konflikten, doch erschienen zwar die wesentlichen situativen Kontexte unterschiedlich, doch auch beide aufeinander angewiesen. Bachs *Actus tragicus* „Gottes Zeit ist die allerbeste Zeit", der Überlieferung nach in einem solchen Spannungsfeld zwischen Pietismus und lutherisch orthodoxer Haltung im thüringischen Mühlhausen entstanden, dokumentiert, wie persönliche Frömmigkeit in ein anspruchsvolles künstlerisches Tätigsein (im religiösen Zusammenhang) mündet, während anderseits die künstlerisch hochstehende Konstruktion etwa im *Orgelbüchlein* durchaus Funktion für die Befriedigung eines Bedürfnisses nach menschlichem Selbstausdruck (zuerst einmal des Spielenden) anzielt.

Gerade für solchen Selbstausdruck oder besser: für ein „Sichselbst-Erleben als", schufen sich Menschen Situationen eines vergleichsweise unmittelbaren Mit-Singens – wir haben sie oben im Zusammenhang von Sweelinck und Scheidt bereits angedeutet –, die ebenso, wie in den pietistischen Strömungen, in denen die sog. Singstunden z. B. A. H. Franckes in Halle als besondere Situation sehr schnell Vorbildfunktion annahmen und an anderen Orten (u. a. durch seine „Schüler" wie Zinzendorf) aufgenommen und in je

---

[1] Bea Lundt, *Europas Aufbruch in die Neuzeit 1500–1800. Eine Kultur- und Mentalitätsgeschichte […]*, Darmstadt 2009, S. 67.

Die musikalische Konstruktion persönlicher Frömmigkeit

eigenartiger Weise ausgebaut wurden, auch in vergleichsweise orthodoxen Milieus an verschiedenen Orten übernommen wurden und das Leben in und neben den Gottesdiensten bereicherten. Wegweisend wurden hier auch mitunter die Musiker selbst (wenn auch oft genug im Clinch mit den Theologen bzw. mit den kommunalen Kirchenbehörden.) Am bekanntesten sind wohl die „Abendmusiken" in Lübeck geworden; auch von den musikalischen „Andachten" der Kaufleute am Morgen wird dort berichtet, die auf dem Weg zur Börse zuvor in der Marienkirche „vorbeischauten".

Eine besondere Bedeutung kommt auch hier der Choralbearbeitung für das Tasteninstrument zu, vor allem als Zyklus von Choralvariationen. Solcher Zyklus als entwickeltes und sich entwickelndes Spielen des Chorals wird – kurz gesagt – immer mehr zu einem persönlichen, ja „privaten" Vollzug des Singen-Besitzes, und dies – wenn es auch wie ein Widerspruch klingt – durch eine immer wieder neue und ambitioniertere Spielen-Investition des Spielenden und hörend Mitvollziehenden.

Das instrumentale Spielen tritt hier ganz konkret an die Stelle von Singen; das Mitvollziehen des in Besitz genommenen Chorals inform des Satzes(!) „ersetzt" das Mitvollziehen des Singens mit Text. Dies geschieht im Rahmen einer „Andacht", entweder kirchlicher (→ Vesper, Komplet) oder privater Natur durch und für Menschen, denen das Lied (mitsamt Text!) als ein entsprechender eigener Besitz vertraut und selbstverständlich ist. Das hörende Mitvollziehen geschieht als inneres, kontemplatives „Singen" u. d. h. Denken eines textlich-musikalischen Vorgangs, der sich durchaus (noch) als Selbstvergewisserung im Glauben versteht: Der Akt geht gleichsam auf den hörenden Mitvollzug über.

Genau diesen Akt als ein *immer wieder neues Durchleben des Vorgangs* und damit Selbsterlebens zu gestalten, dieses Vorhaben liegt den Zyklen von Choralvariationen zugrunde, wie wir sie u. a. von Johann Pachelbel überliefert haben. Dieses kann konform gehen mit der Folge der unterschiedlichen Aussagen der Strophen: Die Variationenfolge entspricht dann der Strophenfolge; die besondere Folge der Spielfiguren steht für die Folge textbildlicher Anregungen. Die Folge kann aber auch als eine Art typisierte Folge eines Sich-Artikulierens in seinem Verhältnis zum Choral und dem darin inhaltlich Vermittelten geschehen. So etwa muss man sich wohl den Pachelbel-Zyklus vorstellen, den wir im Folgenden ansprechen: am augenscheinlichsten mit je einer chromatischen Variation, die für den Gläubigen mit einem Durchgang durch eigenes (Er-)Leiden oder mit Christi Passion in Verbindung steht.

Zuvor ein Wort zum Autor: Johann Pachelbel ist (neben den typisch norddeutschen Organisten wie Georg Böhm und Dietrich Buxtehude) einer der wesentlichen Vermittler künstlerischen Orgelspiels an Johann Sebastian Bach gewesen (auch wenn dieses in seinem Fall nur mittelbar geschah). 1653 in Nürnberg geboren, verbrachte der offensichtlich musikalisch Früh- und Hochbegabte nach der schulischen Ausbildung in Regensburg einige Jahre als Organist in Wien, wo er wohl viel eher *von* als *bei* Joh. Kaspar Kerll lernte, wurde dann Organist in Eisenach und Erfurt, wo er nicht nur mit Bachs Familie bekannt wurde, sondern auch Johann Christoph (III), den älteren Bruder Johann Sebastians ausbildete, bei dem später der junge Johann Sebastian seine Jugend in Ohrdruf verbrachte. Nach Stationen in Stuttgart und Gotha wurde Pachelbel 1695 Organist an St. Sebald seiner Heimatstadt. Und in Nürnberg ist er 1706 gestorben. Durch Johann Gottfried Walthers Lexikon von 1732 (das seltsamerweise zwei Artikel über ihn enthält) ist bekannt, dass er (u. a.) 1683 unter dem Titel »Musicalische SterbensGedancken aus vier variierten Chorälen bestehend« Choralvariationen veröffentlicht habe, die Karl Matthaei in seiner Ausgabe von 1936 glaubt(e), in Hamburger und Berliner Abschriften identifizieren zu können.[1]

Spielen und betrachten wir einen dieser Zyklen, die Partiten zum Choral *Was Gott tut, das ist wohlgetan,* einem sozusagen in der konkreten Nachfolge Gerhardts und Crügers 1675 entstandenen Liedes von Samuel Rodigast (dem späteren Direktor des Gymnasiums am Grauen Kloster in Berlin) als Textdichter[2] und dem (Jenaer?) Kantor Severus Gastorius. Dort finden wir den vierstimmigen Choralsatz von neun sog. Partiten gefolgt; und wir finden unsere Annahme bestätigt, Spielen meine hier ein gleichsam betont intimes inneres „Singen" des Chorals. (Es wäre hilfreich und informativ, auch die anderen Zyklen spielend zur Kenntnis zu nehmen.)

Dem Musiker und instrumental gebildeten Cembalisten (oder Organisten) – und damit eben auch sich selbst, möglicherweise im Zusammenhang der o. a. „Sterbensgedanken" – schuf Pachelbel die Möglichkeit, sich selbst den Choral in immer wieder neuer

---

[1] Ein originales Exemplar der Druckausgabe ist bisher offensichtlich nicht aufgefunden worden. Walther berichtet auch, dass die Veröffentlichung Pachelbels wohl mit dem Pesttod von (erster) Frau und Kind zusammenhing. Zum Notentext vgl. Karl Matthaei (Hrsg.), *Johann Pachelbel. Sieben Choralpartiten für Cembalo (Klavier) oder Orgel. gleichzeitig IV. Band der Ausgewählten Orgelwerke*, Kassel u. Basel [1936].
[2] Zumindest die Strophen 2-6 stammen von Rodigast.

Weise zu „singen" u. d. h. in die eigenen (z. T. bereits durch die Cembalosuite Frobergers gattungsmäßig definierten) Spielmöglichkeiten zu transformieren, ohne damit diesen als ein „gedachtes" Singen zu tilgen: der Zusammenhang mit dem Choral ist in allen Partiten sozusagen absichtsvoll gewahrt und hörbar; auch die Taktzahl bleibt konstant. Dabei – so Matthaei im Vorwort der Ausgabe 1936 – orientierte sich Pachelbel nicht an den Stropheninhalten, „obwohl ja gelegentlich die eine oder andere Strophe da und dort mit dem gerade zum Ausdruck gelangenden Sinn des Textwortes harmonisch zusammenklingen möchte". Vielmehr sollten die Choralpartiten „als organisch gegliederte, im ganzen geschlossene Variationsketten aufgefasst" werden. Also „Singen", in einem instrumentalen Zyklusgedanken (ähnlich einer Suite) und damit in eine sozusagen meditative Situation gefasst, für eine spezifisch persönliche Aktualisierung eines umfassenden Singens–Spielens–Hörens hergerichtet?

Sicher treffen wir damit ein wesentliches Moment des Selbstverständnisses von Pachelbels Entwurf. Doch bleibt die Frage danach, worum es in diesem Spielen dem Spielenden „wirklich" und „eigentlich" gehen soll. Vielleicht helfen erst einmal die folgenden Beobachtungen.

- Die einzelnen Zyklen gehen je von dem Choral im vierstimmigen, „griffigen" Satz aus, der wohl keine Überschrift, sondern einen konkreten Akt tatsächlichen Spielens und den Ausgang eines noch zu bestimmenden *Vorgangs* meint; darauf weisen die sparsam aber eben doch verlauforientiert eingeflochtenen Spielmanieren in den Stimmen der jeweiligen Choralsätze.

In der Zahl der je darauf folgenden „Partiten" – die vier ersten Zyklen nennen die einzelne Variationen je „Partita", während

die anderen drei sie mit „Variatio" bezeichnen – unterscheiden sich die Zyklen. Doch sind alle vier als Sterbelieder auffassbar, auch wenn wir sie heute nicht mehr als solche in Gesangbüchern finden.[1]
- Pachelbel entwirft ein Spielen *für einen Spieler* eines Tasteninstruments, wobei die Tatsache, dass die Stücke auch auf einem „häuslichen" Cembalo oder Clavichord spielbar erscheinen und nicht zwingend eine kirchliche Orgel voraussetzen, für das Selbstverständnis des Spielens eine wesentliche Rolle spielt. Dabei stellen sich die ersten vier, also jene, die Matthaei mit Pachelbels „Sterbensgedanken" identifiziert, in ihren Spielmöglichkeiten als untereinander enger verwandt dar, wobei sie gleichzeitig in der konsekutiven Zusammenstellung der Spielmöglichkeiten sich unterscheiden.
- Das wirft die Frage nach einer „Logik" auf, der die Zyklen je (= je einzeln) gehorchen. Diese ist sicher nicht unabhängig von einer je entfalteten „Entwicklung" der Spielmöglichkeiten zu denken: wir beobachten eben eine typisch „erste" Variation, wir beobachten ebenso das typisch „alternative" Paar einer zweiten und dritten Spielmöglichkeit, gleichzeitig fällt uns in allen vier eine chromatische Variation auf sowie eine danach stattfindende „Auflösung" akkordischen Fortschreitens in ein zweistimmig lineares Spielen hinein.[2] Und das wäre bereits ein wesentlicher Anhaltspunkt: dass der Spielenvorgang oder (sagen wir besser:) der Spielende sich den Choral im Verlauf des Zyklus sozusagen „aneignet": jener geht in seinem persönlichen Tätigsein auf.

Werkorientierte Darstellungen sehen tendenziell ein rein musikalisch-künstlerisches Entwickeln eines Zyklusgedankens am Werk, z. B. als Steigerung der Virtuosität zum Schluss hin, innerhalb derer die chromatische Variation als ein „langsamer Satz" eingebaut ist. Doch weist die Interpretation einer satzmäßigen Aneignung darüber hinaus, auf eine inhaltliche Logik, parallel einem Gedanken(vor)gang, der mit der Folge der Partiten entworfen und den Spielenden (und Mit-Spielenden = Hörenden) eröffnet wird. Dieser sollte/könnte/müsste mit der Gesamtaussage des jeweiligen Chorals ebenso zusammenhängen, wie mit der menschlichen Situation des hier Entwerfenden resp. Spielenden. Dabei können wir davon ausgehen, dass die chromatische Variation, die (nur!) in

---

[1] Das Lied „Was Gott tut, das ist wohlgetan" hat sich (angeblich) der preussische König Wilhelm III. als Sterbelied gewünscht.
[2] Auch die anderen drei Zyklen verwenden diese, wenn sie auch die Reihung z. T. umstellen.

den ersten vier Zyklen eingebaut erscheint, eine diesbezügliche Rolle spielt. Denn Chromatik als eine Figur des menschlichen Leidens könnte, nach J. G. Walthers Zeugnis, mit Pachelbels „Sterbensgedanken" und damit dem eigenen Leiden zu tun haben.

Unser Ansprechen der Choralvariationen zu *Was Gott tut, das ist wohlgetan* geht von dem „Vorurteil" aus, dass Pachelbel hier ganz konkret instrumentales Spielen als Artikulation eines Menschen in seinem Verhältnis zu dem jeweiligen Choral entwirft. Indem dieser spielt, spielt er nicht (nur) den Choral, sondern äußert er sich in einer existenziellen Dimension.[1] Und in dieser Hinsicht nimmt die je „erste" Partita eine gewichtige Position ein:

Partita 1

Als ob der Satz in Bewegung geriete, gleich einer Konversation zwischen Menschen; jede Stimme übernimmt abwechselnd die Aufgabe des Hinleitens zum nächsten Akkord: Nicht der nächste *Cantus*ton ist angestrebt, sondern der nächste Klang. Anders gesagt: nicht die Choralmelodie, sondern *der Satz als ganzer ist Ausgangspunkt des Spielens (und Variierens)*. Dabei tritt mitunter auch der Alt oder der Tenor in eine figürlich hinleitende Rolle (auch wenn der Satz vorübergehend dreistimmig zu werden droht). Zwar wird im Wesentlichen der Choralsatz beibehalten, mit kleinen Änderungen in der Funktion des Hinleitens, doch noch wichtiger erscheint, dass alle „Stimmen" beteiligt sind. Denn: es ist

---

[1] Wir sollten uns über unser heutiges Denken und über ein mögliches vergangenes Selbstverständnis klarsein, was wir im Gesamtzusammenhang der Anmerkungen zur Musik in der Frühen Neuzeit näher beleuchten. Wir sind stets geneigt folgendermaßen zu denken: der Komponist entwirft „da" ein musikalisches „Werk"; und dieses realisieren er und „die" (und wir) „dann", indem sie/wir „es" spielen. Ein solches Selbstverständnis ist aber der Frühen Neuzeit – so das Ergebnis meines Nachdenkens über diese Musik – noch fremd. Stattdessen ist davon auszugehen, dass der Komponist in dieser Zeit konkret ein Tätigsein (eines Menschen!) entwirft (das wir generell im Text hier als ein „Verfügen über sich als…" bestimmt haben), und dass die Notation, die uns überliefert ist, „dann" als Dokumentation eines menschlichen musikalischen Tätigseins aufzufassen ist, als einmal „Getanes" (→ „Werk") verbreitet zum Gebrauch für andere als entsprechend Tätige. Sich eine solche Auffassung ins Bewusstsein zu rufen, erscheint hier deshalb wichtig, weil nur so (uns) eine mögliche Logik dieser Musik plausibel werden kann.

eben nicht der Satz, der hier in Bewegung gerät; es ist der Spielende, dem eine spezifische Aktivität eröffnet erscheint: „Ich" bin der, der (als Spielender) die einzelnen Klänge des Chorals hervorruft; jeder, der dies spielt, nimmt wahr, wie das entworfene Spielen seiner Investition bedarf. Diese Aktivität, als eine sozusagen persönliche und allseitige (= in allen „Stimmen") – Vorläufer jenes persönlichen Spielens, das wir uns einmal anhand einer der sechs Cembalo-Partiten Bachs verdeutlicht haben[1] – scheint mir das Entscheidende: mit diesem Spielen bringt der Spielende sich als sich selbst durch den Choral Artikulierender ins Spiel.[2]

Im Bezug dazu ist der vorausgesetzte Choralsatz zu interpretieren. Er ist weder ein reiner Instrumentalsatz noch bereits Partita 1, also (noch) nicht Teil des *persönlichen* Spielens; er ist diesem vorausgestellt. Anderseits stellt er die objektive Vergewisserung dessen dar, womit der Spielende hier umgeht: mit dem *Besitz* dieses Chorals bzw. – bezogen nun auf die erste der Partiten – *mit einer spezifisch persönlichen In-Besitz-Nahme m/seines Besitzes.* Doch weist dieser eben auch auf eine inhaltliche Bestimmung; nicht jeder Choral bedeutet „mir" das Gleiche. Das meint keine Wertung, sondern eine inhaltliche Differenzierung, die die unterschiedliche Anordnung der Variationen in den Zyklen begründet.

Der Weg der In-Besitz-Nahme findet in den typisch als zweite und dritte Partita fungierenden Variationenpaar, das dem, der es spielt, in seiner Art vollendet erscheint, einen quasi umfassenden Rahmen. Der zweistimmige Teilsatz, in Partita 2 der der Oberstimmen, in der folgenden Partita 3 der der Unterstimmen,

erscheinen (z. T. in ihrer Umkehrung) in sukzessive Folgen u. d. h. in „Schritte"(!) aufgespalten und selbst noch einmal linear verbunden, dabei durch die implizite Intervallumkehr gewissermaßen überhöht:

---

[1] Vgl. meine Einführung in eine musikpädagogisch orientierte Beschäftigung mit Musikgeschichte, *Von Mozart vor und zurück*, Norderstedt 2011, S. 140 ff.
[2] Dass wir in unseren Beispielen die Partiten naheliegend wenigstens mit je einem Ausschnitt (Stollen bzw. Stollenteil) andeuten, das soll Appetit machen, die Zyklen als ganze selbst zu spielen.

Die musikalische Konstruktion persönlicher Frömmigkeit

Hier erscheint Spielen ganz klar als eine Art lineares „gerades" Vorangehen des Spielenden gekennzeichnet, als ein Fortschreiten zwar *in* dem Choral, aber eben auch mit ihm und durch ihn. Wir können hier Spielen endgültig wohl als Metapher für den Lebensvollzug selbst ansehen, die resp. der den Choral gleichsam existenziell einbindet: als ob wir mit und durch ihn unterschiedliche Ebenen unserer selbst aktivierten, ein Oben und Unten, ein „Außen" als Dimension unseres In-der-Welt-Seins (→ Oberstimme) und ein „Innen" als vergleichsweise solche einer existenziellen Basis. In beiden Fällen erscheint das Spielen als (uns umfassendes) Symbol des „geraden Weges", auch wenn dieser über mannigfache Wendungen und sozusagen Rückläufe führt.

Spielen als Selbstartikulation mit und durch den Choral hat in selbstverständlicher Weise mit dem textlichen Inhalt des betreffenden Chorals zu tun, aber nicht im einzelnen mit dessen Strophen – obwohl sich gerade hier an Rodigasts „er führt mich auf rechter Bahn" anknüpfen ließe –, sondern mit dessen Gesamtbedeutung für den Spielenden. Diese erscheint auf die verschiedenen Dimensionen des eigenen Lebens umgelegt und im Spielen gleichsam durchlebt. Am auffälligsten vielleicht in der nun folgenden Partita 4, der chromatischen Variation.

Sie steht für das unausweichliche menschliche Leiden, durch das nicht nur jeder geht, sondern das auch das zentrale Thema des Liedes von Rodigast ist: dieses spricht von dem Vertrauen auf Gottes Walten in „meinem" Sinn, in allem, was „mir" im Leben widerfährt, auch in Krankheit und Leid. Eben durch dieses irdische und menschliche Leid gehe „ich" sozusagen als Spielender der chromatischen Partita hindurch, – aber eben als mit dem Choral (u. d. h. als mit Gottvertrauen) Gewappneter. Als solcher rufe „ich" (ähnlich wie in Partita 1) die jeweiligen nächsten Akkorde quasi leittönig hervor, wobei es eben „meine" Schritte sind, die den entscheidenden Selbstausdruck bewirken.

173

Von da erscheint die Partita 5 wie eine konsequente „Lösung".

Wollte man in dem Zyklus eine Darstellung gleichsam der Jesusgeschichte sehen, dann könnte man angesichts der rasanten und meist aufwärts strebenden Skalen der Zweiunddreißigstel an Auferstehung denken, die sich konsequent einer Variation der Passion anschlösse. Solche „Darstellung" wäre auch auf das zeitgenössische Subjekt zu beziehen... Unserer tätigkeitlich orientierten Auffassung erschließt sich aber ein ganz anderer Sinn. Man kann es selbst ausprobieren: die Halbtakte könnten auch mit zweimal 8/32stel-Figuren oder mit zweimal 4/16tel-Figuren gefüllt werden:

Dies würde figurhaft schmücken. Wenn wir uns das klarmachen, dass nicht satztechnische Notwendigkeit, sondern eine das Spielen betreffende Absicht Pachelbel bewegt hat, je eine „aufbrausende" 32stel-Figur mit einer Sechzehntelfigur zu kombinieren und wenn wir gleichzeitig im Selbstspielen feststellen, wie letztere uns(!) jeweils ganz bewusst den nächsten Choralklang ansteuern lässt, dann fällt uns das Besondere auf: die Kombination, die über eine Takthälfte hinwegzuzielen scheint, sie kombiniert möglicherweise zwei Temperamente in uns: vielleicht Aufbrausen + Entschlossenheit oder Zuversicht + Festigkeit, vielleicht aber auch ein vehementes Hinzielen und Auffangen bzw. Aufgefangenwerden. Bemerkenswerterweise wechseln Oberstimmen und Unterstimmen in der linearen Auflösung ihrer zweistimmigen Klänge ab. (Und darin schließen sie ebenso, wie die folgende Partita 6 an die Partiten 2 und 3 an.) Doch zum Schluss potenziert Pachelbel das Hinzielen zu einem gleichsam umfassenden Erreichen des Zieles:

Die musikalische Konstruktion persönlicher Frömmigkeit

Einerseits: der Spielende erfüllt mit den Figuren das Lied, er *schreitet* gleichsam selbst (als Spielender *körperlich*) durch es und mit ihm hindurch; anderseits schafft er dabei etwas genuin Instrumentales, das sich in der (von Pachelbel) besonders hergerichteten Art des Schreitens und in dessen Perfektionierung vom Choral abhebt und doch dieser ist und bleibt.

Vielleicht können wir daraus auch in der folgenden Partita 6 eine gewisse Konsequenz entdecken; auch sie bildet eine der „typischen" Satzfiguren aus: sie schließt den Choral als cantus firmus in „ihrer" Mitte ein.

Obere und untere Satzbegrenzung wechseln sich in einem besonders ausdrucksstarken und gleichsam „singenden" Umfassen der Choralmelodie ab. Begreifen wir das einerseits (in der Konsequenz auf die 5. Partita) als eine Selbstvergewisserung, die jenes Gottvertrauen, das der Choral repräsentiert, fest in sich einschließt, sehen wir diese Partita anderseits als Konkretion eines bestimmten Lebensvollzuges, hier eines spezifischen „Singens" an – die gleichsam aussingende Formulierung der Spielfiguren erscheint hier überaus auffallend –, dann können wir dieser eine solche des „Spielens" (im ausdrücklichen Sinn) und des Tanzens angliedern:

Partita 7 löst im Satzverlauf, der als Generalbasssatz mit den Akkordgriffen in der rechten Hand als ein prototypisches instrumentales Spielen zugrundeliegt (!), die Akkorde in Doppelarpeggien auseinander. Salopp gesagt: Pachelbel macht uns instrumentales Spielen spielen. Und Partita 8 verleiht dem Spielen (im tendenziell immer noch vierstimmigen Satz) über die triolierte Figurbildung Tanzcharakter.

Gleichzeitig aber löst er den Satz zu einer Art Fughette auf: die Stimmen setzen hintereinander ein, je in stimmlicher, das Choralmelos paraphrasierender Imitation und damit in allen Stimmen jenem inhaltlichen Wert teilhaftig, den das Choralmelos repräsentiert. (Auch dies eine Figur der Allseitigkeit?) Die Partiten 6 bis 8 als Repräsentant von (einfach gesagt) Singen, Spielen, Tanzen erfüllen gleichsam künstlerische Lebensäußerungen ebenso wie Dimensionen des besonderen kunstvollen instrumentalen Spielens (des Organisten Pachelbel). Beide finden ihren Abschluss in der Partita 9, in der die Akkordfolge des Satzes in zwei lineare Verläufe aufgelöst erscheint:

Sie integrieren Satz und Melos vollkommen in „mein" Spielen, und umgekehrt: das nun vollkommen lineare Vollziehen (als Äquivalent eines persönlichen Spielens par excellence) ist vollkommen erfüllt von dem Choral resp. eben der Spielende von dem, was der Choral hier (ihm) bedeutet, von Gottvertrauen.

Der *Sinn des Spielens*, sich als Christ zu artikulieren, konkretisiert *sich* hier als ein persönliches Unternehmen, sich (im weitesten Sinn) als von der Aneignung der Botschaft erfüllt und durchdrungen zur Geltung zu bringen, von dem dieser Choral handelt. Dies geschieht hier also nicht in Verfolgung eines Gedanken(vor)gangs, sondern als Übertragen des „Singens von" in ein Hervorrufen erfüllter allseitiger quasi körperlicher und geistiger Aktivität, deren typisch menschliche „Seiten" mit typischen Satzmodellen verbunden sind, wie wir sie auch z. T. in den anderen Zyklen finden. Vielleicht gehen wir im Andeuten des Sinnzusammenhangs schon zu weit; und vielleicht soll oder will der konkrete Sinn auch offen bleiben. Doch weist die begrenzte Zahl von Satzmodellen in den Zyklen, den melodischen, rhythmischen und harmonischen Bedingungen der choralen Vorlage je angeglichen, auf ein prinzipielles Selbstverständnis menschlichen instrumentalen Spielens hier. Instrumentales Spielen ist als ein *umfassendes menschliches Sich-Äußern* entworfen, *das sich den Choral als Besitz auf wiederum neue Weise aneignet und ihn im Wege eines betont persönlichen Vollzuges in einen gesamtmenschlichen Selbstausdruck transformiert*. Solcher realisiert sich wesentlich über das harmonische Gefälle des Satzes (nicht allein der Melodie), das einerseits uns den musikalischen Vorgang immer wieder neu erleben lässt – und dieses starke Erlebnismoment, das Spielen hier vermittelt, kennt wohl jeder, der solche Choralvariationen selbst spielt –, das gleichzeitig in der figuralen Bearbeitung zu einem von der eigenen Aktivität *verursachten* „Gefälle" sich wandelt.

Ein Blick nach vorn. Johann Sebastian Bachs »Orgelchoral«

Sicher können wir von solcher Interpretation her jene Choralbearbeitungen ein wenig einschätzen, wie sie uns im Orgelwerk Bachs überliefert sind. Denn Bach, von dem wir im Frühwerk durchaus Zyklen von Choralvariationen finden, die noch im Sinne Pachelbels und seiner Zeitgenossen verfahren, versucht wohl zuerst – und das wäre ein recht frappantes Beispiel für die persönliche Situation vor dem Übergang in eine wirkliche Verfügung über sich als Spielenden – sein Verhalten des Spielens (des Chorals) zu optimieren: er versucht sein „richtiges" Spielen besser und „richtiger" zu gestalten. Die früher als „Arnstädter Gemeindechoral" bezeichneten, heute wohl als möglicherweise vor Arnstadt einzustufenden Sätze reichern das Spielen sowohl horizontal (durch Zwischenspiele) als auch vertikal (durch Hinausgehen über die Vierstimmigkeit) an. Gleichzeitig verdichten sie das musikalische Vorangehen durch eine auf ein Umfassendes strebende Harmonik. Kein Zweifel, dass solche Erweiterung und Verdichtung einerseits der Aktivität des Spielens dient, anderseits sich gestisch am jeweiligen Text orientieren kann. Im Orgelsatz zu *Herr Jesu Christ, dich zu uns wend* (BWV 726) demonstrieren das Auflaufen auf den Quintsextakkord der Dominante zur Subdominante (in Takt 2), das folgende Zwischenspiel und die Fortsetzung ganz handfest das (Sich-)„zu-uns-Wenden", das der Text bezeichnet. Auch das nächste Zwischenspiel erstellt nach der Zeile „dein' Heilgen Geist du zu uns send" in den absenkenden Figuren ebenso eine textbezogen bildhafte Überleitung, wie dies die Gesetzmäßigkeit der Klangauseinanderlegung nach der dritten Textzeile, „mit Hilf und Gnad er uns regier", tut. Schließlich definiert die Harmonik der Schlusszeile „und uns den Weg zur Wahrheit führ" in ihrer alle Stimmen durchziehenden Chromatik solchen „Weg" als überaus leidvoll und schwierig.

Offensichtlich ist Spielen hier aus dem angeeigneten Singen heraus entworfen, als eine Art *persönlich interpretierendes Text-Spielen*.

Und wenn Bach in seiner Bearbeitung des Gloria-Liedes *Allein Gott in der Höh sei Ehr* aus der gleichen Zeit solche chromatisch angereicherte Komplexität ausgerechnet für die Zeile „nun ist groß Fried ohn Unterlass" einsetzt,

dann gehört dies zumindest zu den faszinierenden Entdeckungen, die man auch an solchem Frühwerk machen kann. Dem Text-Spiel-Raum vom im Total aller zwölf Töne sich niederschlagenden Allumfassenden Gottes – schließlich geht es um den Gesang seines Lobes – bis zum kritischen Bedenken des schwierigen Weges zu einem irdischen Frieden sind kaum Grenzen gesetzt.

Einen entscheidenden Schritt weiter geht Bach im *Orgelbüchlein*. Es ist ein Schritt zur Zusammenfassung dessen, was ein Variationszyklus Pachelbels noch als sukzessive Folge mehrerer Aktivitäten entwarf; und es ist ein Schritt in Richtung Abstraktion vom realen Vollzug eines Singens hin zu einem Mitgedachten dessen, was der textlich-musikalische Verlauf scheinbar in uns selbst zum Erklingen bringt.

Sehen wir uns einen der Choralsätze aus Bachs *Orgelbüchlein* näher an. Diese Sätze übertragen das Denken eines (reformatorischen) Liedes, das ja auch Bach ein textlich-musikalischer Besitz ist, in ein instrumentales „Singen", das dem Spielenden und „Mit-Spielenden", also Hörenden, die Möglichkeit eröffnet, über sich als dieses Lied nun nicht eigentlich mehr Singender, sondern Lied und Text und dessen angeeigneten, verinnerlichten Wert Erlebender zu verfügen, und dies in „seiner" (= einer einmaligen) Weise. Darum ist jede dieser Choralbearbeitungen ein Wunderwerk für sich.

Der vor allem reformatorische Choral, wachsend selbst Gegenstand der Verehrung, ist nicht mehr (nur) Mittel, um Gott zu loben, oder – gemäß Luther – „das heylige Evangelion […] zu treyben", sondern Glaubens- oder besser Entäußerungsbesitz, der die eigene menschliche Identität mitbestimmt. Dies umso mehr für einen gebildeten Musiker, der (wie Bach) nicht nur den Text, sondern auch Melos und Satz in sich erleben kann. Solchem persönlichen „Erleben" verdanken sich die Choralbearbeitungen, die sich ein Stück weit von jeder naheliegenden Funktion lösen und ein Stück persönliches Leben des evangelischen Menschen repräsentieren. Weder wirklich Einleitungen noch Choralbegleitsätze, stellen sie als „der Orgelchoral" eine Gattung für sich dar.

In einem Satz wie dem als relativ früh angesehenen zu Johannes Agricolas Lied *Ich ruf' zu dir, Herr Jesu Christ* – Agricola, 1494 in Eisleben geboren, war eine Zeit lang ein enger Vertrauter Luthers in Wittenberg, bevor er in einer unversöhnten Meinungsverschiedenheit nach Brandenburg ging, wo er als Reformator wirkte und 1566 in Berlin starb –, in diesem Orgelsatz ist ein Herkommen aus dem Choralsatz eigentlich nicht mehr ersichtlich.

Die musikalische Konstruktion persönlicher Frömmigkeit

Das Spielen realisiert sich als eigenes Vorangehen in zwei Schichten, denen das Choralmelos als dritte, oberste Schicht aufgeladen erscheint. Diese Schichten bilden nicht nur „Stimmen", sondern selbst gleichsam rhythmisch individuelle Vorgänge, Aktionalitäten aus. Die untere Schicht im Pedal gibt mit den durchgehenden Achtelwerten ein „Motiv" des eigenen Voranschreitens vor; zusätzlich vermittelt es zwischen den Sechzehntel der Mittelstimme und den langen Viertelwerten des Melos. Das eigene Spielen bringt aber mehr die Mittelstimme in den Vordergrund, die eben viel mehr als nur Klangaufspaltung darstellt: sie ist lebendige Linie, Klangaufspaltung mit melodischen wie harmonischen Dissonanzen verbindend, die zwar den harmonischen Raum durchmisst, die aber im Ausgreifen und Rückgreifen je ihre eigenen Ziele im Sinne eines echten Kontrapunkts zum Melos ansteuert. Gleichzeitig verleiht sie der Währung der einzelnen Melostöne wie ein lebendiger Hintergrund gestaltete Ereignishaftigkeit, darin harmonisch unterstützt vom Bass.

Wir können (nach unserer Erfahrung mit den Partiten Pachelbels) durchaus das Naheliegende annehmen, dass Spielen hier den ganzen Menschen und seinen Lebensvollzug repräsentiert: dass die Mittelstimme hierbei für eine innere Aktivität der beständigen Spannung und Lösung steht, dass sie als eine Art „innere" Aktivität eines Emporschauens und menschlichen Flehens ein gleichsam mühevolles und menschlich „beladenes" Voranschreiten des Basses ergänzt. Tatsächlich kann man die beiden Unterstimmen gleich einer zweistimmigen „Bach-Invention" über weite Strecken als sinnvolles Stück für sich spielen[1]. Das sagt etwas über die Ausdruckskraft des von Bach erfundenen Spielens aus, auch etwas über den scheinbar selbsttätig sich fortzeugenden harmonischen Gang. Genau diesem scheint das Melos aufgelegt: „ich" bin es, der „ich" den Choral mit „meinem" Spielen trage, der ich ihn in „mir" bzw. durch „mich" zum „Erklingen" bringe, als/aus Überzeugung der eigenen Rechtfertigung – vgl. die Strophen in

---

[1] Dort, wo es hakt, erscheint das Melos nicht unproblematisch.

EG 343 –, wobei „ich" gleichzeitig jenes Bitten und Flehen bis in die Schlusswendung (der Mittelstimme) hinein einlöse, von dem er spricht.

Einerseits beobachten wir eine vollkommene Verdichtung dessen, was wir bei Pachelbel beobachtet haben in *einen* Satz hinein: das Harmonische Gefälle ist vollkommen absorbiert durch die kontrapunktische Führung jener unterschiedlichen Stimmen, durch die der Spielende sich in differenzierter Weise als der Überzeugung des Chorals durchdrungen zur Geltung bringen kann, die bei Pachelbel noch eine sukzessive Folge von Partiten voraussetzte. Dahinter aber steht ein Akt der Emanzipation des Mit-Singens (Hörens), der die eigentliche Funktion des „Kirchenliedes" von der äußerlichen im kirchlichen Vollzug in das Innere, in die unmittelbare Verfügung des Subjekts über sich legt. Statt sich via Choral-„Vorspiel" sozusagen technisch und inhaltlich auf das eigentliche Singen vorzubereiten, einzustimmen, um dann den eigenen Glauben zu singen, vermittelt der Orgelchoral selbst schon ein solches inneres Singen des Glaubens, das sich von dem eigentlich rituellen vollkommen emanzipiert und damit auch von der kirchlichen Vermittlungsfunktion. Der Bachsche Orgelchoral vermittelt selbst im wahrsten Sinne „Andacht" und emanzipiert damit das Subjekt vom kirchlichen Vollzug.[1]

Aber – und dies ist eine Beobachtung aus heutiger Erfahrung – der Orgelchoral vermittelt (sich), musikalisch gesehen, in unvollkommener Weise, denn er bleibt als ein „Stück" Musik, als ein Stück Spielen und Mit-Spielen, also Hören, unvermittelt, unbearbeitet. Man kann solchen unbefriedigenden Eindruck durchaus heute wahrnehmen, wenn man einem Stück aus dem Orgelbüchlein in der „Geistlichen Musik" des Rundfunks begegnet, zwischen Einleitungsstück und Bachkantate quasi zeitfüllend eingeschoben. Bevor man sich in die Hörsituation als ein Sich-Bedenken im Kontext des Chorals richtig eingefunden hat, ist das Spielen schon wieder vorbeigegangen. Auch ein anschließendes Singen des Chorals in einfach begleitetem Orgelsatz scheint keine irgendwie passende Fortsetzung. Als einziges bleibt: Wiederholen als Sich-Versenken in das Spielen und Denken des Chorals.

---

[1] Dem widerspricht die Tatsache nicht, dass es zeitgenössisch Gottesdienstordnungen gab, gemäß denen der Organist einmal die ganze Melodie als Einleitung vor dem Singen des entsprechenden Liedes durch die Gemeinde zu spielen hatte. Eine solche mag als Anlass zur Komposition durchaus gedient haben.

Der Bachsche Orgelchoral bildet einen Typus, der eigentlich nicht mehr „praxistauglich" im herkömmlichen Sinn ist, sondern sich in Richtung persönliches Spielen und Hören in ein inneres Erleben verschiebt. Dieses hat die Verbindung zu einem realen Singen (fast) gekappt; das Melos erscheint Ton für Ton „musikalisiert": als heimlicher Regens scheinbar eigensinnigen musikalischen und darin differenzierten menschlichen Fortschreitens. Es ist ja erstaunlich, dass der (spätere) Titel des *Orgelbüchleins* keinen gottesdienstlich bestimmten praktischen Zweck mehr nennt. Dass Bach das *Orgelbüchlein* später, beim Umzug nach Leipzig, nach außen(!) als Lehrmaterial klassifizierte, verweist auf den Abstraktionsprozess: der Orgelchoral dient in erster Linie dem Spieler, der sich selbst im Umgang mit dem Choral professionalisieren will, und er ist ein Stück weit von den Erfordernissen des Alltags abgerückt in eine Idealität. (Wäre das nicht die hochstehend kompositorische Verwirklichung einer pietistischen Haltung?)

Selbersingen als ein Akt des Verfügens über sich als Glaubenden ist mit Bach offensichtlich endgültig in eine neue Dimension eingetreten: nicht mehr geht es darum, sich zum Selber–seinen–Glauben–Singenden zu machen, auch vielleicht nicht mehr darum, mit dem, was man als solches Singen sich angeeignet hat, von sich selbst (als Glaubendem) zu singen oder singen zu lassen. Hier wird bereits eine Wendung nach innen vollzogen: mit sich selbst als von sich Singendem in gewisser Weise reflexiv und meditativ umzugehen.

Der Choral als Standort religiöser Vernunft

Die pietistischen Lieder in Freylinghausens Gesangbuch[1], die (oft) „etwas Leichtes, Tänzerisches, Vitales oder unruhig Drängendes" hatten und in deren Singen es „um einen lebendigen Ausdruck und um ein Movens der Frömmigkeit" ging, fanden kaum die ungeteilte Zustimmung der Wittenberger Fakultät, für die ein „Gesangbuch eine Art Glaubensbekenntnis der Gemeinde" darstellte.[2] Aber auch die sanktionierten Fassungen solchen Bekenntnisses in textlich-musikalischen „Verlaufsgestalten" (Choral) hinderten nicht daran, Vorstellungen von einem neuen *lebendigen* Umgang mit dem „Wort" als Singen und Mit-Singen weiterzuentwickeln.

In der Geschichte des Singens als Motette können wir nachvollziehen, wie Menschen zum Ende des 16. Jahrhunderts und vor allem im Verlauf des 17. Jahrhunderts in der Evangelien- oder Spruchmotette sich einen neuen und unmittelbareren Zugriff auf das „Aussprechen" von Gottes Wort erschlossen haben. Dabei ging es darum, im Dienste einer scheinbaren Unmittelbarkeit sich der Vermittlung durch das besondere künstlerisch ausgestaltete Singen und fortschreitend instrumentale Spielen zu versichern. Was das motettische Singen betrifft, so erscheint es nun, ein, zwei Generationen später (in der Zeit nach dem Dreißigjährigen Krieg), mit dem liedhaften Singen charakteristisch verbunden. Klaus Hofmann[3] zitiert eine Evangelienmotette von dem Gothaer und

---

[1] Johann Anastasius Freylinghausen (1670-1739) war Schwiegersohn und Nachfolger A. H. Frankes in Halle. Seine für viele nachfolgenden Gesangbücher „vorbildliche" pietistische Liedersammlung *Geist-reiches Gesang-Buch* erschien 1704 mit 1500 Liedern in Halle und erlebte zahlreiche Auflagen.
[2] Vgl. Meyer, a. a. O., S. 121 f.
[3] Klaus Hofmann, Einleitung zu: *Johann Sebastian Bach. Die Motetten,* Kassel etc. 2003, Ss. 22-47.

späteren Darmstädter Hofkapellmeister Wolfgang Carl Briegel aus dessen „Evangelische[m] Blumengarten[…] auff leichte madrigalische Art", in welcher dem bewegten und bildreichen Aussprechen des Evangelientextes vom Sämann (Lukas, 8) ein als „Aria" bezeichnetes Strophenlied im homophonen Satz folgt, in welchem sich der das Lukas-Wort Mit-Singende den Sinn des Bibelwortes als gleichsam Selbstsingender bestätigt:

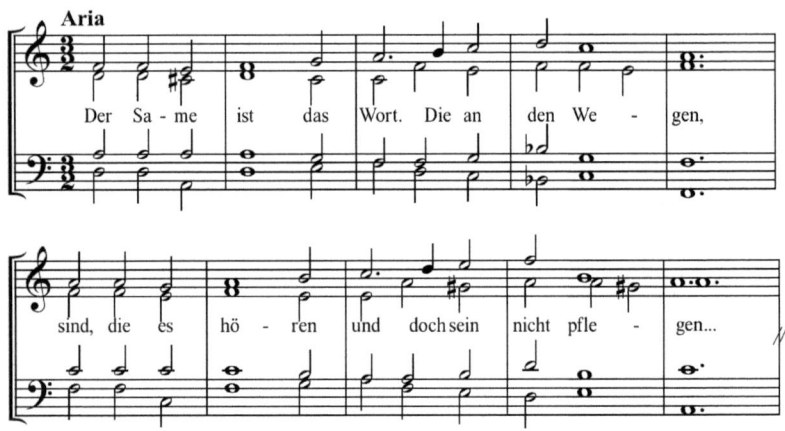

Zum Verbund motettischen und liedmäßigen Singens

Was solcher Verbund bedeuten resp. leisten kann, das wird noch deutlicher an der spezifisch thüringisch-sächsischen Ausprägung der Verbindung mit dem liedhaften Singen, hier besonders mit dem des Chorals. Wenn wir das (schließlich als Choral subsumierte) lutherische Glaubenslied als das Eröffnen der Möglichkeit eines spezifisch „eigenen" Aussprechens des „Wortes" definiert haben, wenn wir anderseits zu Motette und Kantate anmerken können, dass gerade im lutherischen Bereich vom Ende des 16. und vom Beginn des 17. Jahrhunderts an nun dezidiert auf das Singen des „Wortes" unmittelbar inform der Motette[1] Wert gelegt er-

---

[1] Zur Rekapitulation (da die Entwicklung des kirchlichen Singens als Motette bzw. Kantate einem eigenen Darstellungszusammenhang vorbehalten ist): Der Begriff „Motette" bezeichnet ab der Frühen Neuzeit Entwürfe für ein Singen (fast) ausschließlich im geistlichen Bereich, das im Laufe des 17. und 18. Jahrhunderts durch Instrumente verstärkt werden (und nicht zuletzt vor allem im katholischen Bereich auch solistische Formen einschließen) konnte.

Der Choral als Standort religiöser Vernunft

scheint und damit auf ein spezifisch „eigenes" Mit-Singen des „Wortes" durch die Adressaten unmittelbar (und nicht nur in seiner inzwischen angeeigneten Übertragung in eine Dichtung), dann beobachten wir nun, zum Ende des 17. Jahrhunderts dort, wo ein solches nicht instrumental begleitetes Singen noch aktuell ist – und das gilt in noch charakteristischerer Weise für die Kantate Bachs mit ihrem fast obligatorischen Schlusschoral –, den Verbund mit dem Choral. Während der biblische Spruchtext den wesentlichen Kern (bzw. einen ersten Teil) des Singens bildet, wird ihm gleichzeitig ein Choral-Cantus zeilenweise aufgelegt. In der ebenfalls bei Hofmann exemplifizierten Motette *Ich weiß, dass mein Erlöser lebt* von Johann Michael Bach, J. S. Bachs (erstem) Schwiegervater, ist einem vierstimmigen Chorsatz (des Alt, zwei Tenören und Bass + Generalbass) nach einem längeren Vorlauf zeilenweise im Sopran der Cantus *Christus, der ist mein Leben* aufgelegt.

Die Motette besteht in den oft zitierten Versen Hiobs (19/25-27):

„Ich weiß, dass mein Erlöser lebt, und er wird mich hernach aus der Erden wieder auferwecken, und werde darnach mit dieser meiner Haut umgeben wer*-den und werde in meinem Fleisch Gott sehen. Denselben werde ich mir sehen, und meine Augen werden ihn schauen, und kein Fremder."[1]

Der Chorsatz erscheint zwar wie ein aufgelockerter homophoner Satz, doch entwirft er ein ungeheuer lebendiges Aussprechen, das in der rhythmischen Zurichtung, in Teilsatzwiederholungen und in den vorsichtig verschieden abgemessenen Varianten von Aussprechensmotiven durchaus die Errungenschaften der Schütz'schen Wortbehandlung hereinholt, wenn auch in etwas zusammengefasster Form. Vom betont und gleichsam körperlich mitgehend die Bedeutung der einzelnen Worte und Wortgruppen hervorkehrenden „aussprechenden" Fortschreiten in (neuzeitlich gesprochen) Viertelwerten des Chorsatzes hebt sich der in der Mitte (oben beim Zeichen: *) einsetzende Sopran mit dem Choral als ein spezifisches „Singen" in doppelten Werten ab.

Wesentlich für sie im evangelischen Bereich ist das „Aussprechen" eines biblischen Text-Ausschnitts („Spruchs") durch ein vokales Ensemble („Chor"), mit oder ohne Generalbass und mitunter in der thüringisch-sächsischen Tradition in betont kontrapunktischer Ausarbeitung. Zur möglichen Verbindung mit dem Choral, vgl. o. weiter.

[1] Der Text entspricht der Fassung Luthers, die offensichtlich vom Originaltext wesentlich abweicht; vgl. hierzu die Verse in dem „1912 vom Deutschen Evangelischen Kirchenausschuss genehmigten Text" des Alten Testaments.

Der Choral als Standort religiöser Vernunft

Dabei überbrückt er (mit einer Ausnahme) die Zäsuren zwischen den Abschnitten des Chorsatzes.

Möglicherweise hat die Koppelung aber auch mit einem besonderen sozusagen parallelen Phänomen des motettischen Singens im evangelischen Bereich zu tun. Wie die gängige Literatur oft genug heraushebt, gestaltete sich motettisches Singen relativ zeitlos: „Überall wo ein städtisches Gymnasium vorhanden war, dessen Lateinschüler den Chordienst versahen, wurde Sonntag für Sonntag zu Beginn des Hauptgottesdienstes eine Motette aus dem »Florilegium Portense« von Erhard Bodenschatz oder dem »Promptuarium musicum« von Abraham Schadaeus gesungen."[1] Beide Motettensammlungen vom Beginn des 17. Jahrhunderts mit z. T. lateinischen und vielfach doppelchörigen Stücken, die auch zu vielen Gelegenheiten außerhalb des Gottesdienstes genutzt wurden, bildeten einen Grundstock des motettischen Singens deutscher und italienischer Komponisten, von Lasso bis Hassler, von den Gabrielis bis Viadana und Agazzari, der durch später hinzugefügte je örtliche Sammlungen ergänzt wurde. In den Gymnasien seiner Heimat und vor allem in Lüneburg hat Bach noch das gesamte Repertoire der letzten 150 Jahre aufgenommen, sozusagen

---

[1] Vgl. K. Hofmann, a. a. O., S. 21 f.

in Besitz genommen und für sich noch in Leipzig durch eine eigene Sammlung aus seinem Familienkreis, durch das sog. Altbachische Archiv, vervollständigt. Denn darum ging es: motettisches Singen verstand sich eben auch als eine Weise „eigenen" Singens, eines besonders nach evangelischen Interessen an der Bedeutungszumessung entworfenen „Aussprechens" und also Mit-Singens unmittelbar des „Wortes", niedergelegt in einem Repertoire aus zwei Jahrhunderten. Dieses Repertoire war ungeheuer vielgestaltig. Und diese Vielgestaltigkeit hat Bach noch aufgenommen und in seinen Motetten durchaus „angewendet".

Wenn nun beide Arten des zeitlosen Singens, die motettische und die des Glaubensliedes miteinander verbunden werden, dann entsteht auf diese Weise ein *Prozess* der Selbstvergewisserung als evangelischer Christ, in welchem das Singen im Sinn des Glaubensliedes eine neue Funktion erhält: es bindet das persönliche u. d. h. das dem „Wort" eine auf „mich" bezogene Bedeutung zumessende „Aussprechen" (der Motette) zurück an eine (hier „mich" als evangelischen Christen definierende) „Basis" des Standorts. Denn genau diese repräsentiert der Choral inzwischen: eine gemeinsame, inzwischen tief angeeignete, christliche Selbstdarstellung. Das persönliche „Aussprechen" aber, das vertritt nicht (eigentlich) der Choral, sondern der motettische Satz.

In der (heute recht einsichtig dem jungen Johann Sebastian Bach zugeschriebenen) Motette *Ich lasse dich nicht, du segnest mich denn* (aus dem biblischen Bericht von Jakobs Kampf mit dem Engel, I. Mose 32, 27 [26]) hat der Komponist das zusätzlich hervorgehoben, indem er den Choral, die dritte Strophe von *Warum betrübst du dich, mein Herz* von Erasmus Alber (1557), erst einem unmittelbar anschließenden zweiten Teil auflegte.[1] Während der erste Teil den kurzen Text in korrespondierenden Doppelchorsatz entfaltet – er bringt dabei die beiden (sprachlichen) Sätze gleich am Anfang in einen bestürzenden musikalischen Zusammenhang, in welchem vor allem die harmonische Folge,

---

[1] Vielen älteren Musikpädagogen (und Chorleitern) wird die Motette unter dem Autorennamen Johann Christoph Bach vorliegen, etwa herausgegeben von D. Krüger in der Hänssler-Reihe „Die Motette" (1958), mit etwas „modernisierten" Schlusszeilen des Chorals; statt „Ich, Staub und Erde, habe hier / ja keinen Trost als nur bei dir!" heißt in den zeitgenössischen Abschriften der Bachmotette: „Ich bin ein armer Erdenkloß, / auf Erden weiß ich keinen Trost." Zur Zuschreibungsfrage vgl. K. Hofmann, a. a. O., S. 192 ff.; zur Problematik des der Motette angefügten Schlusschorals – ursprünglich vielleicht die erste Strophe des in der Motette zitierten Liedes von Albers – ebenda, S. 204 ff.

aber auch die Oberstimmen- und Bassführung sowie die Modulation zur parallelen Durtonart eine unbedingte persönliche Bedeutsamkeit der Aussage durch und für die Singenden markieren –,

wechselt der zweite Teil zu einem „due Cori all' unisono", in welchem ein dreistimmiger kontrapunktischer Satz der Unterstimmen die durch längere Pausen voneinander getrennten Choralzeilen von *Weil du mein Gott und Vater bist...* des Soprans trägt. Dieser kontrapunktische Satz geht virtuos mit zwei den Satzhälften zugeordneten melodischen Bildungen um, mit „Formulierungen" des „Aussprechens",

die eine persönliche Bedeutungszumessung als menschliche Aktion und deren quasi bildliche Vergegenwärtigung (etwa im Akt des „Segnens") zur Deckung bringen. (Dass Bach dabei die Choralzeile „Weil du mein Gott und Vater bist" ausschließlich von einem Geflecht aus Formulierung a, die folgende Choralzeile „dein Kind wirst du verlassen nicht" ausschließlich von einem Geflecht aus der Formulierung b tragen lässt, weist auf ein Verfahren, das wir unten, in der Choralkantate, auch im Gebrauch instrumentaler Formulierungen beobachten werden.) Nur das dem alttestamentlichen Text angehängte „mein Jesu" stellt Bach einmal in die Mitte des Satzes und lässt es die Singenden in homophoner Eintracht aller aussprechen. In der Weise des ungeheuer kunstvollen polyphonen Satzes aber gestaltet „sich" durch das gleichsam betont „persönliche" Singen jeder Stimme hindurch ein im Ansatz abstraktes Geflecht, das als Gesamtes für die bittende Aktivität des Menschen steht. Dieses aber wiederum identifiziert der integrierte Choral als ein spezifisch menschliches. Der Choral bekommt so in der Tendenz zur Abstraktion eine zusätzliche Funktion zugewiesen.

Der Choral als Mittel argumentativer Selbstbestimmung. Johann Sebastian Bachs Motette »Jesu, meine Freude«

Es stellt eine nicht unwesentliche Fähigkeit des Erwachsenen dar, Stück für Stück mehr von sich und der Welt Abstand nehmen zu können, um sie umso besser in den Blick zu nehmen und um sie *und sich* durch ein rational gerechtfertigtes Handeln zu gestalten. Solches Sich-Entfernen, das den Entwurf der Welt und des eigenen Tätigseins in mehr und mehr selbstverantworteter Weise zulässt, hat zur Folge, dass das Handeln selbst fortschreitend über seine quasi übrigbleibenden „Folgen" beurteilbar erscheint, durch die hinter dem Handeln sichtbar werdenden und als unnachahmlich zu bewundernden „Produkte". In der Musik sind dies jene schriftlichen Dokumentationen, die wir gewohnt sind als musikalische „Werke" misszuverstehen, obwohl sie ja eigentlich einem jeweiligen Handeln *vorgesetzte* Entwürfe darstellen.

Solche allmähliche Wandlung in der Auffassung wird dort besonders deutlich, wo der Entwurf zwar noch ein reales menschliches Bemühen in herausragender künstlerischer Vollendung vorlegt, während er mit diesem in Richtung einer fortschreitenden *Abstraktion* umgeht, die den Vor-Wurf-Charakter tendenziell tilgt ohne noch die dem entworfenen Tätigsein innewohnende menschliche Intentionalität prinzipiell in die Eigenschaften der musikalischen Vorgänge selbst zu übertragen.

Als ein solcher Punkt „davor" erscheint (mir) Johann Sebastian Bachs Umgehen mit dem Choral, das wir ja alle aus den Kantaten, aus den Passionen und aus dem sog. Weihnachtsoratorium kennen. In vorderster Linie wäre auf die Motette *Jesu, meine Freude* zu verweisen, vielleicht tatsächlich als ein Umgehen mit solcher Abstraktion: Bach entwirft einen persönlichen Prozess der Aneignung des „Wortes" unter Benützung des Glaubensliedes; und er entzieht diesen Prozess der unmittelbaren Praxis, auch indem er

Bibelwort und Choral in eine (scheinbar!) sich selbst begründende Korrespondenz stellt. Denn wann und zu welchem Zweck diese Motette entstanden ist, lässt sich offensichtlich nicht mehr feststellen. Allgemein gilt sie als Trauermusik, doch erscheint sie als solche mit ihren 11 Sätzen zu umfangreich und zu wenig spontan. Nimmt man die Fakten zur Kenntnis, die Hofmann sehr gewissenhaft darstellt[1], dann gewinnt man den Eindruck, Bach habe hier (möglicherweise kurz vor 1735), auf der Basis tatsächlicher Trauermusik (vielleicht aus dem Beginn seiner Leipziger Amtszeit) und unter (damaliger oder jetziger) Hinzuziehung früherer (Choral- und Kantaten-)Sätze einen Akt des Singens entworfen, der sich über den konkreten Fall erhebt, ohne ihn zu verleugnen. Aus dem Vorwurf einer Trauermusik ist aber nun ein Entwurf für einen insgesamt *den Akt* der Selbstvergewisserung des lutherischen Christen betreffenden Singens geworden, dessen situativer Zweck damit sozusagen tendenziell in die Hände des Adressaten gelegt ist.[2]

Die Motette verbindet die sechs Strophen eines zu Bachs Zeit inzwischen als Kirchenlied angeeigneten Glaubensliedes des Gubener Juristen und Bürgermeisters Johann Franck, eines Zeitgenossen Paul Gerhardts, mit den für einen Lutheraner durchaus theologisch zentralen Versen 1-2 und 9-11 aus dem 8. Kapitel des Römerbriefs.

---

[1] Vgl. a. a. O., Ss. 113-138.
[2] Vgl. Christoph Wolff, *Johann Sebastian Bach*, Aktualisierte Neuausgabe 2011, S. 272.

Der Choral als Standort religiöser Vernunft

Solcher Verbund erscheint (uns!) als beständiger Wechsel: während die erste und die sechste Strophe des Liedes einen Rahmen im identischen Kantionalsatz bilden – die Liedmelodie stammt von Johann Crüger –, wechseln sich dazwischen fünf Evangelienmotetten mit den vier Binnenstrophen ab, wobei diese nun als je eigene Kantionalsätze bzw. Choralbearbeitungen auftreten. Unter der Voraussetzung,
- dass Bach aus einer gerechtfertigten Verantwortlichkeit *das Tätigsein des Singens eines lutherischen Christen* entwirft,
- dass diesem damit eine *Ermächtigung* eröffnet wird, dem, was er hier „ausspricht" selbst *Bedeutsamkeit für sich zuzumessen* und ihm einen spezifischen, auf sich bezogenen Sinn zu generieren,
- und dass es uns als Musikpädagogen darum geht, solchen Entwurf in seinem Grund und Sinn *uns(!) plausibel* zu machen,

unter diesen Voraussetzungen also können wir den Entwurf vielleicht im folgenden interpretieren. Wir können davon ausgehen, dass der „Formplan", den Hofmann (S. 125) wiedergibt, durchaus Bachs Eigenreverenz dient, *sein* Arbeiten in Schuldigkeit seinem Schöpfer gegenüber unter dessen Gesetze zu stellen. Gleichzeitig liefert er uns Hinweise darauf, als was Bach „unser" Singen entworfen hat.

[Satz Nr.]	Stimmenzahl und musikalischer Satz	Text	Anzahl d. Takte
[1]	4-st. Kantionalsatz	Jesu, meine Freude (Strophe 1)	19
[2]	5-st Spruchmotette	Es ist nun nichts Verdammliches (Römer 8, Vers 1[1])	84
[3]	5-st. variierter Kantionalsatz	Unter deinen Schirmen (Strophe 2)	19
[4]	3-st. motettisch strukturiertes Geistliches Konzert	Denn das Gesetz des Geistes (Römer 8, Vers 2)	24

---

[1] Der Text Bachs erscheint gegenüber dem heutigen Bibeltext erweitert.

[5]	5-st. freie Choralbearbeitung (Paraphrase)	Trotz dem alten Drachen (Strophe 3)	63
			209
[6]	5-st. Motette (Doppelfuge mit einer Art Epilog)	Ihr aber seid nicht fleischlich (Römer 8, Vers 9)	48
[7]	4-st. Kantionalsatz in Gestalt einer Choralbearbeitung	Weg mit allen Schätzen (Strophe 4)	19
[8]	3-st. motettisch strukturiertes Geistliches Konzert	So aber Christus in euch ist (Römer 8, Vers 10)	23
[9]	4-st. Choralbearbeitung	Gute Nacht, o Wesen (Strophe 5)	106
[10]	5-st. Spruchmotette (mit Anknüpfen an Nr. 2)	So nun der Geist (Römer 8, Vers 11)	41 (42)[1]
[11]	4-st. Kantionalsatz (identisch mit Nr. 1)	Weicht, ihr Trauergeister (Strophe 6)	19
			208 (209)

Zu den sich ergebenden Taktzahlen von zweimal 209 (oder 208) sei soviel angemerkt: Bach stellt die Doppelfuge und damit die biblische Feststellung des Römerbriefverses 9, „Ihr aber seid nicht fleischlich, sondern geistlich", betont in eine Mitte; was diese aber bedeutet, werden wir zu fragen haben. Gleichzeitig lässt er diese Motette in 48 Takten singen, einer Zahl von Takten, die sich gemäß dem damals üblichen und Bach vertrauten Zahlenalphabet symbolisch mit dem besonderen Sigel Christi verbindet:[2]

J. N. R. J.
9 + 13 + 17 + 9 (= 48)

„Mitte" heißt aber für ein Tätigsein nicht abstrakte Mitte, sondern entscheidende Gelenkstelle, an welcher die wesentliche Umorientierung in jenem Prozess stattfindet, den das Singen entwirft.[3] Tatsächlich weist

---

[1] Vgl. Anm. 5 bei Hofmann, S. 244.
[2] Zu dieser Zahlensymbolik vgl. F. Smends Aufsatz *Johann Sebastian Bach bei seinem Namen gerufen[...]*, wiederabgedruckt in: Friedrich Smend, *Bach-Studien. Gesammelte Reden und Aufsätze*, hrsg. v. C. Wolff, Kassel etc 1969, S. 191.
[3] Das schließt nicht aus, dass auch Bach *sich* in persönlicher Verbindung mit einer zentralen Glaubensaussage selbst positioniert haben kann. Ob Bach *sich* gleichzeitig selbst zahlensymbolisch vergegenwärtigt,
B A C H
2 x 1 x 3 x 8 (= 48)
diese Frage muss aber offen bleiben.

eine gewisse Zweiteilung bereits der Liedtext Francks auf, der in den ersten drei Strophen sozusagen eine Positionsbestimmung des Subjekts in seinem Verhältnis zu Jesus formuliert, während die Strophen 4 bis 5 die Konsequenz persönlichen Verhaltens daraus ziehen und die Strophe 6 die „Exposition" des Liedbeginns nun als Ergebnis u. d. h. als durch einen diskursiven Vorgang erreichtes persönliches Ergebnis (hier) ganz wörtlich bestätigt. Was Bach (erst einmal textlich bzw. mit dem Glaubenslied textlich-musikalisch) entwirft, das ist ein Gedanken(vor)gang, in welchem das Subjekt in einer Art Selbstgespräch sich in dem Glaubenslied „als Christ" zu bestimmen versucht und mit seiner inneren Stimme, die sich das „Wort" angeeignet hat und motettisch referiert, zu einer eigenen Erkenntnis dessen bringt, was dies eigentlich heißt.

Die Motette entwirft einen Gesamtvorgang; dieser ist final auf eine theologische Vergewisserung der Jesus-Minne angelegt, auf die Einlösung eines quasi „geistlichen" Jesus-Besitzes in der letzten Strophe – „Jesus tritt herein" –, welchen die erste Liedstrophe als ein quasi „leibliches" Jesus-Verlangen aufgeworfen hat. Die eigentliche Finalität des Gedanken(vor)gangs[1] reißen bereits die beiden Spruchvertonungen (Nrr. [2] und [10]) an, indem die letztere der beiden zwar den Beginn der ersteren aufnimmt, doch in Takt 9 (= Takt 414[2]) harmonisch entscheidend anders weiterführt: der Wechsel nach (neuzeitlich gesprochen) G-dur lässt „uns" die endgültige Zusage des Bibelwortes („so wird auch derselbige [...] eure sterblichen Leiber lebendig machen") in jenem neuem Licht aussprechen, der dem angestrebten Ergebnis „unseres" Gedanken(vor)gangs entspricht. Der Choral als Anfang und Schluss im identischen Satz – und diese Identität ist hier schon für die Identifikation des Vorgangs wesentlich – definiert auch hier das Singen als ein „eigenes": „Ich bin es als Christ", der hier eine Selbstbestimmung vollzieht. Und die beiden aufeinander bezogenen Spruchvertonungen bestimmen all das, was dazwischen an Aktion sich ereignet, eben zu einem – nennen wir es einmal so, ohne uns allzu sehr festzulegen – *Vorgang einer Läuterung* des (singenden

---

[1] Den Begriff „Gedanken(vor)gang" bilde ich, um das besondere Fortschreiten hier von jenem rein musikalischen abzusetzen, das wir als „musikalischen Gedankengang" mit dem Prinzip der Sonate in der Instrumentalmusik verbinden.

[2] Der von Konrad Ameln (1965) herausgegebene Band „Motetten" der »Neuen Ausgabe Sämtlicher Werke« von J. S. Bach zählt die (mit allen Wiederholungen tatsächlich erklingenden) Takte der ganzen Motette durch.

und mit-singenden) Subjekts hin zu einem für sich angenommenen Ergebnis. Von diesem Vorgang sind sie selbst Teil. Und hierin hat die Doppelfuge in der Mitte mit ihrer symbolisch auf Christi Kreuzestod weisenden Taktzahl und noch mehr mit ihrem *„aber* [ihr (= wir) seid (sind ja) nicht fleischlich, sondern geistlich...]" entscheidende Funktion: in der „Fuge" als Satzform eines Nach- und-nach-Stärkerwerdens meldet sich sozusagen das „Schrift- Wort" als innere Stimme, von Stimme zu Stimme im Satz immer intensiver werdend. Dass dabei das Singen einzelne Worte, – vor allem die auf Dauer hin ausgebreiteten „geistlich" und „wohnen" in den beiden exponierten und (ab Takt 21 bzw. 230) miteinander verbundenen Themen werden von den Singenden und Mit-Singenden in ihrer Aktivität(!) miteinander in Verbindung gebracht –, in deren subjektiver Bedeutsamkeit hervorhebt, das entspricht der persönlichen Aneignung des „Wortes". Seine Funktion aber – die Satzform „Fuge" erscheint hier als „Figur" für ein „In-den-Sinn-Kommen" der entscheidenden Botschaft des „Wortes" für „mich"! – ist Umlenken durch die immer stärker werdende Einsicht, wobei das zweite „Thema" („so anders Gottes Geist in euch wohnet") ab Takt 15 (224), das gleich in Engführung artikuliert wird, sich dem Vorgang des Einsichtigwerdens, den auch die (Mit-)Singenden im Singen vollziehen, logisch anfügt: als sich verdichtendes Ergebnis des vorhergehenden „In-den-Sinn-Kommens". Auch das Abbrechen und *Übergehen* dieser Fuge in ein vorläufig innehaltendes Bedenken des Schlussadagios erscheint uns so plausibel: „jedoch", was ist, wenn „ich" *der* bin, der „Christi Geist *nicht* hat?".[1] Das entworfene Singen entspricht harmonisch und in seiner homophonen Struktur durchaus einem plötzlich eintretenden inneren Zweifel.

Entsprechend dem zum „Rahmen" und zur „Mitte" als Gelenkstelle des mit sich sprechenden Subjekts Gesagten sind die beiden dreischrittigen Komplexe je vor und nach der Doppelfuge zu interpretieren. Beide schließen in die Liedstrophen je einen dreistimmigen Satz in sich ein. Wenn wir den Choral als die Artikulation des eigenen Standorts deuten, dann erscheinen die dreistimmigen Sätze je als besonders intime innere Stimme, ja als ein In-sich-Gehen besonderer Art, in der die spezifische Aneignung von Text durch das motettische Singen hier entworfen ist. (Trotzdem können wir nur andeuten, wie etwa die Binnenvorgänge zu verstehen wären, um auf diese Weise jenen persönlichen Zugang zum Entwurf Bachs zu eröffnen, aus dem dann in Praxis und Be-

---

[1] Vgl. Takt 256: „...der, der, [ja] der ist [= wäre] nicht sein."

denken das Erlebnis des eigenen Singens und weitere Einsicht resultieren können.)

Vielleicht ist es einsichtiger, beim zweiten Komplex zu beginnen.

[7]	4-st. Kantionalsatz in Gestalt einer Choralbearbeitung	Strophe 4: *Weg mit allen Schätzen*
[8]	3-st. motettisch strukturiertes Geistliches Konzert	*So aber Christus in euch ist* (Römer 8, Vers 10)
[9]	4-st. Choralbearbeitung	Strophe 5: *Gute Nacht, o Wesen*

Denn die Doppelfuge, die der existentiell entscheidenden Einsicht in die Notwendigkeit eigener Veränderung gegolten hat – → ‚erst, wenn ihr Christi *Geist* in euch aufnehmt, und eure fleischliche Existenz ablegt, dann seid ihr sein' –, setzt jene Aktivität frei, die die Strophe 4 mit ihrem exclamativen „Weg mit allen Schätzen..." beschreibt, die die drei Unterstimmen in geradezu motettischer Akribie mit heraushebenden Wiederholungen von Worten und Wortverbindungen gleichsam explodieren lässt.

Der folgende dreistimmige Satz der Unterstimmen (sozusagen des Leibes?) signalisiert mit seinem 12/8-Takt und dem Wechsel nach C-dur ein Leichtwerden. Das in den Stimmen ineinandergreifende Singen versammelt zwar durchaus textbezogen Intervalle des Leidens; doch dient solches auch, um den Wechsel hin zum „wahren" Leben (→ „der Geist aber ist das Leben...") deutlich werden zu lassen, das die Singenden selbst in den Sechzehntelläufen nachvollziehen.

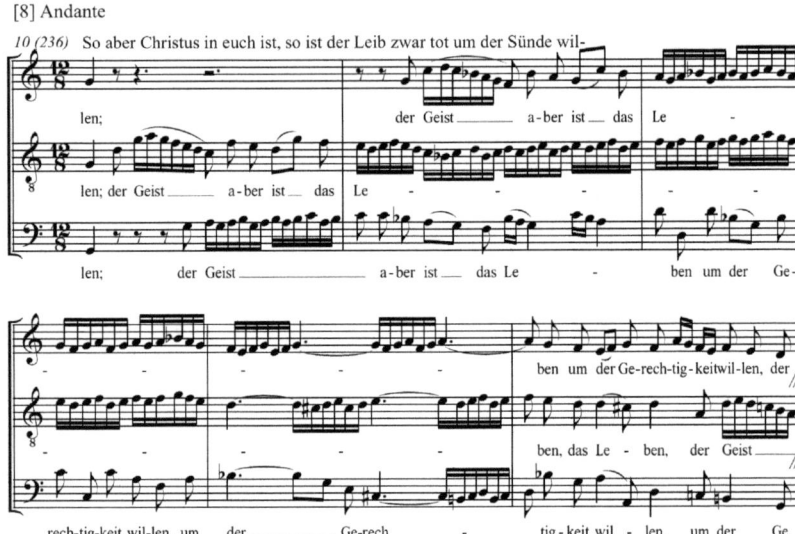

Dass es hier um den Akt eines In-sich-Gehens, vielleicht konkreter: um den Akt eines inneren Sich-Lösens geht, darauf weist der Schluss, deutlich als eine Dominante hin zum Beginn der folgenden Strophe des „Abschieds" konzipiert, des Abschieds von jenem an der Welt orientierten „Wesen". Doch die (fast instrumentale) Choralbearbeitung (= Satz [9]) ohne Bass lässt die Singenden sich jenes Singen, das der Choral selbst ist, in motettischer Manier vereinnahmen. Über einer durchgehend „sprechenden" Unterstimme des Tenors setzen die beiden Soprane ein einprägsam auf den Text eingehendes seufzerbestücktes Abschieds-Motiv, das immer wieder den stimmlichen Verlauf bestimmt. Den Choral singt zeilenweise der Alt, je durch Pausen voneinander abgesetzt.

Der Choral als Standort religiöser Vernunft

Hofmanns Hinweis (S. 131) auf die inhaltliche Dimension des basslosen Satzes, der (bei Bach) Reinheit und Unschuld, aber auch Absage an die Welt assoziiert, bestätigen schließlich die Singenden, wenn sie zum Schluss alle drei in der Absage an das Lasterleben thematisch übereinstimmen. Dass danach das Singen der zweiten Spruchvertonung an das Singen der ersten anknüpft, nun aber signifikant verändert weiterführt, haben wir oben angesprochen.

Gegenüber dem Gedanken(vor)gang der zweiten Motettenhälfte ist der der ersten schwerer zu umreißen. Bach geht es vielleicht darum, die Singenden mit dem („richtigen") Text des Chorals und der Schrift vorläufig einen falschen Standpunkt einnehmen zu lassen. (Zumindest erscheinen so einige Satzbesonderheiten plausibel.)

[3]	5-st. variierter Kantionalsatz	Strophe 2: *Unter deinen Schirmen*
[4]	3-st. motettisch strukturiertes Geistliches Konzert	*Denn das Gesetz des Geistes* (Römer 8, Vers 2)
[5]	5-st. freie Choralbearbeitung (Paraphrase)	Strophe 3: *Trotz dem alten Drachen*

Denn für das (vorläufige) Selbstverständnis der (Mit-)Singenden ist es sicher von Bedeutung, wenn Bach in der ersten der beiden Spruchvertonungen (Satz [2]) fast ausschließlich mit der auf das

197

„fleischliche" Leben Bezug nehmenden ersten Hälfte des biblischen Wortes umgeht. Um dieses soll es jetzt also gehen.

Dabei ermöglicht der eigentliche Hauptsatz „Es ist nun nichts Verdammliches..." (mit seinem ersten Relativsatz) ein unzweifelhaftes Hinstellen im homophonen Singen, in dem das wiederholte „nichts" einerseits als „wirklich nichts", anderseits im „p" als „wirklich nichts?" hervorgehoben werden kann.[1] Erst die Hinzufügung des zweiten Relativsatzes, „die nicht nach dem Fleische trachten/wandeln", schließt sich im vollstimmigen kontrapunkti-

---

[1] Der werkorientierten Anschauung – vgl. Hofmann, S. 135 f. – fällt diese Stelle vorwiegend als durch Echowiederholung und „leere" Pause gekennzeichnete „Figur" auf, in der die Konnotation eines leeren Raumes (Echo) und der Leere schlechthin (Pause) die Vorstellung eines „Nichts" verdeutlicht. Entsprechend könne man Bach hier eine Unlogik vorwerfen, denn die Hervorhebung des „nichts" widerspreche eigentlich dem Sinn des Textes, der ja gerade das Positive derer, die „in Christo Jesu sind", herausstreichen wolle. Doch ist es nicht der *Sinn* des Singens, dieses „nichts" auszudrücken, sondern die Figur – falls sie überhaupt mehr sein soll als ein, wie angedeutet, rhetorisches Verdoppeln – ist das gängige „motettische" Mittel der Aneignung des Textes durch die Singenden, um „dann" mit ihrem Singen *sinnvoll* zu verfahren. Nicht die Konstruktion des Singens, sondern der Umgang mit dieser bzw. diesem generiert dem Singen spezifischen Sinn.

schen Satz an, mit dem die (Mit-)Singenden sich nicht nur ausführlich ein spezifisch menschliches „Wandeln" vor Augen führen, sondern auch im Durchdringen des Satzes mit einem von allen Stimmen aufgegriffenen Fugenthema als sich Verständigende auftreten.[1] Mit dem dreitaktigen Kadenzieren, „sondern nach dem Geist", könnte das Singen vorläufig enden. Doch Bach nimmt Takt 37 (56) den gesamten Text nochmals auf und verdeutlicht damit die fragende Unsicherheit der Agierenden: ‚Ist es wirklich so?'. Die einführende Feststellung erscheint von den Sopranen überhöht, d. h. tonlich und figürlich hervorgehoben. Und die Fortsetzung, Takte 53-65 (72-84) nimmt die Feststellung im Sopran betont thetisch nochmals auf, um sie jedoch in den vier Unterstimmen, sich imitierend, gleichsam erregt attackieren zu lassen. Auch die sich nun, Takte 65-84, anschließende Fuge des „die nicht nach dem Fleische..." stellen dem Thema „*die* nicht..." ein Kontrasubjekt „die *nicht*..." entgegen. Man könnte sich einen Reim auf das Singen in diesem Satz machen, wenn man konzediert, dass es in beiden Aussprechens-Durchgängen erst einmal nur um die Aussage geht, „wer in Christo Jesu ist, hat nichts Verdammliches, Punkt!", und dass damit das „den „Geist" ansprechende Schlussglied des Bibelwortes als durch Pause abgetrennte Schlusskadenz hier noch nicht thematisiert (und von den Singenden resp. Mit-Singenden noch nicht begriffen) werden soll. Bestimmend ist eine diskursive Auseinandersetzung über die Feststellung und damit über eine gleichsam naive Inbesitznahme Jesu.

Tatsächlich entwirft Bach mit der nun folgenden zweiten Strophe des Chorals (Satz [3]) ein Singen, das im etwas erweiterten Kantionalsatz andeutet, dass man sich, so, wie man ist, „unter seinen Schirmen" trefflich einrichten kann.

---

[1] Die Gesamtausgabe setzt hier „wandeln"; Hofmann, der den Text S.114 f. abdruckt, hat „trachten", was dem Gedanken(vor)gang, den wir hier explizieren, noch mehr entspricht.

Zwar nehmen die Singenden im rhythmisch vertrackt ausgearbeiteten Singen das Krachen und Blitzen in der Welt ebenso wahr wie „Sünd und Hölle" im verkürzten und verminderten Septnonakkord, doch ereignet sich solches eingebettet in einem stimmlichen Schwelgen (vor allem des Tenors).

„Denn", so zitiert die innere Stimme im nun folgenden dreistimmigen Satz [4] den Vers 2 des 8. Römerbriefkapitels, „das Gesetz des Geistes, der da lebendig machet in Christo Jesu, hat mich frei gemacht...". Es ist ein „Aussprechen" in *Arglosigkeit*: die drei Oberstimmen, zuerst als Oberstimmen-Duett der Soprane, über dem quasi Bassfunktion einnehmenden Alt, gehen, von E-moll nach G-/D-dur wechselnd, auf die Worte „hat mich frei gemacht" in einen freien kontrapunktischen Satz aller drei Stimmen über, der im weiteren Verlauf „mittels dissonanter Fügungen" (wie Hofmann S. 136 schreibt) „Tod" und „Sünde" sowie in Skalen „das Gesetz" figürlich „anspricht", dabei sehr betont nach H-moll wechselnd. Wir sehen auch hier, dass das Singen, aus dem konkreten „Aussprechen" der Worte gebildet, erst durch den Satz spezifischen Sinn erhält. Dieser aber endet hier relativ offen und im terzlosen Einklang der Stimmen. Das In-sich-Gehen – so haben wir den dreistimmigen Satz der zweiten Hälfte bezeichnet –, spiegelt es hier, in der ersten Hälfte, einen grundlosen Optimismus? Vielleicht bewegen wir uns hiermit schon zu weit in interpretatorischer Spekulation. Doch gibt der nun folgende Einsatz der dritten Liedstrophe [5] mit dem Quintsextakkord,

hier wohl vor allem durch seine Position eine Figur des „Trotzes", Anlass, den Sinn des Singens aus dieser Richtung zu suchen. Denn das Singen, ganz motettisch und 5-stimmig angelegt, entfernt sich weitestgehend vom Choralmelos. Nur in einzelnen Wendungen (wie z. B. in der absteigenden Linie des ersten Soprans in den Takten 2 bis 4) scheint es als Orientierung durch. Die Singenden, die die Facetten des Textes, den Trotz, die Furcht, das Toben der Welt (sich) in ungewöhnlich dramatischer Form ausmalen, haben mit dem Satz als Choralparaphrase sozusagen ihren eigentlichen Standort (fast) verloren. Zwar versichern sie sich paarweise der Macht Gottes – und auch in dieser Formel scheint ein Bruchstück der zweiten Melodiezeile durch; doch demonstriert das Singen im generellen Schlussabsinken eher Ohnmächtigkeit.

Der Choral als Standort religiöser Vernunft

Aus solcher Interpretation gewinnt der nun (neuzeitlich gesprochen) gegenklangliche Fugeneinsatz des „Ihr aber seid..." in G-dur wirklichen Sinn: als „In-den-Sinn-Kommen" der entscheidenden (und entscheidend *richtig* verstandenen!) Botschaft des Verses 9 des Römerbriefkapitels, die sich verdichtet und jene „Wendung" im Gedanken(vor)gang herbeiführt, wie wir sie oben für die zweite Motettenhälfte beschrieben haben.

Wir könnten kaum ein treffenderes Beispiel für das finden, was wir meinen, wenn wir davon sprechen, dass es in der frühen Neuzeit darum geht, (nicht mehr nur über sein Singen, sondern) über sich als Singenden und Mit-Singenden zu verfügen. Dies bezeichnet den Sinn des Entwurfs, der hier den Zweck verfolgt, den Singenden und Mit-Singenden einen Prozess der „Selbstbestimmung als" vorzuschlagen, den sie im Tätigsein (möglicherweise u. d. h. so weit sie zum Ergreifen in der Lage sind) durchlaufen. Nicht „die Musik" als vermeintlich wunderbar symmetrisch angelegtes Werk o. ä. soll „etwas sagen" oder bewirken, sondern der Singende und vor allem Mit-Singende wird mit Bachs Entwurf *ermächtigt*, sich selbst über die Vermittlung einer künstlerischen Bearbeitung *seines* choralen und motettischen Singens in einen *Vorgang* der erneuerten (inhaltlichen) Aneignung im Dienste einer Läuterung zu begeben.

Chorales Singen und (öffentliche) Konstruktion privater Andacht.
J. S. Bachs Choralkantate »*Wachet auf*, ruft uns die Stimme«

Es ist durchaus möglich, dass Bach mit der angesprochenen Motette die Singenden auch Stellung beziehen ließ zu einer nurplakativen Jesus-Minne, die die Ratio, die am „Wort" gebildete religiöse *Vernunft* nicht mit einbezog. Dies wäre dann durchaus Kritik an einer einseitig pietistischen Haltung. Gleichzeitig – und das wäre durch Wolffs Einschätzung gestützt – gab er ein Beispiel eines möglichen Umgangs mit einem solchen Lied, das den rationalen Umgang mit dem „Wort" im Bewusstsein einschließt.

Ein solcher dem Adressaten zu *seiner* Verfügung gestellter Gedanken-(vor)gang bedeutete einen wesentlichen Schritt zur Emanzipation des (evangelischen) Christen. Und er wird noch deutlicher als geplant greifbar in Bachs Kantaten, wenn er dort durch den madrigalischen Text unmittelbar angezeigt erscheint. Das trifft auch für die meisten der Choralkantaten zu (wenn es auch durchaus so etwas wie eine Entwicklung in der Funktion des Chorals gab). Machen wir uns auch dies durch ein Beispiel einsichtig.
J. S. Bachs Kantate »*Wachet auf*«, *ruft uns die Stimme* (BWV 140) ist sicher eine der bekannteren Kantaten des Thomaskantors. Daran mag u. a. die Tatsache Schuld sein, dass sich einzelne ihrer Sätze wegen ihrer gestalthaften Vorgänglichkeit besonders einprägen, allen voran der Satz 4, der in der Form einer Bearbeitung für Orgel in den noch zu Lebzeiten Bachs von J. G. Schübler gedruckten „Sechs Chorälen von verschiedener Art..." zusätzliche Verbreitung gefunden hat. Andererseits repräsentiert das zugrundeliegende und zu Bachs Zeiten bereits als eherner Bestand rubrizierte Kirchenlied Philipp Nicolais...

Chorales Singen und (öffentliche) Konstruktion privater Andacht

ein in Melodiegestus und -erstreckung selbst in außergewöhnlicher Vollkommenheit entworfenes Singen. Die Choral-Melodie[1] wird zwar mit Recht als aus Stollen – Stollen – Abgesang bestehend beschrieben; der Abgesang ist auch im Ganzen kürzer als die beiden Stollen zusammen. Doch muss man auch ihre reale Vierteiligkeit ins Auge fassen. Jeder der vier Teile besteht aus drei Binnengliedern, wobei Teil 2 eine Wiederholung von Teil 1 darstellt,

---

[1] Das Notenbild entspricht in etwa der typographischen Einteilung der *Textstrophe* in Nicolais Originaldruck. Dabei folgen Tonart und Typus der Notenwerte diesem Originaldruck, während die rhythmische Gestaltung (etwa der Punktierungen) sich an der Fassung des EG (147) orientiert. Bei Bach findet sich (am Schluss des Stollens und damit auch am Schluss des Liedes) ein etwas veränderter Melodieverlauf.

während Teil 4 eine Art veränderte Reprise dieses Teiles bildet, einerseits Teil drei zum melodischen Höhepunkt der Melodie fortsetzend, anderseits in das Schlussglied von Teil 1 mündend und damit die musikalische Strophe zusammenfassend. Teil 3 selbst stellt sich als sozusagen „gegenläufiger" Mittelteil dar. Die Besonderheit der Melodie, im gesamten Gestus eine Art Glocken- (und gleichzeitig Signal-)Charakter[1] beibehaltend und doch „Melodie" im emphatischen Sinn bleibend, besteht zum einen im perfekten Zusammenspiel der einzelnen Glieder, je als Bogen und (in [3]) als Gegenbogen, zum andern im konstruktiven Zusammenhalt der Teile, die einen in sich geschlossenen, gleichzeitig außergewöhnlich ereignishaften Vorgang des Singens hervorbringen.

Allgemein und sicher mit Recht wird angenommen, Bach habe diese Kantate zum 27. Sonntag nach Trinitatis geschrieben, für einen Sonntag also, der in Bachs Leipziger Kantorat nur zweimal vorkam; demgemäß wird ihre Entstehung auf das Jahr 1731 datiert und für 1742 eine Wiederaufführung angenommen.

Zur Funktion des Chorals und zum Aufbau der Choralkantate

Die Kantate Nr. 140 ist eine *Choralkantate*. In ihr bildet nicht nur ein (z. B. aus Bibelstellen und freier Dichtung bestehender) Text das Vorgegebene, sondern auch ein überliefertes Glaubenslied. Dieses, dreistrophig, ist nicht nur in formgebender Funktion mit seiner (fast) unveränderten Melodie in die Kantate eingegangen, sondern auch mit seinen unveränderten Textstrophen, und dies in einer Weise, die diese Kantate für Spitta[2] zu einer (von ihm angenommenen) Idealform der Choralkantate machte, u. a. weil die Binnenstrophen – es wäre hier eh nur eine – nicht für Arien und Rezitative „verbraucht" würden (wie dies in vielen anderen Choralkantaten Bachs die Regel ist) und dem Choral sein unnahbares, unveränderliches Wesen bewahrt würde[3]. Die drei Strophen bil-

---

[1] Es fehlt uns heute die Erfahrung mit den vielfältigen Aufgaben und unterschiedlichen Funktionen von Glocken für die Öffentlichkeit innerhalb einer Kommune in den vergangenen Jahrhunderten. Das Läuten einzelner oder mehrerer Glocken, vor allem der Glocken im Kirchturm, bildete einen beständigen Begleiter und Ordnungsanzeiger im täglichen Leben und betraf nicht nur kirchliche oder religiöse Angelegenheiten.

[2] Vgl. Philipp Spitta, *Johann Sebastian Bach*, II. Band, Leipzig ⁴1930, S. 290 f.

[3] Die Beschreibung Spittas wird, soweit objektiv, bei Dürr aufgenommen; vgl. Alfred Dürr, *Die Kantaten Johann Sebastians Bachs*, 2 Bde, Kassel etc 1971 (=

den textlich als Anfang, Mitte und Ende des Singens eine Art Gerüst, zwischen dessen Stützen jeweils ein Rezitativ- und ein Arientext gesetzt sind. Doch erscheint dies nur als die gängige Optik. Man sollte es eigentlich umgekehrt sehen (womit die übliche Begründung, Bach „wollte mit dieser Kantate seinen Choralkantatenjahrgang vervollständigen" eigentlich hinfällig wird): Denn der Choralmelodie eignet hier eine besondere Beziehung zum madrigalischen Text als Aufforderungsfanal; die Disposition der Kantate nimmt dieses – wie wir sehen werden – auf: am Anfang, in der Mitte vor dem zweiten Duett und als Schluss, da diese Strophe in besonderer Weise als Abschluss passt. *Es ist der madrigalische Text, der eine Handlung darstellt, in die die Choralstrophen interpoliert sind und deren Aussagen so (erneuerten!) Sinn im Rahmen dieser Handlung erhalten!*

Der ganze Text (wie auch die erste Strophe des Liedes für sich) nimmt Bezug zum Evangelium des Sonntags (Matthäus 25, 1-13), dem Gleichnis von den klugen und den törichten Jungfrauen; aber vor allem führt er „den Gedanken des zu seiner Braut kommenden Bräutigams weiter aus" (Dürr II, 532/720). Dürr weist in seiner Aufstellung (532 f./721) die reiche Zahl biblischer Anspielungen nach; sie beziehen sich vor allem auf das *Hohelied Salomonis* (ergänzt durch Bilder aus der *Offenbarung*). Damit ist das Thema der Jesus-Minne wieder aufgegriffen, in der eigenartigen Kopplung von dreistrophigem Choral und dem Rückgriff auf Vorstellungen resp. Bilder direkt aus der Heiligen Schrift, der einer jahrhundertealten Interpretationstradition des *Hoheliedes* als Gleichnis für ein Liebesverhältnis von Christus und der menschlichen Seele entspricht. Doch erscheint dieses Gleichnis selbst für das explizierte Gleichnis angeeignet: „Mein" Erwarten des Jüngsten Tages, das die Liedstrophen selbst bereits in drei Stationen thematisieren, wird mittels der Anspielungen auf das Hohelied als ein Warten der Braut auf den Bräutigam konkretisiert. Aus den drei Stationen der Liedstrophen – „Aufwachen, Bereitmachen" (1), „Ankunft des »Freundes« und Folgen in den Freudensaal" (2), „Teilhabe am himmlischen »Gloria[…] mit Menschen vnd Englischen Zungen«"[1] (3) – konkretisieren die Zwischentexte nun ein handlungs-

---

Dürr alt); ders., *Johann Sebastian Bach. Die Kantaten,* = 6., aktualisierte Auflage 1995 (= Dürr neu), S. 531 ff.(alt) und S. 718 (neu). Die neue Ausgabe druckt die vollständigen Kantatentexte mit ab, die alte (dtv) ist handlicher.

[1] Der Begriff der „Teilhabe" bezieht sich auf den Originaltext Nicolais, bei dem es im zweiten Stollen der dritten Strophe heißt: „Von zwölff Perlen sind die Pforten / An deiner Statt, wir sind Consorten / Der Engeln hoch vmb

mäßig konkretes Geschehen. Dieses ist es, das den/die den Choral Singenden und Mit-Singenden sinnstiftend einbezieht. Auch hier bildet die aus der Dreistrophigkeit des Liedes resultierende scheinbare Symmetrie der (textlichen) Anlage eine zweiteilige Vorgänglichkeit: gleichsam gesetzt bietet sich die erste Strophe dar, entworfen als großer Chorsatz, dem die Zeilen des Melos „eingebaut" erscheinen. Der erste Rezitativtext konkretisiert die „Stimme" der Liedstrophe –

>Er kommt, er kommt,
>Der Bräutgam kommt!
>Ihr Töchter Zions, kommt heraus,
>Sein Ausgang eilet aus der Höhe
>In euer Mutter Haus.
>Der Bräutgam kommt, der einem Rehe
>Und jungen Hirsche gleich
>Auf denen Hügeln springt
>Und euch das Mahl der Hochzeit bringt.
>Wacht auf, ermuntert euch!
>Den Bräutgam zu empfangen!
>Dort, sehet, kommt er hergegangen.

und der Arientext wechselt in die Perspektive des er-wartenden Christen, dessen Seele gleichsam ein Gespräch führt, aber mit wem?

>Wann kömmst du, mein Heil?
>Ich komme, dein Teil.
>Ich warte mit brennendem Öle.
>Ich öffne (Eröffne) den Saal
>Zum himmlischen Mahl.
>Komm, Jesu! Komm, liebliche Seele!

Die Frage, wie man mit dem Arientext umgehen sollte – Bach versteht ihn als Kommunikation zwischen zweien, die Literatur interpretiert ihn in der Vertonung Bachs als „erstes Duett zwischen Jesus und der Seele" (Dürr, 722 f.) –, diese Frage sollten wir in gewisser Weise offen lassen, mit der Einsicht, dass in den „Gesprächen" der Liedtexte der Zeit eigentlich stets drei beteiligt sind: nicht nur die Seele und fiktiv die Gottheit (meistens Christus), sondern ein Ich. Zumindest ist hier vorstellbar, dass die Arie jene Vorstellung des Ich von einer möglichen Verbindung der Seele mit Christus meint, die Bach sehr lebendig als eine Art Zwiegespräch (eigentlich zwischen „Ich" und der Seele?) entwirft, da sie nicht wirklich ein solches zwischen Christus und der Seele sein kann,

---

deinen Thron". Der heute eher pejorativ gebrauchte Begriff „Consorten" (wörtlich: Teilhaber) ist heute im EG per Umdichtung ersetzt.

denn der „Bräutgam" kommt sozusagen erst mit der zweiten Liedstrophe. Diese zweite Strophe stellt hier die entscheidende Gelenkstelle im Gedanken(vor)gang dar, zwischen den Teilvorgängen der „Erwartung" und der „Erfüllung". Rezitativ und Arie verbinden also geschehnishaft zur zweiten Strophe hin, die nun nicht nur die Ankunft des „Freundes", sondern auch das „Anzünden" des „Lichtes" schildert sowie das „Folgen" zu „Saal" und „Abendmahl". Auch diese Strophe ist als Choralbearbeitung gehalten, wobei nur die Choralzeilen (Tenor) zwischen das figürlich reich ausgestattete Unisono der oberen Streicher und die instrumentale Bassstimme zeilenweise eingeschoben werden.

Eine analoge Vorstellung einer scheinbar konkreteren Handlung stellt der zweite Rezitativ- und Arientext her, der zur dritten Strophe verbindet:

> So geh herein zu mir,
> Du mir erwählte Braut!
> Ich habe mich mit dir
> Von Ewigkeit vertraut.
> Dich will ich auf mein Herz,
> Auf meinen Arm gleich wie ein Siegel setzen
> Und dein betrübtes Aug ergötzen.
> Vergiss, o Seele, nun
> Die Angst, den Schmerz,
> Den du [hast?] erdulden müssen;
> Auf meiner Linken sollst du ruhn,
> und meine Rechte soll dich küssen.

Der folgende Arientext gibt ähnliche Probleme auf wie der erste:

> Mein Freund ist mein,
> Und ich bin sein,
> Die Liebe soll nichts scheiden.
> Ich will mit dir,
> Du sollst mit mir
> in Himmels Rosen weiden,
> Da Freude die Fülle, da Wonne wird sein.

Die dritte Strophe ist als „Schlusschoral" entworfen, was jene, die Bachs Musik eine „Darstellung" des Textes unterstellen, eigentlich enttäuschen müsste: denn die Strophe spricht konkret von jenem himmlischen „Gloria", das nun angestimmt wird und das Bach in einem großen instrumental begleiteten Chorsatz vergegenwärtigen könnte. Stattdessen aber der Entwurf des mit vielen Fermaten an den Zeilenenden versehenen Kantionalsatzes, der hier eben den Gedanken(vor)gang mit der realen „Aussage" der Gemeinde bzw. des Adressaten persönlich beschließt. Dabei blickt diese(r), entsprechend den originalen Schlusszeilen Nicolais,

(... solche Frewde.)
Deß sind wir fro, jo, jo [= i-o, i-o]
Ewig *in dulci jubilo*.

auf den kommenden Advent und das Weihnachtsfest voraus, was Bach zu einem kleinen musikalischen Scherz verführt, das „jo" (= „i-o") als realistischen Laut des Esels im Geburtsstall Christi durch den (vom Satz her nicht notwendigen) Septsprung im Bass anklingen zu lassen.[1]

Die Choralbearbeitung »Zion hört die Wächter singen« und die Funktion des Instrumentalparts

Es scheint sinnvoll, sich das Singen mit dem Mittelsatz verständlich zu machen, mit der auch als Bach'sche Transkription für Orgel bekannten Choralbearbeitung der zweiten Liedstrophe, die auch hier die entscheidende Gelenkstelle darstellt.

Unser Eindruck beim Hören: dieser Triosatz ist eine Art Wunder. Das Erklingen der Unisono-Stimme zusammen mit dem Instrumentalbass erscheint uns in extremer gestalthafter Vorgänglichkeit, in die hinein nach für uns unerfindlichen Regeln die Choralzeilen des solistischen Tenors erklingen. Spittas Bemerkung vom „Hineinklingen" entspricht dem Eindruck ebenso wie Dürrs oft gebrauchter Begriff des „Vokaleinbaus".

Schauen wir näher hin, so entspringt der Eindruck vor allem dem textlosen Vorspiel (einschließlich der Zwischenspiele), während mit dem Einsetzen der z. T. etwas verzierten Melodiezeilen der Bass oft eher diesen zuzugehören scheint und die Oberstimme sich eher hinzugesellt. Sie tut dies dann charakteristisch in Einzelabschnitten, nicht aber als durchgehender Verlauf, wie im Vorspiel. Dies bemerkt man nicht, weil das Erklingen der Liedzeilen die Aufmerksamkeit absorbiert (anderseits der Charakter des Vollzugs beibehalten wird).

Die Liedzeilen berichten etwas, sie schildern einen Vorgang: »Zion hört die Wächter... sie [er-]wacht und steht auf. Ihr Freund kommt, stark und mächtig, ihr Stern geht auf.« Nach dem objektiven Bericht wechseln sie zur Schilderung einer Erwartungssituation, möglicherweise in das Innere der Erwartenden, zum Selbstge-

---

[1] Im katholischen Bereich galt das Lied auch lange als Adventslied; heute wird es unter dem Zusammenhang Eschatologie eingereiht. Zum Bachschen Satz vgl. u., S. 239, das Notenbeispiel zum Schlusssatz.

spräch Zions: »Nun komm, Herr Jesu, Gottes Sohn. Hosianna!« Und schließlich appellieren sie an dritte, an „uns" (= an die Gemeinde, an den Einzelnen), zu folgen: »Wir folgen zum Freudensaal und halten mit das Abendmahl.« Der Appell an uns besagt: „wir" sind also beteiligt! Die Strophe fasst ein Geschehen hin zu einer Situation und einem Appell, an ihr teilzuhaben. Ist dieses Singen (des Chorals) das Primäre? Sicher in dem Sinn, dass der Choral zu realisieren und gleichzeitig in seinem Sinn, u. d. h. hier wohl: gemäß dem *Sinn des Singens und (unseres) Mit-Singens,* zu vergegenwärtigen ist. Dazu dient der Satz, dienen möglicherweise die Instrumentalstimmen. Auch sie „singen" (mit), „sprechen aus"; aber wie und wovon bzw. was?

Wir können die Frage nur ungefähr beantworten, indem wir dem Verlaufscharakter nachgehen. Denn der melodische Vorgang (der Unisonostimme im Vorspiel) besteht aus sehr regelmäßigen und in ein spezifisches Verhältnis zueinander tretenden Bildungen, analog „Zeilen" eines Liedes (wie wir das auch aus Bachs Instrumentalmusik kennen).

Die erste, zweitaktige „Zeile" (a) wird echomäßig wiederholt; sie hat etwas, wie Schweitzer anmerkt, scheinbar Tänzerisches;

anderseits geben ihr Auftakt und Achtelzusammenschlüsse Betonungen und Festigkeit; schließlich charakterisieren sie vor allem die Seufzersekunden, die aber nicht Schmerzliches, sondern eher Sehnsüchtiges ausstrahlen; dies resultiert aus ihrer Übereinanderordnung und dem Schließen nach oben bzw. umgekehrt: die Abtaktigkeit und Weite der Figuren vermittelt ein Zusichziehen-Wollen. Die erste von unten auftaktig beginnende und mit der T abschließende Instrumentalzeile können wir als *Feststellung einer Sehnsucht, aber in Gewissheit und Fröhlichkeit* identifizieren; ihre p-Wiederholung bedeutet Intensivierung und doch gleichzeitiges Zurücknehmen der Empfindung nach innen. Ihr schließt sich eine mit einer Art Ausruf, gleich einem Fanal, hoch beginnende und in eilende Sechzehntelläufe übergehende zweite „Zeile" (b) an,

die offen, auf der Dominante endet. Sie scheint eine „entdeckende" Gewissheit zu vertreten, die in eilende Geschäftigkeit übergeht. Dieser wiederum folgt – eigentlich an die Vorhalte von „Zeile 1" anschließend und „Zeile 2" wie eine Einschaltung erscheinen lassend – eine Art innehaltende Entgegnung,

wie eine „Frage" an sich selbst oder eine momentane Ratlosigkeit. Sie bildet ein retardierendes Element, zweimal gestellt und als Sequenz und harmonisches Fortschreiten in die DD intensiviert. Diese „Zeile 3" (c) erhält gleichsam eine „Antwort"

mit dem eilenden Gestus der (Lang-)„Zeile 4" (d), der in sich die Figur des Frage-Endes aufnimmt und im wiederholten „Stehenbleiben" und wieder Ansetzen der Bewegung, erst in die gleiche, dann in die gegenteilige Richtung, Unentschlossenheit in der Aktion, vielleicht ein immer wieder Zögern meint (d^1). Doch der „entschlossen" durchgehende Bass führt zur Abkadenzierung in der D; und die zweite Hälfte dieser „Zeile 4" (d^2), ein Ausdruck (nun) der Entschlossenheit (hervorgerufen durch die Septe im Bass mit dem Sekundakkord, Ende Takt 10, und den entschiedenen Quartschritt in der Oberstimme zu Takt 11 hin), leitet in den erneuten Beginn zurück, u. d. h. auch in das „Aussprechen" der ersten Text- und Liedzeile – ein Ausdruck des Sich-gewiss-Werdens dessen, was zu tun ist.

Der Verlauf des „Vorspiels" erzeugt einen wie „sprechenden" Vorgang, der unmittelbar mitvollziehbar erscheint. Dessen Korrespondenz der Glieder ist hier nicht (wie später in der Klassik) vom harmonischen Gelten her und zweiseitig bestimmt, sondern als Angliederung an Gesetztes vom sprechenden Charakter der figürlichen Bildungen her, der gerade durch seine je zweitaktige Regelmäßigkeit mitvollziehbar erscheint. Man könnte das Sprechende durch Kopfsilben verdeutlichen, etwa folgendermaßen:
- *Freudige Sehnsucht*: „Wann/Bald kommt »er« endlich zu mir" (a); –
- *Ausrufen*: „Ich glaube, jetzt kommt er wirklich!" (b) –
- *„Frage"*: „Wie ist mir, was geht in mir vor?", aber vor allem: „Was soll ich jetzt machen?"(c) –
- *„Antwort"* und noch unsichere Aktivität: „Ich will und muss mich irgendwie bereit machen" (d^1) –
- Beschließen (im doppelten Sinn): *Entschluss*, „ihm" entgegenzugehen (d^2)

Die fünf je zweitaktigen musikalischen Einheiten sind *nicht* sprachliche Einheiten; aber sie verhalten sich als Folge musikalischer „Gesten" wie eine logische Folge sprachlicher Einheiten und artikulieren so einen Vorgang, der, da die gestischen Einheiten sich *aus der Aufeinanderfolge* charakterisieren, subjektiv aus dem Textzusammenhang konkretisierbar erscheint, zumal für Mit-Singende, die noch täglich mit kirchlichem und geistlichem Lied singend umgingen.[1]

---

[1] Es scheint nicht ausgeschlossen, dass Bach hier nicht nur eine Art Strophe, sondern ein konkretes Lied bzw. verschiedene Liedzeilen paraphrasiert hat. So kommt eine Melodie von Guillaume Franc (114; EKG 181) den verwendeten Formeln sehr nahe, die auch in der Bearbeitung von J. Crüger mehrmals mit Text versehen wurde, u. a. 1700 vom Bremer Dommusiker Lorenz Lorenzen mit „Wach auf mein Herz, die Nacht ist hin". Anderseits lässt sich die „Form" dieses Vorspiels ebenso von Ph. Nicolais Liedstrophe selbst ableiten.

Wir können die musikalischen Einheiten („Zeilen" a bis d) als quasi körperliche Gesten eines inneren Vorgangs, eines Selbstgesprächs identifizieren, als ob jemand in einer uns fremden Sprache spräche, deren Inhalt wir, obwohl wir die „Worte" nicht verstehen, aus dem Tonfall erschließen. *Der mitzuvollziehende artikulative Vorgang – falls wir ihn im Prinzip richtig benannt haben – steht in einem „handelnden" Verhältnis persönlicher Art zum objektiv als Liedstrophe Gegebenen, gleichsam als ein instrumentales „Singen" betont persönlicher Art (des einzelnen Gläubigen) dazu.* (Die Instrumental- „Zeilen" deuten in ihren Gesten ein persönliches Beteiligtsein an, das die Bedeutsamkeit der Liedzeilen für „mich" überhöht um Momente eines Empfindungsprozesses.) Das lässt den Choral objektiv weiterhin die Hauptsache sein, auf die alles musikalische Geschehen bezogen ist; subjektiv aber tritt ein persönliches, eigenes „Singen" im instrumentalen Spielen (als Erleben dessen, was „unsere" Choralstrophe meint) in den Vordergrund.

Versuchen wir, das besondere Zusammenspiel der Choralzeilen mit dem von Bach eröffneten artikulativem Vorgehen des singenden (und mit-singenden) Subjekts durch die Violinstimme nachzuvollziehen! Dabei erscheint es nicht unerheblich, dass die Violinstimme mit ihrer Artikulation oft vorausgeht.

So gleich in Takt 13, vor dessen Beginn die Violinstimme über dem D^7-Akkord mit ihrer Zeile a beginnt, während das Singen der ersten Choralzeile erst in der Mitte des Taktes einsetzt. Gleichzeitig sehen wir, dass der Bass nun beiden Artikulationen gerecht zu werden hat und ein eigenes, vom Vorspiel abweichendes Geschehen gegenüber Choral und Violinstimme darstellt, das beide einerseits zu einem harmonischen Vorgang bindet, anderseits zu einem solchen der gegenseitigen Beziehung, deren Sinn und Bedeutung sich uns nun sowohl im (ersten) Stollen als auch im Abgesang als eine Art Korrespondenz zwischen einem Bemerken des „Außen" und einem inneren Vorgang des betroffenen Subjekts erschließt

In den auftaktigen und gleichsam „nach vorne schauenden" Ausdruck freudiger Sehnsucht (a) – in diesen hinein! – nimmt das Subjekt als Choralzeile wahr, was sich als „Außen" ereignet: „Zion hört die Wächter singen". Dies ruft fast unmittelbar – → gleichzeitiger Einsatz – mit der Wahrnehmung eigener körperlichen Veränderung, die die zweite Choralzeile, „das Herz tut ihr vor Freuden springen", artikuliert, die „Frage" – Zeile c, obwohl im Vorspiel hier Zeile b folgt! – hervor: „was ist das?", vor allem: „wie ist mir?" bzw. „was soll ich tun?". Enthalten ist in dieser Zeile c – das eröffnet sich uns in der Gegenüberstellung – eine Figur möglicherweise des (Auf-)Springens und Ausrufens und doch wieder Zurücksinkens und schwankenden Verharrens und unentschiedenen Offenbleibendens, die der Bass verstärkt. Dann aber, wieder vorausgehend, der Ausdruck der eigenen Aktion (Zeile b → „Ausruf", „er kommt"), die das Subjekt mit der versetzt einsetzenden Choralzeile („sie wachet und steht eilend auf") benennt resp. wahrnimmt.

Die nun folgende Wiederholung des Vorspiels und anschließend des korrespondierenden Vorgangs zwischen innerem Geschehen (= dessen, was dem Subjekt geschieht) und äußerer Wahrnehmung mittels des Textes des zweiten Stollens widerspricht seiner Struktur nicht: denn auch diese drei Textzeilen zielen vorgangsmäßig auf die dritte Zeile, „ihr Licht wird hell, ihr Stern geht auf.". Dass Bach mit einer Wiederholung der „ausrufenden" und sich sozusagen aktiv wahrnehmenden Zeile b fortsetzt, bevor er den sozusagen ersten Teil des gesamten Stücks mit dem Ablauf der Zeilen c und d fast arienmäßig korrekt beschließt, hebt die der Zeile b und damit dem ganzen Teil noch innewohnende subjektive Vorausahnung und Ungewissheit dessen, was geschehen wird, hervor.

Trotzdem können wir den Gesamtablauf der musikalischen Zeilen, wie er dem Vorspiel entspricht, als inneren Durchgang zu einem Ziel der Entscheidung bzw. (jetzt) der Erfüllung hin verstehen. Blicken wir nämlich voraus auf Takt 63 (und damit auf einen sozusagen dritten Teil des gesamten Stückes), so wird der innere Vorgang in der beginnenden Realisation des Ersehnten, „Wir folgen all", als folgerichtiger nochmals durchlebt, wenn auch auf einer sozusagen fortgeschritteneren Ebene des Geschehens: als Annäherung an das „Mahl" mit „ihm", an die endliche Erfüllung der Sehnsucht.

Konsequent folgt denn auch der Ausdruck der „freudigen Sehnsucht" (Zeile a) dem vorausgehenden Feststellen der Aktion: „Wir folgen"... Nun gehen auch die anderen Zeilen des Chorals den Instrumentalzeilen jeweils voraus; Zeile b bleibt gleichsam für sich; und Zeile c steht als Höhepunkt des inneren Empfindens („Wie ist mir?"), hinter dem die Violinstimme, Takt 70 (vielleicht eben nicht aus spieltechnischen Gründen!), nicht mehr hinausgeht, sondern beruhigt ausklingt.

Von hier lässt sich die besondere Struktur des Mittelteils (Takte 51-63) wahrnehmen, in welchem Bach gleichsam ein Durcheinander in den Empfindungen des Subjekts eröffnet. Denn das von uns als gleichsam äußere Wahrnehmung Bezeichnete der Choralzeilen geht mit den Instrumentalzeilen in ein (selbstzweifelndes?) Selbstgespräch über: die Wahrnehmung des „Nun komm, du werte Kron" steht sowohl die Empfindung der angerissenen (= nur halben!) „Frage" an sich selbst (c) als auch die Aufgeregtheit des „Ausrufs" (b) zur Seite. Und die Präzisierung der „Bitte" („Nun komm…") mit „Herr Jesu Gottes Sohn" ruft die Sehnsucht der ersten Zeile (a) hervor, nun aber in C-moll; und schließlich bleibt das „Hosianna" in einer gedrückten „Stimmung", indem das Melos beständig eine Terz höher nach C-moll uminterpretiert wird: der Grundton *es* wird zur Terz in der parallelen Tonart. Auch den sich anschließenden arienmäßigen Abschluss des Mittelteils, der mit den Zeilen c und d anschließt, kennzeichnet die Verwirrung und Verzagtheit, nicht nur im „herumirrenden" Bass zu Zeile c, sondern auch im Abbrechen der eigentlichen Kadenz (Takt 63) und dem plötzlichen Wechsel nach Es-dur des Schlussteils.[1]

Die drei Teile der Choralbearbeitung beleuchten sich also in ihrer arienhaften Folge selbst. Die Noch-„Verzagtheit" ausgerechnet beim „Hosianna", in schwierigen harmonischen Verhältnissen, verdeutlicht sich durch den überraschenden Einsatz der „Reprise", der das Zwischenspiel förmlich abbricht und abrupt in die Tonart *Es* hinüberwechselt: „[Jetzt] folgen wir all", jetzt geht in Erfüllung, was vorher (nur) sehnsüchtige Erwartung war.

Wir wollen nicht behaupten, das, was wir an „Einsicht" skizziert haben, formuliere „die" Bedeutung dessen, was musikalisch hier vorgeht. Wir wollen damit nur eine Perspektive eines möglichen Sinns des Singens hier eröffnen (sowie eine heutige Perspektive, diesen Sinn im Mitdenken sich zu erschließen). Immerhin kann uns klar werden, dass der Mittelteil in dem Satz die entscheidende Gelenkstelle bildet, ebenso, wie der gesamte Satz als „Gelenk" zwischen den Hälften der Kantate, zwischen also „Erwartung" und „Erfüllung" fungiert. *Der Choral (als textlich-musikalische Strophe) wird hier selbst wiederum zum „eigenen" Gedanken(vor)gang, als welcher er „interpretatorisch" angeeignet erscheint durch jenen Empfindungsvorgang, den das Subjekt (ihm gegenüber) durch die Instrumentalstimme artikuliert.*

---

[1] Ob die halbtaktige Verschiebung der „Zeilen" innerhalb der Takte (ab Takt 54) und die damit verbundene Betonungsverschiebung zur Charakterisierung gehört, lässt sich kaum entscheiden.

Die Bedeutung der beiden Duette mit ihren Rezitativen

In solchen Entwurf eines inneren Vorgangs im (singenden und mit-singenden) Subjekt können wir die beiden umgebenden Duette mit ihren Rezitativen einbeziehen – als Realisation einer *Vorstellung* von Erwartung und Erfüllung. Grundsätzlich aber entwirft Bach kein „Theater" im ausdrücklichen Sinn; anderseits soll sich in uns offensichtlich durchaus eine Art Vorstellungstheater abspielen: unser Gedanken(vor)gang ist von Bach sozusagen didaktisch aufbereitet. Zuerst, im Rezitativ[2], als eine innere Stimme der Vernunft, mit der wir (als Reaktion auf die Funktion des Eingangschores als „Evokation"; vgl. u.) uns selbst ins Gedächtnis rufen: »„Der Bräut'gam kommt", der jüngste Tag, er *wird* wirklich kommen; eigentlich sollten wir uns *jetzt* auf den Weg machen... « Dies ist (offensichtlich und zuerst einmal) kein fröhlicher, optimistischer Gedanke: Haupttonart ist (modern gesprochen) C-moll.

Das Rezitativ (als typisch Bachscher „Sprechgesang") lässt uns Aussagen als solche u. d. h. als einzelne Sätze oder Satzgruppen in rhetorisch gestalteter Weise „aussprechen", je durch Kadenzen abgeschlossen und voneinander abgesetzt. Die Gestaltung zielt (außer am Schluss) auf die Taktmitte, hinter der die kadenzierenden Akkorde gleichzeitig als Eröffnen der neuen Aussage am nächsten Taktbeginn dienen. Im Vergleich zum zeitgenössischen Opernrezitativ (etwa Hasses) erscheint Bachs Rezitativ emphatischer: es berichtet nicht, sondern fungiert als innere Stimme.

So rufen wir uns mit der Anfangskadenz überm Orgelpunkt am Beginn, formuliert tatsächlich wie ein Ruf, „Sieh doch, er kommt!...", ein uns eigentlich Selbstverständliches ins Gedächtnis; doch dramatisiert sich die Aussage im modulierenden Abgehen von der Haupttonart mittels einer relativ komplexen Harmonik: „sein Ausgang eilet aus der Höhe" scheint einerseits eine abbildliche Kontur („Höhe") zu zeichnen, anderseits wirkt es mit der akkordischen Verdichtung fast bedrohlich und „löst" sich mit dem Anhang „in eurer Mutter Haus". Bach ermöglicht uns, unsere Vorstellung uns bildlich vor Augen zu führen, dies aber einschließlich unserer Empfindungen. Das „Aussprechen" der Singstimme benützt Skalen, aber eben auch gerne Klangauseinanderlegungen zum emphatischen Herausheben von Silben mit großen Schritten nach oben und unten. Das wirkt dramatisch, ist aber, auf die Empfindung zielend, emphatisch gemeint.

Grundsätzlich aber lebt die Emphase aus dem Verhältnis je zum Bass (und dem mit ihm gemeinten Klang). Wenn bei der letzten Silbe von „Ihr Töchter Zions kommt her<u>aus</u>" der Orgelpunkt in Bewegung gerät, dann meint dies unsere innere Bewegung; oder wenn am Schluss das als „Fingerzeig" umgesetzte „Dort, sehet, kommt er..." mit einer komplex verdichteten Subdominante versehen ist,

dann soll hier möglicherweise auch unser erschreckendes Aufmerksamwerden angestoßen sein.

Wenn wir davon sprechen, dass Bach mit unserem (Mit-)Singen uns eine „Vorstellung von" entwirft, dann unterliegt solche in der Regel dem Überschwang, nicht der nüchternen Realität. Dies gilt hier im Besonderen für das folgende Duett, das einer die Empfindungen durcheinanderstürzenden Erwartung Ausdruck verleiht. Einerseits: Auch wenn das Rezitativ von einem Bräutigam spricht, heißt das ja nicht, dass er in dem nach dem Schema der Arie gebauten Duett „schon" oder „überhaupt" anwesend ist (und singt). Vielmehr: Das Duett bedeutet im Prinzip Stillstand der (äußeren!) Handlung; der Angesprochene, an den sich das Rezitativ richtete, steht nun im Mittelpunkt. Seine (= unsere) innere Situation als eine mögliche wird vorgestellt (= sich vorstellbar gemacht), und dies nun anderseits inform eines Zwiegesprächs, das aber eher ein *inneres* darstellt und das so tut, als ob: „ich" frage – und „er" als innere Stimme sagt: ich bin resp. es ist ja eigentlich schon da, das Heil (durch den Tod Jesu!). Auch das Duett verbleibt in der Tonart C-moll (nach dem Eingangschor in Es).

Wann kommst du, mein Heil?
Ich komme, dein Teil,
Ich warte mit brennendem Öle
Eröffne den Saal*)
Ich öffne den Saal*)
Zum himmlischen Mahl
Komm Jesu, komm liebliche Seele!

In seinen Text hat Bach offensichtlich eingegriffen, indem er die Reihenfolge der beiden mit *) bezeichneten Zeilen in der Komposition umdrehte: Das in die hoffnungsvolle Zukunft hinein vorgestellte Zwiegespräch zwischen der Seele und Jesus – zumindest ist anzunehmen, dass Bach den Text so auffasste[1] – wechselt in der zweiten Hälfte u. d. h. für Bachs Arienstruktur im B-Teil des Duetts sozusagen die Aktivität: nun ist die Bassstimme (= die Stimme des Bräutigams in uns) initiativ, während die Sopranstimme (= die Stimme der eigenen Seele) reagiert. Dass Bach im Übergang zur Reprise darauf verzichtet, die gesamte instrumentale Einleitung wieder aufzunehmen, kann damit zusammenhängen, dass der Gedanken(vor)gang, den dieses Duett selbst ermöglicht, zu einem gewissen Ergebnis gekommen ist, welches das Singen des wieder aufgenommenen A'-Teils mit dem Text der ersten drei Zeilen nun eher als Gewissheit der Hoffnung artikuliert.

Grundsätzlich bietet das Duett heutigen Interpreten Schwierigkeiten, da seine Kommunikationsstruktur nicht eindeutig ist. „Wann kommst du, mein Heil / ich komme, dein Teil"[2]: verstehen wir als Kommunikation, die auch in gewisser Weise vorliegt, aber nicht im Sinne von Frage → Antwort, sondern im Sinne eines Ergänzens. Die „Antwort" ist nicht Entgegnung, sondern Anfügung, Vervollständigung des Hingestellten. Dabei kann im zweiten Rezitativ (im Satz [5]) durchaus Christus als unsere Gewissheit „sprechen" (→ wir lassen Christus in uns zu Wort kommen, nachdem wir im Gedanken(vor)gang so weit gekommen sind). Das bedeutet aber keinesfalls, dass das nachfolgende Duett dort

---

[1] Ohne die Umstellung wäre der Text eindeutiger als Selbstgespräch der Singenden (Seele) interpretierbar.
[2] Vergl. *Gott sei Dank durch alle Welt* (EG 12, mit dem Text von Heinrich Held, 1658), vierte Strophe: „Sei willkommen, o mein Heil! / Hosianna, o mein Teil! / Richte du auch eine Bahn / dir in meinem Herzen an."

ein „Zwiegespräch zwischen Seele und Christus sein *muss*: dagegen spricht auch der Beginn der „Seele". Auch es ist „Vorstellung von", in die „ich" eintrete, nach der entscheidenden Einsicht, die durch die Choralbearbeitung der zweiten Strophe erlangt wurde. Entsprechend wäre dort – konform mit „und ich bin sein" – der Gedanke der Ergänzung von Seele und Leib, gemäß der Vorstellung einer wirklich leiblichen Auferstehung, denkbar. Um diese geht es hier; und die wird auch sozusagen im Schlusschoral erfüllt! Doch verbleibt die Vorstellung einer vorgestellten Kommunikation zwischen der Seele und dem Bräutigam Christus eine naheliegende Interpretation, vor allem, was das zweite Duett mit seinem Rezitativ betrifft; im Besonderen die Besetzung der Stimmen (Sopran – Bass) sowie das Accompagnato im zweiten Rezitativ (Satz [5]), schließlich die gedanklichen und textlichen Übernahmen aus dem *Hohelied* sprechen dafür. Doch das erste Duett, das ist ganz zentral auf das in sich selbst suchende Ich abgestellt.

Angedeutet haben wir, dass das Duett von Bach dreiteilig im Sinne der Arienform angelegt wurde; das zweite Textzeilentrio dient einem B-Teil. Doch bleibt der vor allem durch die Violinstimme (aber auch in den Singstimmen) vermittelte Grundausdruck durchgehend erhalten; nur kleine Veränderungen deuten den durch den B-Teil zu vertretenden Gedankenumschwung an. Die Violine, als zarte *Violino piccolo* vorgeschrieben und damit (den Usancen der Zeit und Bachs) den Empfindungen der Seele zugeordnet, um deren Deklaration es hier vor allem geht, geht von einem zweigeteilten charakteristischen „Kopf" aus.

In diesem artikuliert sich der Aspekt der potenzierten Sehnsuchtsäußerung und einer gleichsam antworthaften Ergänzung als zielsichere Rückkehr zur Tonika über einen nur vorsichtigen (= nicht grundtönigen) Wechsel zur Dominante.

Entscheidend aber ist, dass der Verlauf nicht auf der erreichten Tonikaterz stehen bleibt, sondern noch vor dem nächsten Taktbeginn unversehens in die Doppeldominante weiterzieht und damit in eine „unsichere" Bewegtheit der Zweiunddreißigstelgruppen, Ausdruck einer potenzierten inneren unruhig suchenden Bewegung,

Chorales Singen und (öffentliche) Konstruktion privater Andacht

die in ihrer Mitte die beiden charakteristischen Seufzergruppen (Takte 5 und 6) einschließen.

Wir können auch hier davon ausgehen, dass die einleitenden Instrumentaltakte wieder den entscheidenden Empfindungsvorgang entwerfen, zuerst, in den ersten beiden Takten, als Äußerung einer sehnsüchtigen Hoffnung und dem Vorschein ihrer sie erfüllenden Zusage, die aber Ende Takt 2 vorschnell abgebrochen erscheint und in die 32stel-Figuren eines potenziert unsicheren suchenden(?) Hin-und-Her übergeht, das in sich als Kulmination Seufzer und Nachseufzer einschließt.

Tatsächlich dient der „Kopf" nun den Singstimmen dazu, um mit ihm und ihn fortspinnend die hoffnungsvolle „Frage" und die zusagende „Antwort" zu artikulieren, wobei die dritte Textzeile allein der für sich selbst sprechenden Seele zugehört, in deren „wartende" Längung die Bassstimme ihr „ich komme" versichert. Die Violinstimme verfährt in bekannter Weise als Deklaration der parallelen Empfindungen mittels Auswahl aus dem in der Einleitung exponierten Figurmaterial, beginnend mit den Seufzertakten zur sängerischen Exposition des „Kopfes" und dem inneren Verharren danach. Das Prinzip der kommentierenden Auswahl wird besonders deutlich in den Takten 15 ff.,

in denen das plötzlich als echte Frage (von Bach hinzu-) formulierte „mein Heil?" von der Figur der „Frage" bzw. Erwartung oder Hoffnung des „Kopfes" begleitet wird, die dreimal hintereinander geschaltet die Erwartungshoffnung der Sprechenden andeutet und die innere Verfassung der „Wartenden" bezeichnet. Beim zweiten Aufnehmen der „warten"-Zeile (Takte 23 ff.) kulminiert die Violinstimme aus den 32stel-Figuren heraus in den Seufzertakten, um danach abzukadenzieren und die Singstimmen mit ihrer Frage-Antwort-Ungewissheit alleine zu lassen. In dieser (hier) gleichsam Empfindungs- und Trostlosigkeit hinein leitet der „Kopf" der Violinstimme geradezu programmatisch über in die optimistische Vorstellung des B-Teiles, in einer Weise, die den zweiten Takt nicht vorschnell abbricht, sondern hinüberzieht in die Seufzerfigur.

Diese bestimmt denn auch dort den Violinpart, der das Singen begleitet. Dass Bach die Singenden zum Text „zum himmlischen Mahle" in Sextenparallelität „vereint" und dabei nur sie allein „sprechen" lässt – die Violinstimme pausiert jeweils –, verweist umgekehrt (hier) auf die extreme Verzückung der (= der Vorstellung! von den) nur auf sich bezogenen Partner(n).

In der von Bach je mit solistischem Überhang einerseits des Soprans (Takt 32) und anderseits des Basses (Takt 60) hervorgehobenen Konsequenz des Textes liegt es, dass der B-Teil mit der solistisch hervorgehobenen Sicherheit einer (vorgestellten) Zusage des „Komm, liebliche Seele" endet. Möglicherweise folgerichtig lässt Bach die den Einsatz der Singstimmen begleitende Violine nicht mehr in die „Unsicherheit" vor dem Taktstrich abgleiten, sondern hinüberziehen in einen Übergang hin zu den begleitenden Seufzerfiguren. Wenn dann zum Textglied „ich warte" (Takte 69 ff.) trotzdem wiederum der gesamte Apparat der Solovioline erklingt, dann bezeichnet dieser möglicherweise den trotz der optimistischen Vorstellung des B-Teiles anhaltenden Zustand des Wartens, den der Epilog dieses verkürzten A'-Teiles (Takte 77 ff.)

auch ungeschützt durch die Violinstimme betont. Ob dabei die betont abwärts gerichteten Figuren des Basses die Zusage des „Kommens" verstärken sollen, können wir offen lassen. Wesentlich ist, dass wir jenen Gedanken(vor)gang angerissen haben, den auch diese Arie im Rahmen eines Zustandes, sozusagen im Kleinen vergegenwärtigt.

Gegenüber dem ersten Duett *scheint* das zweite eindeutiger einer Vorstellung von einer realen Begegnung der Seele mit dem Bräutigam zuzugehören, die der Singende resp. Mit-Singende als seine Vorstellung artikuliert. Denn das Rezitativ, hier vom Bass vorgetragen und mit einem Streicherensemble begleitet, weist (bei Bach) auf Christus als (in uns) Redenden.

Die Form der Arie ist hier reiner angewendet, als im ersten Duett: die Reprise des A-Teils ist als *Da capo* vollständig aufgenommen.

Dürrs Bemerkung vom „Liebesduett" (535) und jene, dass „die Verteilung der Anfangsworte des 6. Satzes »Mein Freund ist mein« – »und ich bin sein« auf beide Dialogpartner in Bachs Duett... eigentlich nicht korrekt" sei, geht am Satz etwas vorbei; immerhin ergänzt er, dass es Bach „offensichtlich... nicht um einen realistischen Dialog zu tun (sei), sondern um die Beibehaltung des Bibelzitats ohne dramatische Nebenabsichten". (533) Aber: um dramatische (im Sinn von emphatische) Absichten, um die geht es möglicherweise; sie rechtfertigen das kompositorische Vorgehen. Jede „Stimme" sagt = vergegenwärtigt das, was ihr in ihrer Rolle zukommt. Die eine (die Seele?) die Gewissheit „Mein Freund ist mein"; die andere (der Körper?) aber die an uns gerichtete Botschaft: ‚auch ich bin sein'. Dies wäre eine Möglichkeit, den Text nicht „zweiseitig" (als Gespräch zwischen Seele und Christus), sondern dreiseitig zu verstehen: Seele und Körper versichern sich der „Liebe" Christi, nachdem dieser (im Rezitativ) „mich" eingeladen hat. Die „Liebe", um die es geht, ist also nicht identisch mit dem Verhältnis zwischen den Rollen der beiden Singenden, sondern beschwören ein Verhältnis der beiden Singenden zu einem (hier nicht selbst singend erscheinenden) Dritten. Das Problem resultiert freilich aus der Bassstimme, die gewöhnlich – und so auch in dieser Kantate davor – mit Christus identifiziert wird. Dadurch wird selbstverständlich angenommen, der Bass repräsentiere auch im Duett den Gottessohn. Während aber einerseits der Mittelteil mit der Korrespondenz von „Ich will mit dir..." mit „Du sollst mit mir" solche Rollen der Singenden nahelegt, weist die künstliche Aufteilung der dritten Textzeile, „da Freude die Fülle, da Wonne wird sein" eben genau in die andere Richtung der ungeteilten Auferstehung. Wir wollen hier nicht entscheiden, was „richtig" ist, sondern Möglichkeiten andeuten, als was das Singen hier sich verstehen könnte: auf jeden Fall als Artikulation eines inneren Vorgangs, der, da er ja letztlich einer sein will, der in dem Adressaten sich ereignet, unser Bedenken ingang setzen soll: Bach macht uns einen Text singen, und zwar so, dass wir uns ihn vorstellen, indem wir uns ihn darstellen [= uns in ihm als Handelnde vorstellen].[1]

Der „Kopf" der instrumentalen Einleitung – die Arie steht in B-dur – erscheint in sich weniger dialogisch als im ersten Duett: Eröffnung und Entsprechung bilden jeweils einen Takt und sind in einem T-D-T-Wechsel harmonisch eingeschlossen.

Dabei dreht der von der oberen Quinte her „beschwingte" Erfindungsausgang die Seufzerfigur (der Takte 5 und 6) des ersten Duetts gewissermaßen in das Gegenteil: in ein sich auf der Durterz öffnendes Hin-und-aufeinander-Zugehen, das im zweiten Takt von einem großen ausschmückenden, ein Annehmen bekräftigenden Bogen beantwortet wird. Die „Antwort" erscheint hier weniger „rhetorisch" als strukturell (wie in der Musik der Klassik). Dem folgt eine Angliederung, die sich zur Dominante wendet, mit gleichem „Kopf" beginnt, aber im Bogen fortsetzt, so, dass die Zäsur überspielt wird, wodurch eine Einheit entsteht, die sich zum dominantischen Halbschluss neigt, – um von da, initiiert von der Septe im Bass (Ende Takt 4), sequenzierend und dabei optimistisch aufsteigend fortgesponnen zu werden und in sukzessive verkürzten Figurgruppen nach weiteren 4 Takten zur Tonika (B) abzuschließen. Wir können diese achttaktige Struktur aus 2 + 2 + 4 Takten als dreiphasige Exposition einer gleichsam überfließenden Freude verstehen: als freudige Einsicht (gleichsam doppelte *Feststellung*) + als sich selbst klarmachende und *vernünftig bewahrheitende* Wiederaufnahme und Fortsetzung solcher Einsicht + schließ-

---

[1] So gesehen ist die Kantate eben weder Konzert noch Darstellung theaterhafter Art. Wäre sie dies, dann hätten wir sie im Zusammenhang HÖREN (und nicht SINGEN) anzusprechen.

lich als eloquentes freudiges *Sich-Versichern* dessen, was die Einsicht nahelegt(e).

Darin, dass auch der sog. B-Teil (Takte 47-73) vom gleichen motivischen Material ausgeht, ähnelt dieses Duett dem ersten. Es entwirft einen einheitlichen persönlichen Zustand als Rahmen, hier des geradezu körperlichen Ausdrucks der Freude, innerhalb dessen wir den B-Teil als konkrete Vorstellung von einer ewigen Glückseligkeit ansehen können, nach der der Ausdruck der Freude in der Reprise umso wahrhafter und tiefer erscheint.

Die Oboe können wir als Stimme der hellen, einsichtigen Vernunft ansehen; ihre Rolle des Bestätigens am „feststellenden" Beginn der Singstimmen (Takte 9 ff., aber auch im B-Teil) und des Korrespondierens vor allem mit dem Sopran im Verlaufe des Duetts – etwa in den Takten 23 f., 27, 29 u. a. – legen solche Zuordnung nahe.[1]

Die Singstimmen nehmen die Motivik des „Kopfes" und der Angliederung aus der instrumentalen Einleitung auf, die, wie in Arien der Zeit üblich, bereits auf das Singen dieses Textes hin erfunden ist. Die rein instrumentale Fortspinnung isoliert die ersten Textzeilen erst einmal als Devise, bevor ein neuer Einsatz in eine die Ausgangsmotivik intervallisch erweiternde Fortspinnung der Singstimmen (Takte 21 ff.) übergeht, in der sich beide über Dissonanz-Konsonanz-Auflösungen gegenseitig je ihrer Einsicht versichern, ergänzt durch den entsprechenden Part der Oboe.

Wir sehen: einerseits liegt hier ein entwickelter Typ von Arie vor; Beginn mit dem Instrumentalritornell, die Singstimmen setzen mit dem „Kopf" an, mittels Instrumentalritornell wird fortgesetzt. Aber der „Typus" wird mit spezifischen Sinn erfüllt: die Art und Weise des Singens und Spielens „erhält" durch die Besonderheit der motivischen Erfindung und durch die Wahl der Stimmen einschließlich der Instrumentation einen vorgänglichen textbezogenen Sinn. Gerade das Hineinsingen des Basses in den vorangehenden und oft mit der Oboe parallelgehenden Sopran, das sich prinzipiell anzuhängen scheint, weist einerseits auf ein immer wieder nachgeschobenes Versichern, aber eventuell eben (und) mehr noch auf eine Korrespondenz zwischen einem vergleichsweise seelischen und einem im „und (= auch) ich bin sein" sich

---

[1] Wohlgemerkt, wir sagen nicht, die Oboe „*ist*" die einsichtige Vernunft, sondern wir gehen davon aus, dass Singen hier, zusammen mit dem instrumentalen Spielen, „unseren" (= der Adressaten) Gedanken(vor)gang eröffnet resp. eröffnen kann/ soll, in welchem wir dem Part der Oboe eine bestimmte Rolle zuerkennen *können*, die ihn für uns („vorläufig") einsichtig macht.

anhängenden körperlichen Ich, dem die innere Stimme der Vernunft sich zugesellt. Dass die beiden Singstimmen in der abschließenden Feststellung „die Liebe soll nichts scheiden" schließlich (Takte 33/34) zusammenkommen und in der bestärkenden Wiederholung (Takte 37/38) dabei die Stimmen tauschen, ist durchaus als gegenseitige Zusicherung zu verstehen.

Die Tatsache, dass Bach mit dem B-Teil des Duetts, der doch die optimistische Vorstellung von einer idealen Glückseligkeit entwirft, in die Parallele G-moll wechselt und dass zwischenzeitlich eine Modulation nach Es-dur stattfindet, weist auf den Gedanken(vor)gang in diesem Duett als Gesamtverlauf, in welchem eine Vorperspektive entworfen scheint, deren Erfüllung aber erst die Gewissheit der folgenden Reprise des A-Teils garantieren soll.

Der Eingangssatz als Evokation des Gedanken(vor)gangs

Die Einsicht des Mittelsatzes als Hinüberleitung von der sehnsüchtigen Erwartung und Hoffnung zur Gewissheit einer zukünftigen Erfüllung derselben lässt nicht nur die beiden diesen Satz umgebenden Duette mit ihren Rezitativen aus dem Gedanken(vor)gang heraus als aufeinander- und zielbezogene Etappen erscheinen; auch Beginn und Ende der Kantate werden aus dem Gedanken(vor)gang einsichtig: sie schließen sich logisch jenem Vorgang an, den Singende und Mit-Singende gleichermaßen durchlaufen.

Dazu setzt Strophe 1 das Thema: sie evoziert unsere Gedanken an Ende und Auferstehung. Der Choral dient gewissermaßen als *Hervorrufen* des Ausgangsgedankens, als *Evokation*. Und er ist als Prozessualisierung des In-den-Kopf-Kommens des Gedankens und seiner Folgen entworfen. Evokation, das ist das Selbstverständnis des großen Chor- und hier Choralsatzes am Beginn einer Kantate, der Zweck eines solchen Singens auch hier. Die 3. Strophe dagegen, der letzte Satz der Kantate, lässt die Singenden und Mit-Singenden das Ergebnis ihres resp. unseres Gedanken(vor)gangs am Ende feiern, in der Form eines Bekenntnisses durch Erkenntnis, als der der Choral im Kantionalsatz (am Ende einer Kantate) fungiert. *Bekenntnis*, das ist der Sinn des im Kantionalsatz *so* formulierten Chorals, dass er möglichst jeder Stimme ihre einsichtsvolle Bedeutungsgebung im Singen gestattet.

Bach bearbeitet also hier nicht den Choral (um dessentwillen), sondern er eignet ihn *uns* auf neue Weise an um eines Vorgangs willen, eines Vorgangs der (immer wieder neuen) Einsichtsgewinnung, die eine *religiöse Vernunft* realisiert. (Es geht in Bachs Kantaten nicht eigentlich um Verkündigung, Predigt oder wie immer das deklariert wird, sondern um die Vermittlung – kurz gesagt – eines persönlich mitzuvollziehenden Prozesses im Namen religiöser Vernünftigkeit.)

Der Eingangssatz der Kantate bildet einen der zu bewundernden großen instrumentalgestützten Chorsätze Bachs. Es erscheint sinnvoll, sich zuerst einen Überblick zu verschaffen. Der Chorsatz umfasst 205 Takte. Er ist eine sog. Choralbearbeitung, in welcher die einzelnen Choralzeilen des Chorsoprans in taktlangen Notenwerten jeweils einem freien und lebendigen Satz der drei Chorunterstimmen aufgelegt sind, beide je durch Pausentakte (Instrumentaltakte) voneinander abgeteilt. Hinzu kommt ein umfangreicher Instrumentalsatz, der mit Ausnahme des Horns (das einzig und ganz „bildhaft" verkündend die Choralzeilen des Chorsoprans verstärkt) selbständig geführt ist und eine eigene Motivik ausprägt. Der Instrumentalpart besteht aus einem je 3-stimmigen Oboen- und Streicherensemble, die beide von der durch Fagott und Violone (und selbstverständlich Orgel) übernommenen Generalbassstimme zur Vierstimmigkeit vervollständigt und nicht nur miteinander, sondern auch mit dem Chorsatz verbunden sind. Doch prägen die beiden Ensembles über dem durchgehenden Bass weitgehend eine eigene dialogische bzw. sich ergänzende Struktur aus; anders gesagt: die Bläser sind hier nicht dazu da, die Streicher zu verstärken, und auch der Streichersatz geht nicht colla parte mit den Chorstimmen. Das Zusammenspiel der Ensembles können wir ebenso, wie die Technik des kontrapunktischen Chorsatzes (der drei Unterstimmen) als vergleichsweise didaktische Zubereitung mittels eines handlungsmäßigen Hin und Her, Sagens und Weitersagens, Zurufens und Antwortens o. ä. begreifen.

Die Choralstrophe gibt mit ihren drei resp. vier „Teilen" die Struktur des Satzes vor, da die Chorsatzstimmen nur jeweils mit den Choralzeilen zusammengehen. Da die beiden Stollen mit identischem Satz entworfen sind, dabei auch der zweite Stollen durch das vollständige Instrumentalvorspiel eingeleitet wird, ergibt sich eine einer Arienform vergleichbare Anlage: instrumentale Einleitung (Ritornell) – dreizeiliger Stollen 1 (quasi als Devise) – Ritornell – dreizeiliger Stollen 2 (beide sozusagen als A-Teil) – Überleitung (welche die ersten Takte der instrumentalen Einleitung offenbar meidet) – dreizeiliger „3. Teil" der Strophe (als B-Teil) – Überleitung mit den ersten Takten des Ritornells, ähnlich

der Hinleitung zu einer Reprise – „Teil 4" der Strophe – vollständiges Ritornell als Abschluss.
Die eigentlich 16-taktige, in Wirklichkeit aber mit Grund (vgl. u.) auf 17 Takte „gedehnte" instrumentale Einleitung, bindet auch hier eine Folge von charakteristischen Etappen zur Definition eines situativen Zustands mit tendenziellem Empfindungscharakter zu einem vorgänglichen Prozess.

Der Vorgang beginnt mit rhythmisch hergerichteten Ensembleakkorden über einem durchgehenden Generalbass, der als erweiterte Kadenz und typisch viertaktiges Ostinatogebilde prinzipiell auf seinen Beginn zurückführt und damit eine endlose Wiederholung eines immer Gleichen andeutet. Die punktierten Rhythmen, taktweise in den Ensembles wechselnd, weisen auf ein Schreiten in einer vielleicht mühevollen Haltung. Wenn wir diese ersten vier Takte als Metapher der vergehenden Zeit und „unseres" auf ein immer Gleiches bezogenen Lebensvollzuges verstehen wollen, dann gliedern sich die nächsten vier Takte als eine diesen Vollzug (im Moment seines möglichen erneuten Beginnens) gleichsam ab- und umlenkende Motivik an. Diese deutet ein Ereignis an, das plötzlich in das Leben tritt: als (von innen kommende) Aufforderung des Wachwerdens bzw. Aufstehens. Wir kennen dieses Motiv z. B. aus Schützens Weihnachtshistorie, aus der Aufforderung des Engels „Stehe auf, stehe auf, Joseph"; es ist ein aus dem abbildlich-figürlich ausgestatteten „Aussprechen" abgeleiteter Gestus, der hier als Instrumentalmotivik auftritt (wobei er gleichzeitig eine Affinität mit dem einen Dreiklang auseinanderlegenden Liedbeginn aufweist). Dieser fällt hier ein und markiert mit seinem Weitergeben und Wiederaufnehmen in einem Gang von Tonart zu Tonart (Es → B → F → c) ein extremes Nicht-Wiederholen des Gleichen.

Die aus solcher Gestik resultierende Aufregung mündet in die nach oben strebenden Skalen, die nicht nur den Aufforderungscharakter verstärken, sondern beständig ein „Auf, auf!", ja ein aufgeregtes konkretes Aufbrechen zu artikulieren scheinen, um nach acht, nein: durch die chromatische und den Vorgang dramatisch intensivierende Zwischenschaltung (Takte 14/15) erst nach neun Takten abzukadenzieren.

Die hinausgeschobene Kadenz endet erst im 17. Takt mit dem Einsatz des nun wörtlichen „Wachet auf" des Chorals. Auf dieses *zielt* also die überhängende Einleitung; der Choraleinsatz benennt konkret, was sich in der Einleitung als gewahrwerdende Empfindung im Singenden und Mit-Singenden aufschaukelte. Sie steht für das Konkretwerden des Gedankens, der „Erkenntnis", auf den/die sie zielt(e). Und erst nach dem Aussprechen des „Wachet auf" nehmen die Chorstimmen ihr Singen auf – eigentlich ungewöhnlich, denn meist legt Bach das Choralzitat einem bereits in Fluss befindlichen Chorsatz auf. Hier aber tritt der Gedanke als Aufforderung des Chorals für sich ein; und seine „Botschaft" wird erst dann von allen (= von „uns") rufend und sich gegenseitig mitteilend artikuliert.

Auffallend ist, dass Bach die Motivik des Chorstimmensatzes nur lose an die Choralmelodie bindet. Stattdessen herrscht eine zwar mit Imitation arbeitende und auch sonst oft betonte Ungleichzeitigkeit einer freien Stimmführung vor, die wesentlich auf ein je bedeutungsschöpfendes Aussprechen des jeweiligen Textes der Choralzeile konzentriert ist. Jede Stimme kehrt im Durcheinander des „Aussprechens" etwas Selbstaktionistisches hervor, das im zeitlichen Verhältnis zur Choralzeile sich als ein Re-Aktionistisches ausweist. Genau dieser aktionistische Charakter ist es, der es erlaubt, die unterschiedlichen Textzeilen der beiden Stollen den gleichen Tonfolgen als je angepasst erscheinen zu lassen.

Die beiden folgenden Ausschnitte aus der zweiten

und dritten Choralzeile – zur dritten vgl. das Notenbeispiel auf der nächsten Seite – verdeutlichen dies. Ebenso, wie die Choristen im ersten Stollen das „der Wächter sehr hoch..." mit einem gleichsam hinzeigenden Verständnis verbinden, so können sie an der gleichen Stelle im zweiten Stollen – „sie rufen uns mit heller..." – ihr Singen mit dem meinenden Ausdruck eines Rufens belegen. Dabei kommt die geschickte Textverteilung dem Akt des Bedeutungsgebens im Singen entgegen, wie im Wiederholen des „wo" im zweiten Ausschnitt:

In beiden Beispielen[1] wird nicht nur die von Bach entworfene Aktionalität der Singenden, sondern in den engen Imitationsabständen auch eine sozusagen soziale Struktur der „aufgeregt" Artikulierenden deutlich.

Nun beobachten wir aber, dass das Verhältnis der Chorstimmen zu den Choralzeilen im oben so genannten B-Teil sich umkehrt: jetzt gehen erstere voraus, so als zögen die „Aktiven" eine erste selbständige Konsequenz aus dem Gedanken. Ihr „Wohl auf, wohl auf" prescht ebenso initiativ vor wie ihr „steht auf, steht auf" in der nächsten Zeile. Schließlich gibt sich das diesen Teil vervollständigende „Alleluja" ganz ungewöhnlich: als ob „Einzelne" tatsächlich nun aufgewacht und aufgestanden wären und begännen, in einem Fugenabschnitt mit ungewöhnlich langem *Subjectum* (Thema) Gott zu preisen. Dass sie damit vor dem Taktstrich einsetzen, über diesen ziehend, weist auf eine Unvermitteltheit der Idee solchen Gotteslobes, während die Instrumentalparts jene ersten Takte der instrumentalen Einleitung artikulieren, denen wir oben so etwas wie einen – wir können ergänzen: sozusagen „unaufgeweckten", „geistlosen" – Lebensvollzug assoziiert haben. Als ob die Singenden nun genau diesen (und damit sich) mit dem Gotteslob ausstatteten. Erst nachdem die zwölftaktige Fugenexpositi-

---

[1] Die Instrumentalparts sind in den Beispielen (vor allem, was den Takt 95 ff. betrifft) etwas reduziert wiedergegeben.

on mit anschließenden zwei Modulationstakten durchlaufen ist, setzt, sozusagen als Bestätigung (der eigenen Vernunft?), die entsprechende Choralzeile mit dem „Alleluja" ein. Auch sie wird wiederum begleitet von den instrumentalen Einleitungstakten. Dass im vierten Teil die Chorstimmen mit den Choralzeilen im Prinzip konform gehen, verdeutlicht das Moment jenes Vorgangs (*in* resp. *mit* uns), den das Singen hier vergegenwärtigt: Aufwachen und Aktivwerden u. d. h. aus der re-aktiven Aktion in eine selbstinitiierte überzugehen, die mit dem lebendigen Auffassen der Botschaft konform geht.

Auch hier (wie oben in den Arien und eben zur „Alleluja"-Zeile angemerkt) rekrutiert Bach den die Chorsatzzeilen je begleitenden Instrumentalsatz aus dem motivischen Apparat der instrumentalen Einleitung, die die innere Situation der als Singende gleichsam Handelnden andeuten. Indem wir singen (und instrumental spielen), spielen wir in uns einen quasi theaterhaften Vorgang durch, dessen einzelnen Facetten nach der Darlegung eines möglichen Sinns des/unseres Singens und Mit-Singens nachgegangen werden könnte (was wir einfach aus Gründen des Umfangs hier unterlassen). Immerhin sei angedeutet, dass „Bedeutung" eines Spielens nicht von vornherein festgelegt ist, sondern stets als ein Akt der durch uns herzustellenden Bedeutungsgebung entworfen ist. Bach gibt uns dazu die Mittel für ein *eigenes* Tätigsein in die Hand. In diesem können wir die Chorsatzstimmen als über das Wort gesteuerte ausdrückliche menschliche Aktion begreifen (die sich in solcher tatsächlich selbst bemerkt), während die Instrumentalstimmen eröffnen, wie wir solche Aktion innerlich möglicherweise mitvollziehen, mit welchen Assozisationen, Gefühlen, Empfindungen. Dass der instrumentale Gestus scheinbar sprachfähig wird, nicht nur der vokale (der ja selbst sich sozusagen instrumentalisiert in dem Sinn, dass er vom instrumentalen in seiner Struktur nicht mehr sich unterscheidet), das meint nicht, dass er „etwas sagt", sondern dass wir mit ihm als Mit-Singende uns in einer je zu bestimmenden zusätzlichen Dimension „ausdrücken" (können), die wir ganz grundsätzlich als eine innere bezeichnen können. Die Choralzeilen schließlich erscheinen im Bezug zu dieser Kantate tatsächlich als Dokumente einer zwar noch betont religiösen, insgesamt aber offensichtlich menschlichen Vernunft, an der wir unser Handeln und innere Zuständlichkeit ausrichten

Exkurs – Zum Selbstverständnis unseres Ansprechens

Die Interpretation der Singenden als in Rollen „Handelnde" (als 1. Geist/Vernunft – Seele – Körper; oder 2. Geist – Seele – Christus) bietet zwei Mitvollzugsmöglichkeiten, um die es im Einzelnen nicht geht. Gerade, wenn wir sie offenlassen, wenn wir sie als Möglichkeiten unseres Mitvollzugs (und nicht als Ergebnis von Wissenschaft) hier stehen lassen, eröffnen wir uns die Möglichkeit unseres Selbstbedenkens (im Hören). Diese steht für uns als Musikpädagogen im Vordergrund, nicht unbedingt die Vermittlung von „Wahrheit".[1]

Mit der Skizze, eine solche Kantate als Entwurf für ein Tätigsein aufzufassen, wollen wir uns auch ein wenig absetzen von den üblichen „aufklärenden" Kommentaren, von solchen, die eine vollkommene künstlerische Autonomie Bachs unterstellen –

„In Bachs 27jähriger Leipziger Amtszeit wies das Kirchenjahr nur zweimal einen 27. Sonntag nach Trinitatis auf... Deswegen besaß Bach, obwohl der weitaus größte Teile seines Kantatenwerks schon vorlag, für den 25. November 1731 noch keine »Figural Music«..Er entschloß sich zur Komposition eines Werks, das zu jenem Kantatenjahrgang paßte, den durchweg ein spezielles Merkmal auszeichnete: dem 1724/25, im zweiten Leipziger Jahr begonnenen Zyklus der Choralkantaten. Die Wahl des Chorals, die Bach wohl zusammen mit dem unbekannten Textdichter und eventuell auch mit einem Geistlichen traf, fiel auf Philipp Nicolais Lied..."[2]

– ebenso, wie von solchen, die die Kantate (nur) als Ergebnis eines von Bach sich gestellten und gelösten musikalischen formalen und konstruktiven Problems ansehen (was zweifellos für den Kompositionsprozess eine Rolle spielt), etwa, wenn es heißt:

„Das Verständnis des Werks wird erleichtert, wenn man sich die kompositorische Aufgabenstellung für den mächtigen Eingangschor kurz vergegenwärtigt. Das Ziel bestand in der Kombination eines polyphonen Chorsatzes, zusammengesetzt aus der jeweiligen Liedzeile und den vokalen Gegenstimmen, mit einem selbständigen Instrumentalpart, der sowohl in der Art eines Concertoritornells zwischen die Choralzeilen eingeschoben als auch zu deren motivischer »Begleitung« herangezogen werden konnte. (Die Lösung dieses Problems - die formstiftende Vereinigung von mo-

---

[1] Dies schließt nicht aus, die Möglichkeiten an Ergebnissen von Wissenschaft zu orientieren; dies scheint sogar selbstverständlich. Nur: *das Geschäft des Musikpädagogens* besteht nicht *primär* aus der Vermittlung dieser Ergebnisse!
[2] Dieses und das nächste Zitat aus: S. Oechsle, *J. S. Bach: Kantaten BWV 140 & 147*, Beiheft zur Einspielung der Archiv Produktion mit J. E. Gardiner, 1992.

tettischem Choral- und orchestralem Instrumentalsatz - war ein zentraler Ertrag des Choralkantatenjahrgangs 1724/25.)"
Nach unserer Auffassung ergibt sich Bachs „Ziel" als Antwort auf die Frage, warum sich bei Bach das Problem stellte! Auch Dürr verweist oft genug auf Merkmale (vermeintlich) primär formaler Disposition. Natürlich erfahren wir in einem solchen Text viel Faktisches und Richtiges. Aber die Frage ist, ob wir es (jetzt = als Zugang für das Hören resp. Singen) erfahren müssen; und, ob die eigentliche Rahmenaussage, Bach ginge es beim Komponieren einer solchen Kantate in erster Linie um die Lösung eines gleichsam technischen Problems, richtig und hilfreich ist.

Solchen Texten populärwissenschaftlicher Art geht es darum, die Sache zu erklären, um (vermeintlich) pädagogisch zu wirken. Aber gerade mit ihr verstellt sich oft genug der Zugang. Die wissenschaftliche Information richtet gleichsam Bedingungen der Sache auf, sie zeigt deren Größe und Bedeutsamkeit, und dies - nebenbei bemerkt - in einem Zusammenhang, der es fragwürdig erscheinen lässt, ob es berechtigt ist, überhaupt von einer Sache im ausdrücklichen Sinn auszugehen. Der Musikpädagoge, dem es darum geht, dem Subjekt die Chance zu eröffnen, sich das, was es tut (= wie es singt bzw. hört) plausibel zu machen, versucht, ihm einen entsprechenden Horizont zu erschließen. Dies kann und soll nicht ohne Sachkenntnis geschehen; aber deren Vermittlung (als sie selbst) eröffnet jenen nicht von sich aus; im Gegenteil. Stattdessen versuchen wir, dem, was resp. wie wir singen bzw. hören, eine Tür zu uns zu öffnen, ihm Eingang zu/bei uns zu verschaffen, indem wir es (per Annahme) als ein auch sozial sinnvolles, uns per se einsichtiges Handeln verdeutlichen.

Unsere zentrale Frage – und zu ihrer Beantwortung benötigen wir das ausführliche analytische Ansprechen – lautet: Was ist Singen hier, was ist es als ein menschliches Tätigsein? Wenn ich nun einflechten würde, „aber Schweinsbraten mit Knödel und Kraut vermisse ich doch sehr", dann bliebe ein solcher Satz, mitten in einer Besprechung einer Bachkantate, vollkommen unverständlich. Dem Unverständnis etwa durch eine formale Analyse des gesprochenen Satzes begegnen zu wollen oder ihm mit der Erklärung abzuhelfen, ich sei seit einiger Zeit auf Trennkost umgestiegen – vergleichbar der „Begründung", „Bach wollte seinen Choralkantatenjahrgang vervollständigen…" –, das würde in dieser Situation nichts helfen; denn der Satz ist ja sowohl akustisch als auch in seiner Aussage zu verstehen. Das Unverständnis rührt daher, dass aus dem Gesagten nicht plausibel wird, warum ich das, was ich sage, jetzt und so und in diesem Zusammenhang gesagt habe, warum oder (besser:) als was dieser Satz, und damit also: dieser musikalische Satz Bachs, erklingende bzw. geschriebene Realität wurde. Genau dies ist anzureißen: eine Vorstellung als Vorannahme, als was ein solches Singen, das J. S. Bach

mit seiner Kantate entworfen hat, auf der Welt ist, deren resp. Bachs (unausgesprochenes!) Selbstverständnis also.[1]
Dass Bachs Jahrgang der Choralkantaten auf einer auf die jeweilige Predigt bezogenen Entscheidung der Geistlichkeit beruht, dürfte einsehbar sein. Auch die Bearbeitung des Textes resp. die Wahl eines bereits formulierten Textes bzw. eines Textdichters dürften die vorgesetzten Theologen mitentschieden haben. Demgemäß kann die „Problem"- Stellung Bachs (wenn man so will) gar nicht so unklar sein. Die ihm gestellte Aufgabe handwerklich zu bearbeiten, und das heißt: nach der Lesung des Evangeliums den Choral als vor allem Text (und sanktionierte Melodie) der gesamten Gemeinde (= „uns" allen) als singendes/spielendes und mitsingendes/mit-spielendes (= hörendes/geistiges) Mit-Vollziehen zu bewerkstelligen bzw. vorzuführen oder vorstellbar zu machen, damit im Anschluss daran das Glaubensbekenntnis oder die Predigt über den Evangelientext im Bezug zu diesem Choral entfaltet und wirksam werden könnte. Es geht also in Bachs Kantate zuerst weder um eine formal bestimmte Vertonung von Texten noch um einen Vorgriff auf die Predigt selbst (wie immer wieder zu hören ist): es geht um den Prozess des „uns" bevollmächtigenden (Mit-) Vollziehens des „Wortes" bzw. dieses Chorals als textliche Aussage. Wichtig ist nun andererseits, dass Bach in der Bestimmung der Art und Weise der Lösung dieser Aufgabe innerhalb des Rahmens von Erwartung (gem. überlieferter Gattungsvorstellung) und persönlicher Entsprechung derselben (= eigener Gattungsvorstellung) die Mittel zur Lösung mitbestimmt, über die er möglicherweise die Art des Vollziehens dieses Textes resp. solchen Textes schlechthin (und damit die Gattung Kantate) implizit partiell und schrittweise veränderte. (In dem vorliegenden Fall spricht sogar einiges dafür, dass er, um diesen Text in einer bestimmten Weise (mit)vollziehbar zu machen, in die Struktur des Textes eingriff.) Bachs musikalische Probleme sind also als Folge eines Konzepts zu begreifen, sich und andere (= „uns" als die Gemeinde) Text als Aussage singen und spielen resp. im Vollzug der Kantorei mit-singen und mit-spielen (= hören) zu machen.

Nur scheinbar näher an das Erschließen eines Sinnbezuges kommen hermeneutische Deutungen. Indem sie zum einen eine reale Bedeutungsgebung musikalischer Verläufe durch den Komponisten unterstellen, bestimmen sie diese zwar als Teil seines Handelns; aber letztlich interpre-

---

[1] Die Frage nach *Bachs* Selbstverständnis (= nach dem seines Handelns) ist eine Frage an die Biographie, nach einem *Lebenskonzept* also; vgl. hierzu: Martin Geck, *Bachs künstlerischer Endzweck*, wieder abgedruckt in: *Johann Sebastian Bach* (= *Wege der Forschung* Bd. CLXX), hrsg. v. W. Blankenburg, Darmstadt 1970, S. 552-67. Der Frage wird im Zusammenhang des darzustellenden „Werdegangs" Bachs nachzugehen sein.

tieren auch sie die „Sache" als „etwas" selbst Bedeutendes, entmündigen also gewissermaßen die Singenden und Mit-Singenden. Zum anderen aber versuchen sie auf das Hören und Spielen heute Bezug zu nehmen, Konsequenzen für das Realisieren der „Sache" aufzuzeigen.

„Der erste Chor schildert das Erwachen. Ein merkwürdiges Läuten erklingt von allen Seiten; der Bräutigam kommt; die Jungfrauen fahren erschreckt aus dem Schlummer auf; eine reißt die andere empor "[...]„Der zweite Vers[...]wird durch eine einfache Tanzweise beherrscht: [Notenbeispiel] Zu dieser Begleitung tritt die Choralmelodie dissonant hinzu, als hätte sie nichts mit ihr zu tun. So tönt der Wächterruf hinein in die Musik des Zuges, in dem der Bräutigam nahet. Damit dies recht dorfmusikartig klinge, wird sie nur einstimmig, von den Streichern unisono, mit Begleitung des Kontrabasses ausgeführt.

Der Zug erscheint, er ist da. Im Festsaale wird das „Gloria sei dir gesungen" angestimmt. Die törichten Jungfrauen stehen verzweifelt draußen in der Nacht."[1]

Ein solcher Text vermittelt den Eindruck, als stelle „die Musik" von sich aus etwas dar. Dies ist eine zumindest verkürzte Sichtweise, die zu Schwierigkeiten führt. Musik – so stellen wir für uns fest – ist hier entworfenes Tätigsein; Bach gibt aber über den Entwurf den Tätigen die Möglichkeit, diese mit einem persönlichen Sinn zu versehen. „Affectus movere est poeticum", lautet ein geflügeltes Wort des Barock: nicht die Poesie ist es also, die (als sie selbst!) bewegt; Bewegung ist viel mehr eine Wirkung einer Tätigkeit des Poeten. Entsprechend nehme ich für Bach an, dass er Singende, Spielende sprechen macht in der Absicht, sich, sie und die Mit-Vollziehenden zu „bewegen".

Zum Schlusschoral als »Bachchoral«

Während die künstlerisch ernstzunehmende (u. d. h. dem Adressaten eine Möglichkeit zu seiner Weiterentwicklung als Kulturwesen aufzeigende) religiöse Liederfindung sich fortschreitend vom sog. Kirchenlied löst, beobachten wir umgekehrt eine Art menschliche Konsekration des Chorals im Umgang mit ihm: er wird zu etwas Feststehendem, dessen „Besitz" dem evangelischen Christen (s)eine Identität verleiht. Er repräsentiert seinen realen „Standort" in scheinbar objektiver Weise. Umgekehrt definiert ihn ja als solchen das Umgehen mit ihm – Voraussetzung und Folge fließen ineinander –, doch bildet er, anders als die „Schrift", keine

---

[1] Albert Schweitzer, *J. S. Bach*, Leipzig 1908, S. 624 f.

"Stimme" von außen bzw. „oben". *Er repräsentiert eine Summe der Vernunft der Glaubenden selbst, mit der sie sich in das argumentative Vorangehen einbringen.*

In den angesprochenen Entwürfen Bachs sind jeweils zwei Arten des Singens in einen argumentativen Zusammenhang gebracht, der ihnen bestimmte Funktionen der menschlichen Artikulation zuweist: einerseits die des Zugriffs auf das „Wort" (Motette) bzw. auf die theologische Explikation mit ihm (Kantate), anderseits die der eigenen „Stimme", die das Ergebnis des Zugreifens als Erkenntnis *sich* hereinholt, *sich* bestätigt und feiert. Blicken wir auf die Choralsätze in den Passionen oder im sog. Weihnachtsoratorium, dann sind „wir" es, die dort mit ihnen das „Wort" mit-aussprechen, die das theologische Bedenken mit-vollziehen und die dann schließlich *sich* mit dem angeeigneten und verinnerlichten Singen das Chorals *selbst* zu Wort melden und das Mitvollzogene mit „unserer" Vernunft bestätigen. Aber auch dies geschieht als Delegation an die Kantorei. Dazu leistet der Entwurf des Singens, den wir als den sog. *Bachchoral* kennen, Spezifisches. Einerseits steht er als vierstimmiger Kantionalsatz für das Singen aller; gleichzeitig und anderseits eröffnet er durch seine kontrapunktische Stimmführung ein persönliches und bedeutungsstiftendes Singen der Einzelnen.

Wir können uns die besondere Leistung Bachs im Zusammenhang seiner Choräle beispielshalber am (eher zufällig ausgewählten) Satz zu *Lobt Gott, ihr Christen allzugleich* zusätzlich vergegenwärtigen, der in den *Vierstimmigen Chorälen* überliefert ist.[1] Das Lied – vgl. das Notenbeispiel auf der nächsten Seite – stammt von dem bei Nürnberg 1500 geborenen und im böhmischen Joachimov (Joachimsthal) als Lehrer und Kantor tätig gewesenen Nikolaus Herman.

---

[1] Die *Vierstimmigen Choräle*, BWV 253-438, bildeten zusammen mit dem *Wohltemperierten Clavier* eines der „Werke" Bachs, die nach seinem Tod unmittelbar im Gedächtnis blieben und die nachfolgenden Komponistengenerationen beeinflusst haben. Die Sammlung umfasst 371 Choräle mit 348 Sätzen, von denen weniger als die Hälfte auch in Kantaten überliefert ist. Nachdem Carl Philipp Emanuel bereits 1765 und 1769 Bachs Choräle in zwei Bänden hatte drucken lassen, gab er sie 1784 bis 1787 nochmals zusammen mit Joh. Phil. Kirnberger in vier Bänden heraus. „Lobt Gott, ihr Christen" ist darin in zwei Sätzen enthalten; hinter dem o. a. (BWV 375) steht noch ein Satz in A-dur (BWV 376).

Chorales Singen und (öffentliche) Konstruktion privater Andacht

Man muss sich die Mühe machen, jede Stimme einzeln zu singen, um zu entdecken, wie ihr jeweiliger Entwurf dem Singenden gestattet, je eine eigene Aussagefähigkeit im Singen zu generieren. Dies gilt eben nicht nur für die Melodie (die hier etwas von der heute üblichen abweicht), sondern ebenso für den Alt, der auf „Christen" zielt und „allzugleich" plastisch hervorhebt und „Himmelreich" „ausgestaltet"; und dies gilt im Besonderen für den Tenor, der mit dem „ihr" gleichsam fingerzeigend auf „Christen" hindeutet, der den „höchsten Thron" bildlich als wirklich höchsten ausmalen kann, sich mit dem Bass an einem „Herausfließen" als Folge des „Aufschließens" beteiligt und schließlich das „Geschenk" Gottes im vorletzten Takt melodisch im Besonderen würdigt. Auch dem Bass eröffnet Bach, seinem Singen Sinn zu verleihen, denken wir nur an die gleichsam weite Öffnung des Oktavsprungs als Folge des „schleußt auf" oder an das gestische „Darreichen" (Ende Takt 7 und 8) des „Geschenks" Gottes. Wir wollen nicht behaupten, die Stimmen stellten hier „etwas" dar; zentral erscheint mir, dass Bach den Singenden die Möglichkeit eröffnet, ihrem Singen im Akt der Ausführung persönlichen Sinn zuzumessen, der sich am Aussprechen des Textes festmacht.

Das Bewundernswerte am Bachschen Satz besteht aber eben nicht allein an dieser Ermächtigung der einzelnen (Mit-) Singenden, sondern gerade darin, dass solches in einem Satz geschieht, der über ein scheinbar konsequentes harmonisches Gefälle hinaus ein besonderes Fließen zuwege bringt und darin uns eine logische Folge auch der textlichen Aussagen vollziehbar macht. Im Besonderen betrifft dies hier die sozusagen „Darreichung" des „Sohnes", deren textliche Wiederholung Bach nützt, um im zweiten

Chorales Singen und (öffentliche) Konstruktion privater Andacht

Aussprechen (Takt 9) uns im harmonischen Gang die Lösung aller jener Probleme mitempfinden zu lassen, die die harmonische und melodische Verdichtung zuvor selbst aufzurichten schien.

Aus der Faktur des Bachchorals und seiner Funktion als „Schluss"–Choral in einem Gedanken(vor)gang der Kantaten und Passionen wird nun auch die Situation der Adressaten einsichtig, deren Aktivität sich endgültig von einem „Selbersingen" zu einem „Selbersingenlassen" verschoben hat: „wir selber" sind es (= sollen es sein), die einen Kantaten- oder Motettentext stellvertretend durch die Kantorei aussprechen lassen und die dessen „Ergebnis" mit dem obligatorisch schließenden Choral bestätigen.

Der Schlusschoral unserer oben besprochenen Kantate breitet denn auch jede Zeile des Singens feierlich aus; die Zeilenenden sind mit Fermaten versehen; sie garantieren ein „volles" Dahinterstehen der Singenden, die diesen Text nun nicht nur Aussage für Aussage in sich wirken lassen, sondern eben auch in einer Art Er- und Bekenntnis, *colla parte* unterstützt vom Instrumentarium, gemeinsam bekunden. Auch dies ist einer der im wahrsten Sinn perfekten Choralsätze Bachs, die den Singenden die inhaltliche Teilhabe am „Aussprechen" eröffnen – etwa im aufstrebenden Gestus aller Stimmen am Beginn, wobei dem Bass noch ein besonderes Aussingen des „Gloria" und der „engelischen (Zungen)" ermöglicht wird –, gleichzeitig aber satztechnisch so perfekt sind, dass sie als eine text-musikalische körperliche Einheit erscheinen.

239

In den beiden breit angesprochenen Entwürfen J. S. Bachs, in der Motette *Jesu, meine Freude* und in der Choralkantate „*Wachet auf*", *ruft uns die Stimme*, nicht zuletzt auch in den Choralsätzen, erscheint das an ein Selbersingenlassen delegierte Selbersingen in eine Idealität vervollkommnet: das gesamte Singen (der Kantorei) steht für „unser" Selbersingen ein; es emanzipiert „uns" zu: „*unseren*" *Glauben als Einsicht kraft* „*eigenen*" *(theologischen) Gedanken(vor)gangs selber Artikulierende, auch wenn wir dies realiter nur noch als Hörende tun.* Besonders die Kantate (Bachs) als Akt im *öffentlichen* Raum vermittelt als sie selbst jene „private" Andacht und *persönliche* religiöse Selbstverortung, die den ritualisierten Gottesdienst (möglicherweise mit dem gleichen Ziel?) dem einzelnen Gebildeten immer entbehrlicher werden lässt.

Wenn wir in diesem Zusammenhang von „Choral" sprechen, dann sollte solche verkürzte Ausdrucksweise nicht missverstanden werden; denn „Choral" bezeichnet hier das angeeignete Singen sozusagen lutherischer Prägung. Das meint: Bachs choralbezogene Sätze bearbeiteten nicht jenes Singen, wie es Luther oder Nicolai oder Gerhardt und Crüger oder andere einst entworfen hatten, sondern jenes, das inzwischen zum identitätsstiftenden Besitz der zeitgenössisch Singenden und Mit-Singenden geworden war. Sein Kennzeichen ist in der Regel die weitgehende rhythmische Egalisierung der Notenwerte, jene von der (heutigen) werkorientierten Betrachtung oft beklagte Isorhythmie. Diese müssen wir als eine logische Folge der Aneignung des Singens sehen. Wenn es (Bach) darum ging, den Adressaten *ihre* in diesem Singen sozusagen eingefrorene Glaubenseinsicht durch den argumentativen Zusammenhang, in den es durch ihn bzw. durch seine Textdichter gestellt erschien, neu zu eröffnen, dann war es nur konsequent, wenn er dazu dieses Singen in *jener* Form aufgriff, die den Adressaten aktuell zugehörte. (Von da erscheint der Begriff der „Choralbearbeitung" grundsätzlich problematisch, weil er den menschlichen und je intentionalen Kontext unterschlägt.)

»Erforsche mich, erfahr mein Herz«
Christian Fürchtegott Gellerts und Carl Philipp Emanuel Bachs »Geistliche Oden und Lieder«

Der in der ersten Hälfte des 18. Jahrhunderts mitunter heftige Widerstreit zwischen einer orthodoxen lutherischen Haltung, die das Heil wesentlich von den Sakramenten, der Schrift und der Predigt erwartete, und der persönlich gelebten Frömmigkeit (u. a. im Pietismus) mit einem Drang nach Verinnerlichung und Beseelung[1], die sich jedoch beide vor allem im musikalisch tätigen Menschen durchdrangen (wofür Bachs Kantaten im Ganzen stehen mögen), wird mehr und mehr durch eine Auffassung von der selbstverantworteten Einordnung des Menschen in eine (göttliche?) Weltordnung abgelöst. Dabei bestimmt, gleichsam von außen gesehen, fortschreitend die eigene Rationalität (und nicht der Glauben an eine göttliche Offenbarung) das Handeln; von innen gesehen aber erweist sich religiöse Lehre als längst in die eigene weltliche Vernunft integriert. Und dort tritt sie in den Hintergrund eines im Alltag unbefragten Selbst-Verständnisses, falls sie nicht schließlich im kritischen Umgang mit der eigenen Existenz in Frage gestellt erscheint.

Religion diktiert nicht mehr die Form(en) des Lebens; sie dient, sozusagen „u. a.", dem („aufgeklärten"[2]) Subjekt, sich eine „Form" zu geben. Dass dabei das Prinzip einer Unterordnung unter eine göttliche Autorität nicht gänzlich außer Kraft gesetzt erscheint,

---

[1] Vgl. Friedrich Blume, *Das Zeitalter des Konfessionalismus*, in: Ders., *Geschichte der evangelischen Kirchenmusik*, Kassel ²1965, S. 168.
[2] Zum Begriff der „Aufklärung", der im wissenschaftlichen Zusammenhang in durchaus unterschiedlicher Bedeutung erscheint, vgl. z. B. Jürgen Brummack, *Herders Polemik gegen die »Aufklärung«*, in: Jochen Schmidt (Hrsg.), *Aufklärung und Gegenaufklärung in der europäischen Literatur, Philosophie und Politik von der Antike bis zur Gegenwart*, Darmstadt 1989, S. 279.

diese Tatsache wird von dem Bemühen begleitet, nicht nur sich selbst in seinem Verhältnis zu dieser Autorität zu befragen, sondern auch dem Anderen eine vernünftige „eigene" Begründung seiner Haltung anzubieten. Tatsächlich realisieren sich viele der Liedtexte in einer Art Selbstbefragung; doch richtet sich der kritische Umgang nicht an den Glaubens*inhalt*, sondern in erster Linie an den Glaubenden *als Person*. Dies führt bei den Schöpfern religiöser Dichtung in der Zeit der Frühaufklärung zu einem scheinbar antiaufklärerischen Habitus.[1]

Ist die Integration des Glaubens in das eigene Denken auch die Voraussetzung für „Aufklärung", und werden dessen Implikationen (und die hinter ihm stehenden Dogmen und Institutionen) im Rahmen einer „Verfügung über sich als" selbst Denkender einer Sicht/Kritik zugänglich, so müssen wir deshalb doch, bezogen auf die Lyrik des Glaubensliedes, von einer gewissen Naivität ausgehen: Zwar bedeutet die Integration einen tendenziell endgültigen Schritt hin zur Emanzipation von der Institution – salopp: Gott denke ich (mir) selbst –, aber der religiöse Bestandteil des eigenen Selbstbildes und Bewusstseins erscheint nicht unbedingt einer Kritik zugänglich, sondern wird, als scheinbar grundlegender Bestandteil des eigenen Menschseins, mit den Mitteln der eigenen Vernunft gerechtfertigt und begründet, – bei Christian Fürchtegott Gellert vor allem als Besinnung auf die durch Religion vermittelten Tugenden. Sein Glaubenslied besteht, als Folge solcher selbstverständlichen Integration, als ein Sich-Selbst-„Aussprechen" als Mensch, in einem Diskurs mit sich selbst.

Gellert, 1715 in Hainichen geborener, 1769 in Leipzig gestorbener Dichter und Philosoph, stammt aus einer Pastorenfamilie; doch wurde er, nach abgebrochenem Theologiestudium, selbst nie Pastor, sondern promovierte mit einer Arbeit über Theorie und Geschichte der Fabel. Als Fabeldichter ist er denn auch besonders bekannt geworden. Sein Hauptinteresse galt wohl der Moral, weniger als Zweig der Philosophie, denn als praktische Lebensklugheit. 1757 erschienen seine *Geistlichen Oden und Lieder*, die weite Verbreitung fanden und von denen einzelne noch von Haydn und Beethoven vertont wurden. Seinen Lebensunterhalt verdiente er, der seit 1745 Vorlesungen über Moral sowie über Poesie und Beredsamkeit hielt, schließlich als Professor für Philosophie in Leip-

---

[1] Es ist auch kaum vorstellbar, dass ein entwickelter Aufklärer noch Glaubenslyrik verfassen könnte. Goethes „Bedecke deinen Himmel, Zeus" weiß um die Notwendigkeit und den Nutzen von Religion; doch weiß er eben auch um die pure Menschlichkeit allen Religiösen.

C. F. Gellerts und C. P. E. Bachs »Geistliche Oden und Lieder«

zig. Der junge Goethe hat bei ihm gehört und der Vater Mozarts stand mit ihm im Briefwechsel. Gellert war über seine Lustspiele und Romane, aber eben auch über seine weltlichen und geistlichen Gedichte führend an der Bildung einer kulturtragenden bürgerlichen Schicht in Deutschland beteiligt.

Zu dieser (sich bildenden und von Künstlern und Literaten mitgebildeten) Schicht gehörte in gewisser Weise auch Carl Philipp Emanuel Bach, jener Sohn Bachs, der nicht das Kreuz des Erstgeborenen (als „Hoffnung" des Vaters) zu tragen hatte und sich beizeiten zu befreien vermochte. Mit ihm werden wir uns noch im Zusammenhang SPIELEN ausführlich zu beschäftigen haben. Zu seiner Person hier nur soviel: Der 1714 in Weimar geborene und mit dem Paten Telemann getaufte zweite Sohn Johann Sebastian Bachs war Schüler (selbstverständlich) seines Vaters und (später) auch an der Thomasschule in Leipzig. Trotz seiner offensichtlich umfassenden musikalischen Kenntnisse entschloss er sich zum Jura-Studium, erst in Leipzig, dann in Frankfurt/Oder. Von dort wurde er als jemand, der eben auch musikalisch in dieser Stadt auf sich aufmerksam gemacht hatte, vom preußischen Kronprinzen und späteren König Friedrich II. als Cembalist in dessen Musikensemble verpflichtet. Doch eröffnete ihm der Dienstort Potsdam bzw. wesentlicher Berlin auch den Zugang zu kunstsinnigen bürgerlichen Kreisen und vor allem literarischen Zirkeln in der preußischen Metropole. Des eher traditionellen Handwerks am preußischen Hofe überdrüssig und wohl nicht sehr geschätzt von seinem Arbeitgeber, bewarb er sich 1767 um die Nachfolge Telemanns als Musikdirektor an den fünf Hauptkirchen in Hamburg. Carl Philipp Emanuel Bach wirkte dort bis zu seinem Todesjahr, 1788, eben auch als „bürgerlicher" Musikdirektor.

Zum Selbstverständnis der Texte Chr. F. Gellerts

Im folgenden stehen Carl Philipp Emanuel Bachs Gellert-Oden im Mittelpunkt. Gellert + Bach bilden hier nach Luther und Gerhardt + Crüger die dritte breiter angesprochene Station des Glaubensliedes in der Frühen Neuzeit. Dabei werden wir (nur) einige der 54 (55) Lieder aus Bachs[1] *Herrn Professor Gellerts Geistliche Oden und Lieder* von 1758 heranziehen, um uns ein Bild davon zu ma-

---

[1] Wenn wir im folgenden von „Bach" sprechen, so meinen wir C. Ph. E. Bach, ganz im Sinn des Sprachgebrauchs der zweiten Hälfte des 18. Jahrhunderts.

chen, in welcher Weise der gläubige Mensch sich in der Zeit der sog. Frühaufklärung als seinen Glauben *Singender* zu artikulieren unternahm.

Gellerts Position lässt sich im Kontext der Vorrede seiner *Geistlichen Oden und Lieder* in den folgenden Punkten thesenartig interpretieren.[1]

1. *Gesang gehört zur (kultürlichen!) „Natur" des Menschen.*

Gellerts „Vorrede", zuerst eine Verteidigung gegen die Gefahr, einer Geringschätzung der Welt zu verfallen, wenn er religiöse Gedichte verfertigte, appelliert an die Pflicht des Dichters, die „Kraft der Poesie vornehmlich den Wahrheiten und Empfindungen der Religion zu widmen". Und: da „der Gesang eine große Gewalt über unsre Herzen hat und von gewissen Empfindungen ein eben so natürlicher Ausdruck ist, als es die Minen und Geberden des Gesichts sind: so sollte man der Religion besonders diejenige Art der Poesie heiligen, die gesungen werden kann." Zu beachten ist, dass es Gellert um „die Religion" geht, nicht um ein „eigenes Seelenheil" oder die „christliche Botschaft", und dass er von einer „Pflicht" spricht, die er glaubt mit Fleiß und Glück „ausgeübt" zu haben, um „die Erbauung der Leser zu befördern, den Geschmack an der Religion zu vermehren und Herzen in fromme Empfindungen zu setzen". (Schließlich sei es rühmlicher und ehrenvoller, nach dem Beifall seines Gewissens zu streben.[2])

2. *„Andacht" ist (gem. der eigenen Vorstellung vom Menschen!) ein Moment des Menschseins.*

Es gibt gute Gründe – so Gellert –, als Poet für die Religion zu arbeiten: einer bestehe in den vielen schlechten Lieder der (zwar) gutmeinenden Frommen aber für die Poesie nicht Begabten. Ein ernsterer: Die Sprache unserer Väter sei in manchem veraltet; dadurch würden Texte einen Widerwillen – Gellert spricht von Ekel – erzeugen, was dazu führe, „die Uebungen der Andacht geringe zu schätzen, oder zu verachten, weil die Mittel, sie zu erwecken oder zu unterhalten [= aufrecht zu erhalten], dem allgemeinen Geschmacke nicht mehr gemäß sind." Doch sollten die „neuen Versuche" das schöne Alte nicht verdrängen. Trotz gewisser „Härten"

---

[1] Vgl. *Christian Fürchtegott Gellert. Gedichte, Geistliche Oden und Lieder*, hrsg. v. H. John, C. Lehnen u. B. Witte, Bln., NY 1997, = *Ch. F. G., Gesammelte Schriften*, krit. komm. Ausgabe, hrsg. v. Bernd Witte, Bd. II., S. 105-109.
[2] Gellert: „Wer nicht groß genug ist, sich über die falsche Schande [aus den Vorwürfen der kleinen und einfältigen Geister etc.] hinwegzusetzen, der ist des Glückes werth, nur den Beyfall der Thoren und Leichtsinnigen zu haben."

C. F. Gellerts und C. P. E. Bachs »Geistliche Oden und Lieder«

in der Sprache sei „der Ausdruck stark und kräftig, weil der Inhalt der Gedanken groß[... und] weil die Kürze und der Nachdruck das Harte entschuldigen [und] weil die Versetzungen[1] [...] die Aufmerksamkeit befördern" würden. Für den geistlichen Gesang empfiehlt er daher eine „Sprache der Empfindung und die gewöhnliche Sprache des denkenden Verstandes": nicht „das Bilderreiche, nicht das Hohe und Prächtige der Figuren", sondern „das, was sich gut singen und leicht in Empfindung verwandeln läßt".

3. *Jene Verhaltensgrundlagen, durch die wir geworden sind, „wer" wir sind, sind nicht zu ersetzen, sondern in ein (eigenes) Bewusstsein zu überführen.*

Zur „übliche[n] gewählte[n] Sprache der Welt" sollte „noch mehr, wo es möglich ist", die Sprache der „Schrift" hinzukommen. Diese – Gellert bezieht sich ausdrücklich auf die lutherische Übersetzung – sei unnachahmlich, „voll göttlicher Hoheit und entzückender Einfalt". Hier schlägt nicht allein die Ehrfurcht vor der Würde des Überkommenen durch, sondern ein kulturgeschichtlicher und (so würden wir heute sagen) entwicklungspsychologischer Gedanke: durch die „feierliche und ehrwürdige Gestalt" würden oft „die Wahrheiten, Lehren, Verheißungen, Drohungen der Religion dadurch am gewissesten in das Gedächtniß zurück gerufen, oder die Vorstellung davon am lebhaftesten in unserem Verstande erneuert". Und: Die Übernahme dieser Sprache in das (neue! = Gellerts) Lied würden „Stellen und Ausdrücke der Schrift durch den Zusammenhang, in den sie der Liederdichter[!] bringt, eine Art von Commentario erhalten, die für die Menge vielleicht sehr nötig ist."

Tatsächlich verknüpft Gellert viele Psalmstellen und Briefstellen in den eigenen Gedankengang des Liedes.[2] Witte (a. a. O., S. 454) bemerkt, es sei unklar, „ob die Bibelparaphrasen bewusst gewählte Zitate sind oder ob Gellert sie als selbstverständlichen Bestandteil des zeitgenössischen Denkens assoziativ integrierte". Wir nehmen an: weder, noch; sie sind selbstverständliche Grundlagen *seines* Denkens.

4. *Diese Grundlagen sind nicht nur ins Gedächtnis zu rufen, sondern mit dem Verstand des Erwachsenen zu durchdringen.*

---

[1] Gemeint: die Wortstellung in den Sätzen?
[2] Die Herausgeber der *Geistlichen Oden und Lieder* in der Ausgabe der *Gesammelten Schriften* – vgl. Anm. o. – weisen die Übernahmen und Paraphrasierungen an den einzelnen Oden und Liedern nach; vgl. dort, S. 457 ff.

C. F. Gellerts und C. P. E. Bachs »Geistliche Oden und Lieder«

Was die „geistlichen Oden" betrifft, so unterscheidet Gellert zwischen „Lehroden" und „Oden für das Herz", je nachdem, ob „mehr Unterricht, oder mehr Empfindung darinne herrschet". Wichtig (für beide): „Daß der Verstand in den Liedern unterrichtet und genähret werde", das erscheint ihm notwendig, „wenn man die unrichtigen Begriffe, die sich die Menge von der Religion macht, den Mangel der Kenntniß in den Wahrheiten derselben und die täglichen Zerstreuungen bedenkt, unter denen unsre Einsicht in die Religion, oft Sätze, oft Bestimmungen und Beweise, oft wenigstens den Eindruck und die lebhafte Vorstellung davon verliert." (Wir können das von Gellert Beobachtete als typisch für ein Erwachsensein subsumieren: dass das einmal Angeeignete schwindet, in der Flut der Eindrücke unterzugehen droht.)

5. *Doch ist der Verstand nur Mittel, sich die „Empfindungen" durch Einsicht selbst zu beschaffen und sich als Schöpfer seiner selbst (im Sinne eines vollkommenen Menschseins) zu erleben.*

„Die Lieder für das Herz [im Besonderen], denen der Gesang vorzüglich eigen ist, müssen so beschaffen seyn, daß sie uns alles, was erhaben und rührend in der Religion ist, fühlen lassen; das Heilige des Glaubens, das Göttliche der Liebe, das Heldenmüthige der Selbstverleugnung, das Große der Demuth, das Liebenswürdige der Dankbarkeit, das Edle des Gehorsams gegen Gott und unsern Erlöser, das Glück, eine unsterbliche, zur Tugend und zum ewigen Leben erschaffne und erlöste Seele zu haben." Gellert, dem studierten Theologen, aber tätigen Moralisten, geht es letztlich(!) nicht um die Vermittlung von Glaubenssätzen, sondern um ein *Sich-Erleben als:* als „edel", „groß", „heldenmütig", „göttlich", „heilig" und „glücklich" aufgrund des Reflexes dessen, was man eigentlich an Glaubenseinsichten „besitzt". Für geistliche Gesänge, die nicht „das Vergnügen zu ihrer Hauptabsicht haben", sollte man denn auch „für den Wohlklang weniger besorgt seyn, als für das Nachdrückliche und Kräftige", das manche Härte und kleine Fehler (z. B. bei „einem nicht ganz reinen Reime") ertragen könne.

6. *Solches Erleben setzt den geschlossenen Gedankengang voraus, den das einzelne Lied darstellt.*

Jedes Lied ist „für sich ein Ganzes[...], das man in einer Sammlung, als von den andern abgesondert, betrachten muß"; dabei kann es passieren, dass in Liedern „ähnliche Ausdrücke und einerley biblische Stellen vor[kommen]"; dies erscheint Gellert durch den jeweiligen „Inhalt" gerechtfertigt.

C. F. Gellerts und C. P. E. Bachs »Geistliche Oden und Lieder«

Dies entspricht durchaus der Erfahrung, die man mit dem vorliegenden Material[1] machen kann: Die starke Wirkung der Texte Gellerts, die man beim Lesen der Gedichte in der Gesamtausgabe an sich selbst wahrnimmt – das Druckbild verleiht einem Text von vornherein Bedeutung und Würde – ist in den Notenausgaben nicht mehr nachvollziehbar. In der C. Ph. E. Bach-Gesamtausgabe „verschwindet" der Text sozusagen hinter den Musikstücken; in einer sog. praktischen Ausgabe passiert das Gleiche, wobei verstärkend hinzukommt, dass die Texte wirklich nur als kleingedruckte Anhängsel der (groß gedruckten Noten) erscheinen und die erste (und für den Komponisten wohl wichtigste) Strophe als Text nicht wahrgenommen wird, da sie im Notentext untergeht. (Sicher nicht zufällig pflegten die alten Gesangbücher oft ihre Liedertexte als ganze, einschl. der ersten Strophe, wiederzugeben, auch wenn letztere schon in den vorausgehenden Notenzeilen enthalten war.

7. Singen (erst) erhebt das Lied zum Ausdruck eines Eigenen.

„Bey den meisten dieser Lieder habe ich auf Kirchenmelodien zurückgesehen, von denen ich zu Ende des Werkes ein Verzeichniß angehangen; und wie die Declamation des Redners seiner Rede das Leben giebt, so giebt oft die Melodie erst dem Liede seine ganze Kraft." Singen, und offensichtlich mittels einer verinnerlichten angeeigneten Weise(!), ist ein Mittel, nicht nur den Gedankengang des Gedichts, sondern mehr noch seine Begriffe, Sätze und Gedanken in sich selbst „eindringen" u. d. h. lebendig werden zu lassen: „Vieles wird durch den Gesang eindringender und sanfter, als es im Lesen war."

Ein Großteil der Gedichte (33) ist tatsächlich schon im ersten Druck mit Hinweisen auf passende „Kirchen-Melodien" versehen worden. Darunter befinden sich auch jene sechs, die das EG heute noch enthält. Von den übrigen, auf die Gellert verweist, verzeichnet das EG heute noch 22 Melodien; sie können so (mit allem Vorbehalt) den Texten Gellerts hinzugedacht werden.[2]

---

[1] Gemeint: die Ausgabe der „Geistlichen Lieder und Oden" in der Ausgabe von Gellerts Gesammelten Schriften; die Ausgabe der Vertonungen C. P. E. Bachs, Wq 194, in den v. D. M. Berg hrsg. „Complete works" (Ser. 6, Vol. 1, hrsg. v. U. Leisinger, Los Altos 2009); die Ausgabe des Carus-Verlages (für die Praxis), hrsg. v. Christian Eisert; sowie u. a. eine Auswahl-CD des Bremer Rundfunks (Dorothee Mields und Ludger Rémy mit 30 Liedern), CPO 2003.
[2] Mit den Melodieangaben nach den Textincipits ist nicht immer definitiv festzustellen, nach welchen Melodien Gellert die Texte erfunden hat, denn es gab oft unterschiedliche Melodiezuweisungen in den einzelnen Regionalkirchen. Grundsätzlich wirft ein solches Verzeichnis natürlich die Frage (an Gel-

C. F. Gellerts und C. P. E. Bachs »Geistliche Oden und Lieder«

Religion, sie erscheint uns bei Gellert als ein Begriff für einen obligaten Bereich vollkommen Menschseins; „in" ihr geht es darum, Empfindung zu wecken und den denkenden Verstand anzusprechen, um sich als menschlich im weitesten Sinn zu erleben; dabei ist durchaus ein Rückgriff auf die „Schrift" und Luthers Sprache sinnvoll; doch geschieht dieser im (primären) Gedankenzusammenhang des Dichters, der durch den Verstand des Adressaten mitzuvollziehen ist. Selbstverständlich erscheint der *Besitz*, nicht die *Aneignung*; als Tätigsein des Singens (und hilfsweise Lesens[1]) zu organisieren ist der *Umgang mit einem Eigenen*, das man besitzt, weil als Angeeignetes ererbt hat, und das einen wesentlichen Aspekt des *sich* bildenden und denkenden Menschen ausmacht bzw. (gemäß Gellert) ausmachen könnte. (Dies ist wohl in gleicher Weise für den Glauben anzunehmen.) Solcher Umgang, der die angeeigneten Weisen des Singens erst einmal unangetastet lässt, ist für einen zeitgemäßen Gebrauch herzurichten. Hier erfüllt sich gewissermaßen ein Stück „Verfügung über sich als".

Carl Philipp Emanuel Bachs Zugang zu Gellerts Texten

Wir können hier unmittelbar C. Ph. E. Bach anschließen. Denn genau solchen Umgang versuchen die Entwürfe Bachs zu realisieren. Wenn „Besitz" den eines Seinen-Glauben-selber-Singens bezeichnet, das wir im Zusammenhang des Glaubensliedes als Artikulation eines Verfügens über sich als Glaubender definiert haben und das bereits in Gerhardts und Crügers Liedern zum Ausdruck durch und über ein Angeeignetes hinaus sich auswies, dann könnten wir nun – überspitzt formuliert – von einem Verfügen über sich als über sich Verfügenden sprechen. Doch ist uns solche Formulierung nicht nur unverständlich, sie ist auch überflüssig. Sie weist aber darauf hin, was Kulturbesitz eigentlich ausmacht: eine auf ein Reflexionsvermögen hin gestufte, also sich beständig entwickelnde persönliche Handlungsfähigkeit, die so mit der Person verschmilzt, dass sie Identität bildet. Ein Über-sich-Verfügen-als-Glaubender ist im 18. Jahrhundert längst zu einem möglichen(!)

---

lert) auf, ob Gellert hier (bei allen, bei einigen?) nicht von Anfang an diese Lieder im Kopf hatte, möglicherweise sich auch mit den entsprechenden Texten auseinandersetzte und sie paraphrasierte.

[1] Gellert schließt seine Vorrede mit der Anmerkung, dass diejenigen Lieder, die „im eigentlichen Verstande zum Singen [nicht] geschickt" seien, „sich [doch] mit Erbauung lesen lassen" sollten.

C. F. Gellerts und C. P. E. Bachs »Geistliche Oden und Lieder«

Charakteristikum des Menschen geworden; es gehört zu seinem Sosein. Und hier können wir Bach anschließen, dessen Lieder wir als entworfenen Umgang mit dem eigenen Artikulationsbesitz betrachten, der die reflexive Verfügung über sich auch *musikalisch* einlöst: als eine selbstgestaltende „Freiheit" des Umgangs mit dem (u. a. von seinem Vater ererbten musikalischen) „Besitz".

Diese Freiheit will verantwortet sein. Und deshalb ist es nicht verwunderlich, wenn Bach zwar vom Generalbasslied ausging, dieses aber – wie wir sehen werden – in die feste Form des ausgearbeiteten Klaviersatzes fasste. In seinen Vertonungen nahm er instrumentales Spielen, das für sich gesehen so etwas wie eine Metapher des eigenen Lebensvollzuges repräsentiert, für den nun tatsächlich eigenen (religiösen) Ausdruck in den Dienst.[1] Es könnte sein, dass Gellerts Oden C. Ph. E. Bach dazu veranlassten, im Kontext der Berliner Literatur und Liederschule genau diesen Weg zu suchen und zu finden. Die Aneignung des religiösen Singens mittels persönlichem Spielen, die dieses Singen zu einem selbstverständlichen Bestandteil einer allgemeinen menschlichen Identität macht resp. gemacht hat, führt unmerklich dazu, dass sich die Verhältnisse endgültig verschieben. Jene Mittel, sich allgemein als Mensch zur Geltung zu bringen, können nun zum Ausdruck religiöser Empfindungen herangezogen werden, die in „meine" menschliche Vernunft integriert sind. Das ist doch ein wesentlicher Akt des endgültigen Erwachsenwerdens in einer Kultur: die persönliche Einsicht in sein religiöses Verhalten und die sich wissende Erfülltheit von der religiösen Erkenntnis hinter sich zu lassen, so notwendig beide für das Wachsen und für den Akt der Emanzipation einmal waren, und „Religion" in die *Möglichkeiten* des Sich-Denkens zu integrieren.

Auch in Bezug zu Bachs „Vorwürfen" sollten wir uns dessen *Vorrede* zu seiner Ausgabe genauer ansehen. Um sie zu würdigen sollten wir uns klarmachen, dass die Emanzipation im religiösen Bereich wieder eine Art Dialektik hervorbringt: Sich Unabhängigmachen von den Lehren der Kirche auf dem Wege der Integration des „Glaubens" in sein eigenes Denken von Mensch und Welt und

---

[1] Während J. S. Bachs *Orgelchoral* (im *Orgelbüchlein*) den Besitz eines sozusagen *alten Singens* vollkommen in ein persönliches Spielen transformierte und als Gang in eine abschließende Idealität eine „Fortsetzung" auf dieser Schiene(!) in gewisser Weise ausschloss, schlug C. Ph. E. Bach einen neuen Weg ein, den besonderen lebensäquivalenten Charakter eines instrumentalen Spielens für den religiösen (als einen allgemein menschlichen) Ausdruck *eines neuen Textes* zu funktionalisieren.

C. F. Gellerts und C. P. E. Bachs »Geistliche Oden und Lieder«

Gott führt nun dazu, dass der Singende seinen Glauben im musikalischen Tätigsein (scheinbar) unmittelbarer entäußert. Der Weg, nun sozusagen sich (vor sich) zu dem zu bekennen, wer man aufgrund seines eigenen Denkens „selbst" *ist*, den alle zeitgenössischen Berichte über C. Ph. E. Bachs Klavierspielen bezeugen und den wir so in der Musik der Frühen Neuzeit bis dato nicht gefunden haben, realisiert sich als konstruktive Identifikation mit dem eigenen Singen und vor allem Spielen. Zwar, Schütz und der Vater Bach und andere waren gläubige Menschen; die Inhalte des Glaubens gemäß u. a. Luthers Lehre bedeuteten ihnen offensichtlich viel. Doch müssen wir dies scheiden vom kompositorischen Tätigsein, das geistlichen Text aus kompositorischem Verstand heraus *so* in ein Singen brachte, dass es uns heute (fast) als mit dem Inhalt identisch erscheint. (Salopp: J. S. Bach hat nicht seinen Glauben vertont, sondern Adressaten in einer Weise singen gemacht, die ihnen das „Aussprechen" ihres Glaubens in einer „persönlichen" Weise eröffnete…) Nun aber findet die Trennung (scheinbar!) nicht mehr uneingeschränkt statt: das Selbst-Affiziertsein gerät mit in die Optik des eigenen kompositorischen Verstandes; sie wird Teil des kompositorischen Aktivwerdens. Nicht, dass der Komponist oder Singende oder Spielende nun plötzlich aus dem Bauch heraus tätig würde, im Gegenteil: er findet den Mut und die Wege, das, was ihn als Menschen bewegt, in das kompositorische Tätigsein einzubeziehen: als reflektierten persönlichen Grund, aber auch als persönliche Rechtfertigung des eigenen technischen Vorgehens, vor allem aber als Weg, mit den aus der Tradition angeeigneten Mitteln Möglichkeiten zu eröffnen, auch sich gleichsam über die kompositorische Konstruktion selbst zur Sprache zu bringen.

Wenn am Beginn von Bachs „Vorrede" deshalb ein Dank an den Autor Gellert steht, dessen Berühmtheit ja eh anerkannt sei, dann ist dieser Dank hier mehr als nur Floskel: er ist Andeutung, dass jener Nutzen, jene „Vortrefflichkeit der erhabenen lehrreichen Gedanken, wovon diese Lieder voll sind", sich im Autor selbst niedergeschlagen habe, ja dass er von den Liedern, „dergestalt durchdrungen worden, daß ich mich habe nicht enthalten können, ihnen allen[…] Melodien zu setzen". Wir können dies als entscheidenden Fortschritt des musikalischen Subjekts interpretieren, des Menschen (in der Schlussetappe der »Aufklärung«, hin zu einem endgültigen Erwachsensein), durch sein Handeln nicht mehr (nur) die als vernünftig anerkannten Regeln in eigener Verantwortung umgesetzten Regeln zu bestätigen, sondern eben in diese den Reflex seines eigenen Betroffenseins mit einzubeziehen. Aus diesem (und nicht etwa aus der Auffassung eines Amtes!) resultieren der Impuls – Bach spricht von „Beruf" im Sinne von „Berufung" – und die reflexive Rechtfertigung: die „Absicht" und den Nutzen dieser „Lehroden" zu „erleichtern" und „allgemein zu machen", vor allem, wenn sie „so schön sind(!), wie sie Herr Gellert machet". „Diese fromme Absicht ist es ganz allein, welche diese Melodien veranlasset hat." Bach habe „besonders denen Liebhabern der Musik dieser Lieder gemeinnütziger machen" wollen. Das kompositorische Handeln bestimmt sich also durch die eigene (nicht-musikalische) Erfahrung mit den Gedichten Gellerts mit.

Gleichzeitig ist sich der Autor der besonderen Schwierigkeit bewusst, Gellerts Gedankengänge, die sich öfters über mehr als ein Dutzend Strophen erstrecken, gleichsam in eine „Melodie" zu fassen: einerseits habe er „auf das ganze Lied gesehen", d. h. „so viel [wie] möglich", weil die Verschiedenheit der sprachlichen Mittel wie der „Materie" der Strophen je einen eigenen Ausdruck erforderten; anderseits habe er versucht, „auf verschiedene Art vielen dergleichen Ungleichheiten auszuweichen". (Wir werden zu fragen haben, wie Bach vorgeht, vor allem um dem ersten Erfordernis zu entsprechen.) Wesentlich erscheint dabei: Bach geht es nicht allein um „Melodien": um sie der Willkür eines „steifen Generalbaßspielers" nicht zu überlassen, habe er „meinen Melodien die nötigen Harmonien und Manieren beygefügt". Dadurch – und das erscheint im historischen Kontext enorm wesentlich – seien sie zugleich „als Handstücke zu gebrauchen", also wohl auch als Klavierstücke. Wenn Bach hinzufügt, die Singstimme sei stets die obere Satzgrenze, was ungeübten Sängern entgegenkomme, dann benennt er indirekt ein wesentliches Moment der „Klavierstücke": einerseits ein Spielen entworfen zu haben, das im Grunde das Singen in sich aufgenommen hat, im Spielen sozusagen selbst „singt", anderseits solches „Singen" als Teil eines obligaten Ganzen des (Klavier-)Satzes entworfen zu haben. Dass er „bey einem Paar Liedern[…] ein angenommenes Thema mit eingemischt" hat, was die Worte „ein wenig mehr, als gewöhnlich" trennt, das ergänzt diesen kompositorischen Vorsatz: Singen im Sinn von „Lied" geht tendenziell im Spielen auf; doch ist dieses kaum ohne Vergegenwärtigung des Textes (als gedachtes, innerlich mitvollzogenes Singen) vollständig zu realisieren. Wundert es, wenn Bach für diese Komposition für „Liebhaber" jenen „Beyfall" erhofft, „womit Kenner meine bisherigen Arbeiten beehret haben"?

Den Eindruck, dass Bach offensichtlich durch das Lesen der Texte so affiziert war – und ich verwende diesen Begriff mit der Absicht, mehr als nur ein Angeregtsein anzudeuten –, dass in ihm an

C. F. Gellerts und C. P. E. Bachs »Geistliche Oden und Lieder«

jeweils einzelnen Texten eine Vorstellung eines entspr. Singens bzw. Spielens entstand, diesen müssen wir als wesentlich betrachten.[1] Lesen – es geschah damals in der Regel laut –, ist ein den gesamten Menschen erfassender Prozess: nur aus diesem begründet sich eigentlich das Motiv, diesen Prozess in Richtung eines eigenen Singens resp. Spielens zu vervollständigen. Und genau darum geht es wohl, im ausdrücklichen Sinn. Dabei ist umso mehr vorauszusetzen, dass jedes Gedicht Gellerts, wie auch jedes Lied Bachs, ein Einzelstück darstellt. Das meint: hier liegt kein Zyklus vor, keine gegenseitige Zuordnung der Lieder, sondern eine Sammlung von 54 Einzelthemen, die – und das gilt im Besonderen für die Stücke Bachs, der in seiner Vorrede klarstellt, er „liefere [die Lieder] in der Ordnung, in der ich sie geschrieben habe" – jede für sich je der persönlichen Annäherung bedürfen, möglicherweise auch je bestimmter situativer Bedingungen. Denn Gellert gibt seinen Gedichten Titel, die z. T. auf solche situativen Umstände oder Gestimmtheiten eines möglichen Lesers Bezug nehmen.

Singen als Begegnung mit sich selbst. Carl Philipp Emanuel Bachs »Gellert-Oden«

Von daher wäre es wert, jeden dieser Entwürfe Bachs einzeln anzusprechen, denn jeder wäre in seiner je überraschenden Besonderheit und eigenartigen Schönheit zu würdigen. Doch würde das sowohl unseren Rahmen sprengen als auch von unserem Vorhaben eher ablenken, einen begründeten Einblick in die *Entwicklung des Singens* in der Frühen Neuzeit im Zusammenhang des Glaubensliedes zu erhalten. Wir werden stattdessen versuchen, einige wesentlichen Momente jenes musikalischen Tätigseins, das Bach *mit* ihnen entworfen hat, wenigstens an einigen Liedern hervorzukehren. Dabei hilft uns das EG wenig, in welchem zwar sechs der Gellert-Oden als Kirchenlieder enthalten sind, alle aber im We-

---

[1] Ein eigenes Problem ist dann die „Vollendung", wenn man ein bestimmtes Maß der Vertonung überschritten hat. Wie wir aus dem Briefwechsel wissen, hat Bach wohl etwas über 30 Lieder in den Jahren 1754/55 verfasst und sie dann Freunden zur Diskussion geschickt. Erst ein Jahr(?) später kamen 18 oder 19 hinzu, und Bach betonte dann, dass er diese Arbeit nun ruhen lasse, um der Gefahr zu entgehen, sich selbst zu kopieren. 1756/57 hat er die Lieder (auch gemäß den Urteilen seiner Freunde) überarbeitet und sie im März 1757 erscheinen lassen.

sentlichen jene Melodien beigeben, die Gellert aus dem Fundus überlieferter Lieder selbst vorgeschlagen hat.[1] Bach hingegen „überhöht", indem er die o. a. Vorstellung Gellerts von der Bedeutung des Singens mit einer Konzeption realisiert, die dem sprachlichen Vorgehen Gellerts in gewisser Weise kongenial entspricht. Darüber ist im folgenden zu reden.[2]

1. *Bachs Entwürfe zum Singen resp. Spielen sind (einerseits) „Lieder" im konstruktiven Verständnis.*

Das je eigene Verhältnis von kurzem, begrenztem Klavierstück einerseits und „Lied" anderseits fasziniert auch einen heute Spielenden in jedem dieser Stücke neu. Gleich das erste Stück der Sammlung, das *Abendlied*, „Für alle Güte sei gepreist", das eine (textlich) zweiteilige Strophe, mit quantitativem Überhang des ersten Teils, zum Singen entwirft, demonstriert dabei (vor allem in Zeile 2) die Verwandtschaft mit (der frühen) Klaviersonate, während Zeile 3 das musikalisch-gedankliche Fortschreiten mit einem betonten Liedhalbschluss auf der Dominante einfängt.

---

[1] Vgl. im EG: das Weihnachtslied *Dies ist der Tag, den Gott gemacht* (42); das Passionslied *Herr, stärke mich, dein Leiden zu bedenken* (91); das Osterlied *Jesus lebt, mit ihm auch ich* (115); zum Thema Nächstenliebe: *So jemand spricht,»ich liebe Gott«* (412); das Morgenlied *Mein erst Gefühl sei Preis und Dank* (451); schließlich zu Natur und Jahreszeiten: *Wenn ich, o Schöpfer, deine Macht* (506).
[2] Vielleicht ist es bezeichnend, dass Bach und Gellert nicht mehr als Tandem erscheinen, wie etwa Gerhardt und Crüger. Bach „vertonte" die Lieder Gellerts ohne ihn davon (vorher) in Kenntnis zu setzen; die Lieder bedeuteten für Gellert eine Überraschung; sie passten wohl nicht ganz zu der Realisationsvorstellung, die er mit der Veröffentlichung verbunden hatte. Sein Urteil, sie seien nur für geübte Stimmen und fast zu schön zum Singen, verweist darauf, dass er das Ungewöhnliche wohl wahrnahm, gleichzeitig aber enttäuscht war darüber, dass die Lieder in solcher Vertonung kaum einer Allgemeinheit zugänglich werden konnten.

C. F. Gellerts und C. P. E. Bachs »Geistliche Oden und Lieder«

Der zweite Teil eröffnet, analog dem Textbau, mit wie „relativ" anschließenden sequenzierenden Kurzzeilen („Mitte"), führt aber bereits zurück zur Tonika, während die Schlusszeile die Abkadenzierung und die instrumentale „empfindende" Geste des Septfalls mit der melodischen Entsprechung zum obigen Halbschluss verbindet. Die Struktur der textlichen Strophe erscheint perfekt in der Struktur des Melos eingefangen: die Zeilen 1 + 2 bilden eine zueinander geordnete Entsprechung, während Zeile 3 als „neue" Anfügung die entscheidende „aktive" Wendung zur Liedstruktur hin bedeutet. Gleichzeitig bildet die Konstruktion des musikalischen Vorgehens (= Spielens) eine konsequente Struktur menschlichen Aussprechens aus, des menschlichen Darlegens.

Solche im Charakter anzuleiten, dazu dienen nicht zuletzt Bachs Ausführungsanweisungen. So meint die Angabe „nachdrücklich" im Lied 44, *Am neuen Jahre* („Er ruft der Sonn und schafft den Mond"), eine Art „zupackendes" Singen resp. Spielen:

Auffallend ist der eröffnende harmonische Gang, der in den Takten 11/12, die aus der „Mitte" des Liedes herauskommen und zum Schließen überleiten, gleichsam rückläufig erscheint. Auch hier entspricht die Konsequenz der musikalischen Zeilen der inhaltlichen Logik der textlichen.

C. F. Gellerts und C. P. E. Bachs »Geistliche Oden und Lieder«

Doch auch hier geben diese sich keineswegs als zum Singen dieses Textes ungetrübt geeignet: kurze Silben verbinden sich mit langen oder mehreren Tönen; anderseits artikuliert sich in ihnen ein Verhältnis je des singenden Subjekts zu den Textzeilen. Wir finden also kein wirklich reales Singen hier entworfen; eher begegnet uns hier „Lied" schon in einem abstrakten Verständnis, ähnlich wie „Glauben": beide bilden einen Denkinhalt. Einerseits einzelnes unverwechselbares musikalisches Vorgehen, anderseits „Lied", durchaus im exzellenten Sinn mit Zeilen- und Strophenkonstruktion, vor allem mit strukturellen Gliedern: ein „Anfang" als Anheben des Singens mit wiederholter Stollenmelodie, eine „Mitte", wie ein Innehalten, aus dem die 6. Zeile ausbricht, als Ziel oder Bestätigen, gleichzeitig als Umlenken zur Zusammenfassung, also als „Ende" und Beschließen des Singens. Letzteres fungiert vor allem als ein Erfüllen der vorhergehenden Zeilen mit musikalischem Sinn. Anfang, Mitte, Schluss, sie beziehen sich aufeinander und ergeben eine musikalische *Ganzheit*, die nicht nur einen Vorgang (im Sinne eines Vorangehens) entwirft, sondern auch *rückwirkend* musikalisch sinnstiftend wirkt. Gestalt, nicht mehr nur im Sinne eines gestalteten Vorgangs, sondern im Sinne einer Konstruktion, in der vor allem das Ende(n)/Schließen – es ist bewundernswert, wie erfindungsreich Bach darin ist – rückbezüglich die Teile zum tendenziell abstrakten Gebilde zusammenführt.

2. Bachs Entwürfe fangen in der Liedstruktur (anderseits) ein musikalisches Vorgehen ein, das auf eine unmittelbare Entäußerung angelegt erscheint.
Mit dem (bei Bach) ersten der drei Osterlieder, *Jesus lebt, mit ihm auch ich* (Lied 10), begegnen wir einer der offensichtlichen Paraphrasen, hier der auf ein Lied aus der Mitte des 17. Jahrhunderts (*Jesus, meine Zuversicht*, EG 526), dessen Melodie Gellert selbst zum Singen vorschlägt, was im EG (115) bis heute beibehalten ist. Die im alten Text (von Otto von Schwerin) enthaltene Aussage, „Jesus, er mein Heiland, lebt", konzentriert Gellert auf die Feststellung „Jesus lebt", scheinbar über aller menschlichen Vernunft, mit der er jede seiner Strophen beginnen lässt, um dann aber im vernünftigen Selbstgespräch zu erörtern, was der eigentliche

Grund sein kann, jede Strophe auf die eigene vernünftige Einsicht, „dies ist meine Zuversicht", hinauslaufen zu lassen.

Bemerkenswert ist Bachs Konstruktion des Satzes: der wie abwartend unter dem Grundton anhebenden, aber festen zweitaktigen „Aussage", „Jesus lebt", treten zwei Takte einer (fast) Entgegnung „...mit ihm auch ich" zur Seite: der Sprung in die Dominantsepte und das Absinken zur Tonikaterz wirken wie eine plötzliche Eingebung und strahlen doch gleichzeitig höchste Selbstsicherheit aus. Die nächsten 4 Takte „folgern" daraus konsequent: das lange „Tod", das wie eine Figur des barocken „Zeigefingers" über den nächsten Taktbeginn zu ziehen ist, bewirkt eine innere Dynamisierung der eigenen Aussage. Bach könnte auch vertonen:

Die besondere rhythmische Zurichtung und Melosführung erwirken den Tonfall eines fast bühnenmäßigen Aussprechens, das die Gestik einer hohen menschlichen Aktivität einfängt. Diese bricht auf „Er, er lebt" (Takte 9 ff.) in Triumph und Sicherheit fast aus der Liedperiodik aus, stellt jedoch über ihre Rhythmik („lebt") eine antithetische Beziehung zu „Tod" her.

Gleichzeitig neigt sich das Singen zu einer (scheinbar) figurhaft abbildenden Finalität, ganz im Sinne eines „basta!". Dem ebenfalls auffallend gestisch angezielten und doch auch lichtsymbolischen

Umspielen des („hellen") c″ (Takte 16 ff.: „Er verklärt mich in sein Licht")...

folgt die Schlusszeile mit dem aufsteigend wiederholten und zum Spitzenton überhöhten „dies". Sie wirkt wie ein *„siehst du, dies ist..."*: indem wir „aussprechen", wie Bach uns unser Singen-Spielen entwirft, sagen wir mehr, mehr von und zu uns selbst, als das, was der Text be-sagt. Im (hier nur mühsam zusammengehaltenen) Rahmen des Liedes gewinnt das Spielen der einzelnen musikalischen Zeile je eine eigene gestalthafte Form, die das reale Singen eigentlich hinter sich lässt und doch umgekehrt gerade einer durch den Text initiierten persönlichen Entäußerung dienlich scheint.

Setzen wir daneben, was einem möglicherweise mit dem Beginn des Liedes spontan in den Sinn kommen mag:

An Mozarts Kyrie-Beginn der Messe KV 275 (272 b) – die Verwandtschaft beider scheint schon erstaunlich – können wir auch das je Besondere wahrnehmen: bei Bach die immer noch scheinbar unmittelbar aus der menschlichen Äußerung resultierende Geste des Melos, zu einer Gestalt unmittelbarer menschlicher Entäußerung verdichtet, bei Mozart tendenziell die Vollendung der Abstraktion im sich selbst abrundenden musikalischen Gedanken, der solche Entäußerung zur in sich ruhenden musikalische Gestalt verwandelt hat.

Schließen wir hier noch das zweite der beiden Weihnachtslieder Gellerts an, *Dies ist der Tag, den Gott gemacht*.[1] Der Text stellt eine verständige Bestimmung des Weihnachtsfestes vor: Der Singende macht sich Gedanken, was dieser Tag bedeutet und für *ihn* bedeutet. Es ist ein Ich, das hier bedenkt, und das sein Bedenken mit der Wiederaufnahme der ersten Strophe abrundet. Der Text dazwischen, die theologischen Erwägungen, die die Erlösungstat Christi (wie schon bei Gerhardts „Ich steh an deiner Krippen hier") vorausschauend mit aufnehmen, sind voll von „Zitaten" und angeeigneten Schrift-Formulierungen. Diese werden in den Zusammenhang der vernünftigen Einsicht (1./2.) gebracht, die letztlich „meinen Geist" übersteigt (3.), der trotzdem zu ermessen versucht und als Folge in die Anbetung mündet (-7.) und in die vergleichsweise aufklärerische Wendung der besonderen Einsicht persönlicher Art (die vielleicht nicht ganz unabsichtlich in EG fehlt): „Gedanke voller Majestät, du bist es, der das Herz erhöht...". Meint das nicht, dass die Tatsache, dass *wir* den Gedanken – hier: von Christi Geburt und seiner heilsgeschichtlichen Folgen – *denken*, uns „selig" macht? Der folgende Reflex über den Menschen und das, was er folglich zu tun hat, nämlich dem Herrn ein „neues Lied" zu singen, dies nimmt die letzte (und 11.) Strophe auf, indem sie auf die erste (und ihre Proklamation) zurückgreift.

Und das Melos Bachs *ist* eher Proklamation. Die Überleitung zum Schluss entspricht dem Text, der in der letzten Strophe wieder zum Ausgang zurückfindet. Vieles erscheint uns gerade hier nicht als „Lied", das sich sozusagen selbst singt, sondern als fast unvorhersehbares musikalisches Vorgehen, das den Spielenden/Singenden zur Investition fordert:

---

[1] Im EG findet sich das Lied, mit Gellerts Melodie-Vorschlag: „Vom Himmel hoch, da komm ich her", als Nummer 42; bei Bach trägt es zufällig die gleiche Nummer.

C. F. Gellerts und C. P. E. Bachs »Geistliche Oden und Lieder«

Es ist eine Gestalt für sich (und doch Vorgang!), die ihr „Majestätisch" – so die Spielanweisung Bachs – einholt, gleichzeitig den Spielenden/Singenden in eine Haltung dieses Ausdrucks versetzt. Die signalartige Klangauseinanderlegung über einer Art Passacaglia-Kadenz am Beginn, eine Art Überschrift, die auffallend absteigenden Linien in lombardischen Rhythmen, Figuren die einen persönlichen Nachdruck des Spielenden erfordern und auch auffällig vom Bass übernommen erscheinen, der kurzzeitig immer wieder neu ansetzende Aufstieg zu „Jesum Christ" (Takte 5 ff.), all dies zeigt eine metrisch-rhythmische Behandlung der Sprache im Dienste eines sich fortzeugenden Gedanken(vor)gangs, den wir als Spielende mitzudenken gezwungen sind. Und doch erscheint er (in bewundernswerter Weise) in die Form eines Liedes gebracht, vor allem durch die Wiederholung der (textlichen) Schlusszeile, deren Wiederaufnahme Bach uns aber als ganz eigenes Bewusstwerden(?) bzw. Sich-Bewahrheiten verkünden lässt.

3. *Wir sehen: In Bachs Liedern geht es nicht (mehr oder nur) um ein selbst-meinendes „Aussprechen", sondern um die Selbst-Investition als Spielen.*
Die zentrale Rolle des Spielens können wir recht gut im ersten der beiden Passionslieder Gellerts, *Erforsche mich, erfahr mein Herz* – bei Bach das Lied Nr. 14 –, mitvollziehen. Das Lied gibt sich vom Text her umfangreich, sowohl in der Zahl der Strophen (11) als auch in

der Zahl der Strophenzeilen (10). Deren Reimschema, a-b / a-b / c-c-d / e-e-d) signalisiert eine logische Verknüpfung von wenigstens drei Aussageeinheiten: so (in der ersten Strophe) ein Ansprechen Gottes, Ausdruck einer Hochachtung und gleichzeitig Selbstdarstellung angesichts der Empfindung im Denken an das nicht-anwesende Du des leidenden Jesus, dann eine Ergänzung durch den begründenden Verstand und schließlich, angesichts des eingesehenen „Wunders der Barmherzigkeit", die Selbstbefragung. Die Strophe entwirft eine über Selbstgespräch und Selbstbedenken sich kundtuende Empfindungseröffnung radikal persönlicher Art. Ihr folgt in den nächsten Strophen eine Jesus anredende Vorstellung seines Leidens, „deines" Leidens, die in den Strophen 7 und 8 konkret in ein (vorgestelltes) Selbstsprechen Christi übergeht, bevor die Strophen 9, 10 und 11 mit jener Konsequenz, die *ich* bedenke, das Lied beschließen.

Mit dem Text spricht sich eine Persönlichkeit, ein Ich, aus; um sie/es geht es. Und für solches *Sich*-Aussprechen entwirft Bach einen Spielenvorgang, der zwar inhaltlich vom Gedicht ausgeht, dem das konkrete Singen des Textes aber eher hinzugefügt erscheint.

Zwar gibt sich die Formulierung der musikalischen Zeile wie des ganzen Stückes mit Anfang – Mitte – Schluss letztlich formal liedhaft; doch erfordern der satzmäßig je zielführende Duktus der Zeilen, ihr gleichzeitig stets sich ausdeutend „Wendendes" bzw. in eine spezifische Offenheit Mündendes die Investition eines fast gesamtkörperlichen Mitgehens.[1] Solches eröffnen der entschlossene Anfang mit seinen Synkopen ebenso wie die die Synkope absichtsvoll meidende Dehnung (Takte 5/6), die durch solche Vermeidung an Wirkung gewinnt. Dem offenen Dominant-

---

[1] Das ganze Lied und nicht nur besonders die Takte 7 und 27 demonstrieren, wie „falsch" es ist, die Singstimme „blank" herauszuziehen (wie die Carus-Ausgabe das macht); sie muss hier unbedingt die Verzierungen mitnehmen, sonst wird ihre Führung „platt" und „unausdrücklich".

Halbschluss folgt (als „Mitte" des Liedes) die überraschende Wendung in die Durparallele.

Mit ihr setzt „sich" der Spielende in die neue Aussageeinheit ab; die Deklamation auf b' signalisiert eine proklamative Bekundung, entgegen dem leidenschaftlichen „Gedanken" der Zeile davor. Doch mit „Wunder der Barmherzigkeit" wendet der Spielende den Tonfall: fast geht er in ein mitempfindendes Aufseufzen über. Auch im weiteren erscheint die Struktur im Sinn von Lied verunklart zugunsten eines sich im Spielen aussprechenden *Vorgehens*, das darauf aus ist, über das „Aussprechen" hinaus sich in der Ebene der Empfindung zu erleben.

Zwar hält Bach die Zeilenmetrik aufrecht, doch bietet sich keine unmittelbare Entsprechung der Zeilen an, wie wir sie von „Lied" erwarten. Hierzu gehört dann eben auch der relativ abrupte Schluss, der dem Vorgang den Duktus des Liedes wieder zurückgewinnt.

Das ganze Stück steht einem Klaviersonatensatz nahe; es *ist* ein Klavierstück, ein Vorgang persönlichen Spielens in der thematischen Formulierung ebenso wie im Zugriff. Doch ist es der Reflex des Textes (durch Bach u. d. h. den Spielenden), der „Weg" und

Formulierung bestimmen: Das Durchbrechen der „Leidenschaftlichkeit" des Spielens zugunsten des Setzens von zwei Gegengedanken, Takte 15 ff., mit der Ausweitung bzw. Verlängerung in Takt 20 zu 23 hin, und Takte 24 ff., deren auf sequenzierende Entsprechung angelegte Facon in einer fast prosaischen Weise umgelenkt erscheint über die eigene (eigentlich im symbolischen Tritonus „unvollkommene", aber eben auch letztlich betont dominantisch einlenkende) „Macht" zur naiven Einsicht, als die die Schlussfrage Gellerts bei Bach erscheint. Das ist voll von barocker Leidens-„Figur", doch eben auch voll von Investitionseröffnung, die den Spielenden anstachelt, *seiner* Empfindung sich hinzugeben.

Dass sich ein inniger Bezug zur Architektur von Lied und jene in Richtung Klavierstück weisende Investitionsstruktur nicht ausschließen, können wir uns an Gellerts *Die Liebe des Nächsten* („So jemand spricht, »ich liebe Gott«") verdeutlichen. In Bachs Sammlung trägt es die Nummer 19, im EG die Nummer 525. Dort ist es mit Gellerts Melodie-Vorschlag, *Machs mit mir, Gott, nach deiner Güt*, versehen, wobei von den 14 Strophen Gellerts nur die 8 Strophen 1-3 und 10-14 aufgenommen sind, unter denen 12 und 13 textlich ein wenig verändert wurden.

Offensichtlich besteht auch hier ein textlicher Bezug zu jenem Lied, dessen Melodie Gellert verwendet haben will, zu Johann Hermann Scheins *Mach's mit mir, Gott, nach deiner Güt*, dessen Melodie von Bartholomäus Gesius stammt und von Schein bearbeitet wurde. Während bei Schein gleichsam ein Sich-in-die-Hand-Nehmen bestimmend ist – „Gern will ich folgen, liebster Herr", heißt es in der 2. Strophe –, geht es Gellert darum, sich argumentativ zu bedenken, dabei letztlich aber sich als schwacher Mensch zu erkennen und Gottes Hilfe zu erbitten: „Drum gib mir, Gott, durch deinen Geist / ein Herz, das dich durch Liebe preist.", heißt es in dessen 8. Strophe.

Melos und Satz Bachs, obwohl mit ihrer leicht variierten Stollenwiederholung und dem gedrängten Abgesang ganz übersichtlich „Liedgestalt", sind eigentlich, angedeutet in der Anweisung „etwas langsam", auf die unmittelbare Entäußerung des Subjekts angelegt, die mit Kunstmitteln vermittelt ist: auf eine intensive Selbst-Investition. Dies macht hier nicht zuletzt der Vergleich mit dem gebräuchlichen Kirchenlied deutlich. Hier geht es nicht darum, Singen durch Spielen zu ersetzen, sondern *Spielen wird zur entscheidenden Investition des Subjekts*, um zu einem inneren Vollzug des Textes (= des Ganzen als Text und Satz) zu kommen, in welchem eine Melodie den Vollzug real steuert.

4. *Wesentliches Mittel zum Entwurf der Investition des Subjekts – das haben wir implizit nun wiederholt angesprochen – ist die angeeignete „Formulierung" in neuem konstruktivem Zusammenhang.*
Vergegenwärtigen wir uns das Lied *Preis des Schöpfers* („Wenn ich, o Schöpfer, deine Macht"); es trägt bei Bach die Nummer 26; im EG steht es als Nummer 329 mit Gellerts Melodie-Vorschlag, einer Singweise aus der zweiten Hälfte des 17. Jahrhunderts (*Bis hierher hat mich Gott gebracht*), wobei Gellert durchaus auch die alternative Melodie gemeint haben kann, die dem Lied *Sey Lob und Ehr dem höchsten Gut* (EG 326) beigegeben ist.

Bachs Entwurf weist einige für ihn typische Merkmale auf: die vielleicht kennzeichnende Mischung aus großen Intervallen und linearem Fortschreiten in der Oberstimme, die Mischung von lombardischen Rhythmen und regulären Sechzehntelverbindungen, wobei erstere fast ausschließlich im absteigenden Gestus angewandt werden; mit der Zweierfigur im lombardischen Rhythmus, die im Verständnis der Zeit im ersten Ton der investiven Betonung bedarf, während der zweite im längeren Schatten verbleibt, wird dem Spielenden/Singenden eine Figur vielleicht einer hinfälligen Demut zur Verfügung gestellt, während die aufsteigenden Seufzer-Sechzehntel (Takt 6) die Empfindung der Liebe Gottes in ihm intensivieren sollen. Vom ersten Takt an sehen wir hier ein scheinbar Textsinn hervorkehrendes *Umgehen mit abbildhafter Figur* am Werk: Absinkende Linie in lombardischen Rhythmen bei „Wenn *ich*, o", Hervorkehren von „*Schöp*fer" und „*deine*" durch exaltierte Schritte nach oben und akkordische Prägnanz („Schöpfer"), die gleichsam unvorhersehbare „Macht" Gottes als plötzliches harmonisches Einbrechen des Sekundakkordes der Doppeldominante, die „langmütige" „*Weis*heit" des Schöpfers, die die „Wege" (hier) nicht zurück zur Tonika (und damit in die Möglichkeit einer „Entsprechung") führt, sondern mit der Dominante zum unmittelbaren Anschluss des sozusagen besonderen Weges der „*Liebe*" Gottes, aber schließlich auch das leicht in eine Ausweglosigkeit des F-moll-Halbschlusses führende „[ich!] überlege", trotz „meines" über den Taktstrich gezogenen und damit quasi anhaltenden „Anbetens". Dem schließt sich als unmittelbar in die Haupttonart führende dominantische Konsequenz die „Einsicht" an:

Das „so [= jetzt] weiß ich…" bringt nicht nur die lombardischen Rhythmen des Basses vorher in eine (durch Längung der punktierten Werte) wie „bewundernde" Regularität, sondern führt als eine Art plötzlicher Ausruf unmittelbar zur Tonika zurück, nach der das „demütige" Element der lombardischen Rhythmen aber die Singenden/Spielenden bis in die „tiefste" Demut (*b*) führt, aus der heraus sie gleichsam im Bewusstsein ihrer Bescheidenheit „Gott" und „Herr" in beharrlicher Konstanz (auf *einem* Ton, *b'*) anrufen, um ihn dann für sich (gleichsam melodisch zu sich ziehend) als „Vater" anzunehmen. Dabei fällt aber auf, dass Bach die Möglichkeit z. B. eines figurmäßigen „Erheben"s ebenso auslässt,

C. F. Gellerts und C. P. E. Bachs »Geistliche Oden und Lieder«

wie ein langanhaltendes Melisma etwa auf „Wege" (wo die triolierten Sechzehntel immerhin als Andeutung herhalten könnten), – eine Beobachtung, die möglicherweise das „Ungleichheiten ausweichen" der Vorrede verdeutlicht, das den musikalischen Entwurf für alle Strophen tauglich machen soll. Offensichtlich geht es Bach nicht (mehr) um eine bedeutungsstiftende Funktion solchen figürlichen Bildens im Singen per se; auch konstruiert er mit ihnen einen vollkommen neuen Ton (im Vergleich zum „Singen" seines Vaters): die Figuren stellen „angeeignete" Formulierungen dar, in einen eigenen musikalischen Zusammenhang und in eine „Übertreibung" bei gleichzeitiger Vereinfachung gebracht: sie *dienen* jener Investition, jener Aufforderung zur persönlichen Teilhaftigkeit, die in uns (als Spielende/Mit-Singende) die dem Text implementierte (resp. vorausgesetzte) *Empfindung* hervorruft. Entsprechend meint Bachs Anweisung „Munter, aber nicht zu hurtig" wohl eine Fröhlichkeit angesichts der Bewunderung Gottes durch *„meine"* Einsicht in seine Größe. Das, was bei dem Vater noch „persönliches" Spielen war, das dient hier (und durch dieses) einem über es hinaus eröffneten vertieften Engagement mitempfindender Art: Sowohl im Gedicht Gellerts, das im Sinn eines verstandesmäßigen und das gedankliche „Zitat" benützenden Disputs mit sich und über sich zu interpretieren wäre – „Der Mensch... ist sich ein täglicher Beweis von deiner Güt und Größe" heißt es in der 5. Strophe –, als auch im vom Bach entworfenen Spielen geht es nicht um den Schöpfer per se, sondern um mich als Spielenden/Singenden, um *„mein" Empfinden* in einem Denkzusammenhang, durch den ich mich als Gottesbeweis ent-decke.

Wir können hier unmittelbar Bachs Lied Nummer 29 daneben stellen. Gellerts *Trost der Erlösung* („Gedanke, der uns Leben gibt"), eigentlich ein philosophischer Diskurs, wirft ein Licht auf die vielfältigen Formen der Strophe und ihre je korrespondierenden „innere Formen". Denn es fällt hier auf, dass die vierzeilige, aus jambischen Versen gebildete Strophe – Variante einer Balladenstrophe – die männlichen Endungen in die jeweils ersten Zeilen der Zeilenpaare setzt, während die je zweiten Zeilen weiblich enden und in gewisser Weise einen Teilgedanken vollenden, wobei nun – und das signalisiert die herausragende Besonderheit – die zweite Zeile (im Gegensatz zur vierten) die vierte Hebung ausfüllt, die wir gewöhnlich nur mitdenken resp. (als Pause) empfinden. Gellert wendet diese Form an, um je im ersten Zeilenpaar gleichsam die philosophische Vernunft zu Wort kommen zu lassen, die in den regulären Zeilen des zweiten Paares (mit drei Hebungen in der Schlusszeile) durch das „Herz" in relativer Bescheidenheit und Bestimmtheit „beantwortet" werden: es ist einerseits der Gedanke, „unser" Gedanke, der uns „Leben" gibt, und der doch nicht ausreicht, Gottes Tat zu ergründen: „Allein das Göttliche der Tat, / Das kann mein *Herz* empfinden.", so heißt es im zweiten Zeilenpaar der vierten Strophe. Dieses eigentliche Thema explizieren die Strophen 1 bis 8, und mit der letzteren könnte das Lied enden; doch malen nun die Strophen 9 bis 16 in einem zweiten Zugriff die „Einsicht des Herzens" aus, bevor die Schlussstrophe (17) mit der Bitte um den entscheidenden Gedanken „im Tode" an den Beginn anknüpft.

Gellerts Text ist voll von Zitaten bzw. gedanklichen Übernahmen aus Liedern und Versen der Schrift. Und dies trifft, bezogen auf die „Formulierungen" der Vorgängergeneration, hier auch auf Bachs Entwurf des Spielens zu. (Die Tatsache, dass es hier zwischen beiden auf den ersten Blick einen wie plakativen Zusammenhang geben könnte, erscheint als besonderes Problem dieses Liedes.)

Selbständig fängt das Klavier mit einem „Kopf" im Bass an, den die Rechte Hand erst einmal imitierend aufnimmt, bevor die Melodie ihn dann als „Gedanke" artikuliert, und der somit in mehrfacher Imitation (wie in den Kopf aufsteigend) hervorgehoben erscheint. Auffallend hier vor allem die kontrapunktischen figürlichen Bildungen, die wie Zitate aus einer vergangenen Musik erscheinen, obwohl sich der musikalische Zusammenhang ganz eigen konstruiert erweist, u. a. mit einem „Kontrapunkt" vom Typ einer Chorfuge, der auch im Weiteren („Also…") eine wesentliche Rolle spielt; auch das dreistimmige Spielen gibt sich als „Angeeignetes" zu erkennen.

Und die Schlusszeile erscheint hier ein wie abschließendes choralbearbeitungsartiges Diktum, das in der textlichen Wiederholung das Singen (im Sinn von Lied und als Konstruktion mittels angeeigneter Formulierungen) gleichsam „bewusst" beendet: *ich beende, punctum.*

Ich glaube nicht, dass Bach mit seinen sozusagen ererbten „Formulierungen" Gellerts „Zitaten" entsprechen wollte; vielmehr handelt es sich um eine Verwandtschaft im Geiste, die das Angeeignete in die Konstruktion des eigenen menschlichen Ausdrucks integriert, ohne es noch als „wörtliche" Formulierung ganz zu tilgen. Dies ist eher ein Charakteristikum der Zeit der Empfindsamkeit insgesamt. Zwar erscheint die Tatsache, dass Bach den „Fugensatz" als eine Art Zitat auch in der Ebene der musikalischen Konstruktion einsetzt als Besonderheit dieses Liedes. Doch dient auch diese: der „Gedanken"-Präsenz – der „Kontrapunkt" geht ja aus dem „Kopf" hervor – und dem Abheben jenes bekundenden „Singens" als innere Investition, als welche die choralartigen Passagen sich abheben.[1]

5. Die persönliche Investition dient letztlich einem Sich-Erleben als Empfindender im Spielen.

Der *Morgengesang* („Mein erst Gefühl sei Preis und Dank"), bei Bach Nummer 15 und im EG, mit Gellerts Melodie-Vorschlag *Ich dank dir schon durch deinen Sohn*, Nummer 451[2], scheint ebenfalls auf das „alte" Lied Bezug zu nehmen. Während der alte Text (EG 627) Dank und Bitte des Subjekts in direkter Weise artikuliert, Gott also mit dem Dank für die Behütung in der Nacht (1) und den Bitten um Schutz für den Tag (2-6) anspricht und eine kleine Doxolo-

---

[1] Vgl. zur Zitierpraxis auch: Heinrich W. Schwab, *Carl Philipp Emanuel Bach und das geistliche „Lied im Volkston"*, in: Hans J. Marx (Hrsg.), *Carl Philipp Emanuel Bach und die europäische Musikkultur des mittleren 18. Jahrhunderts. Bericht über das Internationale Symposium […] 1988*, Göttingen 1990, u. a. Ss. 373 u. 383 ff.

[2] Das Lied wird heute als „Ich danke dir durch deinen Sohn" gesungen; vgl. EG (Fassung Niedersachsen/Bremen) 627, mit der im 16. Jahrhundert entstandenen und 1610 bei M. Praetorius erscheinenden Melodie.

gie (7) das Lied beschließt[1], bilden die zwölf, in EG zehn Strophen Gellerts eine Art Selbstgespräch: Der Singende, der in Strophe 1 von dem als Feststellung und Aufforderung zum entsprechenden Singen ausgeht, was das EG-Lied *ist* (→ Dank!), macht sich selbst klar, warum er singen sollte und was er an Gott hat. Er stellt rhetorische Fragen und beantwortet sie (5). Nochmals fügt er Lob und Dank an (6) und formuliert darauf Bitten um Lenkung in der eigenen Aktivität. Dem Singendspielenden geht es um das Erforschen des Menschen (als sich selbst und doch eher im Horizont des „eigentlichen" Menschen): „Wer wacht, wenn ich von mir nichts weiß, mein Leben zu bewahren?" (3).

Bachs Melos beginnt mit Ausruf und Bestimmtheit, mit rhetorisch wie nachdenkender Dehnung des „erst" vor dem wie einstürzenden „Gefühl" und schließlich sich entschlossen wendender Anfügung des „Preis und Dank". Der Schluss, mit der strukturell (für die Struktur von Lied vorteilhaften Wiederholung der Schlusszeile) signalisiert hier den Überschwang der eigenen Entscheidung. Ich bin es, der das, was zu tun ist, aus eigenem *Willen* tut. Singenspielen (wenn man so sagen darf) erscheint bei Bach als Ausdruck-Geben der Empfindung, die durch solches Tätigsein entsteht, von der *ich* als meine spreche, zu der der Spielende sich (in scheinbar eigener Entscheidung aus Einsicht) auffordert und die er sich begründet.

Auch hier kennzeichnet das Vorangehen, wie in allen Liedern, eine durchgehende musikalische *Sentimentalität* (nicht im abwertenden Sinn), erzeugt vor allem mittels Vorhalten, die auch die strukturelle Funktion haben, an ihnen anzuknüpfen, den Melosverlauf zu „wenden". In der Schlüsselstelle des Taktes 2 hier ist wirklich „Gefühl" als Ausdruck gemeint, aus dem heraus sich der Singende „umdreht" und regelrecht „erhoben" erscheint. Alle „Stimmen" gehen in Sextakkorden „nach oben"; sie verlieren sozusagen die Bodenhaftung. Auch das „erheb ihn, meine Seele"

---

[1] Das Lied ist im EG um 3 Strophen gekürzt.

C. F. Gellerts und C. P. E. Bachs »Geistliche Oden und Lieder«

legt den Zenit nicht etwa auf das „erheb", sondern auf „meine" und fügt „Seele" „gefühlvoll" an.

In einem Mittelteil (in der Dominante) gebiert die Überlegung und Vergewisserung, „der Herr hört mich ja", den Entschluss, „lobsing ihm…", das im Überschwang stufenweise aufsteigt (wie ein Singen in „alter" Formulierung), aber nicht die Abbildfunktion meint, sondern das sich erhebende Gefühl des Singenden.

Freier verfährt hierzu eines der *Osterlieder*, „»Freiwillig hab' ich's dargebracht«" (Bach 22). Die ersten 6 Strophen lassen Christus (in „meiner" Vorstellung freilich) selbst auftreten: er fordert „uns" auf, für ihn Zeugnis abzulegen, zu bewahrheiten, was er vollbracht hat (Strophen 4/5). Im Zusammenhang von Ostern und Auferstehung bietet Gellert dem Leser an, sein Verhältnis zu der Gestalt Christus (und das meint wohl: seinen „Glauben"!) vernünftig darzustellen. Dazu lässt er Christus selbst sprechend auftreten, nicht als innere Stimme (wie im Barock), sondern als Gestalt, wie auf einer Bühne. Indem er dem Leser ein Bekenntnis in den Mund legt, bewegt er sich mit den ererbten Denkinhalten, den „Formulierungen", die er benützt, um seine Idee umzusetzen, durchaus auf der Linie der Tradition (11/12); doch dass es im Grunde um die Frage geht, „wer bin ich?", das weist in das 18. Jahrhundert.

Bemerkenswert für uns ist eher das, was Bach damit gemacht hat: Melos und Satz zeigen sich überaus problematisch: wir finden kaum Linearität, stattdessen betontes Auf und Ab in größeren Intervallen und dominantischen Führungen. Bach schreibt „Großmütig" darüber: der musikalische Vorgang entwirft eine „Beschreibung" Christi; durch das Singenspielen soll dem Singenden resp. Spielenden die *Empfindung* dieser „Großmut" entstehen. Die

Struktur der beiden fast gleichen Stollen mit den „großen" Intervallen, die Sept-Anhebungen im Abgesang, die schließlich in der Schlusszeile zur Oktave werden, all dies soll einerseits diesen Charakter, anderseits den Eindruck der Mächtigkeit und Bedeutsamkeit hervorrufen, verstärkt durch die „entschlossene" Hemiole am Schluss der Stollen ebenso, wie am Schluss des Liedes.

6. *Um solche Empfindung wirksam werden zu lassen, ist es notwendig, sich auf einen fortzeugenden Prozess der Verinnerlichung über ein texter-innerndes Spielen durch alle Strophen hindurch einzulassen.*
Viele der Lieder sind von Bach von vornherein so angelegt, dass sie unmittelbar in ihre Wiederholung münden, in die je nächste Strophe, als ein sich fortzeugender Zyklus immer wieder erneuten (Sich-Be-)Denkens. In *Der Weg des Frommen* („Wer Gottes Wege geht", bei Bach Lied 34), wo es (wie oft in Gellerts Oden) um eine Art Aufzählung geht, die hier durch die 9. Strophe (sozusagen ganz wörtlich) beschlossen wird, ist das Ende des Menschen thematisiert; auch dies ein inhaltlicher Topos in vielen Liedern. Das Selbstverständnis des Textes lautet: was macht der, der Gottes Wege geht? Diese Frage beantworten sozusagen die Strophen, indem sie entsprechendes Handeln im Bewusstsein der eigenen „Tugend" (Schluss der 1. Strophe) exemplarisch zusammentragen. Für die einzelne Strophe benützt Gellert dazu zwei Zeilenpaare, die je aus einem sechshebigen und einer vierhebigen Zeile bestehen. Da die jeweils erste mit weiblicher Endung gleichsam nur kurz aufblickend innehält, die jeweils zweite aber männlich endet, bindet Gellert so zwei Aussagen in eine Strophe, deren zweiter dann aber eine besondere inhaltliche Finalität innewohnt.

Bach geht auf dieses Selbstverständnis ein. Seine Konstruktion der musikalischen Strophe aus einer siebentaktigen (2 + 2 + 3) und einer achttaktigen Zeile (2 + 2 + 4), trägt der besonderen Finalität der zweiten Aussageeinheit Rechnung.

Gleichzeitig vollzieht sich das Spielen hier in einer eloquenten Lebendigkeit: wie die Gestik eines bühnenmäßigen Aussprechens, abgehoben vom alltäglichen Menschen und eher auf ein „abstraktes" Menschsein weisend. Auch hier begegnen wir der Imitation

C. F. Gellerts und C. P. E. Bachs »Geistliche Oden und Lieder«

im Anheben der beiden Aussageeinheiten: Das Vorausnehmen des Motivs „Wer Gottes Wege geht", vielleicht eine Figur eines untergründigen (unbewussten) Gehens von Gottes Wegen, das mit der Singstimme sozusagen ins Bewusstsein gehoben erscheint. Doch weist der weitere Zusammenhang auf eine Empfindung der „richtigen Seite":

denn vom Erreichen des Zenits an – „nur der hat großen Frieden..." – sinkt das durch den Bass bestimmte musikalische Geschehen über vier Takte wie beruhigt stufenweise ab, wobei der oberen Satzbegrenzung durchaus Gelegenheit für eine gedankliche Entfaltung bleibt. Bachs Kunstgriff mit der sich wie „aufbäumenden" und den „bösen" Tritonus einschließenden Triole zur vorzeitigen Beendigung der Periode mit dem siebenten Takt verdient ebenso Beachtung wie jener, der die zweite Periode in die eine textliche Quintessenz hervorkehrende Achttaktigkeit führt. Dieses Einschwenken in den Schluss, hier wie bei vielen Liedern rhythmisch und melodisch, aber auch harmonisch als einfachste Kadenz geradezu lapidar, holt jenes tendenziell freie Vorangehen der textbezogenen oberen Satzbegrenzung – vergleiche die Bewegtheit des „den Gott dem Kampf beschieden" – auch als eine musikalische Quintessenz (des Textes) ein. Dies schafft eine Art *Befriedigung im Spielenden*, aus der heraus er unmittelbar neu anhebt, wozu Bach ihn auch kompositorisch auffordert.

Von hier können wir verstehen, dass Bach der Ode *Trost eines schwermütigen Christen* (Nummer 24) als einzigem Lied, zwei Sätze mitgegeben hat, nicht um Alternativen zu bieten, sondern um dem *text-er-innernden Spielen* und damit der inhaltlichen Struktur des Gedichts gerechter werden zu können. Den Strophen der Klage/

C. F. Gellerts und C. P. E. Bachs »Geistliche Oden und Lieder«

Selbstklage über den Gottverlust in sich (1-5) – wir würden sagen: den Strophen der Depression, als die sich der Verlust Gottes auswirkt – widmet Bach einen eigenen Satz, „Langsam und mit vielem Affekt". Dem folgen die Strophen des Trostes, d. h. der Selbsttröstung durch vernünftige Einsicht, die als innere Stimme auftritt: Die Tatsache, dass Bach über diesen Satz „Gelassen" schreibt, gibt einen Hinweis auf die Auffassung. Entgegen mancher CD-Einspielung, die eher „freudig" artikuliert – das wäre eine Konsequenz im Barock und eher eine Konsequenz auf ein eingetretenes Ereignis, das „mein" Leben veränderte – meinen Gellert und Bach hiermit eine eigene Einsicht, durch die „*ich*" die eigene Trostlosigkeit überwinde. Solche Gelassenheit schlägt sich u. a. im Tempo nieder, das trotz des 3/8-Takts nicht als fröhlicher Tanz gemeint sein kann; mit ihm wären die Feinheiten in der oberen Satzbegrenzung nicht adäquat auszuführen. Diese Ode ist ein Text Gellerts, der mit am deutlichsten die Verbindung je zu Luthers und Gerhardts Liedtexten herausstellt, gleichzeitig sich in der Betonung der Selbstüberwindung durch Einsicht wesentlich von ihnen unterscheidet: Während Luther erkennt und Gerhardt in Aneignung der verkündeten Erkenntnis in Selbstbekundung seine („naive") Gewissheit beschwört, formuliert Gellert den *argumentativen Umgang* mit sich als einem, der beides vereinnahmt hat: er findet zu einer Gelassenheit durch eigene vernünftige Einsicht in die verkündigte Erkenntnis ebenso wie in die Gewissheit.

Beide Sätze Bachs sind aufeinander bezogen; der erste Satz hat eigentlich keinen definitiven Schluss im Sinn von Lied (wie die anderen Lieder in dieser Sammlung); er endet relativ offen, bleibt sozusagen stehen, befangen in seiner C-moll-Verlassenheit: „Ich denke Gott, doch ohne Licht", heißt es in der dritten Strophe. Erst der Eintritt des C-dur des zweiten Satzes „löst" diese Empfindung auf und führt sie in eine gleich acht Takte durchziehende „gelöste" Eloquenz. (Er repräsentiert sozusagen das „Lichte", das dem ersten Satz, auch gemäß Gellerts Text, fehlte.) Das Verhältnis der beiden Sätze zueinander ist eines, das wir aus den (frühen) Klaviersonaten, aus deren zweiten und dritten Sätzen, kennen.[1]

Der „aufregendere" musikalische Satz ist sicher der der Klage. In ihm erscheint der ganze Apparat der persönlichen Bedeutungsstiftung im „Aussprechen" von Text angewandt.

---

[1] Darauf sowie auf das vielleicht bekannteste Lied, „Bitten", ist, bezogen auf den gesamten Arbeitszusammenhang – vgl. das Vorwort –, im Abschnitt SPIELEN einzugehen.

Zwar steht er in seiner Periodizität durchaus dem „Lied" nahe; doch fehlt dieser die „Entsprechung", eine typische innere Ordnung: wie ein melodisch und satzmäßig in Ausdrücklichkeit gestaltetes Sprechen, ganz bühnenmäßig teils arienhafte, teils sprechgesangartige Züge in den einzelnen Formulierungen annehmend und im Verhältnis der Zeilen eine aktive Gestik nachzeichnend. Am deutlichsten in den Takten 13/14, wo die partielle Textwiederholung mit dem Ausholen nach oben, dem auftaktlosen und langen Einsatz auf „von" und dem lapidaren Sextgang nach unten (zum vorübergehenden Grundton *es'*) als ausgesprochene Bekräftigung eines inneren Gewahrwerdens erscheint: „der Geist der Freuden, er ist wirklich weg!". Dieses „reale" Feststellen rechtfertigt auch die satzmäßig typische Modulation in die Tonikaparallele, mit der ein „erster" Teil des Satzes abschließt (Takt 14). Solche Feststellung erscheint als Quintessenz der chromatisch absinkenden „Klage" am Beginn: eine Figur des bedeutungsstiftenden Singens (sozusagen als Topos des Heulens und Klagens in der barocken Musik), die im rhythmischen Fortgang der punktierten Achtel die „Schwere" und „Last" des eigenen Schicksals aufnimmt und in das je vorhaltige und doch nicht „auflösende" Absinken des „schweren Leiden(s)" mündet (Takte 4-6), gefolgt vom gestischen Aufseufzen (Ende Takt 6), dem „Umschreiben" eines inneren Aufgewühltseins und der eben nur scheinbar abschließenden Feststellung des „gewichen ist" (Takte 11/12). Zwar knüpft (Takte 15 ff.) die strophische Entsprechung des zweiten Dreizeilers (nun mit langer Schlusszeile) musikalisch an die Figur des Beginns an, eingeleitet durch eine hinleitende neue „Aufwallung" des Basses:

Doch folgen Satz und Melos durchaus dem spezifischen Sprechen (nicht der musikalischen Entsprechung): mit dem offenen Enden der Frage (Takt 19), mit dem dramatisch sequenzartig aufsteigenden Gewahrwerden der eigenen Situation (Takte 20-23), die sich im chromatischen Absinken des „Klagens" fortsetzt, zwar scheinbar die Anfangsthematik aufnehmend, doch nun von oben zum Ausgangspunkt (c'') zurückkehrend. Was Bach hiermit vollziehen lässt, das ist ein bedrückender „Ausdruck" einer inneren Ausweglosigkeit und Ratlosigkeit, erstellt mit den Mitteln figurhaften bedeutungsstiftenden „Aussprechens" und übertragen in eine gefühlsmäßige Gestik des Spielens, die dem realen Singen durchaus Probleme bereitet. Noch „Vorgang" scheinbar des „Aussprechens", erscheint dieser als Spielen – in Richtung „persönliches" Spielen verstärkt durch die eingefügten Vorschläge und Verzierungen, die dem Singen mitunter Schwierigkeiten bereiten – doch als eine „Gestalt", als abstrakter Ausdruck von Verlassenheit und Verzweiflung, der an unser Empfinden sich richtet.

Und genau dieses Empfinden der Verlassenheit weicht nun, im anschließenden zweiten Liedsatz, jenem der Gelassenheit:

C. F. Gellerts und C. P. E. Bachs »Geistliche Oden und Lieder«

Einsatz auf der Durterz, terzen- und sextenseliges Fortschreiten, eng aneinander gerückte Periodizität. Dass Bach in den periodischen und melodischen Mitteln an den ersten Satz anzuknüpfen scheint, das liegt an seiner Mitteln überhaupt, die Textvergegenwärtigung zu erstellen: so steht die Wiederholung der Bekräftigung hier am Schluss, was dem Lied einen definitiven Abschluss verleiht. Überhaupt erscheint das Vorgehen „liedhafter": es ist liedhaftes „Singen" in seiner typischen Ordnung: mit Halbschluss auf der Dominante, einer Andeutung von Mittelteil als eine Art Gegengedanke, mit unmittelbarem Anschluss in die Rückmodulation. Aber auch hier hebt Bach die Frage erst in einer Art Trugschluss (der Subdominantparallele) heraus, um danach im abtaktigen Ausholen die gestellte Frage eigentlich bereits zur Befriedigung hin in eine Behauptung zu wandeln.

Während wir im 17. Jahrhundert, vor allem im Zusammenhang des Kantionalsatzes, davon sprachen, dass durch den Satz das Singen mit einer Art „Körper" ausgestattet würde, beobachten wir nun, dass dieser musikalische Körper das Singen in sich aufgenommen hat, aufgenommen zugunsten einer persönlichen Investition als instrumentales Spielen, um darin sich als Gesamtperson zum Ausdruck zu bringen. Dies entspricht durchaus der Integration des Glaubens als selbst-verständlichen Bestandteil einer Menschlichkeit in die eigene menschliche Vernunft. Solche Integration des Singens in ein (nicht zuletzt auch körperlich aktives) Spielen ist keine Absage an die Intellektualität, im Gegenteil: Die vernünftige Einsicht in das, was ihn als Menschen ausmacht, setzt der Adressat (mit Bachs Mitteln) als „sein" Spielen so um, dass er sich als ein durch „seine" Einsichtsfähigkeit Empfindender erlebt, als Mensch mit Vernunft *und* Herz. Dass Bach die obere Satzbegrenzung konsequent als eine Vokalstimme (ohne Balkensetzung im syllabischen Fortschreiten z. B.) gekennzeichnet hat, dies dient durchaus einem möglichen realen, vor allem aber einem *gedachten* Vollzug des Singens.

In Gellerts Ode *Betrachtung des Todes* (bei Bach Nr. 25) heißt es in der 9. Strophe:

> Die Heiligung erfordert Müh;
> Du wirkst sie nicht, Gott wirket sie.
> Du aber ringe stets nach ihr,
> Als wäre sie ein Werk von dir.

Das enthaltene „Als-ob" bietet eine treffliche Definition der Konstitution des Subjekts in der Frühen Neuzeit, die wir auf die Musik übertragen: der Singende, Spielende, Mit-Singende und Mit–Spielende, der sich um die „eigene" Aktivität bemüht und der darin jene Möglichkeiten ausschöpft, die der Komponist ihm durch seinen Entwurf eröffnet, erlebt sich eben so, als wäre dies (= das Schaffen solchen Erlebens!) sein „Werk". Wir können davon ausgehen, dass C. Ph. E. Bachs Musik ihm genau dies in Besonderheit eröffnet(e).

Von der Er-innerung des realen Singens (und Glaubens) als Lied

Die Gellert-Lieder in der Form der Bachschen Musikalisierung vertreten durchaus eine repräsentative Position des evangelischen Glaubensliedes um 1750/60 in der bürgerlichen Musikkultur[1], eine Position, die sich, zumindest was die musikalische Seite betrifft, *eindeutig vom sog. Kirchenlied verabschiedet hat* und darin eine Linie der Generalbasslieder des 18. Jahrhunderts (und auch seines Vaters) in ein durchgearbeitetes kompositorisches Gerüst hin fortführte. Zur Frage, was Carl Philipp Emanuel Bach dazu veranlasste, „gleich die ganze Lyriksammlung eines so prominenten auswärtigen Dichters Stück für Stück" fast in einem Atemzug zu vertonen (was einige Verwunderung in „seinem" Berliner Literatenkreis ausgelöst haben soll[2]), können wir nur dessen eigenes Affiziertsein aufführen, das die Idee von einem „eigenen" Singen verstärkte.

Sicher verband beide, Gellert und Bach, der (zeittypische) Gedanke des menschlichen Nutzens, vielleicht mehr noch das Zauberwort „Empfindung". Solche realisierte sich für Gellert als eine moralische über eine Art der „Erweckung", was nach Bollnow – Friedrich Koch[3] verwendet Bollnows Begriff für eine „unstetige

---

[1] C. Ph. E. Bach hat auch später, in seiner Hamburger Zeit, Liedersammlungen veröffentlichte, so u. a. eine Auswahl von 42 Psalmnachdichtungen J. A. Cramers. Aus der Feststellung Rampes (vgl. nächste Anm.), dass diese gegenüber den Berliner Liedern „kaum eine Entwicklung offenbaren" (S. 414), können wir durchaus die *Gellert-Lieder* als repräsentativ annehmen.

[2] Vgl. Siegbert Rampe, *Carl Philipp Emanuel Bach und seine Zeit*, Laaber 2014, S. 290.

[3] Friedrich Koch, *Christian Fürchtegott Gellert. Poet und Pädagoge der Aufklärung*, Weinheim 1992, S. 117.

Form der Erziehung" – die »Aktualisierung eines potentiell Vorhandenen« meint. Dazu dienen nicht zuletzt „Ermahnung" und „Appell", beides Formen in Gellerts Oden, die sich an eine höhere Instanz im Menschen wenden, »an ein besseres Selbst, an seinen Edelmut, seine Menschlichkeit…«. Möglicherweise fühlte sich Bach hier in jener besonderen Weise angesprochen, die ihn dazu veranlasste, diesen Prozess entscheidend zu *vollenden*. Wir haben diesen Prozess als einen der „Begegnung" zusammengefasst; er meint „eine existenzielle Berührung des Individuums", hervorgerufen aber – und hier bringen wir unseren eigenen tätigkeitsorientierten Schluss zum Ausdruck – durch die *Begegnung mit sich selbst*, vermittelt über das „Lesen" und „Spielen". Bach organisierte diese Begegnung, der er selbst gleichsam unterlag, je als Einzelfall als eine mit Gellerts Dichtung und so durch diese hindurch in gewisser Weise mit sich selbst (als Mensch), der eigentlich „besitzt": nämlich jene Botschaft resp. Einsicht, gemäß der der Mensch „das Richtige" erkennen kann, wenn er auch die Hilfe Gottes benötigt, um dies auch zu wollen. Dehrmanns Fragen, „„wie der Mensch das Gute erkennen und das Erkannte auch wollen könne"[1] (der wir jene, „wie hält er's mit der Endlichkeit?", hinzufügen), beantworten wir vorsichtig damit, dass die Erkenntnis des Richtigen (im Zusammenhang von Gellerts Dichtung!) sozusagen durch „die Neigung des Herzens" als dem zweiten menschlichen Vermögen neben der Vernunft, „durch die moralische Empfindung, die er [Gellert] mit dem christlichen Begriff des Gewissens zusammenzieht"[2], erweckt wird. Denn das „Gute" im Sinne der „Offenbarung" hat der Mensch als vernünftiges Wesen sich bereits angeeignet; auch steckt es in den überkommenen Formulierungen, in den „Zitaten", deren Einbau in den moralischen Gedankengang mit dazu beitragen, es wieder in das handlungsleitende Bewusstsein zu heben. Bachs Rolle ist ja nicht nur dadurch definiert, dass er diesen Prozess als ein „Singen" prolongierte und gleichsam in die Nähe des „Herzens" rückte – das haben, im Sinne Gellerts, seine Kollegen J. A. Hiller oder der Thomaskantor Doles vielleicht viel erfolgreicher getan –, sondern vor allem dadurch, dass er mittels u. a. der Formulierungen eines tradierten selbstmeinenden Singens – und darin liegt die so grundlegende Über-

---

[1] Vgl. Mark-Georg Dehrmann, *Moralische Empfindung, Vernunft, Offenbarung. Das Problem der Moralbegründung bei Gellert, Spalding, Chladenius und Mendelssohn*, in: S. Schönborn u. V. Viehöver, *Gellert und die empfindsame Aufklärung. Vermittlungs-, Austausch- und Rezeptionsprozesse in Wissenschaft, Kunst und Kultur*, Berlin 2009, S. 54.
[2] Ebenda, S. 53.

einstimmung mit Gellert – ein musikalisches Vorgehen entwarf, durch dessen Struktur des Vertrauten und doch gleichzeitig überraschend Unvorhersehbaren wir als Singen-Spielende zur empfindungsaktivierenden Investition unserer selbst uns veranlasst finden.

Gellert und Bach schufen uns eine Bühne; aber dies war nicht mehr nur die innere Bühne, auf der ein „Ich" auftrat und mit sich in ein sich selbst vergewisserndes Gespräch findet, sondern eigentlich eine Bühne des (vernünftigen) Menschen: auf ihr durchlebt der Mensch „schlechthin" als aufgeklärter Christ (der das „Ich" und das „Du" selbstverständlich einschließt, von diesen aber abstrahiert) die Situationen des alltäglichen Lebens: Abend, Morgen, Schwermut (= Mutlosigkeit, Blindheit gegenüber Gott) usf., begleitet stets von der Einsicht in seine Endlichkeit und in die darum für einen Menschen wie ihn so wesentliche Tugend. Bach stellte diesen Menschen, ebenso abstrakt und doch konkret, auf die Bühne: er ließ ihn „vor" sich selbst handeln, „aussprechen", gestikulieren, vor allem aber ließ er ihn (über das Lied als gesamte „Gestalt") seine Empfindung mitvollziehen (als ob sie seine wäre), mitvollziehen aber durch das Text-Singen-Spielen.

Gellerts Gedichte sind voll von „Zitaten"; doch handelt es sich hier eben nicht um „Zitate" im eigentlichen Sinn, sondern um Denkinhalte, um angeeignete Denkinhalte, oft in der überkommenen Formulierung; davon spricht Gellert in seinem Vorwort. Man kann solches in allen Liedern finden, so – um nochmals auf ein Beispiel zurückzukommen – in *Vom Tode* (bei Bach Nummer 36): in dessen Strophe 2 („Lebe, wie du, wenn du stirbst, / Wünschen wirst, gelebt zu haben.") oder Strophe 4 („Gott ist meine Zuversicht"). Dies ist insofern auffallend, als man solche Denkformulierungen *als musikalische* auch bei C. Ph. E. Bach findet, dort vermittelt nicht zuletzt durch die Kompositionen seines Vaters. Darzustellen ist dies im Besonderen in der Klaviermusik, in den Klaviersonaten aus der Berliner Zeit (und dies wird im Teilband SPIELEN auch geschehen). Möglicherweise aber ist eine solche Dichtung, die mit Denkinhalten in entsprechenden Formulierungen umgeht, genau das, was der Sozialisation Bachs in gewisser Weise entsprach; auch er hatte sich die „Sprache" (d. h. die „Formulierungen", aber keineswegs den Sinnzusammenhang des „Gesprochenen"!) seiner Vätergeneration angeeignet: in Gellerts Gedichten fühlte er sich „angesprochen" und verwandt, unmittelbar motiviert zum Umsetzen in den eigenen musikalischen „Gedanken(vor?)gang".

Von der Er-innerung des realen Singens und (Glaubens) als Lied

Sicher sind „angeeignete" Formulierungen in einem Melos (wie *Vom Tode*) schwieriger zu beobachten, da das musikalische Gebilde entschieden kürzer als das textliche ist und als solches dem ganzen Gedicht dienen will, wie Bach in seinem Vorwort betonte.

Trotzdem fallen das Beginnen hinter dem Basston wie ein plötzliches Aufmerksamwerden, das fast fröhliche (→ 3/8-Takt) und doch überaus bedächtige Schreiten („sanft und langsam"), das synkopische Vorgreifen des „stündlich *eil* ich", schließlich die absteigende Linie (der „Lebenszeit"?) und die verstärkende Wirkung der Imitation im Klaviersatz auf; gerade diese erinnern an Formulierungen in der Kammermusik z. B. Telemanns. Besonders deutlich an der Figurhandhabung orientiert sich der Oktav plus Tritonus umfassende Abfall am Schluss, incl. der dominantischen Wendungen, die etwas Plötzliches, Abruptes (wie es der Tod resp. das Wirken Gottes je darstellen) signalisieren. Offensichtlich will Bach aber nicht (mehr) uns zum (alleinigen) Mitmeinen eines textlich Formulierten stimulieren, sondern mittels dieser figürlichen Formulierungen zu einem im Spielen und innerlich-singendem Vollziehen aktiven Engagement, das uns eröffnet, uns selbst als solches Sich-abrupt-Beenden Empfindende zu erleben.

Vom »Verstummen« des Glaubensliedes lutherischer Prägung

Wer die Oden Gellerts heute liest, von denen der Autor ja bereits 33 „alten" Kirchenliedern zuzuordnen vorschlug, der wird durchaus nachvollziehen können, dass zum Ende des 18. Jahrhunderts Gesangbücher herausgegeben wurden, die nichts anderes mehr enthielten als „vernünftige Tugendlieder". So schildert Johann Hinrich Claussen in einem Rundfunk-Feature[1] seine Begegnung mit einem Hamburger Gesangbuch von 1788, herausgegeben mit dem „Privileg" des Hamburgischen Rates:

»Neue Lieder also sollten die Menschen singen, die zu ihnen und ihrer Zeit passen, an Stelle der alten Lieder, die unbrauchbar geworden sind. Ich blättere und finde von den klassischen Chorälen nichts mehr. Im Hamburgischen Gesangbuch von 1788 gibt es keine Lieder zum Kirchenjahr, nichts zum Advent, zu Weihnachten, Ostern oder Pfingsten. Ich kann es kaum glauben, aber es gibt keinen einzigen Luther-Choral. Auch nach Paul Gerhardt suche ich vergeblich. Das hat auch sein Gutes: Die schrecklichen Gottesbilder, die furchtbare Rede vom göttlichen Zorn, die beschämenden Sündenbeschwörungen, die düstern Klagen über das irdische Jammertal, die komplizierten Dogmen, die mystischen Verstiegenheiten und die erregte Erlösungssehnsucht – all das, was die altprotestantischen Lieder ausgezeichnet hat und sich nicht mehr in aufgeklärte Zeiten fügt, ist aussortiert. Also kein „Wie soll ich dich empfangen", kein „Vom Himmel hoch, da komm ich her", kein „O Haupt voll Blut und Wunden", keine „feste Burg", nicht einmal ein „Lobet den Herren" oder – besonders schmerzlich – ein „Geh aus, mein Herz, und suche Freud".«

Sicher ist ein solches Singen im Dienste einer „vernünftigen Theologie" nur insofern für uns von Interesse, als es weiter eben die alten Melodien benutzt. Wir begegnen hier eigentlich einer Kehrseite der Emanzipation: Singen wird für die, die vermeintlich zur „eigenen" Vernunft etwas weniger fähig scheinen, zur Reproduktion überlieferten Glaubensverhaltens, von obrigkeitlicher Theologie mit selbstreferentiellen „vernünftigen" Inhalten gefüllt: »Vor allem« – so Claussen – »besingen sie die herrschende Moral, die „Pflichten gegen uns selbst", „gegen die Nächsten" und die „besonderen Pflichten" gegenüber der „häuslichen Gesellschaft", der

---

[1] Johann Hinrich Claussen, *Welche Lieder sollen wir singen? Über den ewigen Streit um eine zeitgemäße Religiosität*, NDR Kultur, 4. 9. 2016 (»Glaubenssachen«).

Obrigkeit oder den Lehrern. Sie preisen Gerechtigkeit, Redlichkeit und „Arbeitsamkeit".«

Solcher modischen Scheinemanzipation, die die inhaltlichen Vorgaben im *künstlerischen Tätigsein* des Singens eben *nicht* einholt, stellte das Singen, das die Berliner Liederschule entworfen hat, eine Alternative zur Seite. Wir finden sie ganz prototypisch in einem der heute noch populärsten Lieder vertreten, im *Abendlied* „Der Mond ist aufgegangen" von Matthias Claudius und Johann Abraham Peter Schulz. Die Tatsache, dass es auch heute in den Kirchengesangbüchern vertreten ist – im EG als Nummer 482 –, schuldet sich wohl vor allem seiner fünften und sechsten Strophe. Anderseits wurde es in Sätzen des 19. Jahrhunderts (mit den typischen gefühls-„vertiefenden" Subdominanten) über die Zeit hin gefördert.

Matthias Claudius veröffentlichte das Gedicht 1779 im „Musenalmanach" des Joh. Heinrich Voss. Sein Leben verbrachte der 1740 in einer Pastorenfamilie in Holstein geborene Claudius, ein (wie Gellert) studierter aber „abgebrochener" Theologe und seinerseits zur Juristerei und Volkswirtschaft Übergegangener, in Wandsbe(c)k, wo er auch einige Jahre journalistisch tätig war. Claudius, der seit 1774 in Freimaurerlogen aktiv war und der nicht nur als Lyriker, sondern auch als Übersetzer hervortrat (u. a. der Schriften des französischen Schriftstellers und Bischofs Francois Fénelon, des Schöpfers des berühmten Bildungs- und Abenteuerromans *Les Aventures de Télémaque...,*– aus ihm stammt Mozarts *Idomeneo*-Stoff) starb 1815.

Mit Johann Abraham Peter Schulz verband ihn eine Freundschaft. Dieser, 1747 in Lüneburg geboren und dort schulisch gebildet, wirkte (als Schüler Kirnbergers, eines Bach-Schülers und -Verehrers) u. a. in Berlin, Rheinsberg und Kopenhagen, in letzterem als Dirigent und vielseitiger Komponist von Instrumentalmusik, Bühnenwerken und anderer Vokalmusik; 1800 starb er an Tuberkulose. Von ihm kennen wir heute vor allem einige seiner „Lieder im Volkston", die zwischen 1782 und 1790 erschienen und deren programmatisches Vorwort berühmt wurde.[1]

Das, was uns bei Bach noch auffiel, die tradierte „Formulierung", oft im Gewandt eines figürlichen Abbildens zum Generieren von wörtlicher Bedeutsamkeit, das erscheint bei Schulz einge-

---

[1] Vgl. hierzu vor allem: Heinrich W. Schwab, *Sangbarkeit, Popularität und Kunstlied. Studien zu Lied und Liedästhetik der mittleren Goethezeit 1770–1814* (= *Studien zur Musikgeschichte des 19. Jahrhunderts*, Band 3), Regensburg 1965. Über das *Abendlied* vgl. dort vor allem S. 113 ff.

ebnet zugunsten eines empfindsamen Nur-Melos. Die Melodie hat mit dem Aussprechen *dieses* Textes (im ersten Moment) kaum mehr zu tun; sie ist ganz linearer Vollzug und tendiert gleichzeitig selbst zur „Gestalt": Vollzug für ein sich linear einfühlendes Textaussprechen; und Gestalt, die scheinbar diesen Text wie selbst „trägt". Wir könnten sie dem „Gedanken" der klassischen Instrumentalmusik zur Seite stellen, dem sogenannten „Thema", wäre sie dazu nicht zu wenig „charakteristisch". Und genau dies ist wohl die Absicht. Einerseits einem Singen-Spielen zu dienen, andererseits das Moment des Singens darin einer selbst menschlichen Vorstellung zu unterwerfen, so, dass das Gebilde *wie* eines zum idealen menschlichen Singen erscheint. Hier ist „Singen" wohl als Idee gestaltet, nimmt Singen als Idee im Singenspielen und Spielendsingen eine Gestalt an, die dazu tendiert, für sich selbst und nicht mehr für den über ein entworfenes Tätigsein zu generierenden Ausdruck eines Subjekts zu stehen.

Getragen wird diese Idee von Begriffen, u. a. von dem der „Sangbarkeit". In den zeitgenössischen Äußerungen beginnt diese bereits bei der Forderung an den Dichter, er solle singend dichten. Offensichtlich taten dies viele; und sie fügten – wie Claudius auch, der sein Abendlied ursprünglich der ins Geistliche übertragenen „Innsbruck"-Melodie („Nun ruhen alle Wälder") zuordnete – der Veröffentlichung ihre am Entstehen des Gedichts beteiligte Vorstellung vom Singen mit an. Dies fügt sich unserer Beobachtung des Umgangs mit dem Angeeigneten: angeeignet ist nicht die Melodie, sondern die Weise des Singens, die Teil des möglichen Selbstausdrucks geworden ist, die „Formulierung" für einen selbstgedachten Gedankenvorgang. Aus der Sicht des sich lebenslang entwickelnden Menschen stellt dies ein wesentliches Kennzeichen des endgültig Erwachsenen dar: die sich im Laufe des Erwachsenenlebens erarbeiteten Möglichkeiten des Denkens und Aussprechens in einer Weise angeeignet zu haben, dass sie zur Realisation der eigenen Personalität werden. Das Angeeignete ist das, was wir uns aus unserer „Verfügung über uns als", (hier:) als unseren Glauben Singende, sozusagen epochal erarbeitet haben. Zwar kann solches Singen über die Parodie der Befriedigung des Wunsches nach Selbstausdruck nahekommen: doch der einzige (leider bearbeitete) Klopstock-Text, den das EG aufweist, das Abendmahlslied EG 220, *Herr, du wollest uns bereiten,* das seinen Gedankengang geradezu vollkommen in die Struktur des Melos von Philipp Nicolais Lied »*Wachet auf« ruft uns die Stimme* einpasst, erzeugt (zumindest heute) Befremden. Erst wenn man sich in den Prozess einlässt, dann führt das Melos einen „perfekt" durch das gewissermaßen sinnvolle „Aussprechen" dieser einen Strophe hindurch. Dabei entsteht kaum mehr als Zufriedenheit. Doch ginge es eben um mehr, wie Schulz zeigt: sich aus dem Angeregtsein durch das Lesen in einen Prozess einzulassen, der den angeeigneten musikalischen „Besitz" als Potential nutzt, das Lesen und Aussprechen in ein (für den Adressaten!) einmaliges und darin be-tonend „eigenes" und „mich" als (wiederum „besitzenden") Menschen zur Geltung bringendes Singenspielen zu verlängern. In diesem Prozess ist für die „Berliner" eine Vorstellung vom Singen modellierend beteiligt, die sich u. a. in den Begriffen „Sanglichkeit" oder „Volkston" kristallisiert. Wir können ihnen eine Idee von einem allgemeinen Menschsein unterstellen: Melodie und Satz erscheinen absichtsvoll „vereinfacht", so, dass sie den Singenden nicht mehr eine bestimmte Weise des Aussprechens dieses Textes nahelegen (ihn sozusagen mit künstlichen Mitteln zum So-Empfindenden machen), sondern dass sie in besonderer Weise der menschlichen Grundempfindung des in ihm enthaltenen Gedankengangs entsprechen, mit dem nun anderseits der Singende in der Lage ist, „seinen" Ausdruck im Aussprechen über kleine rhythmische Varianten, Unterschiede in der Betonung und im Tempo etc. (scheinbar) *ganz eigenverantwortlich* einzubringen. Satz und Melos eröffnen ein persönliches Lesen als Singen (bzw. als Singenspielen) *im* (und nicht mehr *als*) Vollzug.

Auch bei Schulz ist das Singen als Spielen und Singen in einem notiert, in einem Klaviersystem mit dem Liedtext zwischen den Notenzeilen. Die Wiedergabe folgt dem Faksimile des Originaldrucks von *Lieder im Volkston III*, Berlin 1790.[1]

---

[1] …in der Wiedergabe bei Schwab, S. 114.

Von der Er-innerung des realen Singens und (Glaubens) als Lied

Es fällt uns auf, dass das Melos keinen „Gegengedanken", keinen „Mittelteil", hat; dazu bietet die Struktur des Gedichts auch keinen Anlass. Wesentlich ist die eine Liedzeile, die viertaktige(?) Erfindung auf dem Grundton, mit dem einfachen Wechsel zur Dominante, der aber melodisch mit dem Quartschritt zur vierten Leiterstufe den Verlauf in nuce zum Ereignis macht; an diese gliedert Schulz eine leicht variierte Wiederaufnahme der Meloskontur an, nun auf die Terz gestellt: sie leistet das melodische Anheben, gleichzeitig hebt sie dem Angegliederten die Funktion des aktiven „Fortfahrens" heraus. Auch in ihr stellt der Quartschritt das entscheidende emphatische Moment dar. Als über die erste Zeile sich „erhebend" und doch sie aufnehmend, überhöht sie diese; und gleichsam absatzlos fügt Schulz die dritte Zeile an, die den Melosbogen rundet und als eine Art „Kurzzeile" zum Halbschluss auf der Dominante führt und „momentan" innehält, ganz im Sinne der textlichen Struktur. Diese dritte Zeile erscheint am Schluss der die Strophe zur Ganzheit fassenden Wiederholung des gesamten melodischen Vorgangs ausgeweitet zu einem aktiven kadenziellen Schließen.

Der Bogen, in Konstruktion und Verhältnis der Zeilen zueinander die Struktur der Textstrophe genauestens aufnehmend, erscheint wie ein Redegestus des absichtsvoll Unaufgeregten und als solcher in ein die Stimmung des Gedichts aufnehmendes (und in ein Empfinden übertragendes) Singen resp. Spielen transferiert. Gleichzeitig erlaubt das Melos, bezogen zuerst einmal auf die erste Strophe, die Binnenstruktur eines mit-meinenden Sprechens zu vollziehen: das melodisch als sparsamster Sekundschritt herausgehobene „Mond" nach dem Artikel (und Auftakt), der fast bildschaffende Schritt zu „auf-" und das melodisch ablaufende und das „Bild" gleichsam weitende „-gegangen" (dessen Längung der mittleren Silbe uns dem „Bild" eine Empfindung der Ruhe vermitteln lässt), das Neben- und quasi Übereinanderstellen der „Bilder" der ersten beiden Zeilen, wie in den Blick und ins Bewusstsein tretende Beobachtungen, denen mit dem bruchlosen Fortfahren ein realer Sinneseindruck nachgeschoben und angebunden erscheint. Auch der zweite Teil der Melodie hält nicht nur diesen Redegestus bei, sondern er entspricht auch der besonderen Konsequenz der Aussagen, die in der bruchlosen Fortsetzung der dritten Zeile nicht nur die Aussage zusammenbindet, sondern in der wie zufügenden Tonwiederholung des „wun-der(-bar)" einen subjektiven Ausdruck (objektiv) zur Geltung bringt.

Zur Einfachheit und Unaufgeregtheit gehört auch die Harmonik, die, entgegen der unserem Ohr geläufigen Harmonisierung mit der „vertiefenden" Subdominante des „auf-(gegangen)" am Beginn – sie stammt aus einem Satz des 19. Jahrhunderts –, nur mit dem Wechsel zur Dominante auskommt. Der Klaviersatz, original im Sopran- und Bassschlüssel notiert, ist auffallend zurückgenommen; er trägt nicht unbedingt den Charakter eines ausgearbeiteten „Handstücks", wie C. Ph. E. Bach seine Oden charakterisierte. Anderseits ist er eindeutig auf ein Spielen hin entworfen, mit gelegentlich vierstimmiger Akkordik und einem über den Text reichenden Ausklingen am Schluss. Wir haben den Eindruck, dass der Klaviersatz das in das Bewusstsein-Treten des Claudius-Textes formt und verstärkt. Singen erscheint im Spielen aufzugehen und letzteres wiederum scheint eine Art Singen zu „formen".

Wir können nochmals betonen und folgern: Singen findet hier primär im Kopf, in der Vorstellung von ihm, statt. „Lied" ist ein gedachtes Singen, ein Ausdruck des Menschen schlechthin. Das kann man (aber muss man nicht) realisieren, und Claudius'/Schulzens *Abendlied* haben gezeigt, dass man es tat und es sich dafür (= für ein Realisieren der „Idee von") herrichtete. Ein Lied wie „Der Mond ist aufgegangen" im Originalsatz signalisiert im Kontext der Entwicklung des europäischen musikalischen Menschen *das Ende von „Lied" als unmittelbarer Entwurf eines realen u. d. h. sich real-äußernden Singens (s)eines Glaubens*. Letzteres findet sich in ihm als „Idee von" skizziert, das dem mit-denkenden und -empfindenden Vollzug des Textes eine adaequate Form verleiht. Und diese „Skizze" stellt genau der Klaviersatz vor. Er ist daraufhin angelegt, ein *inneres* Mitvollziehen zu bahnen und es als solches satzmäßig zu unterstützen:
- im als Klang sich kundtuenden Anheben des Singens (ohne Grundton) als ein gleichsam nicht-reales Er-Klingen,
- in der „volksläufigen" Terzen- und Sexten-Parallelität,
- in der Andeutung eines ihm zugehörigen harmonischen Gefälles und
- in der kadenziellen Absicherung des formbildenden Mündens in die Zeilenschlüsse, das besonders im Anfügen der je dritten Text- und Melodiezeile über den Trugschluss der VI. Stufe lenkend „eingreift",

Von der Er-innerung des realen Singens und (Glaubens) als Lied

- schließlich im inneren „Verklingen"-Lassen durch das wie nachsinnende Auslaufen des Klaviersatzes über die einzige (und die eigene Empfindung verstärkende) Subdominante (als Durchgang).[1]

Ein Wesentliches aber scheint mir, dass auch hier der Mensch sich in dem „feiern" und erleben können soll, was er aufgrund dessen „ist", was er sich epochal (u. a. über das Glaubenslied) angeeignet hat. Sowohl Claudius als auch Schulz orientieren sich an diesem: Claudius an Gerhardts „Nun ruhen alle Wälder", wobei dessen dritte Strophe auch ein auslösendes Moment gewesen sein kann[2], und Schulz ganz bewusst am „Schein des Bekannten", den man „mit dem Bekannten selbst nicht verwechseln" darf.[3] „Schulz", so Schwab, „meint mit Volkston weder das Bekannte, wie es hinsichtlich des Textes oder der Melodie bei jeder *Parodie* gegenwärtig ist, auch nicht die direkte *Reminiszenz*, sondern nur das Gemahnen an Bekanntes, ein Als-ob-bereits-gehört, das im Grunde Vertraute, Anheimelnde, Nicht-Überraschende und daher Allgemeinverständliche und Allgemeinmenschliche."

Den Widerspruch, dass man ein nicht-reales Lied-Singen, also sozusagen den inneren „Besitz" dieses Singens, nur skizzieren kann, indem man es in realen Noten als „Lied" mit Textunterlegung entwirft, den muss man wohl aushalten; immerhin ist er über ein den Text mitempfindendes Spielen tendenziell aufzulösen, dem man sich als Spielender gleichsam ausliefert. Und der Glaubensinhalt? Er wird zu einem Bestandteil einer vernünftigen Verständigung des Menschen mit sich über sein Menschsein. Dazu bedarf es des realen Singens nicht mehr.[4]

Das intentionale Singen u. a. seines Glaubens, es verstummt; es wird zu einem stummen „Aussprechen", das sich im Inneren vollzieht, in welchem man sich singen hört, ohne noch selbst stimmlich tätig zu werden. Doch ist auch dieses gestaltungsfähig. Solches – und die Situation halte ich für symptomatisch für ein endgültiges Erwachsensein unserer Musik – an Berufene zu delegieren und zu einem besonderen Erleben seiner selbst im Hören zu

---

[1] Natürlich wäre der Spitzenton der je zweiten Melodiezeile als Subdominante zu bezeichnen; doch gelangt diese in der Terzenlinearität nicht als solche zur harmonischen Wirkung.

[2] Vgl. die Gegenüberstellung bei Schwab, a. a. O., S. 113.

[3] Referiert nach Schwab, ebenda, S. 106; von dort auch das folgende Zitat.

[4] Dazu gehört letztendlich auch die Frage nach der Religion selbst und ihrer Bedeutung für das Subjekt, die z.B. Schleiermacher am Ende des 18. Jahrhundert sich mit „Sinn und Geschmack fürs Unendliche" beantwortete und die er u. a. als von Moral unabhängige „Provinz im Gemüte" ansah.

machen, das erscheint konsequent. Nur, mit dem einstimmigen Singen lutherischer Prägung ist es endgültig vorbei. Es „verstummt" ebenso, wie das laute Lesen mit der Zeit in einen nur mehr er-innernden Mitvollzug übergeht, in das lautlose Lesen. Das ist, zwischen beiden, mehr als nur eine Parallele.

Natürlich proklamieren wir hier kein „Ende des Singens". Wir wissen, dass bis heute gesungen wird; wie, warum und in welchem Zusammenhang, das wäre aber stets zu fragen. Und wir wissen, dass es neben dem „Lied", dessen neues Selbstverständnis als „Kunstlied" im 19. Jahrhundert wir zu untersuchen haben werden, ein Singen vor allem in den dramatischen Zusammenhängen der Oper weiterhin gab und gibt. Worum es geht, das ist, zu begreifen, dass der gleichsam selbstverständliche emanzipatorische Umgang mit sich als *real* Singenden, wie er in der Frühen Neuzeit durch das lutherische Glaubenslied eröffnet wurde, an einen „Endpunkt" angekommen ist, an welchem dieses „Sich-als...-artikulierende" Singen als ein *reales* verstummt. Die „Verfügung über sich als (seinen Glauben selbst) Singenden", führt zurück zum Singenden selbst. Er sieht und weiß sich im Prinzip als „Mensch". Es ist vollständig er-innert.

Ein aus der Erinnerung geholtes Glaubenslied.
Wolfgang Amadeus Mozarts Luther-Zitat

Fügen wir noch einen würdigen Epilog an. Er kommt, vielleicht typischerweise, aus den nicht-evangelischen Traditionen unseres Sprachraums. Tod und Tugend, die Endlichkeit des Menschen und seine ihm mögliche Bildung zum Menschen im emphatischen Sinn durch Aktivierung seiner Vernunft und seines Herzens, um das „Nur"-Menschliche und damit die Angst vor dem Tod zu überwinden, dieses vielleicht zentrale „Thema" der Frühen Neuzeit – man findet es möglicherweise bereits im Rahmen des weltlichen Singens am Ende des 16. Jahrhunderts im Zusammenhang des englischen Madrigals und einer indirekten Beziehung zu Giordano Brunos *Heroischen Leidenschaften* thematisiert – führt uns schließlich zu einem sehr bekannten Abschluss im Bereich der Musik:

»Der, welcher wandert diese Straße voll Beschwerden,
Wird rein durch Feuer, Wasser, Luft und Erden;
Wenn er des Todes Schrecken überwinden kann,
Schwingt er sich aus der Erde himmelan.

Erleuchtet wird er dann im Stande sein,
Sich den Mysterien der Isis ganz zu weihn.«
Wir kennen diese Verse; sie bilden den Gesang „der zwei Geharnischten" in Schikaneders und Mozarts *Zauberflöte*. Mit ihnen wird – dramaturgisch gesprochen – Tamino auf seinen Weg durch Feuer und Wasser vorbereitet. Dieser Szene mit den Geharnischten (in der Tamino mit Entschlossenheit reagiert –

»Mich schreckt kein *Tod* als Mann zu handeln,
den Weg der *Tugend* fortzuwandeln.
Schließt mir die Schreckenspforten auf[…]«

–, um schließlich, durch die gegenseitige Liebe gestärkt, mit Pamina den Weg anzutreten) zitiert sie wieder: Tugend und Tod. Mozart gibt diesem Gesang die Form einer Choralbearbeitung, die zu vielerlei Deutungen Anlass gegeben hat. Denn Mozart zitiert ein Lutherlied, einen Choral der Reformation, den er, so er ihn nicht bereits kannte, anlässlich seiner Berlin-Reise mit einem längeren Aufenthalt in Leipzig und dem bekannten Bach-Erlebnis kennengelernt haben kann. Es ist der Choral *Ach Gott, vom Himmel sieh darein*, eines der frühesten Lutherlieder, entstanden aus der Situation der Bedrängnis durch die Feinde der Reformation. Luther aktualisierte darin den Psalm 12 auf seine Rechtfertigung und seine Kritik der katholischen Mächte hin.

Wir werden uns mit dem Singen in Mozarts Opern noch genauer im Arbeitsteil HÖREN beschäftigen. Um uns Mozarts Vorgehen ein wenig plausibel zu machen, können wir immerhin auf unsere Anmerkungen zu einer Arie aus Mozarts *Entführung* zurückgreifen, die wir in unserer Einführung angesprochen haben.[1] Dort versuchten wir Mozarts Konzeption des Singens und Spielens als „Gedankengang bzw. konsekutive gedankliche Bewältigung einer gegebenen Situation" zu definieren. Wenden wir das auf den Gesang der Geharnischten an, dann ergibt sich die Schwierigkeit, dass das Singen und Spielen hier über die „Technik" der Choralbearbeitung vermittelt erscheint, die der Struktur eines Gedankengangs (im Sinne der Sonate) nicht entspricht. Dazu ist der Text, der als ein „objektiver" von den Geharnischten ja verlesen (und nicht persönlich „ausgesprochen") wird, auch nicht geeignet. Trotzdem findet Mozart eine Lösung, die seiner Konzeption gerecht wird, gleichzeitig aber der besonderen Situation der eigentlich Singenden (und im Handlungssinn ja nicht „betroffenen") Geharnischten sowie des nicht-singenden Tamino entspricht.

---

[1] Vgl. D. S., *Von Mozart vor und zurück…*, Norderstedt 2011, vor allem S. 44.

(1) Da ist einmal die kontrapunktische Arbeit mit dem linear *vorwärtsschreitenden* und doch stets zu sich wiederkehrenden Fugenkopf und den hinzutretenden „ausdrücklichen" Figuren im Sinne eines *Leidensausdruckes* (Seufzer, absteigende Sequenzen, Chromatik, verschachtelte Vorhalts- und Auflösungsbildung).

Wir können diese thematischen Bildungen im betonten C-moll, die sich zur (2.) Zeile, „wird rein durch Feuer, Wasser Luft und Erden", auffällig nach „oben" übernehmend fortsetzen – auch hier noch „figürliche" Erinnerung? –, ohne Schwierigkeit Tamino zuordnen, *seinem* Durchschreiten des Weges (wenn auch noch als Vorstellung des Handelnden), das durch das *piano* und die Staccatopunkte ebenso, wie durch die Beschränkung nur auf Streicher mit einem Geheimnisvollen umgeben ist.

Solchem Weg geht folgerichtig eine „innere" Vorbereitung (Takte 1-6) voraus, die mit Ernst und Feierlichkeit erfüllt ist:

Und er mündet eben *nach* Beendigung des verkündeten Textes in einem zusätzlichen Takt, in welchem sich das Geheimnisvolle und Unwägbare in das betont strebende C-dur löst.

Von der Er-innerung des realen Singens und (Glaubens) als Lied

Niemand, der diese Oper durchlebt, wird sich dem Eindruck eines Hindurchgelangtseins und eines gleichsam In-die-Gegenwart-Zurückkehrens bei diesem Übergang in das Accompagnato-Rezitativ Taminos entziehen können.

(2) Kein Zweifel auch, dass Mozart rein musikalisch hier einer Anregung Bachs folgt, einer motivischen Konstellation in jenem Satz der Motette *Jesu, meine Freude*, die Mozart kurz vorher in Leipzig kennengelernt hatte und die er sich als „Spart" hatte herstellen und nachschicken lassen. Er kannte und besaß diese Motette, - und er durchschaute offensichtlich den Sinn des von Bach entworfenen Singens.[1] Denn er zitiert ja die motivische Konstellation jener Choralbearbeitung der Strophe 5, „Gute Nacht, ihr Wesen", die wir oben als entscheidenden Akt eines inneren Sich-Lösens von den eigenen falschen Lebensvollzügen angesprochen haben. Genau um diese innere Konstellation geht es auch Tamino; er steht vor der entscheidenden Ablösung von seinem früheren Leben und betritt hier ganz konkret den beschwerlichen Weg der Tugend bzw. der Entscheidung zu diesem Weg. Er betritt diese

---

[1] Vielleicht bezieht sich eben seine oft kolportierter Ausruf bei der Durchsicht der Stimmen der Motette, dies sei etwas, woraus man noch etwas lernen könne, nicht so sehr auf die musikalisch-technische Arbeit Bachs, sondern auf den Sinnzusammenhang, den das Singen hier aufgrund seiner strukturellen Herrichtung zuwege bringt.

gleichsam in und mit sich. Dadurch ist er (= sind wir als Hörende) an dem Singen der Geharnischten als Aktive(r) innerlich beteiligt. Dies vermittelt uns der Orchestersatz.

(3) Begleitet (ja hervorgerufen?) wird diese (innere) Aktivität durch das Lesen des Textes auf der Pyramide, vermittelt durch das Singen der Geharnischten, eines Textes, der die Vorstellung Taminos motiviert. Auch hier scheint mir eine „Aktivität" Taminos eine Rolle zu spielen: sein „Auffassen des zu Lesenden als"; es handelt sich ja tatsächlich um ein dargestelltes Vorlesen! Wenn Mozart dieses Auffassen in die Form eines Chorals, eines Kirchenliedes, kleidet, dann vermittelt er (uns) eine Vorstellung davon, als was Tamino diesen Text aufzufassen hat: als etwas für den Menschen an und für sich Bedeutsames, das, längst angeeignet, im Bewusstsein verschüttet und nun wieder in dieses gehoben erscheint. Das Zitat eines „Chorals", eines Kirchenliedes, bedeutet das Rekurrieren auf den Träger einer altehrwürdigen Weisheit, die *an und für sich* für Menschen bedeutsam ist; der Choral dient hier musikalisch der Er-Innerung eines *objektiv* Bedeutsamen, dessen subjektive Wirkung in Tamino, siehe oben, der Orchestersatz vergegenwärtigt.

(4) Nun könnte Mozart ja auch jenen Choral gleich mitzitieren, um den es in Bachs Motette geht; Choral ist, so gesehen, eben Choral. Doch Mozart wählt offensichtlich mit Bedacht ein (allgemein gesehen) Reformationslied Luthers. Wir müssen nicht davon ausgehen, dass Mozart über den Entstehungshintergrund dieses Liedes genau informiert sein konnte. Wichtig war ihm wohl zuerst einmal der Text, der ja genau die gesellschaftlichen Beschwerden anspricht, die den erwarten, der sich für den selbstverantworteten Weg einer humanitären Vernunft entscheidet. Doch musste Mozart das Melos erst passend machen; denn Metrik und Zeilenzahl des Zauberflötentextes stimmen mit der in der Lutherstrophe ebenso wenig überein, wie die Strophenkonstruktion selbst.

Luthers 1. Strophe	*Schikaneder/Mozart*
Ach Gott, vom Himmel sieh darein	Der, welcher wandert diese Straße voll Beschwerden,
Und lass dich des erbarmen,	Wird rein durch Feuer, Wasser, Luft und Erden;
Wie wenig sind die Heilgen dein,	
Verlassen sind wir Armen.	

Dein Wort man lässt nicht haben wahr,
Der Glaub ist auch verloren gar
Bei allen Menschenkindern.

Wenn er des Todes Schrecken überwinden kann,
schwingt er sich aus der Erde himmelan.

Erleuchtet wird er dann im Stande sein,
Sich den Mysterien der Isis ganz zu weihn.«

Mozarts Änderungen betreffen:
die Teilung der Werte, um zusätzliche Silben unterzubringen,

das Weglassen der Stollenwiederholung, was den Charakter des „Hindurchgehens" verdeutlicht, und das Auseinanderrücken der Zeilen im Mittelteil, was den objektiven Charakter des Meloszitats erhöht;

schließlich die Hinzufügung einer Melodiezeile am Schluss,

Mozarts hinzugefügte Zeile als definitives Beenden und "Öffnen" nach C-dur hin

was dem gesamten Melosverlauf stringenter auf ein „Ziel" hin zusammenfasst. Dieses Ziel ist sowohl textlich als auch harmonisch angezeigt. (Die tonlichen Abweichungen im Melos können auf eine Vorlage Mozarts zurückgehen.)

(5) Solche Bearbeitung lohnt besonders dann, wenn Mozart mit dem Zitat dieses Liedes mehr verdeutlichen wollte, als die Beschwerden dessen, der zu dem „Weg" der Humanität sich entschließt. Denn das Lied als Reformationslied und als Klage über die Repression der Gerechten von außen fügt sich ja sowohl der mit freimaurerischen Überzeugungen korrespondierenden symbolischen Botschaft des gesamten Werkes als auch der zeittypischen Repression an, die jene, die „dem Glauben an die Möglichkeit der Erziehung des Menschen zu höherer Sittlichkeit" durch Aktivierung der eigenen Vernunft noch immer nicht verloren hatten, mehr und mehr ausgesetzt waren.[1]

*

Je mehr Menschen lernen, sich zu bemühen, sich selbst und ihre diesseitige Lebenswelt zu formen und zu bearbeiten, umso mehr beobachten wir anderseits die Tendenz, solche Diesseitigkeit (z. T. mit behördlichem Verordnung) mit dem Glaubenslied zu „versehen". Dieses wird Teil eines sozusagen weltlichen Lebens. Die (heutige) Optik, es als ein typisches kirchliches Verhalten zu rubrizieren, verschleiert das, was dieses Singen in der Frühen Neuzeit *eigentlich* bestimmt(e): sich mehr und mehr als jener Mensch zur Geltung zu bringen – die Vorstellung von der „Würde" des Menschen entsteht ja auch *hier!* –, der ein Verhältnis Gottes zu ihm und sein Verhältnis zu einem Numinosen („realisiert" anfangs zentral im Blick auf Leben und Sterben Christi) in sein tendenziell diesseitiges Leben in einer mehr und mehr bewussten, selbstverständlichen und *selbstverantwortlichen* Weise integriert.

Mit dem *Abendlied* von Claudius und Schulz haben wir einen Punkt berührt, an dem die das Mittelalter ablösende „Verfügung des Menschen über sich selbst als" mit dem Ziel, sich ein Stück weit als selbstverantwortlicher Mensch sozusagen hörbar zur Geltung zu bringen, als explizit lautliche Äußerung überflüssig erscheint, sobald er sich als ein „aufgeklärter" in diesem Ziel sieht, begegnet und weiß. Die „Äußerung", die findet im Inneren statt, gestaltet über ein explizites Hören.

---

[1] Zur Situation der Freimaurer und Mozarts im ausgehenden 18. Jahrhundert und im Besonderen im Zusammenhang der *Zauberflöte* vgl.: Helmut Perl, *Der Fall »Zauberflöte«. Mozart und die Illuminaten*, Zürich u. Mainz 2006.

Selbersingen → Selbersingenlassen → Selbersingenhören.
Ein Resümee

»Singen als evangelisches Glaubenslied«, das haben wir, Leser und Autor, nun durch fast drei Jahrhunderte als eine Art Thema verfolgt, an dem wir die für ein Erwachsenenalter der europäischen Musik typische Entwicklung und Veränderung eines musikalischen Tätigseins, hier im Dienste einer Verfügung des/r Singenden über sich als Glaubende(n), an ausgewählten Stationen durchspielten. Doch alles, was hier gesagt wurde, das geschah unter dem Vorbehalt, dass es Menschen als entwickelte Kulturwesen innerhalb einer entwickelten Kultur betrifft, einfach gesagt: die zeitgenössisch (und musikalisch) tendenziell Gebildeten. Denn die Lieder und kompositorischen Entwürfe, die wir angesprochen haben, die leisteten und leisten von sich aus wenig. Das mit ihnen entworfene Singen, instrumentale Spielen und musikalische Hören bleibt zwar auch dort, wo es als pure Reproduktion eines (erworbenen) Verhaltens sich aktualisiert, nicht ohne Wirkung auf die (Mit-)Tätigen – die moderne Musiktherapie macht sich solches zunutze –, doch den eigentlichen Sinn müssen die Singenden ihrem Tätigsein selber stiften, indem sie das investieren, was sie durch Bildung selbst sind und sich erworben haben. Dann erst können sie die Möglichkeit wahrnehmen und ausschöpfen, die die Entwürfe ihnen eröffnen. Und sie tun dies dann lebensnotwendig: um sich vor sich selbst und unter den Anderen hier also als (So)-kraft-eigener-Einsicht-Glaubende zu vergegenwärtigen, zu erleben, zu feiern.

Das evangelische Glaubenslied (lutherischer Prägung) ist als Idee aus einer beginnenden Verfügung des europäischen Menschen über sich als Glaubender geboren. Diese Idee wurde u. a. von und bei Luther grundgelegt. Seine Lieder halfen, Singen grundlegend zu verändern; und sie reagierten damit auf die Veränderung der Singenden ebenso, wie sie auf diese einwirkten. Diese Veränderung können wir als eine zum Selbersingen bezeichnen. „Selbersingen" ist hier von einem Selbstsingen abzusetzen; letzteres ist selbstverständlich: das eigene Singen ist in der Regel ein Selbstsingen.

Selbersingen aber meint etwas substanziell anderes. Unter der Voraussetzung, dass wir im Späten Mittelalter beobachtet haben – vgl. D. S., »Ausgerechnet Mittelalter. Zu Kindheit und Jugend unserer Musikkul-

Resümee

tur«, Norderstedt, 2010 –, wie der europäische Mensch sich (vorwiegend im Rahmen mehrstimmigen Singens und Spielens) nach und nach die Fähigkeit erarbeitete, über sein Singen zu verfügen, indem er ein Regelwerk entwarf, mit welchem er gleichzeitig verschieden Singende in möglichst großer Freiheit und Variabilität „richtig" führte – wir nennen dieses Regelwerk die Lehre vom Kontrapunkt; es ist die europäische Kompositionstechnik, mit der es dem europäischen Menschen gelang, sein musikalisches Verhalten zu beherrschen und zu gestalten –, unter dieser Voraussetzung also können wir ermessen, was Luthers Eröffnung einer persönlichen Glaubensartikulation im Rahmen der kulturellen Menschwerdung bedeutet, wenn auch hier nur im Bereich des einstimmigen Singens. Über den Ausdruck (s)einer persönlichen Betroffenheit wurde Singen zur Selbstartikulation: dazu gingen die „Formgebung" als Lied im prototypischen Sinn und die zur sprachlichen Logik des Textes adäquate Konsequenz der musikalischen Größen (Zeilen) Hand in Hand; während die musikalische Logik dem Singen eine neue Ausdrucksqualität verlieh, vermittelte der strenge Rahmen einer Liedform dem Singenden eine neue persönliche Statur. Aus der reflexiven Haltung gegenüber sich als Singendem und der Erfahrung der Selbstwirksamkeit eigenen Singens bildete sich ein Tätigsein heraus, mit welchem der Mensch (und zuerst Luther) sich selbst als Singenden funktionalisierte für einen selbstbestimmten Zweck. Anders gesagt: nicht mehr verfügte der Mensch (nur) über sein Verhalten des Singens – solches Verfügen blieb selbstverständlich als Voraussetzung erhalten –, vielmehr begann er nun über sich als Singenden wie als Glaubenden zu verfügen. Ein solches „Verfügen über sich als..." (hier vor allem) Glaubender beinhaltete die Selbstermächtigung, in eigener Verantwortung gegenüber sich und den anderen tätig zu werden. Ein solches Tätigsein, das wir mit Luthers Glaubenslied als einstimmiges Singen exemplifiziert haben, können wir Handeln nennen: der europäische Mensch wurde (hier: in seinen Glaubenssachen) im ausdrücklichen Sinn handlungsfähig; er trat damit in (s)ein kulturelles Erwachsenenalter ein.

Selbersingen meint also, nicht nur selbst ein Verhalten auszuführen, sondern über sich als Sich-Verhaltender zu verfügen, hier: zum Zwecke, seine Glaubensüberzeugung als eine kraft eigener Einsicht zu artikulieren. Dass ein solches Handeln von einem dafür Begabten entworfen wurde, das ändert nichts an der Tatsache, dass der solchem Entwurf begegnende Mensch über den Prozess der Aneignung solches Singen mehr und mehr als Möglichkeit zu seinem Selbstausdruck ergriff und erlebte. Luthers Lieder stellen einen wesentlichen Schritt zur Emanzipation des europäischen Menschen von institutioneller Fremdbestimmung dar. Luther und seine Kollegen haben die musikalische Verhaltensform „Singen" in die mögliche(!) persönliche Verfügung der Glaubenden gehoben.

Resümee

Mit der Idee Luthers und seinen entsprechenden Entwürfen zu einem »Selbersingen«, in denen der Übertragung der Psalmen eine zentrale Bedeutung zukam, war es aber nicht getan. Beide bedurften der breiten Vermittlung, die nicht zuletzt über die Schule erfolgte, gleichzeitig tendenziell auch durch die neuen Kantoreien angebahnt wurde. Doch widmeten sich die am Satz des Tenorliedes orientierten Entwürfe mehrstimmigen Singens des Torgauers Johann Walter, des ersten Kantors der evangelisch-lutherischen Kirche, noch eindeutig einem Singen der neuen Lieder als Text, obwohl sie das neue Melos als Repräsentant eines persönlichen Singens mit aufnahmen.

Die wirkliche und breite Aneignung jedoch, die bahnte sich über den Kantionalsatz an; erst er ermöglichte jedermann bzw. -frau, an diesem Singen teilzuhaben. Gleichzeitig aber vermittelte er diesem Singen eine auffassbare Gestalt (als quasi körperhafter Vorgang), die im Besonderen durch ein „harmonisches Gefälle" sich auszeichnete. Dieses, in der neuen Satzvorstellung, bildete durchaus eine Herausforderung für viele bedeutende Komponisten der Zeit, unter ihnen Michael Praetorius und Hans Leo Hassler, die das Singen in einen harmonisch-konsequenten Zusammenhang brachten und die es (auch) als Quasi-Gestalt handhab- und bearbeitbar erscheinen ließen. Der Kantionalsatz, der als Faktor breiter musikalischer Bildung kaum zu überschätzen ist, ließ das Glaubenslied zum definierten Singen der evangelischen Christen werden, in welchem diese sich selbst, auch im Gewande kunstfertigen motettischen Singens, repräsentiert und aufgehoben finden konnten.

Wenn wir gleichzeitig in Hasslers fugweis-Kompositionen oder bei Praetorius, aber auch in Scheidts instrumentalen Fassungen eines »Psalmus«, ein Komponieren gefunden haben, das das neue Singen eher noch nur als „Material" für ein gleichsam eigengesetzliches Singen und Spielen benutzte, dann fanden wir es doch einerseits (eben vermittelt durch den Kantionalsatz) für den Glaubenden nun in selbstbezogener Weise mit-vollziehbar, anderseits derartig erfüllt von diesem „Material", dass die Gewichte verrutschten und das Singen und Spielen je als Bearbeitung des neuen Singens selbst erscheinen konnte. U. a. in seinem »Vater-unser«-Konzert entwarf Praetorius ein Singen, in welchem die Singenden den lutherischen Text in einem meinenden Aussprechen so unter Rückgriff auf das dem Text zugehörige Melos realisierten, dass die Ausdrucksintention des lutherischen Liedes gleichsam potenziert erschien. Auch Scheidt entwarf z. B. mit seinen Spielen-Fassungen des Karfreitagsliedes »Da Jesus an dem Kreuze stund« etwas einem Lied Analoges: einen in Versen geordneten, aber nach spieltechnischem Selbstverständnis an-geordneten Zyklus. Letztlich ging es aber auch bei Scheidt (noch) um (s)ein eigenes Spielen, das er mittels Rückgriff auf das Liedmelos konstruieren und legitimieren konnte. Gemeinsam ist beiden,

Resümee

dass sie und ihre Zeitgenossen den eigentlich Betroffenen die Möglichkeit eröffneten, in ihrem Mit-Singen (des Textes) ihre Bedeutungszumessung zu potenzieren. Die zentrale Rolle, die dem Choral im Spielen Scheidts und im Singen des Praetorius je zukam, dokumentiert die vollzogene Aneignung des Chorals durch die eigentlich Betroffenen, die an-dächtig (hörend) Mit-Singenden.

Wir können davon ausgehen, dass die Lieder Paul Gerhardts und Johann Crügers deshalb schon nicht mehr die Idee, sondern die Praxis solchen Selbersingens bearbeiteten und gleichsam ideal realisierten. Während wir bei Gerhardt dem Selbstgespräch aus der vollkommenen Aneignung von Luthers Gnadeneinsicht heraus begegnen, das die Liebe des Menschen zum Göttlichen als Teil eines selbsteinsichtigen Erfülltseins beschwört, ermöglichte Crügers Melos als gleichzeitig harmonischer Vorgang in gewisser Weise, sich (mittels Gerhardts Texten) selbst als von dieser Liebe erfüllt darzustellen. Crügers (und Ebelings) Melodien geben sich als eine menschliches argumentatives Denken repräsentierende Struktur; mit ihnen konnten die Singenden ihren Anspruch auf ein Selbst-Verständnis des eigenen Glaubens artikulieren. Durch die besondere Struktur und Korrespondenz mit der Aussprechensdynamik des Textes – so können wir das heute vielleicht nachvollziehen – beginnen Melos und Satz gleichsam in uns zu singen; Selbersingen erweist sich als Ausdruck der vollkommenen Aneignung von Luthers „Erkenntnis". Das Mitvollziehen des Melodie- und Satzverlaufs scheint sich von einem realen Singen abzusetzen und in ein idealisiertes Singen (in uns) zu verschieben.

Tatsächlich lieferten der Kantionalsatz und vor allem der Satz Crügers den Keim zu einer Veränderung hin zum Selbersingenlassen; das aus der Aneignung resultierende Singen in selbstgelebter Frömmigkeit, stellte einen Schritt ins vergleichsweise Private dar, in dem es nicht mehr um ein „Selber-seinen-Glauben-Aussprechen", sondern mehr und mehr um ein „Von-sich-selber-als-Glaubenden-Sprechen" ging. Es war idealerweise von dafür Geeigneten zu realisieren, von einem stellvertretenden Ensemble wie in den von vornherein vierstimmig von Schütz entworfenen Sätzen zum »Beckers-Psalter«, oder noch weitergehend, von jenen Begabten und dazu Ausgebildeten im Kleinen Kreis, die aus der gemeinsamen Glaubensüberzeugung heraus in „meinem" resp. „unserem" Namen sangen.

Auch die Lieder Johann Rists mit den Sätzen von Johann Schop dokumentieren diesen Übergang, formal zu „Aria" und Generalbasslied, tätigkeitsbezogen zu einem sich-aufmachenden Singen, das einerseits aus der stets neuen Inbesitznahme der Glaubenseinsicht, anderseits aus dem Anspruch an sich selbst resultierte, sich mit dem „eigenen" Singen eine Form zu geben. Selbersingenlassen, d. h. sich im Singen der dafür

Resümee

Geeigneten als quasi Selbstsingende(r) vertreten zu fühlen, beinhaltete also eine Fortentwicklung (vor allem auch in künstlerischer Hinsicht), wie sie sich u. a. in Heinrich Alberts Generalbassliedern verkörpert, gleichzeitig aber in einer Vielzahl von sog. „Choralkonzerten" bzw. „Choralkantaten" (deren Intention, die stets neue Rekonstruktion einer mit dem Choral verbundenen Glaubenseinsicht als persönlichem Vorgang, im Teilband SINGEN *thematisiert werden soll).*

Der mit „Aria" und Generalbasslied verbundenen Ablösung des Singens im Format des Glaubensliedes vom als Choral sanktionierten Kirchenlied, die sich auch in der pietistischen Liedproduktion äußerte, stand ein paralleles Bemühen zur Seite, das „Von-sich-selbst-Singen" in ein kompositorisches Umgehen mit dem angeeigneten Lied als Choral oder dem aktuellen Lied zu fassen. Dieses Umgehen, als musikalisch argumentatives Vorgehen der Singenden oft mittels zusätzlicher Instrumente reich ausgestaltet, stand für eine aktive Selbstvergegenwärtigung eigener theologischer Argumentation, die sich im Singen resp. Mit-Singen (Hören) realisierte. Wir haben uns dies an einer Kantate Dietrich Buxtehudes verdeutlicht. In ihr erschien das angeeignete Singen im Sinn des Glaubensliedes selbst zu einem kantatenhaften Singen verwandelt. Doch anders als im motettischen Satz Walters und des 16. Jahrhunderts bildete „Lied" nicht das Material, sondern die „Form" des Singens selbst: „Lied" erwies sich als eine Art „Sprache" der eigentlich Betroffenen. Diese schien als ein umfassend Liedhaftes angeeignet; und mit ihr gestaltete sich Singen als spezifisch persönlicher Vollzug einer kompositorisch reich ausgearbeiteten argumentativen Textvergegenwärtigung.

Von einem Singen als angeeignetem Besitz ging auch das instrumentale Spielen des Chorals aus; der Spielende und hörend Mit-Spielende artikulierte sich „über" den Choral. Dieser stand in einem Zyklus Johann Pachelbels zu »Was Gott tut, das ist wohlgetan« denn auch am Beginn des Spielens, das sich von Partita zu Partita als eine je persönliche Lebensäußerung mit und durch den Choral erwies, je figürlich auf ein besonderes menschliches Ausdrucksmoment entworfen.

In Bachs Orgelchoral-Sätzen deutete sich ein Weg zur Abstraktion resp. Idealisierung solchen Singens im Spielen an. Der Weg ging vom jugendlichen Optimieren des „richtigen" Verhaltens aus der Inbesitznahme des Chorals zu einem im eigengesetzlichen Spielen sich niederschlagenden inneren Singen des Glaubens im »Orgelbüchlein«, das selbst eine Andacht vertrat, die den rituellen Vollzug des Singens in ihr (als Veranstaltung) tendenziell überflüssig erscheinen ließ.

Wenn es dem zeitgenössischen evangelischen Christen am Beginn des 18. Jahrhunderts darum ging, über sich als jemanden zu verfügen, der den evangelischen Glaubenszugriff nicht nur sich angeeignet sondern nun auch tendenziell verinnerlicht hatte, und der genau dieses sein So-Sein im Mit-Singen notwendig erleben wollte und musste, dann finden wir solche Realisation eines Selbersingenlassens vor allem in Johann Sebastian Bachs choralbezogenen Kompositionen verwirklicht. Haben wir Gerhardts und Crügers Lieder als letztliche Verwirklichung eines Selbersingens angesehen, in denen sich Luthers Idee vom Glaubenslied ideal realisierte, dann können wir etwa in Bachs Gebrauch des Chorals in Motette und vor allem Kantate, aber auch im Choralsatz selbst eine Art idealer Formulierung eines delegierenden Selbersingenlassens sehen: Im Singen (u. a.) der Kantorei konnte sich der Glaubende als den Akt seiner religiösen Selbstbestimmung Vollziehender vertreten finden.

Die besondere Form jener Motette in Mitteldeutschland, die ein dem Schriftwort im motettischen „Aussprechen" persönliche Bedeutung zumessendes Singen mit jenem angeeigneten und verinnerlichten Singen des Chorals verband, das den Singenden und Mit-Singenden als evangelische Christen einen Standort verlieh, brachte beide in eine dynamische Korrespondenz. In unübertroffener Weise wurden solche in Bachs Motette »Jesu, meine Freude« zusammengeführt: durch das „Wort" wurde der Standort einer kritischen Prüfung unterzogen; in der Konfrontation durchliefen die Singenden und Mit-Singenden mit ihrem Singen des Chorals einen Prozess zur Selbstvergewisserung und sie erneuernden Einsicht im lutherischen Sinn.

Der damit angedeutete Schritt zur Emanzipation des evangelischen Christen von einer „Andacht" als rituelle Veranstaltung wurde aber ebenso und vielleicht noch mehr deutlich an Bachs Kantaten, vor allem an den Choralkantaten, obwohl oder gerade weil diese einer öffentlichen Veranstaltung dien(t)en. In der Kantate »„Wachet auf", ruft uns die Stimme« erschien ein eine Handlung vergegenwärtigendes biblisches Geschehen so mit den Choralstrophen verknüpft, dass letztere in einem interpretatorischen Prozess gleichsam neu angeeignet wurden. Eine wesentliche Rolle für das Durchmessen des Gedanken(vor)gangs spielten dabei die Instrumentalparts, die das, was die Singenden als gleichsam äußeres Geschehen über den Text u. a. des Chorals benannten, durch einen inneren Empfindungsvorgang ergänzten. Zu diesem Prozess bildete der Eingangschor als große Choralbearbeitung eine Art Evokation; und der Schlusschoral bestätigte die durch die erneute Aneignung gewonnene Erkenntnis. Bachs Kantate vermittelte idealerweise dem einzelnen Mit-Singenden jene auf sich selbst bezogene (= private) religiöse Selbstverortung, die ihm die Teilnahme an der rituellen Andacht selbst tendenziell überflüssig machte. Bachs Kantate, selbst ebenso persönlicher und sozusagen privater »Gottesdienst« wie einst in nuce bereits Luthers Lied, idealisierte und abstrahierte dessen Vollzug aus dem künstlerischen Umgang u. a. mit dem Choral.

Resümee

Doch ersetzte solcher nicht das (einstimmige) Singen des Glaubenden, das kreative Erzeugen des Glaubensliedes. In welcher Weise setzten Menschen dieses fort? Eine wesentliche und solches fortführende Position fanden wir in Carl Philipp Emanuel Bachs Gellert-Oden realisiert: Christian Fürchtegott Gellerts Dichtung erschien zwar durchaus als Plädoyer für das Singen des Menschen in einer „Sprache der Empfindung" und „des denkenden Verstandes" (gegen die Produkte der gutmeinenden Frommen). Sein Ziel: Die religiösen Grundlagen, durch die wir geworden sind, wer wir sind, in den Verstand zu heben, um sich selbst letztlich über das (gedachte!) Singen in seiner Identität als „edel", „göttlich" oder „heilig" zu erleben. Solches Erleben setzte den geschlossenen eigenen Gedankengang voraus, der das einzelne Lied zum Ausdruck eines Eigenen machte. Das verstandesmäßig „kompositorische" Verwenden dessen, durch das man ist, wer man ist, verbindet Bach mit Gellert. Carl Philipp Emanuel Bachs Gellert-Oden suchten den Ausdruck je des gesamten Gedankengangs in Satz und Melodie zu fassen, so, dass sie auch als „Handstücke" (= Klavierstücke) zu gebrauchen waren. Seine Entwürfe eines Tätigseins erscheinen uns heute auch ohne reales Singen vollkommen. Einerseits abstrahierten sie „Lied" in eine „Form" instrumentalen Spielens, anderseits konstruierten sie eine konsequente Struktur menschlichen Aussprechens mit je überraschenden Wendungen, wobei ein reales Singen nicht mehr zwingend angezielt schien. Der Spielende hörte sich über seinen inneren Mit-Vollzug (des Textes) im (möglicherweise eigenen) instrumentalen Spielen singen, ohne selbst sich noch lautlich zu äußern. Selbersingenlassen ging hier, nicht nur was das aktuelle Glaubenslied betrifft, sozusagen in ein Selbersingenhören über. Der Begriff „Selbersingenhören" meint im Zusammenhang der zweiten Hälfte des 18. Jahrhunderts: ein gleichsam Sich-selbst-singen-Hören im Singen- oder Spielenlassen ebenso wie im eigenen instrumentalen Spielen (bei gleichzeitigem er-innerten Mitvollzug der Dichtung).

Mit C. Ph. E. Bachs Gellert-Oden verließ die originäre menschliche Glaubensartikulation als Glaubenslied nicht nur endgültig die Institution, sondern eigentlich auch die breite Möglichkeit eines Selbersingens. Und mit Liedern wie dem »Abendlied« von Claudius und Schulz verabschiedete sich der musikalische und sich im Singen selbst verortende Mensch vom realen Singen; sein persönlicher u. d. h. in seine „weltliche" Identität integrierter Glaubensvollzug fand seinen Platz endgültig im Inneren, im vergleichsweise stummen, denkenden Vollzug eines Singens, hervorgerufen vorübergehend durch sein instrumentales Spielen, letztlich aber in einem (inneren) Mitvollzug als Hören. (Dieser aber blieb vorläufig, d. h. im 18. Jahrhundert, an einem textlich Formulierten oder zu Denkenden orientiert.)

Resümee

Dass »Der Mond ist aufgegangen« auch heute noch eines der beliebtesten Lieder ist, die tatsächlich auch gesungen werden, stellt dazu keinen Widerspruch, höchstens ein Missverständnis dar; das vorstädtische Bürgertum des 19. Jahrhunderts hat das (vermeintlich nur) mit der Melodie entworfene Singen in sein vergleichsweise „naives" Verhaltensrepertoire eingeordnet, das jene Möglichkeit eines selbstverantwortlichen Sich-Verinnerlichens als (auch glaubender) Mensch, das Claudius und Schulz einst entworfen hatten, nicht ergreifen wollte und konnte.

Denn unsere Kultur bot und bietet, beginnend vor allem um 1500, nur die Möglichkeiten einer persönlichen kulturellen Weiterentwicklung des Einzelnen an; ob er sie und welche er auswählend aus beginnendem Interesse an sich selbst ergreift, nach Kindheit und Jugend über Erziehung und im Erwachsenenalter über den reflexiven aneignenden Zugriff auf (s)ein entwickeltes musikalisches Verhalten, das liegt in der Entscheidung des Einzelnen, letztlich aber auch in seinen Lebens- und Entwicklungsbedingungen.

Für die Klassik ist solches Singen eher nur noch Symbol. Nicht (nur) das Selbersingen verstummt, sondern (auch) die Emanation des Glaubens. Der Mensch, der ihn in sein Selbstverständnis integriert hat, der muss ihn nicht mehr singend äußern. Sein „Glaubenslied" findet, wenn überhaupt, als inneres Sich-Empfinden statt, sein Singen als ein Sich-Wahrnehmen als Mensch im Hören.

Für solches Hören steht vor allem die Instrumentalmusik der Musikalische Klassik. Doch blicken wir „hinüber" zur Musik der Klassik, dann müssen wir an einer anderen, katholischen Welt anknüpfen. Mozarts Choralzitat in der »Zauberflöte« erscheint lediglich als Symbol für eine „alte" Weisheit. Und Haydns »Schöpfung« kennt keinen „Choral"; sein Chorsatz »Die Himmel erzählen die Ehre Gottes«, vergleichbar Gellerts »Die Ehre Gottes aus der Natur« („Die Himmel rühmen des Ewigen Ehre"), steht einem »Gloria« seiner Messen nahe, wäre also aus einem ganz anderen Strang religiöser Emanzipation zu würdigen.

Das Verstummen des Singens und die Integration des Glaubens in die Verständigung des Menschen mit sich über sein Menschsein, sie haben ebenso miteinander zu tun, wie der Übergang zum stillen Lesen oder das Hervortreten eines sich selbst im Erklingen vergegenwärtigenden Hörens als geschichtlich hervortretendes musikalisches Handeln. Letzteres entworfen zu haben, dies zeichnet die musikalische Klassik aus. Doch darüber ist an anderer Stelle zu reden.

Zur Literatur

Einige der in den Essays nach der Erstnennung je mit Kurztiteln angegebenen Schriften seien hier nochmals genannt:

Blume = Friedrich Blume, *Geschichte der evangelischen Kirchenmusik*, Kassel ²1965

Blume/Finscher = Friedrich Blume, *Das Zeitalter der Reformation*, bearbeitet von Ludwig Finscher, in: Fr. Blume, *Geschichte der evangelischen Kirchenmusik*, Kassel ²1965

Bubmann/Klek = Peter Bubmann u. Konrad Klek, *Davon ich singen und sagen will. Die Evangelischen und ihre Lieder*, Leipzig 2012

Davison/Apel = Archibald T. Davison and Willi Apel, *Historical Anthology of Music*, Cambridge (Mass.) Aufl. 1974/77 (Bd. 1), 1950 (Bd. 2)

Hdb. 3 = Ludwig Finscher (Hrsg.), *Die Musik des 15. u. 16. Jahrhunderts* (= *Neues Handbuch der Musikwissenschaft*, hrsg. v. C. Dahlhaus, Bd. 3 [in zwei Teilbänden 3/1 u. 3/2]), Laaber 1996

Kross = Siegfried Kross, *Geschichte des deutschen Liedes*, Darmstadt 1989

Schering = Arnold Schering, *Geschichte der Musik in Beispielen*, Leipzig 1931

MGG (alt) = *Die Musik in Geschichte und Gegenwart: allgemeine Enzyklopädie der Musik*, hrsg. v. Friedrich Blume, Kassel/ Basel/ London/ New York/ Prag/ Stuttgart/ Weimar 1949–1986

MGG = *Die Musik in Geschichte und Gegenwart*. 2., neubearbeitete Auflage, 26 Bände in zwei Teilen, hrsg. v. Ludwig Finscher, Kassel/ Stuttgart 1994-2008

Zum Autor

Dietmar Ströbel, geb. 1940 in Nordböhmen, aufgewachsen in Prag und (nach 1946) in Oberbayern und Franken; Schulbesuch in Jetzendorf, Bamberg und Haßfurt/Main; Studium der Historischen Musikwissenschaft in München und Freiburg/Br. und ein Jahr in Brno/ČSSR; daneben zeitweise Arbeit als Journalist, Chorleiter und als Musiklehrer. 1970 Promotion mit einer Arbeit über Leoš Janáček durch H. H. Eggebrecht an der Universität Freiburg; seit 1972 in der Musiklehrerausbildung tätig, von 1982 bis 2004 als Professor für Musikpädagogik an der Universität Osnabrück/ Abt. Vechta bzw. an der Hochschule Vechta. Der Autor, selbst Lutheraner und 1954 in St. Stephan in Bamberg konfirmiert, lebt seit einigen Jahren in Osnabrück.

Dietmar Ströbel

Zwischentexte

In der Sammlung ZWISCHENTEXTE bearbeitet der Autor in loser Reihenfolge Essays aus dem Bereich der Musik und Musikpädagogik. Die Texte wollen allen ernsthaft Musikinteressierten und insbesondere Musikpädagogen einen etwas anderen Blick auf das eröffnen, womit sie umgehen. Ihr Ziel ist es, das Interesse an Musik zu einem Interesse am Menschen zu erweitern, Musik als eine spezifisch *menschliche Tätigkeit* anzusprechen und in ihrer prinzipiellen *Geschichtlichkeit* darzustellen sowie ihre für unsere Kultur notwendige *Aneignung* inform eigenen Handelns als *Singen, instrumentales Spielen* und *musikalisches Hören* zu projektieren und zu fördern.

Musik als eine Funktion des Menschen und eben nicht dessen Singen, Spielen oder Hören als eine Funktion vermeintlich „der Musik" begreifen, – solcher Blick auf Musik von einer ursprünglicheren Seite verbindet musikanthropologische, musikgeschichtliche und musikpädagogische Gedankengänge. Das Bemühen, nicht „nur" Musik, sondern durch sie hindurch *den Menschen als musikalischen* zu verstehen, um ihn (u. d. h. *sich*) zu bilden, konzentriert sich im Moment vor allem auf Texte zum Einführen, zum Musikverständnis und zur Geschichte der europäischen Musik. (Texte zur Musikpädagogik und ihrer Geschichte, zu einigen Bereichen der Musikdidaktik und zur Ästhetischen Praxis von Musikpädagogen sollen folgen.)

1 *Musikpädagogik als Ausbildung. Sieben persönliche Markierungen* (Norderstedt 2001)

2 *Menschensmusik. Vier Versuche, in eine pädagogisch brauchbare Vorstellung von Musik einzuführen* (Norderstedt 2008)

3 *Von Mozart vor und zurück. Modelle zur Musik zwischen 1500 und 2000* (Norderstedt 2011)

4 *Ausgerechnet Mittelalter?! Zu Kindheit und Jugend unserer Musikkultur* (Norderstedt 2010)

5 *Singen → Spielen → Hören. Zu einer »erwachsenen« Musik der Frühen Neuzeit (1500-1800)* [Arbeitstitel]

Sonderband: *Seinen Glauben selber singen. Zur Entwicklung des Singens als evangelisches Glaubenslied zwischen Reformation und Aufklärung* (Norderstedt 2017)